重点产业专利信息应用指南

主　编　甘绍宁
副主编　龚亚麟

知识产权出版社
全国百佳图书出版单位

内容提要

本书由国家知识产权局组织相关领域专家在专题研究和实践经验的基础上撰写而成，内容包括：专利基础知识、国家重点产业专利信息服务平台、专利信息检索、专利信息统计分析、专利信息管理、企业专利信息应用实务、企业专利信息应用经典案例、专利预警等8章。书中图文并茂，具有理论性和实用性，适合广大知识产权界业内人士、各级领导干部、企事业单位管理人员、科研人员、高等院校师生以及其他感兴趣的人士阅读。

责任编辑：张锦锐　　**责任校对**：韩秀天
封面编辑：段维东　　**责任出版**：卢运霞

图书在版编目（CIP）数据

重点产业专利信息应用指南/甘绍宁主编．—北京：知识产权出版社，2013.1
ISBN 978－7－5130－1876－0

Ⅰ.①重…　Ⅱ.①甘…　Ⅲ.①专利文献—信息利用—指南　Ⅳ.①G252.7-62
中国版本图书馆CIP数据核字（2013）第024519号

重点产业专利信息应用指南
ZHONGDIAN CHANYE ZHUANLI XINXI YINGYONG ZHINAN
主　编　甘绍宁
副主编　龚亚麟

出版发行：知识产权出版社

社　址：北京市海淀区马甸南村1号	**邮　编**：100088
网　址：http：//www.ipph.cn	**邮　箱**：bjb@cnipr.com
发行电话：010-82000860转8101/8102	**传　真**：010-82005070/82000893
责编电话：010-82000860转8165	**责编邮箱**：zjrsipo@sina.com
印　刷：知识产权出版社电子印制中心	**经　销**：新华书店及相关销售网点
开　本：787mm×1092mm　1/16	**印　张**：24
版　次：2013年1月第1版	**印　次**：2013年1月第1次印刷
字　数：339千字	**定　价**：58.00元

ISBN 978－7－5130－1876－0/G·563（4721）

序

2009年，国务院发布了汽车、钢铁等十大重点产业调整和振兴规划。为配合规划的实施，充分发挥专利信息的基础支撑作用，向重点产业主动推送专利信息资源，国家知识产权局联合国资委和有关行业协会，建设了重点产业专利信息服务平台（以下简称“平台”）。

平台为十大重点产业量身定制，集产业分类导航、检索分析、机器翻译及批量下载等功能于一体，收录了95个国家、地区和组织的专利文献，是我国数据量较全面、功能较完备的公益性产业专利信息服务平台。有效利用平台提供的专利信息，可以了解新技术、新工艺、新设备，把握技术发展动向，提高研发起点，预测未来市场的发展方向，明确行业发展路线。

为提升行业专利信息应用与服务水平，2011年起，国家知识产权局联合国资委组织实施了专利信息应用优势行业协会培育工程，推动行业建立专利工作制度、推广运用专利信息平台。国家知识产权局组织编撰了《重点产业专利信息应用指南》（以下简称《指南》），在行业专利信息人才培训中试用，取得了良好效果。现修编后正式出版，以期帮助更多人掌握专利信息应用与服务的方法和技能。

《指南》包括四篇，分别是基础篇、工具篇、应用篇和管理篇。基础篇主要介绍专利信息基础知识和概念；工具篇主要介绍平台的各种功能和特色；应用篇主要结合平台，介绍行业专利信息工作中涉及的专利信息检索和专利信息统计分析的具体应用；管理篇介绍了专利信息应用中的管理知识和具体实务案例。《指南》以理论和实践相结合的方式，介绍了行业专利信息应用各方面的操作指南。

《指南》基础篇由蔡小鹏、张烨撰稿，工具篇由知识产权出版社人员撰稿，应用篇由中国专利信息中心人员撰稿，管理篇第六章由王昉杰、王强、张烨、张驰撰稿，第七章由张驰、于立彪、王昉杰撰稿，第八章由陈燕撰稿。全书由国家知识产权局规划发展司信息化管理处组织编撰，王翠霞、张海成、马斌参与修订，刘菊芳、肖鹏、张烨负责统稿。

《指南》可供企业、高校、科研院所的研发人员及知识产权工作人员，行业知识产权管理人员，知识产权服务机构人员与广大发明人参阅。由于时间仓促，水平有限，错误在所难免，希望广大读者，特别是参与行业专利信息工作的同志批评指正。在此，还向所有参与、关心和支持本书出版的领导和同志表示感谢。

谨以此书为促进我国重点产业专利信息应用与服务工作，进一步发挥专利信息在产业结构调整和优化升级中的支撑作用做贡献。

国家知识产权局副局长 甘绍宁

目　录

基　础　篇

第一章　专利信息基础知识

1.1　专利

“专利”（patent）一词来源于拉丁语 Litterae patentes，意为公开的信件或公共文献，是中世纪的君主用来颁布某种特权的证明。对“专利”这一概念，目前尚无统一的定义，其中较为人们接受并被我国专利教科书所普遍采用的一种说法是：专利是专利权的简称，它是由专利机构依据发明申请所颁发的一种文件。这种文件叙述发明的内容，并且产生一种法律状态，即该获得专利的发明在一般情况下只有得到专利所有人的许可才能利用（包括制造、使用、销售、许诺销售和进口等），专利的保护有时间和地域的限制。我国专利法将专利分为三种，即发明、实用新型和外观设计。

1.2　专利文献

1.2.1　专利文献的概念

世界知识产权组织 1988 年编写的《知识产权教程》阐述了现代专利文献的概念：专利文献是包含已经申请或被确认为发现、发明、实用新型和工业品外观设计的研究、设计、开发和试验成果的有关资料，以及保护发明人、专利所有人及工业品外观设计和实用新型注册证书持有人权利的有关资料的已出版或未出版的文件（或其摘要）的总称。

该概念包含的内容是：

——专利文献所涉及的对象是提出专利申请或批准为专利的发明创造；

——专利文献不仅仅是关于申请或批准为专利的发明创造技术内容的资料，也是关于申请或批准为专利的发明创造权利持有相关内容的资料；

——专利文献所包含的资料有些是公开出版的，有些则仅为存档或仅供复制使用的。

综上所述，专利文献主要是指实行专利制度的国家及国际专利组织在受理、审批、注册专利过程中产生的官方文件及其出版物的总称。

1.2.2 专利文献的特点

1.2.2.1 数量巨大

每年各国出版的专利文献已超过150万件，全世界累积可查阅的专利文献已超过6000万件；专利文献涵盖了绝大多数技术领域，从小到大，从简到繁，几乎涉及人类生活的各个领域；专利文献不仅记录了发明创造内容，展示发明创造实施效果，同时还揭示了每件专利保护的技术范围，记载了专利的权利人、发明人、专利生效时间等信息。

1.2.2.2 信息最新

申请人在一项发明创造完成之后总是以最快速度提交专利申请，以防竞争对手抢占先机。德国的一项调查表明，有2/3的发明创造是在完成后的一年之内提出专利申请的，第二年提出申请的接近1/3，超过两年提出申请的不足5%。

1.2.2.3 内容完整

专利申请文件一般都依照专利法规中关于充分公开的要求对发明创造的技术方案进行完整而详尽的描述，并且参照现有技术指明其发明点所在，说明具体实施方式，并给出有益效果。

1.2.2.4 格式规范

专利文献有统一的编排体例，采用国际统一的专利文献著录项目识别代码（INID 码），专利说明书有法定的文体结构，从发明创造名称、所涉及的技术领域和背景技术到发明内容、附图说明和具体实施方式等，每项内容都有具体的撰写要求和固定的顺序，并严格限定已有技术与发明内容之间的界线。

WIPO 工业产权信息常设委员会为使专利文献信息出版达到国际统一，制定了一系列专利文献信息推荐标准。

各国出版的发明和实用新型文献采用或同时标注国际专利分类号，外观设计文献采用或同时标注国际外观设计分类号。

1.2.3　专利文献的作用

1.2.3.1　传播发明创造，促进技术进步

专利文献承载发明创造的内容：专利文献信息是专利制度的产物，专利制度规定专利申请人在申请专利时须提交描述发明创造技术内容和限定专利保护范围的文件。专利机构则以保护为条件将该文件公之于众。记录发明创造的专利文献由此产生。每年全世界公布的专利文献约为 150 万件，累计至今 6300 多万件，排除同族专利，记载的发明创造约 1600 万项。

专利文献与其他文献相比在传播发明创造方面作用突出：95%的发明创造被记录在专利文献之中，80%的发明创造仅在专利文献中记载。

因特网使专利文献信息传播更方便：世界主要国家都在因特网上公告专利文献，由于网络已进入千家万户，坐在家中即可上网查询，使得公众可以在第一时间获得最新授予专利权的发明创造信息。

因此发明创造通过专利文献得以传播，人们由此可以获得最新技术信息，扩大利用新技术的机率，进而起到促进全社会技术进步的作用。

1.2.3.2　警示竞争对手，保护自身权利

人们申请专利的目的是寻求对其发明创造的保护。绝大多数专利申请人是基于以下认识申请专利的：专利制度承认人们的智力劳动成果，承诺保护专利权人的专利权，因此他们可以在专利制度这张大伞保护下，通过实施其受专利保护的发明成果获得最大化的商业利益。

然而，专利权人最担心的是竞争对手侵犯其专利权。所以专利权人寄希望于通过专利文献信息公布，向竞争对手传达一种警示信息。专利文献不仅向人们提供了发明创造技术内容，同时也向竞争对手展示了专利保护范围。甚至许多专利权人在其专利产品上标注专利标记，使用该产品的人可以轻而易举地找到该专利的说明书，了解其专利保护的内容，从而达到保护知识产权的目的。

1.2.3.3 借鉴权利信息，避免侵权纠纷

任何竞争对手都要尊重他人的知识产权，杜绝恶意侵权行为，避免无意侵权过失，以形成良好的市场竞争氛围。专利文献可以起到这方面的借鉴作用。

专利文献中含有每一件专利的保护范围信息（权利要求书）、专利地域效力信息（申请的国家、地区）、专利时间效力信息（申请日期、公布日期）。

专利文献信息恰似一面镜子，只要随时照一照（检索专利的法律信息），就可以在一定程度上实现自我约束，避免纠纷发生。

1.2.3.4 提供技术参考，启迪创新思路

企业是创新的主体，专利是创新的成果。在建设创新型国家过程中，企业不能盲目跟进，要借鉴前人的智慧，站在巨人的肩膀上，进行再创造。专利文献可以起到这方面的借鉴作用。

专利文献中含有每一件申请专利的发明创造的具体技术解决方案（说明书）。在专利文献中记载了从航天、生物等高科技到人类生活日用品各方面的发明创造。

研究本领域专利文献中记载的发明创造，对于企业创新具有非常重要的作用：不仅可使企业避免重复研究，节约研究时间（缩短60%的科研周期）和经费（节约40%的科研经费），同时还可启迪企业研究人员的创新思路，提高创新的起点，实现创新目标。

1.2.4　专利文献的类型

1.2.4.1　一次专利文献

一次专利文献是指各种类型的专利说明书。专利说明书有广义和狭义两种解释。

就广义而言，是指各国工业产权局、专利局及国际（地区）性专利组织（以下简称各工业产权局）出版的各种类型的专利说明书的统称。包括授予发明专利、发明人证书、医药专利、植物专利、工业品外观设计专利、实用证书、实用新型专利、补充专利或补充发明人证书、补充保护证书、补充实用证书的授权。

就狭义而言，是指授予专利权的专利说明书及其相应的申请说明书。专利说明书是专利文献的主体，目前世界上约有170个国家和地区建立了专利制度，有90多个国家、地区及国际（地区）性专利组织用大约30种文字出版专利文献，每年出版的专利文献100多万件。专利说明书的主要作用：一是清楚、完整地公开新的发明创造，二是请求或确定法律保护的范围。

1.2.4.2　二次专利文献

二次专利文献一般是指各工业产权局出版的专利公报、专利文摘出版物和专利索引。专利公报也有广义和狭义两种解释。

广义是指专利公报、实用新型公报、外观设计公报或其总合——工业产权公报的统称，即各工业产权局根据各自工业产权法、公约及条约的法律要求，报道有关工业产权申请的审批状况及相关法律法规信息的定期出版物。

狭义仅指报道有关专利申请的审批状况及相关法律法规信息的定期出版物。

专利公报通常以著录项目、发明文摘、权利要求三者单一或其组合形式报道新的发明创造，因而分为题录型、文摘型、权利要求型三种类型专利公报。

——题录型专利公报，仅以著录项目的形式报道最新专利申请或专利信息。

——文摘型专利公报，以著录项目、技术性文摘和一幅主图（如果有图的话）的形式报道最新专利申请或专利信息。

——权利要求型专利公报，以著录项目、独立权利要求和一幅主图（如果有图的话）的形式报道最新专利申请或专利信息。

1.2.5 专利说明书

专利说明书是一种用以描述发明创造内容和限定专利保护范围的一种官方文件或其出版物，通常包括扉页、权利要求书、说明书（和附图）等组成部分。其中：

扉页揭示的基本专利信息包括：著录项目、摘要（和摘要附图）等。

权利要求书是专利文件中限定专利保护范围的文件部分。权利要求书中至少有一项独立权利要求，还可以有从属权利要求。

说明书是清楚完整地描述发明创造的技术内容的文件部分，附图则用于对说明书文字部分的补充。

有些机构出版的专利说明书还附有检索报告。检索报告是专利审查员通过对专利申请所涉及的发明创造进行现有技术检索，找到可进行专利性对比的文件，向专利申请人及公众展示检索结果的一种文件。附有检索报告的专利文件均为申请公布说明书，即未经审查尚未授予专利权的专利文件。检索报告以表格式报告书的形式出版。

1.2.6 专利文献的著录项目

专利文献著录项目是各工业产权局为表示专利申请或其他工业产权保护种类申请的技术、经济信息以及可供查询的信息线索而编制的项目，并按照 WIPO 制定的《ST. 9 关于专利及补充保护证书著录项目数据的建议》和《ST. 80 工业品外观设计著录数据推荐标准》来制定。两个标准规定了专利文献著录项目识别代码，即 INID 码，由圆圈或括号中的两位阿拉伯数字表示。INID 码主要包括：

文献标志：（11）文献号、（13）文献种类代码、（19）国家或组织代码；

专利或补充保护证书申请数据：（21）～（26）申请号、申请日期等；

优先权数据：（31）～（33）优先权申请的国家、日期及申请号；

文献的公知日期：（43）～（45）各种说明书的出版日期；

技术信息：（51）～（58）专利分类、发明题目、发明文摘、权利要求、检索领域等；

与文献有关的人事引证：（71）～（74）专利申请人、发明人姓名（或设计人姓名）；

除巴黎公约之外的国际公约有关数据：（81）依据专利合作条约的指定国、（84）依据地区专利条约的缔约国。

INID码的优点在于浏览各国专利文献时不受语言限制，能起到快速引导专利文献用户寻找相关专利信息和简要解释的作用。例如，图1-1和图1-2分别是一份美国专利申请说明书和中国专利申请说明书。对于同一个INID项目编号，都是表示相同类别的信息。

US 20030018159A1

(19) **United States**

(12) **Patent Application Publication** (10) **Pub. No.: US 2003/0018159 A1**

Suh et al. (43) **Pub. Date: Jan. 23, 2003**

(54) **CONTINUOUS PROCESS FOR THE PREPARATION OF COPOLYCARBONATE RESINS**

(76) Inventors: **Young Wook Suh**, Daejeon (KR); **Sung Hwan Cho**, Daejeon (KR); **Jae Hwan Lee**, Daejeon (KR)

Correspondence Address:
Anderson Kill & Olick
1251 Avenue of the Americas
New York, NY 10020-1182 (US)

(21) Appl. No.: **10/169,453**

(22) PCT Filed: **Dec. 21, 2000**

(86) PCT No.: **PCT/KR00/01503**

(30) **Foreign Application Priority Data**

Dec. 31, 1999 (KR) 1999/67767

Publication Classification

(51) **Int. Cl.^{7}** **C08G 64/00**

(52) **U.S. Cl.** **528/196**

(57) **ABSTRACT**

A continuous process for the preparation of copolycarbonate resins has great advantages in preparing molding materials of intricate structure or of thin-wall: the molding process may be conducted easily at a relatively low temperature; the copolycarbonate has excellent impact strength especially at a low temperature; and they have excellent melt flow, i.e. 2 to 3 times of the conventional polycarbonates. The present invention is a new polycondensation process which is carried out sequentially by using serially connected tube-type reactors to simplify the process; and enhancing the rate of reaction for an incorporation of comonomer into the polymer backbone resulting from varying Reynols Number, Linear Viscosity and Weber Number.

图 1-1 美国专利申请说明书

[19] 中华人民共和国国家知识产权局

[51] Int. Cl.
G02B 15/16 (2006.01)
G02B 15/20 (2006.01)
G02B 13/18 (2006.01)

[12] 发明专利申请公开说明书

[21] 申请号 200480008555.5

[43] 公开日 2006年5月3日

[11] 公开号 CN 1768290A

[22] 申请日 2004.12.24
[21] 申请号 200480008555.5
[30] 优先权
[32] 2004. 1.28 [33] JP [31] 019964/2004
[86] 国际申请 PCT/JP2004/019777 2004.12.24
[87] 国际公布 WO2005/073774 日 2005.8.11
[85] 进入国家阶段日期 2005.9.28

[71] 申请人 索尼株式会社
地址 日本东京都
[72] 发明人 黑田大介 岩泽嘉人

[74] 专利代理机构 北京市柳沈律师事务所
代理人 马高平 杨 梧

权利要求书2页 说明书18页 附图13页
按照条约第19条的修改2页

[54] 发明名称

变焦透镜和图像拾取装置

[57] 摘要

一种变焦透镜具有良好的光学性能，结构紧凑且具有大放大率，其适于摄像机、数码相机、移动电话等。一种图像拾取装置使用该变焦透镜。该变焦透镜(1)包括变焦时固定并具有正折射能力的第一透镜组(GR1)；具有负折射能力的第二透镜组(GR2)；具有正折射能力的第三透镜组(GR3)；具有负折射能力的第四透镜组(GR4)；和具有正折射能力的第五透镜组(GR5)；它们按次序从物侧依次设置，至少第二和第四透镜组移动以变焦；所述第一透镜组包括具有负折射能力的第一单透镜(G1)；用于将光路弯曲90°的反光件(G2)；和具有正折射能力的至少一个第二透镜(G3)；它们按次序从物侧依次设置。

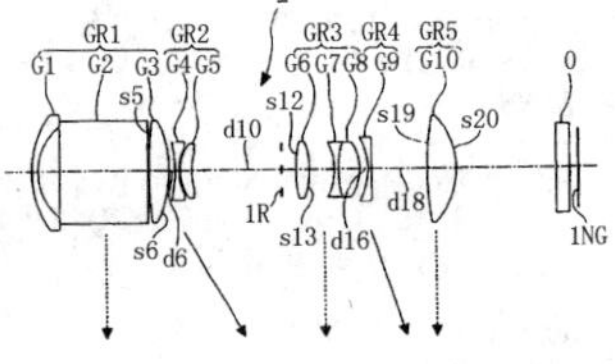

图 1-2 中国专利申请说明书

1.2.7 专利文献号

专利文献号是各工业产权局在公布专利文献（包括公开出版和仅提供阅览复制）或授权、注册、登记时为每件专利文件编制的序号。专利文献号包括：

——公开号，申请公开号，申请公布号

——申请公告号

——展出号，审定公告号

——授权公告号，专利号，注册号，登记号

专利文献号仅由一组阿拉伯数字表示。国别代码和文献种类代码虽然不是构成文献号的组成部分，但在专利文献上国别代码和文献种类代码要和阿拉伯数字一起连用。专利文献号编号规则如下：

——连续编号

例如：US 6674332 B1（从1836年第1号排起）；

——按年编号

例如：JP 2004－103245 A（每年从第1号排起）；

——沿用申请号

例如：DE 10 2005 041 711 A1（申请号 10 2005 041 711.6）。

1.2.8 专利文献种类代码

“专利文献种类标识代码”是指各工业产权局为标识不同种类的专利文献而规定使用的字母代码，或者字母与数字的组合代码。专利文献种类标识代码是以一个大写英文字母，或者一个大写英文字母与一位阿拉伯数字的组合表示，单纯数字不能作为专利文献种类标识代码使用。大写英文字母表示相应专利文献的公布或公告，阿拉伯数字用来区别公布或公告阶段中不同的专利文献种类。

中国的专利文献种类代码的主要含义是：

A 发明专利申请公布

B 发明专利授权公告

C　发明专利权部分无效宣告的公告

U　实用新型专利授权公告

Y　实用新型专利权部分无效宣告的公告

S　外观设计专利授权公告或专利权部分无效宣告的公告

为了完整、准确地标识不同种类的专利文献，应当将国家代码、专利文献号、专利文献种类标识代码联合使用。例如：

CN ××××××××× A

CN ××××××××× B

CN ××××××××× C

CN ××××××××× U

CN ××××××××× Y

CN ××××××××× S

专利文献种类代码是识别专利文献类型的最简单有效的方式之一。例如，对于类似德国这种专利的授权公告号、公开号均沿用与申请号相同的数字的文献，其专利文献种类代码就是识别该专利文献和法律状态最简单直接的方式。

但要特别指出的是，各国的专利文献种类代码和含义均有所不同，而且，同一国家在不同的历史阶段使用的代码也有所不同（典型的如美国），在具体的运用过程中，应当参考各工业产权局官方网站的说明。

1.2.9　专利引文

专利引文是指在专利文件中列出的与本专利申请相关的其他文献，如专利文献，科技期刊、论文、著作、会议文件等非专利文献。根据引用目的不同，专利引文可分为引用参考文献和审查对比文件。

1.2.9.1　引用参考文献

专利发明人在完成本专利申请所述发明创造过程中参考引用过并被记述在申请文件中的文献称为引用参考文献。

对于大多数国家的专利说明书来说，引用参考文献主要记述在专利文件的说明书部分中，通常由申请文件撰写者以文字描述方式写入“背景技术”部分中。

目前只有美国将引用参考文献以目录的方式刊在专利说明书扉页的专利文献著录项目“（56）引用参考文献”下。在美国专利说明书扉页的（56）项下不仅包括引用参考文献，同时还包括审查对比文件，且两者混列在一起，其区别在于审查对比文件前标有“*”。美国专利说明书扉页的引用参考文献按照本国专利文献、外国专利文献、非专利参考文献的顺序编排。

1.2.9.2　审查对比文件

专利审查员在审查专利申请时，根据申请的权利要求等文件进行专利性检索，所找到的文献称为审查对比文件。

一些国家在专利说明书扉页上刊出审查对比文件，另外一些国家或组织在专利说明书中附一个列出审查对比文件的检索报告。通常只有经过实质性审查出版的专利文件的扉页上才刊出审查对比文件目录。检索报告中的审查对比文件目录与扉页上的审查对比文件目录相比，前者所提供的信息更详细。

检索报告用一组字母表示对比文献与发明创造申请技术主题的相关程度，以下列出的是 WIPO《工业产权信息与文献推荐标准》中《ST. 14 关于在专利文献中列入引证参考文献的建议》规定的字母含义：

X：仅考虑该文献，权利要求所记载的发明不能被认为具有新颖性或创造性；

Y：当该文献与另一篇或多篇此类文献结合，并且这种结合对于本领域技术人员是显而易见时，权利要求所记载的发明不能认为具有创造性，

A：一般现有技术文献，无特别相关性；

D：由申请人在申请中引证的文献，该文献（参考文献）是在检索过程中要参考的，代码“D”应始终与一个表示引证文献相关性的类型相随；

E：PCT 细则 33 条 1（c）中确定的在先专利文献，但是在国际申请日当天或之后公布的；

L：可能引起对优先权要求产生怀疑的文献，为了确定其他引证文献的公布日期而引证的文献，或由于其他特殊原因（应指出文献引证的理由）而引证的文献；

O：涉及的口头公开、使用、展出或其他方式公开的文献；

P：申请日前公布的文献（在 PCT 申请的情况下，即国际申请日），但其公布日迟于申请中所要求的优先权日，代码“P”始终与 X、Y 或 A 类型之一相随；

T：在申请日（在 PCT 申请的情况下，即国际申请日）或优先权日后公布的文献，它与申请不抵触，但引证它是为了理解构成发明的原理或理论；

&：同族专利中的文献，或者它的内容还没有被检索审查员核实，但被认为与另一篇检索审查员检查过的文献内容完全相同。

上述类型的文献中，字母 X、Y 和 A 表示对比文献与申请文件的权利要求在内容上的相关程度；字母 E 表示对比文献与申请文件在时间上的关系和在内容上的相关程度；而字母 P 表示对比文献与申请文件在时间上的关系，其后应附带标明文献内容相关程度的字母 X、Y、E 或 A，它属于在未核实优先权的情况下所作的标记。

1.2.10 专利族

由至少一个共同优先权联系的一组专利文献，称一个专利族（Patent Family）。在同一专利族中每件专利文献被称作专利族成员（Patent Family Members），同一专利族中每件专利互为“同族专利”。在同一专利族中最早优先权的专利文献称作基本专利。

例如：美国专利 US6469012 通过两项优先权申请 WO1994EP9401580 和 GB19939311920 的联系，与 40 项专利申请共同构成一个专利族，而其中的每件专利互为“同族专利”，具体见图 1-3。

SN：1
PN：US6469012
KD：BA
PB：Oct22，2002
IN：ELLIS PETER；TERRETT NICHOLAS KENNETH
AP：PFIZER
AN：US 199600000549792 Mar 04，1996
IP：A61K0310519；A61P0150010
TI：PYRAZOLOPYRIMIDINONES FOR THE TREATMENT OF IMPOTENCE
CA：CHEMABS122（15）187627N；DERABS C1995-098466
DC：
PR：WO1994EP9401580 May 13，1994
GB19939311920 Jun 09：1993

EP：

AT163852 E	AU6797394 A1	BE702555 R4	CA2163446 AA	CA2163446 C
CH702555 R4	CN1124926 A	CZ9503242 A3	DE69408981 C0	DK702555 T3
EP702555 A1	EP702555 B1	ES2113656 T3	FI955911 A	FR702555 R4
GB9311920 A0	GR3026520 T3	HU9428902 W1	IE702555 R4	IL109873 A0
IL109873 A1	IT702555 R4	JP9503996 T2	JP11286444 A2	KR262926 B1
LI702555 R4	LU702555 R4	LV12269 A	NL702555 R4	NO954757 A
NO20000703 A	NO309227 B1	NZ266463 A	PL311948 A1	PT702555 R4
RU2130776 C1	SE702555 R4	US9428902 W1	WO9428902 A1	ZA9404018 A

图 1-3　专利族

WIPO《工业产权信息与文献手册》将专利族分为六种：简单专利族，复杂专利族，扩展专利族，本国专利族，内部专利族和人工专利族。

简单专利族（Simple patent family）

在同一个专利族中，专利族成员以共同的一个或共同的几个专利申请为优先权，这样的专利族为简单专利族。

复杂专利族（Complex patent family）

在同一个专利族中，专利族成员至少以一个共同的专利申请为优先权，这样的专利族为复杂专利族。

扩展专利族（Extended patent family）

在同一个专利族中，每个专利族成员与该族中的至少一个其他专利族成员至少共同以一个专利申请为优先权，它们所构成的专利族为扩展专利族。

本国专利族（National patent family）

本国专利族是指在同一个专利族中，每个专利族成员均为同一国家的专利文献，这些专利文献属于同一原始申请的增补专利、继续申请、部分继续申请、分案申请等，但不包括同一专利申请在不同审批阶段出版的专利文献。

内部专利族（Domestic patent family）

内部专利族指仅由一个专利机构在不同审批程序中对同一原始申请出版的一组专利文献所构成的专利族。

人工专利族（Artificial Patent Family）

人工专利族也称智能专利族、非常规专利族，即内容基本相同，但并非以共同的一个或几个专利申请为优先权，而是根据专利文献的技术内容，人为地进行归类，组成的一组由不同国家出版的专利文献构成的专利族，但实际上在这些专利文献之间没有任何优先权联系。

1.2.11 专利分类

专利说明书是具有法律性质的技术文件。专利申请人为了有效地保护其发明创造，在专利文献中往往会用一些繁复晦涩、意义含混的专用术语（或法律术语），与一般科技论文中的通用技术用词不同。因此，这给我们通过自然语言的方式（如关键词等）进行专利文献信息的检索会带来障碍。此外，专利的保护具有国家性，常常造成相同技术文献以不同的语言多次重复出版（专利家族），这进一步加剧了上述障碍。

为了方便专利信息的传播和利用，目前国际上统一采用的是通过国际专利分类体系（IPC）来对专利文献进行分类，该分类体系是根据1971年签订的《国际专利分类的斯特拉斯堡协定》编制的，是目前唯一国际通用的专利文献分类和检索工具。通过该分类，将浩瀚专利文献以特定的技术主题分解成不同的簇，使其具有共同的类别标识。具体的分类内容可以从各工业产权机构的网站上查询，例如：

中国国家知识产权局网站：http://www.sipo.gov.cn/sipo/wxfw/flgj/default.htm

世界知识产权组织：http://www.wipo.int/classifications/ipc/

ipc8/? lang=en

国际专利分类表八个部所涉及的技术范围是：

——A部：生活需要

——B部：作业；运输

——C部：化学；冶金

——D部：纺织；造纸

——E部：固定建筑物

——F部：机械工程；照明；加热；爆破

——G部：物理

——H部：电学

分类号的结构：

一个完整的分类号由代表部、大类、小类、大组或小组构成，一般为5级结构。例如：A61K 36/00。

——部　A生活

——大类　A61医学或兽医学；卫生学

——小类　A61K医用、牙科用或梳妆用的配制品

——大组　A61K36含有来自藻类、苔藓、真菌或植物或其派生物，例如传统草药的未确定结构的药物制剂　〔8〕

——小组（一点组）　A61K 36/06　· 真菌类，如酵母　〔8〕

——二点组　A61K 36/07　·· 担子菌门，如隐球菌属　〔8〕

——三点组　A61K 36/074　··· 灵芝属　〔8〕

除IPC国际分类号之外，一些国家和地区的专利机构也建立了自己的专利分类系统，如欧洲专利局的ECLA分类系统、日本专利局的FI/F-Term系统、美国专利商标局的USPC/UCLA系统等，这些分类系统大体上是IPC分类体系的细分，或与IPC分类体系之间建立了对应关系。

1.3 专利信息

随着信息社会的到来，专利文献也进入信息化时代。人们更多地谈论专利信息，研究专利信息的传播与利用。究竟什么是专利信息，或者说什么能称之为专利信息呢？有人曾经试图给专利信息下一个准确的定义，特别是要把专利文献与专利信息区分开来，说清楚，但总是难成其就。事实上，这两个概念辅车相依，从定义上泾渭分明地分开是不可能的，也没有现实意义。但是，从相互关系上加以说明却十分必要。从两者关系上说，专利信息是指以专利文献作为主要内容或以专利文献为依据，经分解、加工、标引、统计、分析、整合和转化等信息化手段处理，并通过各种信息化方式传播而形成的与专利有关的各种信息的总称。

1.3.1 专利信息的内容

专利信息按内容可分为以下五种信息。

1.3.1.1 技术信息

在专利说明书、权利要求书、附图和摘要等专利文献中披露的与该发明创造技术内容有关的信息，以及通过专利文献所附的检索报告或相关文献间接提供的与发明创造相关的技术信息。

1.3.1.2 法律信息

在权利要求书、专利公报及专利登记簿等专利文献中记载的与权利保护范围和权利有效性有关的信息。其中，权利要求书用于说明发明创造的技术特征，清楚、简要地表述请求保护的范围，是专利的核心法律信息，也是对专利实施法律保护的依据。其他法律信息包括：与专利的审查、复审、异议和无效等审批确权程序有关的信息；与专利权的授予、转让、许可、继承、变更、放弃、终止和恢复等法律状态有关的信息等。

1.3.1.3 经济信息

在专利文献中存在着一些与国家、行业或企业经济活动密切相关的信息，这些信息反映出专利申请人或专利权人的经济利益趋向和市场占有欲。例如，有关专利的申请国别范围和国际专利组织专利申请的指定国范围的信息；专利许可、专利权转让或受让等与技术贸易有关的信息等；与专利权质押、评估等经营活动有关的信息，这些信息都可以看作是经济信息。竞争对手可以通过对专利经济信息的监视，获悉对方经济实力及研发能力，掌握对手的经营发展策略，以及可能的潜在市场等。

1.3.1.4 著录信息

与专利文献中的著录项目有关的信息。例如，专利文献著录项目中的申请人、专利权人和发明人或设计人信息；专利的申请号、文献号和国别信息；专利的申请日、公开日和/或授权日信息；专利的优先权项和专利分类号信息；以及专利的发明名称和摘要等信息。著录项目源自图书情报学，用于概要性地表现文献的基本特征。专利文献著录项目既反映专利的技术信息，又传达专利的法律信息和经济信息。

1.3.1.5 战略信息

经过对上述四种信息进行检索、统计、分析、整合而产生的具有战略性特征的技术信息和/或经济信息。例如，通过对专利文献的基础信息进行统计、分析和研究所给出的技术评估与预测报告和“专利图”等。美国专利商标局 1971 年成立的技术评估与预测办公室（OTAF）就是专门从事专利战略信息研究的专业机构。该机构在过去的几十年间，陆续对通信、微电子、超导、能源、机器人、生物技术和遗传工程等几十个重点领域的专利活动进行研究，推出了一系列技术统计报告和专题技术报告。这些报告指明了正在迅速崛起的技术领域和发展态势，以及在这些领域中处于领先地位的国家和公司。这些报告是最重要的专利战略信息之一，它是制定国家宏观经济、科技发展战略的重要保障，也是企业制定技术研发计划的可靠依据。

1.3.2 专利信息的类型

1.3.2.1 基础性专利信息

基础性专利信息是国务院专利行政部门所拥有的为公众提供的基本专利信息，是未经加工（原始信息）或加工程度较低的公众有权获取的信息。其提供方式以公益性为特征。该信息可免费获取，或根据加工程度缴纳适量费用后取得。

《专利法实施细则》第 118 条规定：经国务院专利行政部门同意，任何人均可以查阅或者复制已经公布或者公告的专利申请的案卷和专利登记簿。也就是说，已经公布或者公告的专利申请的案卷和专利登记簿中的所有信息均属于基础性专利信息。

1.3.2.2 增值性专利信息

增值性专利信息是在基础性专利信息的基础上经过加工、分析和解读，具有增值性特质的专利信息。增值性专利信息的提供以市场经济机制为特征。在增值性专利信息的传播中，政府一般仅负责基础性专利信息的提供及保障市场的公平有序，企业可根据市场的需求开发和加工增值性专利信息，自主经营，市场化运作。

1.3.3 专利信息资源

专利信息资源是通过多种渠道收集的各类专利信息的总和，是专利信息、专利信息生产者和专利信息技术等信息活动要素的集合。

专利信息资源作为信息资源的一种，是可再生的、可共享的，即可以重复使用而不被消耗，具有可以广泛传播的特性，其价值与其共享利用程度成正比。

专利信息资源支持是专利信息服务业发展的基础条件。专利信息服务业，是知识和人才密集、附加值高的高技术服务业的重要组成部分。培育和发展专利信息服务业，促进其规模持续增长、服务质量不断提高，将加速我国服务业的整体发展，加快经济结构的调整和优化。专利信息资源将为各类商业性专利信息服务提供基础信息支持。

1.3.4　专利信息传播

专利信息传播是专利信息由信息拥有者向社会扩散的客观过程，专利信息的传播是利用专利信息的前提。通过信息传播主体的专利信息服务，使专利信息得以更好地传播和利用。

1.3.5　专利信息服务

专利信息服务是利用专利信息开展的所有服务的总称。

专利信息服务的性质分为公益性服务和商业性服务两种。公益性专利信息服务，主要由政府部门提供，满足公共需求。主要包括发布完整、准确、及时的基础性专利信息，公开与专利相关的各种公共信息，并为重大经济活动提供专利信息支持。商业性专利信息服务，主要由商业性服务机构提供多层次、个性化、专业化的专利信息服务。主要包括专利信息检索、分析和咨询服务、专利信息数据和软件服务、专利代理和法律服务、专利转让交易服务、专利质押贷款投融资服务等多种形式的服务。

1.3.6　专利信息利用

专利信息是集技术信息、法律信息和经济信息于一体的复合型信息资源。就专利信息中包含的技术信息而言，专利技术信息是科技创新的技术知识基础，是企业制定技术研发计划的可靠依据，也是国家制定经济、科技发展战略的重要依据，其利用者主要是创新主体（企业、科研院所和个人）和政府机构；就专利信息中包含的法律信息而言，专利法律信息是法制社会维持公平竞争，进行知识产权保护的重要法律依据，其利用者主要是专利权的利益相关人和执法部门；就专利信息中包含的经济信息而言，专利经济信息是企业参与市场经济活动需要了解的重要内容，其利用者主要是市场经济参与者。

1.3.7 专利信息服务平台

目前专利信息以其强大的技术资源日益得到重视和挖掘，各种专利信息平台也不断推出，一个好的专利信息平台可以起到事半功倍的效果。由国家知识产权局牵头主办、国有资产监督管理委员会协办、知识产权出版社承建的国家重点产业专利信息服务平台以其信息丰富、数据全面、功能完备服务于用户。平台收录了世界主要国家、地区和专利组织的专利信息，且在不断更新补充，更具有产业分类导航、多入口检索、统计分析及机器翻译等功能，是迄今为止功能最完备、数据最全面的公益性专利信息服务平台。本书将重点结合该平台介绍重点产业专利信息的应用。

工　具　篇

第二章　国家重点产业专利信息服务平台

国家重点产业信息平台共收录了世界主要国家和地区专利局和专利组织总量约 7000 万余件的专利文献，内容不仅覆盖中（含港台澳地区）、美、日、韩、德、法、瑞士、欧洲专利组织、WIPO 等主要专利国家和组织，也包含了“金砖五国”和东南亚国家等新兴经济体的数据。平台数据库及时更新，其中，国内专利每周更新，国际专利每月/每季度更新，并且提供便捷的专利下载功能。

平台主要提供以下几种检索方式：表格检索、逻辑检索，行业分类导航检索，IPC 分类导航检索，中国专利法律状态检索。一些检索方式还提供二次检索、过滤检索、同义词检索等辅助检索手段。

针对中国的香港、台湾地区及国外等用英文表述的专利，平台特别开发了机器翻译模块，能对检索到的英文专利进行即时翻译，帮助用户理解专利内容，方便用户检索。

同时，本平台还开发了专利信息分析功能，对专利数据进行深度加工及挖掘，并分析整理出其所蕴含的统计信息或潜在知识，以直观易懂的图或表等形式展现出来，使专利数据升值为专利情报，便于用户全面深入地挖掘专利资料的战略信息，制定和实施企业发展的专利战略，促进产业技术的进步和升级。

国家重点产业专利信息服务平台主界面如图 2-1 所示：

登录网址：http://www.chinaip.com.cn

图 2-1　国家重点产业专利信息服务平台主界面

系统可以通过快速检索框，或者导航按钮任一种方式进入数据库并开始检索。

在快速检索框模式下，“选择产业分站点”下拉框可以选择需要检索的“产业”，譬如汽车产业、有色金属产业等；“检索项目”下拉框可以选择在哪个字段上进行检索，譬如名称、申请日等；用户在“关键词”后的输入框内输入待检索的关键词，点击“检索”按钮，实施检索。参见图 2-2、图 2-3、表 2-1。

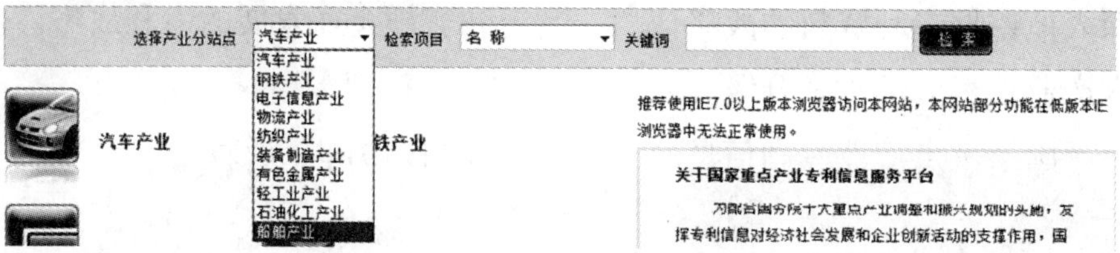

图 2-2　快速检索框模式

也可以点击相应产业按钮快速进入该产业的行业分类导航。详情可以参考行业分类导航。

图 2-3　十大产业

表 2-1　十大产业说明

十大产业	说　明
汽车产业	汽车工业是生产各种汽车主机及部分零配件或进行装配的工业部门，主要包括生产发动机、底盘和车体等主要部件，并组装成车的主机厂和专门从事各种零、部件的配件厂。汽车工业产业链长、从业人员多，其发展对国民经济和相关行业的带动作用明显。
钢铁产业	钢铁行业是以从事黑色金属矿物采选和黑色金属冶炼加工等工业生产活动为主的工业行业，包括金属铁、铬、锰等的矿物采选业、炼铁业、炼钢业、钢加工业、铁合金冶炼业、钢丝及其制品业等细分行业，是国家重要的原材料工业之一。钢铁产业是国民经济的重要支柱产业，涉及面广、产业关联度高、消费拉动大，在经济建设、社会发展、财政税收、国防建设以及稳定就业等方面发挥着重要作用。

续表

十大产业	说　明
电子信息产业	电子信息产业是研制和生产电子设备及各种电子元件、器件、仪器、仪表的工业。由广播电视设备、通信导航设备、雷达设备、电子计算机、电子元器件、电子仪器仪表和其他电子专用设备等生产行业组成。信息技术是当今世界经济社会发展的重要驱动力，电子信息产业是国民经济的战略性、基础性和先导性支柱产业，对于促进社会就业、拉动经济增长、调整产业结构、转变发展方式和维护国家安全具有十分重要的作用。
装备制造产业	装备制造业是为国民经济和国防建设提供生产技术装备的制造业，是制造业的核心组成部分。装备制造业是为国民经济各行业提供技术装备的战略性产业，产业关联度高、吸纳就业能力强、技术资金密集，是各行业产业升级、技术进步的重要保障和国家综合实力的集中体现。
物流产业	物流业是融合运输业、仓储业、货代业和信息业等的复合型服务产业，是国民经济的重要组成部分，涉及领域广，吸纳就业人数多，促进生产、拉动消费作用大，在促进产业结构调整、转变经济发展方式和增强国民经济竞争力等方面发挥着重要作用。
纺织产业	进入21世纪以来，我国纺织工业快速发展，形成了从上游纤维原料加工到服装、家用、产业用终端产品制造不断完善的产业体系。纺织工业是我国国民经济的传统支柱产业和重要的民生产业，也是国际竞争优势明显的产业，在繁荣市场、扩大出口、吸纳就业、增加农民收入、促进城镇化发展等方面发挥着重要作用。
轻工业产业	轻工业主要是指生产消费资料的工业部门。如食品、纺织、皮革、造纸、日用化工、文教艺术体育用品工业等。轻工业承担着繁荣市场、增加出口、扩大就业、服务“三农”的重要任务，是国民经济的重要产业，在经济和社会发展中起着举足轻重的作用。
石油化工产业	石油化工是化学工业的重要组成部分，是指以石油和天然气为原料，生产石油产品和石油化工产品的加工工业。石化产业是国民经济的支柱产业，资源资金技术密集，产业关联度高，经济总量大，产品广泛应用于国民经济、人民生活、国防科技等各个领域，对促进相关产业升级和拉动经济增长具有举足轻重的作用。

续表

十大产业	说　明
有色金属产业	有色金属工业包括地质勘探、采矿、选矿、冶炼和加工等部门。有色金属产业是重要的基础原材料产业，产品种类多、应用领域广、产业关联度高，在经济建设、国防建设、社会发展以及稳定就业等方面发挥着重要作用。
船舶产业	船舶工业，亦称“造船工业”或“造船业”，是承担各种军民用舰船及其他浮动工具的设计、建造、维修和试验及其配套设备生产的重工业。船舶工业是为航运业、海洋开发及国防建设提供技术装备的综合性产业，对钢铁、石化、轻工、纺织、装备制造、电子信息等重点产业发展和扩大出口具有较强的带动作用。

下面分别介绍中外混合专利检索、行业分类导航检索、IPC 分类导航检索、中国专利法律状态检索和分析系统使用说明。

2.1 中外混合专利检索

中外混合专利检索介绍包括检索界面、设置检索选项、表格检索、逻辑检索、检索结果、打印与下载。

2.1.1 检索界面

进入产业的行业分类导航界面后，点击界面左边“中外混合专利检索”选项，可以进行中外专利的各类检索，见图 2-4。

检索的一般步骤是：

（1）设置检索的数据范围（例如勾选美国数据库）；

（2）选择附加检索方式（例如勾选同义词检索）以及是否保存检索表达式；

（3）设置检索结果的排序方式；

（4）在表格检索框中或逻辑检索框中输入要检索的内容（逻辑检索优先于表格检索）；

(5) 点击检索按钮，开始检索。

图 2-4　中外混合专利检索界面

2.1.2　设置检索选项

2.1.2.1　设置数据范围

如图 2-5 所示，可以在多个数据范围内一起查询（但至少勾选一个），其中，中国专利进行了分类，并提供中国发明授权和中国失效专利的信息查询。其中，“中国失效专利”信息，为企业提供了分析借鉴已失效的、可在中国境内自由使用的专利技术。

图 2-5　数据范围设置图

注意，勾选某些数据范围时可能会使部分著录项失效，即输入框变灰（例如勾选“法国”时，将无法进行“专利代理机构”“国省代码”等的检索；勾选“中国发明专利”时，将无法对“同族专利”进行检索）。

点击“其它国家和地区”可查询有关国家和地区的专利信息，参见图 2-6。

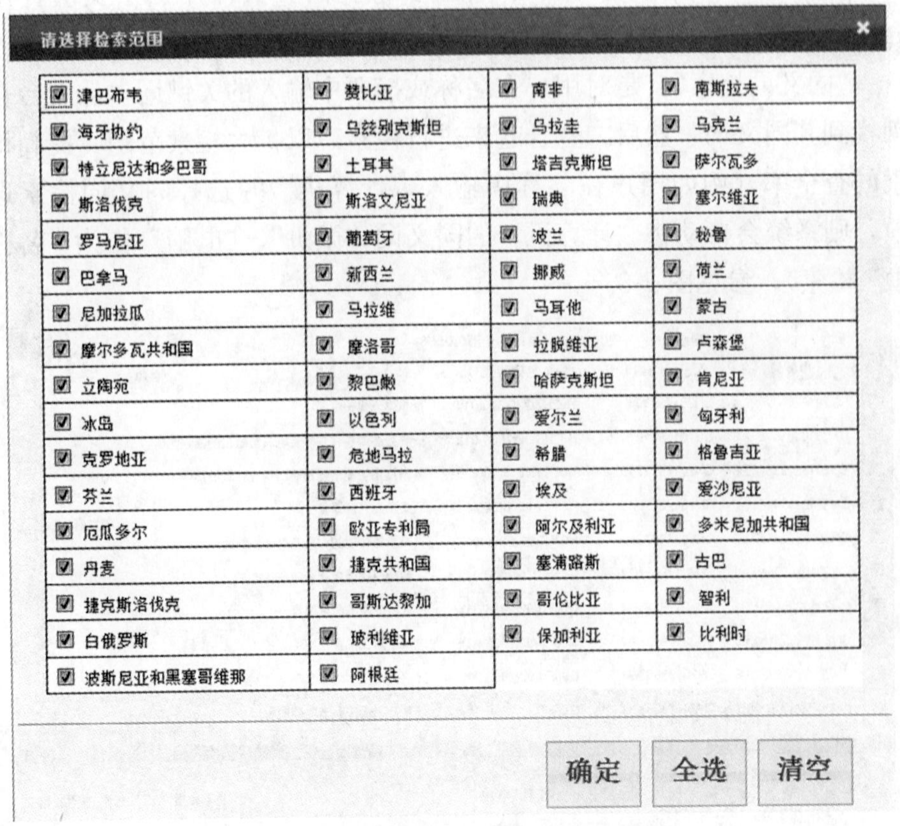

图 2-6　其他国家和地区数据范围设置图

2.1.2.2　设置附加检索方式

图 2-7　附加检索设置图

如图 2-7 所示，可以在勾选数据范围的基础上再附加一些检索条件，其中：

“二次检索”：是在前次检索结果的范围内再次进行检索，以便逐渐缩小检索结果的范围（可以多次累加使用）。

“过滤检索”：是根据用户的需求在下一次检索结果中过滤掉上一次检索的结果（注意首次检索时是不能勾选“二次检索”和“过滤检索”这两个选项的，另外这两项也不能同时选择），具体用法下文会详细介绍。

“同义词检索”：是对用户在名称或摘要中输入的关键词，从后台自动找到其同义词，然后二者合起来进行检索，以扩大检索范围，提高检索的查全率（例如用户在名称中输入“计算机”并选择同义词检索选项，则系统会自动将“计算机”的同义词“微机”、“电脑”作为“名称项”检索），参见图 2-8。

	申请号	公开（公告）号	主分类号	名称
	CN201020532023.4	CN201797308U	H02H7/22(2006.01)I	微机弧光保护装置
	CN201020531142.8	CN201797297U	H02H3/32(2006.01)I	一种提高微机保护装置电流灵敏度的接线电路
	CN201020538279.6	CN201797175U	H01R13/648(2006.01)I	具有接地功能的连接器结构与计算机系统
	CN201020542815.X	CN201796787U	H01H13/83(2006.01)I	新型发光电脑键盘
	CN201020231523.4	CN201796765U	H01H9/20(2006.01)I	具有录音功能的微机五防电脑钥匙
	CN201020536511.2	CN201796356U	G06F3/16(2006.01)I	一种能识别语音命令的计算机
	CN201020549477.2	CN201796338U	G06F3/02(2006.01)I	一种带支架的微机键盘
	CN201020534543.9	CN201796337U	G06F3/02(2006.01)I	电脑键盘保护盒
	CN200920352229.6	CN201796336U	G06F3/02(2006.01)I	环保模块化电脑键盘
	CN201020236283.7	CN201796334U	G06F1/32(2006.01)I	计算机USB控制节电装置

图 2-8 同义词检索结果

“保存检索表达式”：如果用户希望保存本次检索条件以供今后使用，可以勾选“保存检索表达式”选项。保存后的检索表达式可以在逻辑检索的历史表达式中进行重命名、删除、锁定等操作。每个用户最多只能保存 50 条检索条件，如果超过 50 条检索条件，系统将自动删除最先保存的检索条件（先删除未锁定的检索条件，再删除锁定的检索条件）。

"按字检索"：是以字为单位进行检索，"按词检索"是以词为单位进行检索。简单地说，"按字检索"更全面，"按词检索"更准确。一般选择"按字检索"即可。

2.1.2.3 设置结果排序

如图 2-9 所示，用户可以指定检索结果的排序依据（例如根据名称、主分类号、相关性等）和排序方式（升序或降序）。

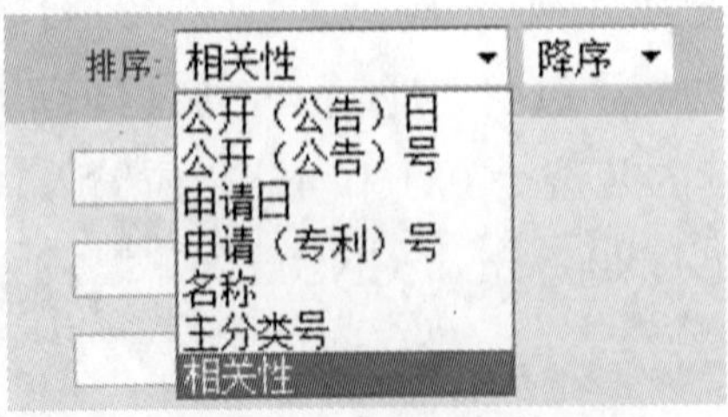

图 2-9 检索结果排序设置图

2.1.3 表格检索

表格检索是快速、便捷获取专利信息的一种检索途径，提供申请号、申请日、公开（公告）号、公开（公告）日、名称、摘要、主分类号、分类号等 18 个检索字段。检索时，可在字段输入框中直接输入信息检索，参见图 2-10。

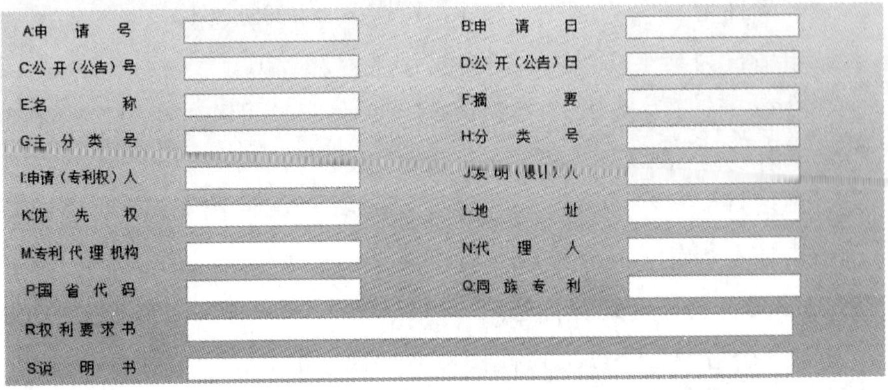

图 2-10 表格检索界面

2.1.3.1 申请号

支持模糊检索（模糊字符包括“?”和“%”，其中“?”可代替单个字符、“%”可代替单个或多个字符），模糊字符位于末尾时可省略不写。支持“and，or，not”逻辑运算。

检索示例：

a. 输入完整申请号，应键入：CN02144686.5

b. 申请号前五位为02144，应键入：CN02144%

c. 申请号中间几位为2144，应键入：%2144%

d. 申请号不连续的几位为021和468，应键入：%021%468%

e. 逻辑运算，如CN2003 not CN20033

2.1.3.2 申请日

申请日由年、月、日三部分组成：

(1) 各部分之间用圆点隔开；“年”为4位数字，“月”和“日”为1或2位数。

(2) 连续数字；“年”为4位数字，“月”和“日”为2位数，单月日用“0”补齐。

检索示例：

a. 申请日为2002年01月01日，可键入：20020101或2002.01.01

b. 申请日为2002年01月，可键入：200201或2002.01

c. 申请日为2002年某月01日，可键入：2002..01

d. 申请日为某年01月01日，可键入：.01.01

e. 检索申请日为从2002年到2003年的信息，可键入：2002 to 2003

f. 申请日为2002年，可键入：2002

g. 申请日为某年10月，可键入：.10

h. 申请日为某年某月5日，可键入：..5

2.1.3.3 公开（公告）号

公开（公告）号字段支持模糊检索。模糊部分位于公开（公告）号开始或中间时，使用?代替单个字符，%代替单个或多个字符，位于公开（公告）号末尾时模糊字符可省略。支持“and，or，not”逻辑运算。

检索示例：

a. 公开（公告）号为CN1387751，应键入：CN1387751

b. 公开（公告）号前面几位为CN13877，应键入：CN13877

c. 公开（公告）号中包含13877，应键入：%13877

2.1.3.4 公开（公告）日

公开（公告）日由年、月、日三部分组成：

（1）各部分之间用圆点隔开；“年”为4位数字，“月”和“日”为1或2位数。

（2）连续数字；“年”为4位数字，“月”和“日”为2位数，单月日用“0”补齐。

检索示例：

a. 公开（公告）日为2003年01月01日，可键入：20030101或2003.01.01

b. 公开（公告）日为2003年01月，可键入：200301或2003.01

c. 公开（公告）日为2003年某月01日，可键入：2003..01

d. 公开（公告）日为某年01月01日，可键入：.01.01

e. 检索公开（公告）日为从2002年到2003年的信息，可键入：2002 to 2003

f. 公开（公告）日为1999年，可键入：1999

g. 公开（公告）日在某年10月，可键入：.10

h. 公开（公告）日为某年某月5日，可键入：..5

2.1.3.5 名称

名称字段支持模糊检索。模糊检索时应尽量选用关键字，以免检索出过多无关文献。模糊部分位于字符串中间时，使用？代替单个字符，%代替单个或多个字符，位于字符串开始或末尾时模糊字符可省略。字段内各检索词之间可进行and、or、not逻辑运算。

检索示例：（国外专利用英文查询，操作符号不变）

a. 名称中包含计算机，可键入：计算机

b. 名称中包含计算机和应用，可键入：计算机 and 应用

c. 名称中包含计算机或控制，可键入：计算机 or 控制

d. 名称中包含计算机，不包含电子时，可键入：计算机 not 电子

e. 名称中包含“汽车”和“化油器”，且“汽车”在“化油器”之前，可键入：汽车%化油器

f. 已知名称中包含 computer 或 system，可键入：computer or system

g. 已知名称中包含 computer 和 soft，且 computer 在 soft 之前，应键入：computer%soft

2.1.3.6　摘要

摘要字段支持模糊检索。模糊检索时应尽量选用关键字，以免检索出过多无关文献。模糊部分位于字符串中间时，使用?代替单个字符,%代替单个或多个字符，位于字符串开始或末尾时模糊字符可省略。字段内各检索词之间可进行 and、or、not 逻辑运算。

检索示例：(国外专利用英文查询，操作符号不变)

a. 摘要中包含计算机，可键入：计算机

b. 摘要中包含计算机和应用，可键入：计算机 and 应用

c. 摘要中包含计算机或控制，可键入：计算机 or 控制

d. 摘要中包含计算机，不包含电子时，可键入：计算机 not 电子

e. 摘要中包含“闸瓦”和“摩擦系数”，且“闸瓦”在“摩擦系数”之前，可键入：闸瓦%摩擦系数。

f. 已知摘要中包含 computer 和 System，可键入：computer and system

2.1.3.7　分类号

专利申请案的分类号可由《国际专利分类表》查得。分类号可实行模糊检索，模糊部分使用?代替单个字符，使用%替代单个或多个字符。字段内各检索词之间可进行 and、or、not 运算。

检索实例：

a. 分类号为 G06F15/16，应键入：G06F15/16

b. 分类号开始部分为 G06F，应键入：G06F%

c. 分类号中包含 15/16，应键入：%15/16%

d. 分类号前三个字符和中间三个字符分别为 G06 和 5/1，应键入：G06%5/1%

e. 分类号中包含 06 和 15，且 06 在 15 之前，应键入：%06%15%

f. 若检索分类号为 G06F15/16 或 G06F15/17，应键入：G06F15/16 or G06F15/17

2.1.3.8　主分类号

同一专利申请案具有若干个分类号时，其中第一个称为主分类号。主分类号可实行模糊检索，模糊部分使用？代替单个字符，使用%替代单个或多个字符。字段内各检索词之间可进行 and、or、not 运算。

检索示例：

a. 主分类号为 G06F15/16，应键入：G06F15/16

b. 主分类号开始部分为 G06F，应键入：G06F%

c. 主分类号中包含 15/16，应键入：%15/16%

d. 主分类号中包含 15 和 16，且 15 在 16 之前，应键入：%15%16%

e. 若检索主分类号为 G06F15/16 或 G06F15/17，应键入：G06F15/16 or G06F15/17

2.1.3.9　申请（专利权）人

申请（专利权）人为个人或团体。申请（专利权）人字段支持模糊检索，模糊检索时应尽量选用关键字，以免检索出过多无关文献。模糊部分位于字符串中间时，应使用？代替单个字符，%代替单个或多个字符，位于字符串开始或末尾时模糊字符可省略。字段内各检索词之间可进行 and、or、not 运算。

检索示例：

a. 申请（专利权）人为丁水波，应键入：丁水波

b. 申请（专利权）人中包含顾学平和曹光群，应键入：顾学平 and 曹光群

c. 申请（专利权）人中包含吴伟南或李会民，应键入：吴伟南 or 李会民

d. 申请（专利权）人名字中包含“仁”，应键入：仁

e. 申请（专利权）人姓吴，且名字中包含“仁”，应键入：吴?仁、吴%仁

f. 申请（专利权）人姓吴或郑，且名字中包含“仁”，应键入：（（吴 or 郑）and 仁）

g. 申请（专利权）人为宜兴某电子遥控开关厂，应键入：宜兴%电子遥控开关厂

h. 申请（专利权）人为北京或上海的某厂，厂名中包含“电子”或“开关”，应键入：（（北京 or 上海）and（电子 or 开关））

i. 申请（专利权）人为北京某电子厂或上海某开关厂，应键入：（（北京%电子）or（上海%开关））

j. 申请（专利权）人为某厂，厂名中可能同时包含“电子”和“开关”，也可能同时包含“遥控”和“数码”，且均不知先后顺序，应键入：（（电子 and 开关）or（遥控 and 数码））

k. 已知申请（专利权）人中包含 BONNY PHILIPPE 或 SINGY ALEXANDRE，应键入：BONNY PHILIPPE or SINGY ALEXANDRE

l. 申请（专利权）人中包含天极但不包含电子，应键入：天极 not 电子

2.1.3.10 发明（设计）人/申请（专利权）人

发明（设计）人可为个人或团体。发明（设计）人字段支持模糊检索。模糊检索时应尽量选用关键字，以免检索出过多无关文献。模糊部分位于字符串中间时，应使用?代替单个字符，%代替单个或多个字符，位于字符串开始或末尾时模糊字符可省略。字段内各检索词之间可进行 and、or、not 运算。

检索示例：

a. 发明（设计）人为丁水波，应键入：丁水波

b. 发明（设计）人中包含顾学平和曹光群，应键入：顾学平 and 曹光群

c. 发明（设计）人中包含吴伟南或李会民，应键入：吴伟南 or 李会民

d. 已知发明（设计）人中包含 BONNY PHILIPPE 或 SINGY ALEXANDRE，应键入：BONNY PHILIPPE or SINGY ALEXANDRE

2.1.3.11　优先权

优先权字段中包含表示国别的字母和表示编号的数字，支持模糊检索。模糊检索时应尽量选用关键字，以免检索出过多无关文献。模糊部分位于字符串中间时应使用？代替单个字符，%代替单个或多个字符，位于字符串末尾时模糊字符可省略。字段内各检索词之间可进行 and、or 运算。

检索示例：

a. 专利优先权编号含有 92112960，应键入：%92112960% 或 %92112960

b. 专利优先权编号以 11296 开头，应键入：11296 或 11296%

c. 专利优先权国家为中国且优先权编号为 92112960，应键入：CN and 92112960%

d. 专利优先权国家为中国或优先权编号为 92112960，应键入：CN or 92112960%

e. 已知专利优先权编号为 19990428321，应键入：19990428321

f. 已知专利优先权国家为美国且优先权编号为 19990428321，应键入：US and 19990428321

2.1.3.12　地址

地址字段（包括邮编）支持模糊检索。模糊检索时应尽量选用关键字，以免检索出过多无关文献。模糊部分位于字符串中间时，应使用？代替单个字符，%代替单个或多个字符，位于字符串开始或末尾时模糊字符可省略。字段内各检索词之间可进行 and、or、not 运算。

检索示例：

a. 地址中包含辽宁省鞍山市，可键入：辽宁省鞍山市

b. 地址中包含辽宁省和鞍山市，可键入：辽宁省 and 鞍山市

c. 地址中包含鞍山市或德阳市，可键入：鞍山市 or 德阳市

d. 申请人地址邮编为 100088，可键入：100088

e. 申请人地址邮编为300457，地址为某市泰华路12号，应键入：300457%泰华路12号（注意邮编在前）

f. 申请人地址为陕西省某县城关镇某街72号，应键入：陕西省%城关镇%72号；也可键入：陕西省%72号

2.1.3.13　专利代理机构

专利代理机构字段支持模糊检索。模糊检索时应尽量选用关键字，以免检索出过多无关文献。模糊部分位于字符串中间时，应使用?代替单个字符，%代替单个或多个字符，位于字符串开始或末尾时模糊字符可省略。字段内各检索词之间可进行and、or、not运算。

检索示例：

a. 专利代理机构中包含长春科宇，可键入：长春科宇

b. 专利代理机构中包含长春和科宇，可键入：长春 and 科宇

c. 专利代理机构中包含长春科宇或沈阳科苑，可键入：长春科宇 or 沈阳科苑

d. 专利代理机构名称中包含"贸易"和"商标"，且"贸易"在"商标"之前，可键入：贸易%商标

2.1.3.14　代理人

代理人字段支持模糊检索。模糊检索时应尽量选用关键字，以免检索出过多无关文献。模糊部分位于字符串中间时应使用?代替单个字符，用%代替单个或多个字符，位于字符串开始或末尾时模糊字符可省略。字段内各检索词之间可进行and、or、not运算。

检索示例：

a. 代理人中包含李恩庆，可键入：李恩庆

b. 代理人中包含李恩庆和马守忠，可键入：李恩庆 and 马守忠

c. 代理人中包含李恩庆或周秀梅，可键入：李恩庆 or 周秀梅

d. 专利代理人名字中包含"军"，可键入：%军

e. 专利代理人姓林，且名字中包含"军"，可键入：林?军 或 林%军

2.1.3.15　国省代码

国省代码字段中包含表示省的编号数字，支持模糊检索。模糊检索时应尽量选用关键字，以免检索出过多无关文献。模糊部分位于字符串中间时应使用？代替单个字符，用%代替单个或多个字符，位于字符串末尾时模糊字符可省略。字段内各检索词之间可进行 or 运算。

检索示例：

a. 已知国省代码编号为 32（江苏），应键入：32、32%、%32% 或江苏、江苏%

b. 已知国省代码编号为 32（江苏），11（北京），要查江苏或北京的，应键入：江苏 or 北京 或 32 or 11

2.1.3.16　同族专利

同族专利字段项，支持模糊检索。模糊检索时应尽量选用关键字，以免检索出过多无关文献。模糊部分位于字符串中间时应使用？代替单个字符，%代替单个或多个字符，位于字符串末尾时模糊字符可省略。字段内各检索词之间可进行 and、or、not 运算。

检索示例：

a. 已知同族专利项中含有 US6354470，应键入：US6354470

b. 已知同族专利项中开始 5 位是 US635，第 6 位不知，第 7 位是 4，应键入：US635？4

c. 已知同族专利项中含有 US6354470 或 GR2000100304，应键入：US6354470 or GR2000100304

d. 已知同族专利项中开始 5 位是 US635，第 6 位不是 4，应键入：US635 not US6354

2.1.3.17　权利要求书

权利要求书字段对权利要求书进行检索，支持模糊检索。模糊检索时应尽量选用关键字，以免检索出过多无关文献。模糊部分位于字符串中间时应使用？代替单个字符，用%代替单个或多个字符，位于字符串开始或末尾时模糊字符可省略。字段内各检索词之间可进行 and、or、not 逻辑运算。

检索示例：

a. 已知权利要求书中含有计算机，应键入：计算机

b. 已知权利要求书中含有计算机和应用，应键入：计算机 and 应用

c. 已知权利要求书中含有计算机或控制，应键入：计算机 or 控制

d. 已知权利要求书中含有计算机但不包含控制，应键入：计算机 not 控制

2.1.3.18　说明书

说明书字段对专利说明书全文进行检索，支持模糊检索。模糊检索时应尽量选用关键字，以免检索出过多无关文献。模糊部分位于字符串中间时应使用？代替单个字符，用%代替单个或多个字符，位于字符串开始或末尾时模糊字符可省略。字段内各检索词之间可进行 and、or、not 运算。

检索示例：

a. 已知说明书中含有计算机，应键入：计算机

b. 已知说明书中含有计算机和应用，应键入：计算机 and 应用

c. 已知说明书中含有计算机或控制，应键入：计算机 or 控制

d. 已知说明书中含有计算机但不包含控制，应键入：计算机 not 控制

2.1.4　逻辑检索

与上面“表格式检索”相并列的是“逻辑检索”。逻辑检索是一种高级检索方式，用户可以输入一个复杂的表达式，指定在哪些字段中检索哪些关键字，并支持模糊检索和逻辑运算（注意当使用逻辑检索框时，上面的表格检索框失效，此时所有检索结果以逻辑检索框里的输入为准）。

逻辑检索框如图 2-11 所示：

图 2-11　逻辑检索框

检索示例：（以下以中文为例，外文专利也适用）

a. 代理人为李恩庆，地址为吉林省，名称中含有红参，可以键入：李恩庆/AGT and 吉林省/AR and 红参/TI

其中“/AGT”“/AR”“/TI”分别表示“代理人”“地址”“名称”，这些可以通过点击逻辑检索框右上角的“字段名称”按钮来插入，见图 2-12。“and”等逻辑运算符可以直接输入（半角英文），也可以点击按钮插入（特别注意逻辑运算符的前后一定要有空格）。

名称/TI	申请号/AN	申请日/AD
公开(公告)号/PNM	公开(公告)日/PD	申请(专利权)人/PA
发明(设计)人/IN	主分类号/PIC	分类号/SIC
地址/AR	摘要/AB	优先权/PR
专利代理机构/AGC	代理人/AGT	同族专利/FA
国际申请/IAN	国际公布/IPN	颁证日/IPD
分案原申请号/DAN	国省代码/CO	权利要求书/CLM
说明书/FT		

图 2-12　字段名称显示图

b. 专利名称中包含“汽车”和“化油器”，但不知二者的先后顺序，应键入：（汽车 and 化油器）/TI

其中括号可以输入也可以点击按钮插入。

c. 专利摘要中包含“数据”或“信息”，应键入：（数据 or 信息）/AB

d. 专利发明人姓王且代理人姓张，应键入：王/IN and 张/AGT

e. 专利申请号或公开号中包含 254，应键入：%254/AN or %254/PNM

f. 专利的申请日、公开日中有一个是 1990 年某月 25 日，应键入：1990..25/AD or 1990..25/PD

g. 专利申请人姓刘，住在上海或广州，应键入：刘/PA and（上海 or 广州）/AR

h. 专利申请日在 1997 年 2 月和 1999 年 5 月之间，应键入：（1997.2 to 1999.5）/AD

此外，对于中国专利，点击 » 可展开更多的逻辑运算符，如图2-13所示：

图 2-13　逻辑运算符

• xor（逻辑异或）

例如：在摘要中检索含有变速或装置，但不能同时含有变速和装置的专利，应键入：（变速 xor 装置）/AB，或键入：（变速 or 装置）/AB not（变速 and 装置）/AB

• adj（两者邻接，次序有关）

例如：在摘要中检索含有变速和装置，且变速在装置前面的专利，应键入：（变速 adj 装置）/AB

• equ/n（两者相隔 n 个字，次序有关（默认相隔 10 个字））

例如：在摘要中检索含有方法和装置，且方法在装置前面，方法和装置相隔 10 个字的专利，应键入：（方法 equ/10 装置）/AB

• xor/n（两者在 n 个字之内不能同时出现，默认相隔 10 个字）

例如：在摘要中检索含有方法和装置，且方法和装置在 10 个字内不能同时出现的专利，应键入：（方法 xor/10 装置）/AB

• pre/n（两者相隔至多 n 个字，次序有关，默认相隔 10 个字）

例如：在摘要中检索含有方法和装置，且方法在装置前面，方法和装置至多相隔 10 个字的专利，应键入：（方法 pre/10 装置）/AB

2.1.5　检索结果

点击检索按钮后，将出现类似图 2-14 所示的检索结果：

图 2-14　检索结果界面（概览界面）

选项说明：

（1）按范围查看：若想按类型或地区查看检索结果，可在图 2-14 里选择下拉框。

（2）自动翻译按钮：若检索结果中有英文专利，点击右上角“自动翻译”按钮可将当前检索结果列表页中的英文进行翻译并显示翻译结果。

自动翻译采用机器翻译技术。平台上集成的机器翻译是由无人工介入的英译中软件完成，翻译结果仅供参考，无法与专业人员的翻译相提并论，参见图 2-15。

（3）分析按钮：可以进行专利分析，并显示分析结果。分析系统详情见下面章节。

◆咨询台 ◆使用帮助 ◆返回首页

按国家或地区分别查看检索结果： 美国(6090)　自动翻译　分析

	申请号	公开（公告）号	主分类号	名称
	US19650492569	US3363872(A)	B60R1/06	后视镜
	US19650496454	US3367616(A)	B60R1/02	对后视力镜的支持
	US19640338892	US3370479(A)	B60R1/062	遥控镜
	US19660526160	US3370480(A)	B60R1/062	遥控后视镜
	US19650497287	US3369427(A)	B60R1/062	遥远控制的镜子
	US19660572973	US3371903(A)	B60R1/06	后视镜镜的支撑臂杆
	US19660538010	US3372897(A)	B60R1/078	后视镜
	US19640348078	US3372970(A)	B60Q1/50	交通灯指标
	US19200370548	US1446164(A)	B60R1/02	普遍的安装的设备
	US19200378407	US1455441(A)	B60R1/02	视为同等支持镜子等等

图 2-15　自动翻译结果

（4）二次检索按钮：可以进一步限定字段，缩小检索范围（即对第一次检索的结果进行筛选）。

例如：

如果我们要在这里面检索“申请（专利权）人”为“奇瑞汽车有限公司”则点击二次检索并在“申请（专利权）人”处填入“奇瑞汽车有限公司”进行二次查询，结果如图 2-16 所示：

	申请号	公开（公告）号	主分类号	名称
	CN02138596.3	CN1420038	B60Q11/00	车内噪声测量装置
	CN200410044990.5	CN1583475	B60R22/00	一种汽车安全带
	CN200410066109.1	CN1786443	F02D13/02(2006.01)	一种可控燃烧速率的汽车发动机
	CN200510038487.3	CN1835275	H01M10/50(2006.01)	混合动力汽车电池
	CN200510038820.0	CN1843795	B60K6/02(2006.01)	一种混合动力汽车动力总成
	CN200510040132.8	CN1865894	G01M17/007(2006.01)	一种混合动力汽车动力总成实验装置
	CN200510094172.0	CN1923585	B60T13/52(2006.01)	汽车制动助力辅助装置
	CN200510094553.9	CN1935552	B60K6/02(2006.01)	一种弱混合动力汽车动力系统
	CN200510094510.0	CN1935551	B60K6/02(2006.01)	一种混合动力汽车动力装置
	CN200610039069.0	CN1958174	B05D7/14(2006.01)	一种汽车涂装生产工艺

图 2-16　二次检索结果

（5）过滤检索按钮：点击后下次检索将排除本次检索的结果。

例如：先检索名称里含“计算机”的专利，结果如图 2-17 所示，然后再在检索结果基础上点击“过滤检索”，在“名称”一栏中输入“程序”，则第二次检索结果中的名称里含“计算机”的将被排除掉，如图 2-18 所示：

按国家或地区分别查看检索结果：全部(17500)　自动翻译　分析

	申请号	公开（公告）号	主分类号	名称
	CN201020538279.6	CN201797175U	H01R13/648(2006.01)I	具有接地功能的连接器结构与计算机系统
	CN201020536511.2	CN201796356U	G06F3/16(2006.01)I	一种能识别语音命令的计算机
	CN201020236283.7	CN201796334U	G06F1/32(2006.01)I	计算机USB控制节电装置
	CN201020521287.X	CN201796327U	G06F1/18(2006.01)I	计算机周边装置的锁定器
	CN201020552849.7	CN201796325U	G06F1/16(2006.01)I	矿用隔爆兼本安型计算机
	CN200920311982.0	CN201796311U	G06F1/16(2006.01)I	计算机主机板
	CN201020234133.2	CN201795806U	G01D5/24(2006.01)I	一种计算机联网远程监控检测仪
	CN201020275265.X	CN201793265U	B65H5/02(2006.01)I	计算机直接制版设备的版材真空吸附输送机构
	CN201020522442.X	CN201789170U	H01R13/66(2006.01)I	一种计算机用电源插座
	CN201020225416.0	CN201788744U	H01B7/29(2006.01)I	特种超高温计算机电缆

图 2-17　第一次检索结果

按国家或地区分别查看检索结果：全部(12680)　自动翻译　分析

	申请号	公开（公告）号	主分类号	名称
	CN201020202850.7	CN201789524U	H04L29/06(2006.01)I	一种通过分析网络行为检测木马程序的装置
	CN201020272270.5	CN201770535U	C02F3/12(2006.01)I	膜生物反应器模块间隙过滤程序控制系统
	CN201020272046.6	CN201770534U	C02F3/12(2006.01)I	新型膜生物反应器模块间隙过滤程序控制器
	CN200920254570.8	CN201765708U	G09B5/06(2006.01)I	一种可进行多媒体程序演示的PDA设备
	CN201020270367.2	CN201765585U	G06F9/445(2006.01)I	一种处理器应用程序动态加载系统
	CN201020502372.1	CN201758632U	A01G9/24(2006.01)I	温室程序型自动微喷灌系统
	CN201020224573.X	CN201732330U	G06F3/048(2006.01)I	一种在智能电子装置上调用和操作应用程序的装置
	CN201020261954.5	CN201732294U	G05B23/02(2006.01)I	全自动波轮洗衣机程序控制器用测试仪
	CN201020172827.8	CN201729539U	B65H54/74(2006.01)I	一种竖式程序控制络纱机
	CN201020260337.3	CN201716715U	G06F9/445(2006.01)I	嵌入式系统程序升级端口电路

图 2-18　过滤检索结果

而单独检索名称中含“程序”的专利会有 15 656 条之多（以上检索默认的数据范围是“中国发明专利”“中国实用新型”“中国外观设计”三类，按字检索，下同）。

（6）设定显示字段按钮：点击此按钮将允许用户设置检索结果列表窗口中显示哪些专利信息字段，如图 2-19 所示：

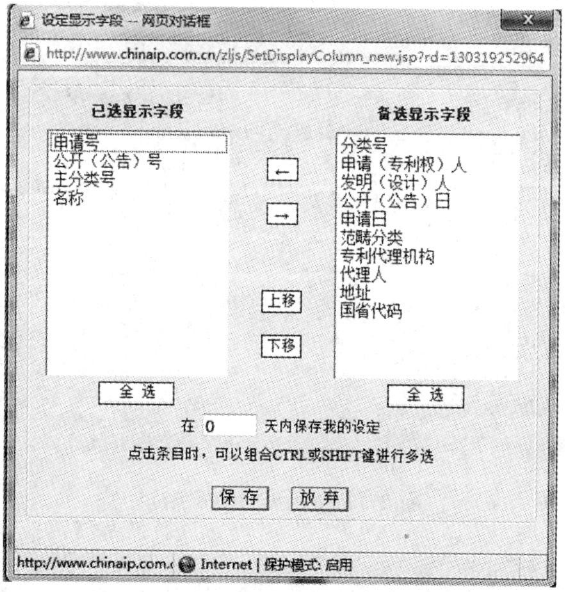

图 2-19 设定显示字段按钮

从“备选显示字段”中选择需要显示的字段，然后点击“ ← ”将其添加到“已选显示字段”中。也可从“已选显示字段”中选择不需要显示的字段然后点击“ → ”进行移除。

（7）快速检索通道：为了方便用户继续检索或重新检索，结果列表最下端页面处设有快速检索通道，用户可以选择字段重新或在结果中进行检索，如图 2-20 所示：

图 2-20 快速检索通道

（8）专利细览界面：点击搜索结果中某条专利的申请号，则会进入专利细览界面，可查看著录项、摘要、主权项等信息，可查看法律状态、专利说明书全文和代码化数据，可打印和下载著录项信息，参见图2-21。

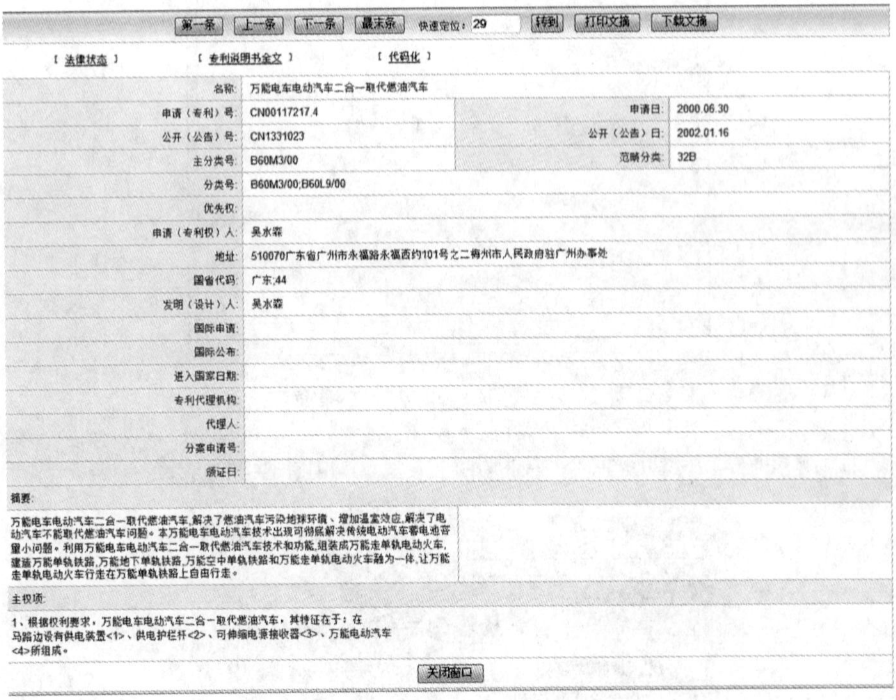

图 2-21　专利细览界面

2.1.6　打印与下载

2.1.6.1　著录项的打印与下载

用户进入某条专利后，点击“打印文摘”按钮可打印著录项，并且支持自定义输出字段，如图 2-22 所示：

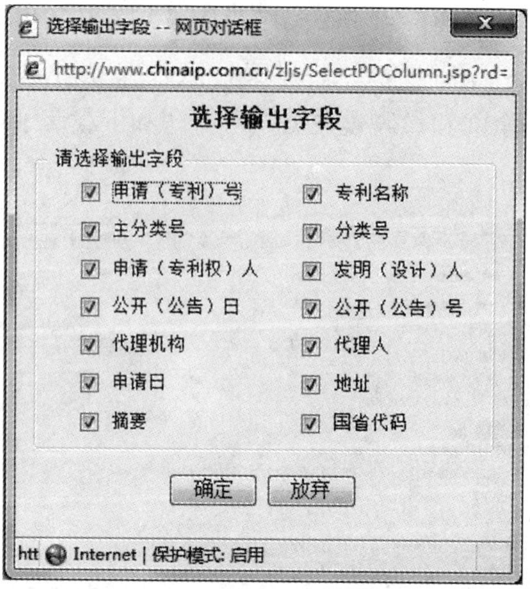

图 2-22　文摘打印字段选择窗口

也可选择“下载文摘”按钮进行下载，如图 2-23 所示：

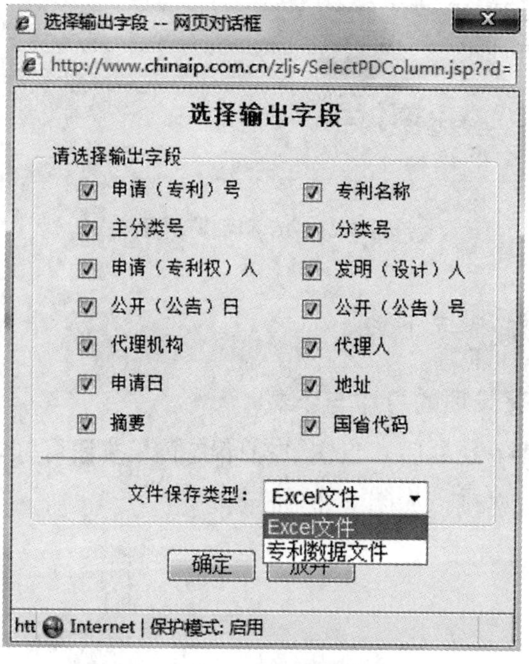

图 2-23　下载文摘窗口

2.1.6.2　单篇专利说明书的打印与下载

在细览页面点击顶端的“专利说明书全文”链接，可查看中国专利说明书全文。全文为 TIF 格式的图形，必须下载指定的图形控件才可以浏览、打印和下载专利说明书全文（当用户第一次打开时，浏览器一般会提示用户下载图形控件）。

打印：点击最顶端“打印”按钮，在弹出的对话框中可以选择打印整件说明书或者指定范围的说明书，如图 2-24 所示：

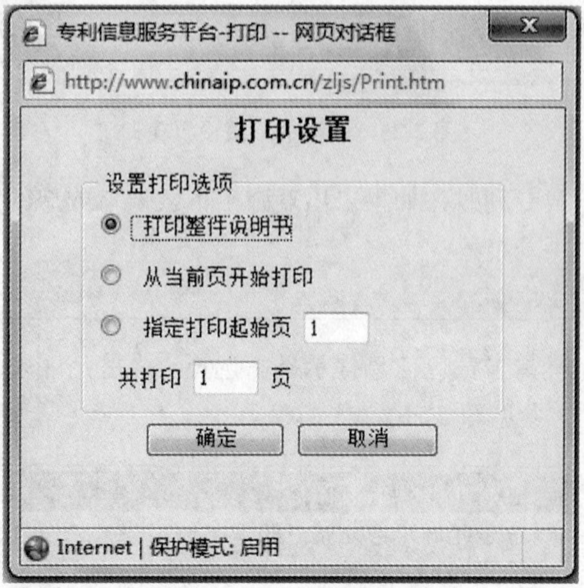

图 2-24　说明书打印设置窗口

下载：点击最顶端“下载”按钮，可以选择下载整件专利说明书或者下载指定范围的说明书，如图 2-25 所示：

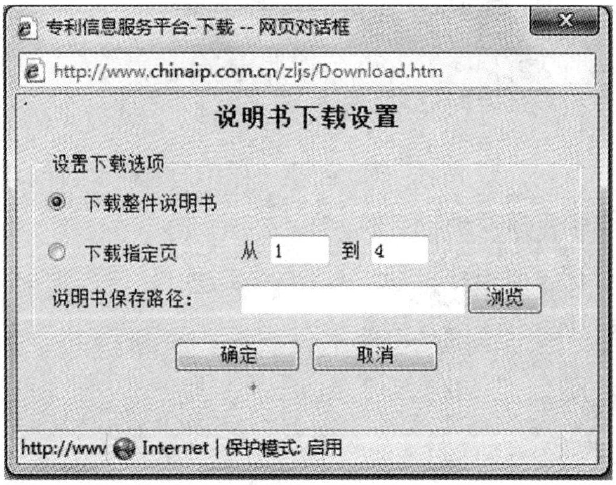

图 2-25　说明书下载设置窗口

注：在下载专利时，如果未出现弹出下载窗口或您的浏览器有如下提示：

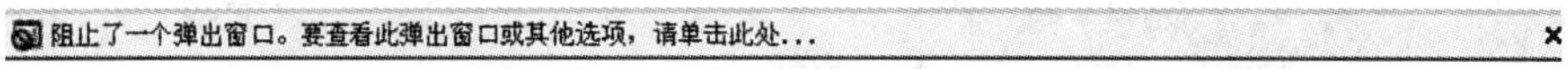

可以用鼠标左键单击黄色信息提示条，选择［总是允许来自此站点的弹出窗口（A)］，参见图 2-26。

图 2-26　警示窗口

2.1.6.3　多篇专利说明书的下载

本平台也可一次下载多件说明书原文（针对中国专利）。如图 2-27 所示，在列表中勾选所需要的专利，然后点击底端的“批量下载说明书”按钮：

	申请号	公开（公告）号	主分类号	名称
☐	CN88104134.3	CN1036174	B60L11/04	电动汽车
☐	CN91104136.2	CN1058184	B60L11/00	电动汽车
☐	CN94101954.3	CN1094358	B60L7/00	带有能量回收装置的电动汽车
☐	CN94100946.7	CN1106347	B60K1/00	一种电动汽车
☐	CN94102744.9	CN1106753	B60K17/00	自动传动系统的改进及在儿童电动汽车马达中的应用
☑	CN94110564.4	CN1110948	B60L9/00	"电动汽车"与电源同步跟踪供电
☑	CN94113950.6	CN1121876	B60L8/00	多功能电动汽车充电装置
☑	CN95100459.X	CN1130135	B60L5/00	都市电动汽车系统
☑	CN96112790.2	CN1152813	H02J7/10	电池充电装置和安装此装置的电动汽车
☐	CN96120997.6	CN1161287	B60K1/00	自发电电动汽车

图 2-27　批量下载说明书按钮

在弹出的对话框中选择保存的路径，如图 2-28 所示：

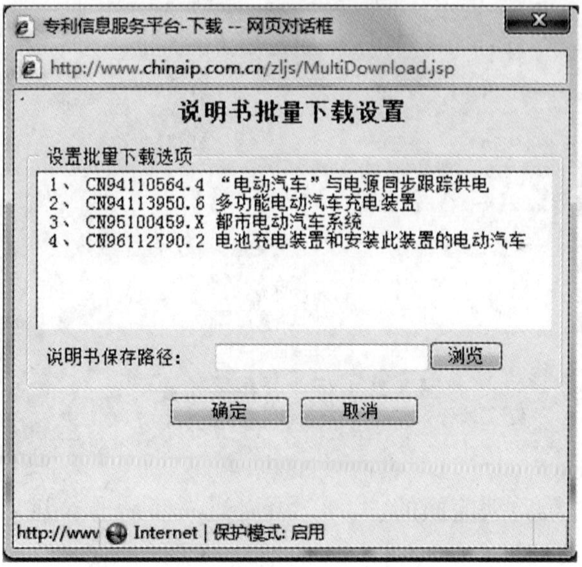

图 2-28　批量下载设置窗口

然后开始下载，并显示进度。

2.2 行业分类导航检索

左边一栏“中外混合专利检索”下面即“行业分类导航”检索，它是将行业进行技术拆分，划分为各级导航节点，方便用户在所属技术领域或所关注的技术领域进行专利检索，使专利检索更有针对性，提高检索效率。例如，汽车产业行业分类导航界面如图 2-29 所示：

图 2-29 行业分类导航界面

【操作说明】

(1) 点击某类别前面的“⊞”可以进一步展开，进入子类。

(2) 当鼠标移动到类名上时可显示“中”和“外”两个小图标，“中”对应检索该行业分类的中国专利，“外”对应检索该行业分类的外国及中国香港地区、中国台湾地区专利；若直接点击该类名，则同时检索中外专利。

（3）对检索结果进行进一步处理可参见上一章“中外混合专利检索”。

2.3　IPC 分类导航检索

左边一栏“行业分类导航”下面即“IPC 分类导航”检索，如图2-30所示：

图 2-30　IPC 分类导航检索界面（1）

【操作说明】

（1）点击某 IPC 前面的“⊞”可以展开，进入下一级。

（2）当鼠标移动到某 IPC 上时可显示“中”和“外”两个小图标，“中”对应检索该 IPC 分类的中国专利，“外”对应检索该 IPC 分类的外国及中国香港地区、中国台湾地区专利；若直接点击该 IPC 名，则会在著录项“主分类号”表格中自动填入该 IPC 名，参见图 2-31。

（3）对于检索结果进行进一步处理可参见第一章“中外混合专利检索”。

图 2-31　IPC 分类导航检索界面（2）

2.4　中国专利法律状态检索

左边一栏“IPC 分类导航”下面即“中国专利法律状态检索”，它可以对“申请（专利）号”“法律状态公告日”“法律状态”进行检索（注意法律状态检索所提供的法律状态信息仅供参考），参见图 2-32。

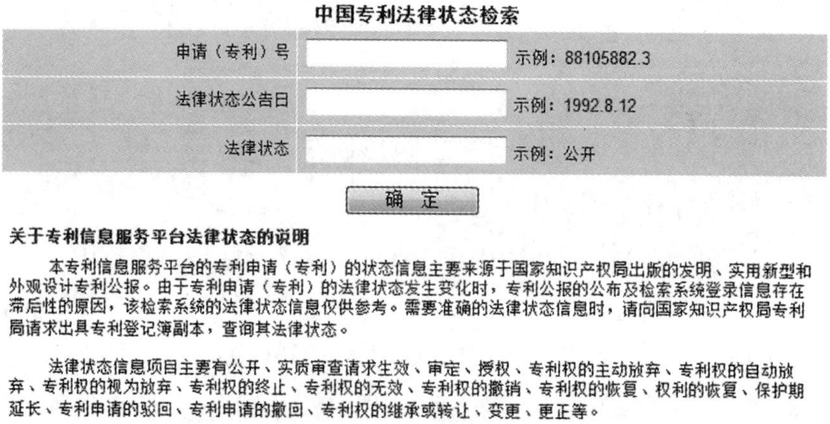

图 2-32　中国专利法律状态检索界面

例如检索申请号“CN200920011228.7”，可看到如下结果，参见图2-33：

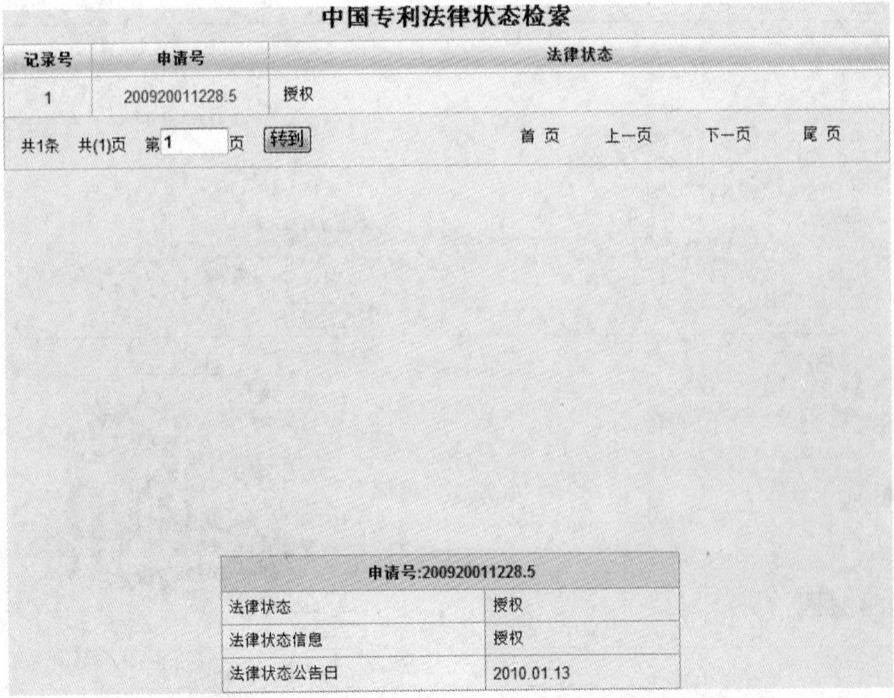

图 2-33　中国专利法律状态检索结果界面

2.5　分析系统使用说明

专利信息分析是将专利数据经过系统化处理后，分析整理出直观易懂的结果，并以图表的形式展现出来。通过把专利数据升值为专利情报，可以帮助用户全面、深层地挖掘专利资料的战略信息，促进产业技术的升级，研究、制定和实施企业发展的专利战略。

分析系统的分析结果是以表格或者图形方式呈现出来，其中分析图形有多种显示方式，表2-2展示了各种图形的显示效果以及在界面中对应的图标。

表 2-2　分析结果的显示类型

图标	对应的显示图形	显示效果
	折线图	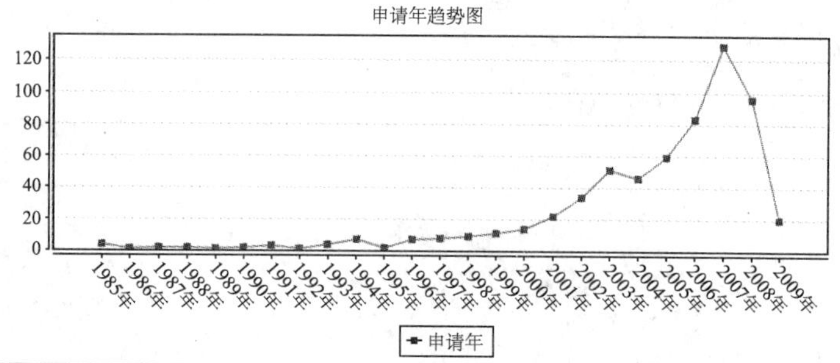
	柱状图	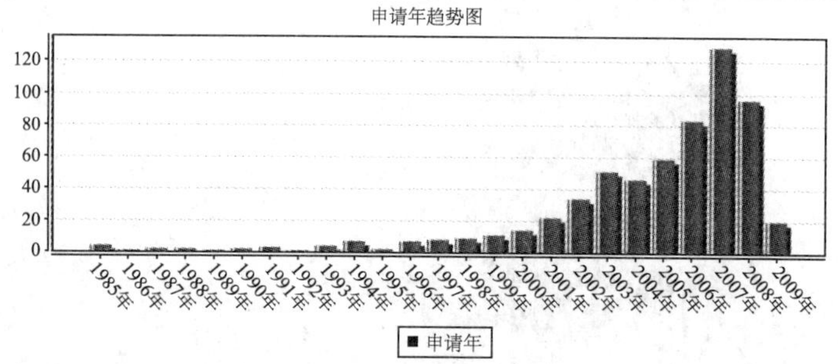
	三维折线图	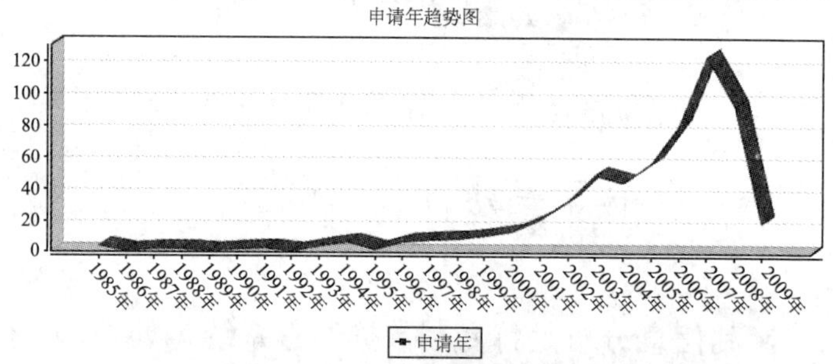
	三维柱状图	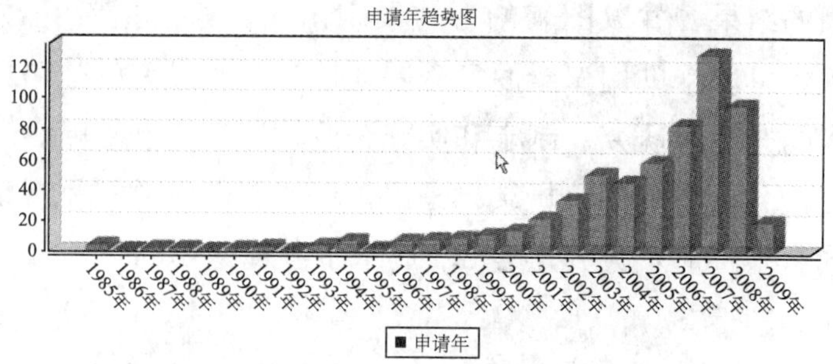

续表

图标	对应的显示图形	显示效果
	雷达图	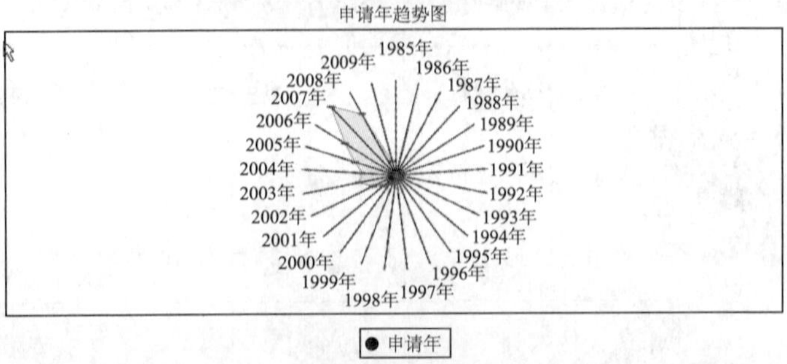
	饼状图	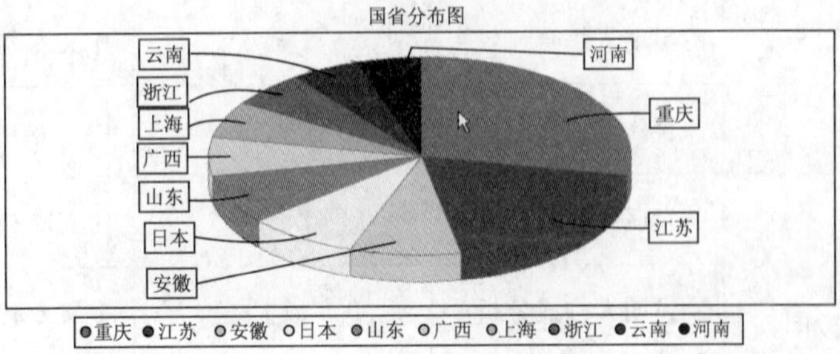

系统的专利分析功能共包括【趋势分析】、【国省分析】、【区域分析】、【申请人分析】、【发明人分析】、【技术分类分析】、【中国专项分析】、【自动分析报告】八大类，具体的分析项目如表 2-3 所示。

表 2-3　分析功能说明

分析功能	分析项目	分析图形类型	适用范围
趋势分析	总体趋势分析		中文专利分析和外文专利分析
国省分析	国省分布状况		中文专利分析
	国省申请人分析		中文专利分析
	国省发明人分析		中文专利分析
	国省技术分类分析		中文专利分析

续表

分析功能	分析项目	分析图形类型	适用范围
申请人分析	申请人趋势分析		中文专利分析和外文专利分析
	申请人构成分析		中文专利分析和外文专利分析
	申请人国省分析		中文专利分析
	申请人区域构成		外文专利分析
	申请人技术分类构成		中文专利分析和外文专利分析
	申请人综合比较	无	中文专利分析和外文专利分析
	合作申请人分析	无	中文专利分析和外文专利分析
发明人分析	发明人趋势分析		中文专利分析和外文专利分析
	发明人构成分析		中文专利分析和外文专利分析
	发明人国省分析		中文专利分析
	合作发明人分析	无	中文专利分析和外文专利分析
技术分类分析	技术分类趋势分析		中文专利分析和外文专利分析
	技术分类构成分析		中文专利分析和外文专利分析
	技术分类国省分析		中文专利分析
	技术分类区域构成		外文专利分析
	技术分类申请人构成		中文专利分析和外文专利分析
	技术关联度分析	无	中文专利分析和外文专利分析

续表

分析功能	分析项目	分析图形类型	适用范围
区域分析	区域趋势分析		外文专利分析
	区域构成分析		外文专利分析
	区域技术分类构成		外文专利分析
	区域申请人构成		外文专利分析
中国专项分析	专利类型分析		中文专利分析
	国省分布状况		中文专利分析
自动分析报告	总体发展趋势	由系统设定	中文专利分析和外文专利分析
	其他专项分析	由系统设定	中文专利分析和外文专利分析
	专利申请区域分析	由系统设定	中文专利分析和外文专利分析
	主要技术领域分析	由系统设定	中文专利分析和外文专利分析
	主要竞争者分析	由系统设定	中文专利分析和外文专利分析
	主要发明人分析	由系统设定	中文专利分析和外文专利分析

分析系统的分析结果（表格或者图形），均可以从系统中导出并保存下来。导出的表格为 Excel 格式的文件，导出的图形为 bmp 格式或 png 格式的图形文件，具体的导出设置在各个分析图形右下角 导出 按键前的下拉框中。

除【自动分析报告】以外的分析结果页面，由图形展示区、详细报表区、条件设置区三部分组成（【合作申请人分析】、【申请人综合比较】、【合作发明人分析】、【技术关联度分析】分析结果没有图形展示区），各区域可以通过页面右上角的菜单栏 图形展示 详细报表 重新设置或者相应栏目右侧的图标展开或隐藏，参见图 2-34、图 2-35、图 2-36、图 2-37。

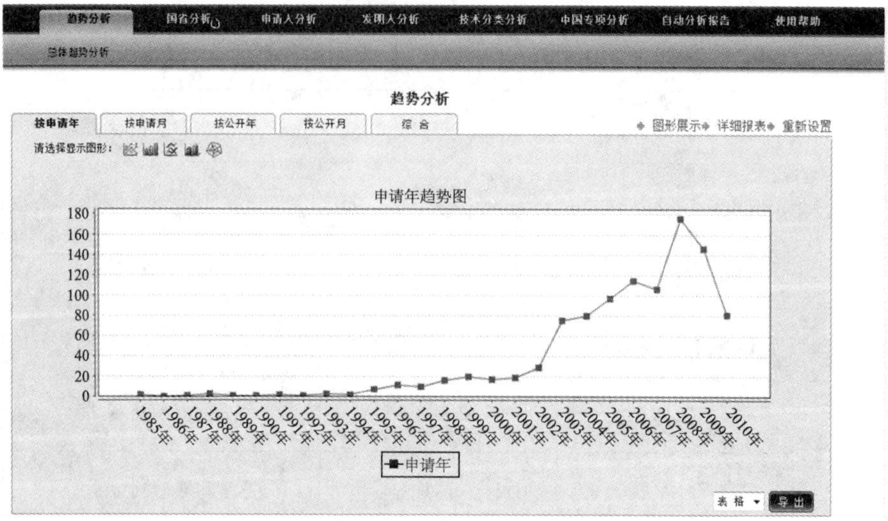

图 2-34　图形展示区示例

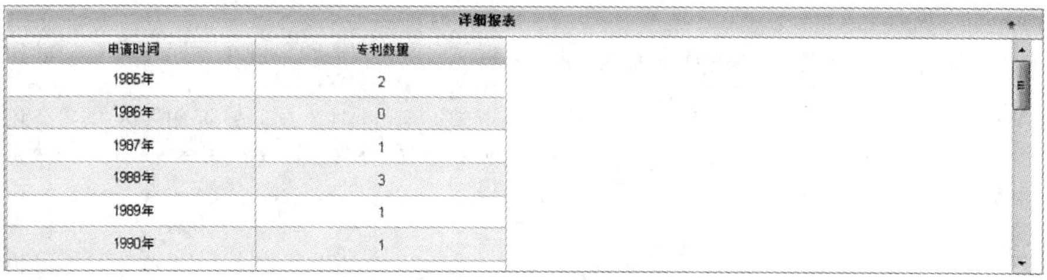

详细报表

申请时间	专利数量
1985年	2
1986年	0
1987年	1
1988年	3
1989年	1
1990年	1

图 2-35　详细报表区示例

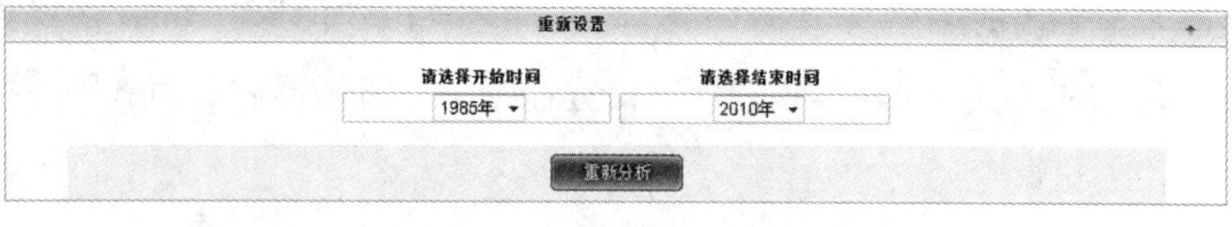

图 2-36　条件设置区示例 1

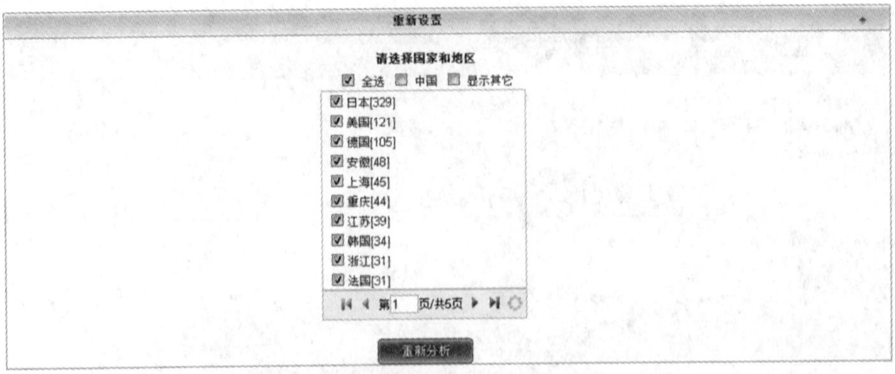

图 2-37 条件设置区示例 2

【说明】

(1) 在选择分析条件时，如选择的项目过多（尤其是对于发明人、申请人等字段），会增加分析的时间，并影响所得到的图形表示。系统设置的数据量上限是 100 000 条，超出将无法进行分析。

(2) 点击图形左上角请选择显示图形：图标，可以更改图形显示的类型（图标对应的图形类型参见表 2-2）。

(3) 点击分析图右下角的 导出 按键，可以保存分析结果。

2.5.1 趋势分析

专利总体趋势分析反映了特定技术主题中历年专利申请（公开）变化情况，可以了解目前技术领域内产品及其技术的生命周期状况，了解并预测产品及其技术的未来发展趋势，反映了行业整体的技术发展动态、发展现状及未来趋势。

总体趋势分析按专利申请日期或专利公开日期统计专利数量。

默认显示图形为“按申请年”分析的折线图，如图 2-38 所示，其中，纵轴：专利数；横轴：年份；颜色：申请年/公开年。

图 2-38 显示了某一技术主题的专利申请总体趋势，显示技术发展趋势和技术发展的不同阶段。

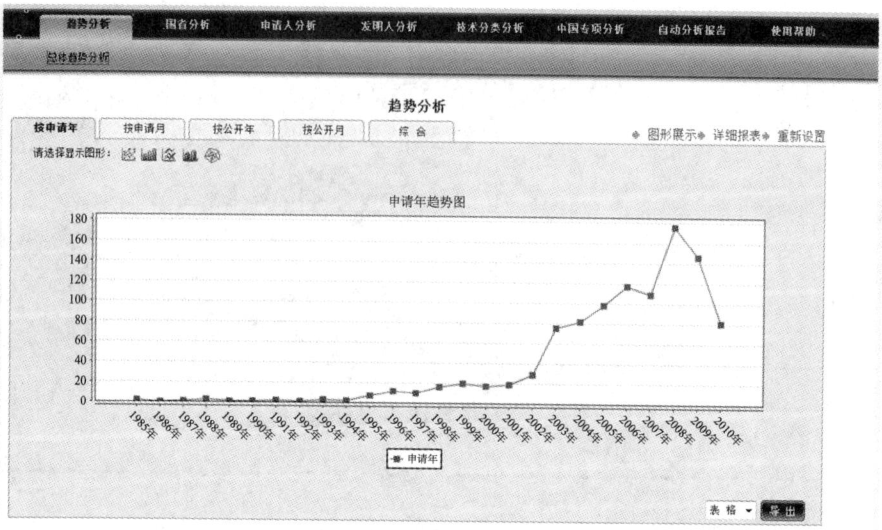

图 2-38　总体趋势分析图界面

【操作说明】

a. 点击 按申请年 按申请月 按公开年 按公开月 综 合 标签栏中的标签，可以按相应条件生成用户所需要的分析图形和数据。

点击其中的 综 合 标签，可以同时显示专利申请数量和专利公开数量随年份变化的趋势，如图 2-39 所示。

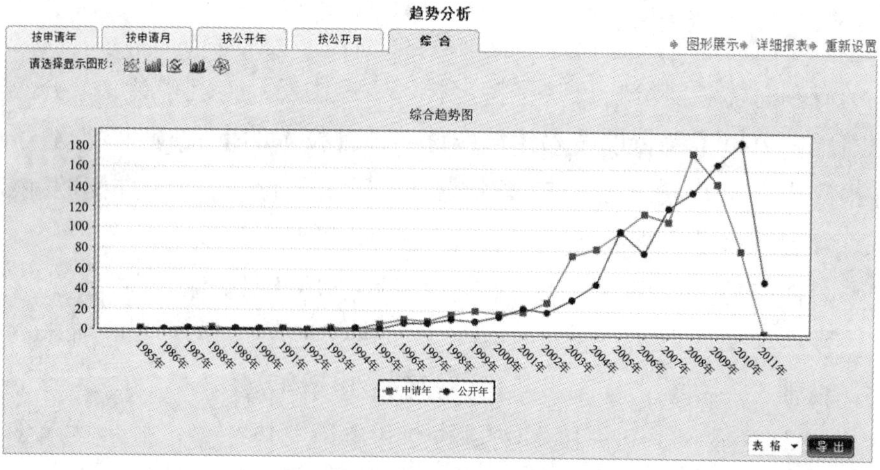

图 2-39　总体趋势分析综合图

图 2-39 显示了某一技术主题的专利总体趋势（分别按申请年和公开年统计），显示技术发展的不同阶段。

b. 单击 详细报表 链接，查看表格式的分析结果，参见图 2-40。

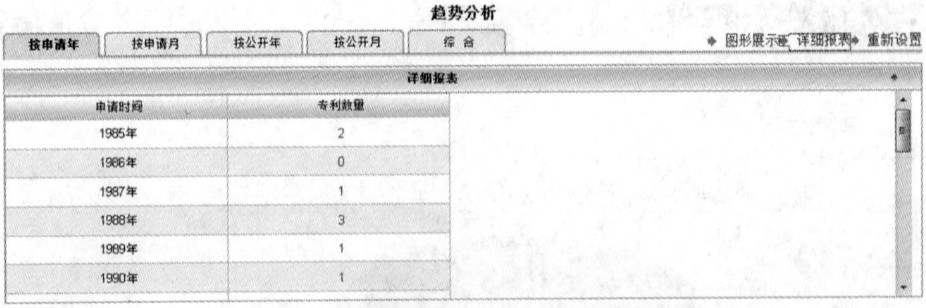

图 2-40　趋势分析表格式分析结果

c. 单击 重新设置按钮，用户可以重新设定“开始时间”和“结束时间”进行分析，参见图 2-41。

图 2-41　总体趋势分析重新设置图

2.5.2　国省分析

通过专利信息的国省分析，可以了解行业发展的重点区域以及不同区域内专利研发的重点方向和各区域之间技术的差异性、不同区域内专利技术的主要竞争者（申请人）和发明人。

国省分析包括国省分布状况、国省申请人分析、国省发明人分析以及国省技术分类分析。国省分析仅适用于中文专利。

2.5.2.1　国省分布状况

国省分布状况主要体现了中国专利数据内国内、国外专利权人的地区构成比例。

操作方法：在分析界面下，依次点击【国省分析/国省分布状况】默认显示图形为饼状图，如图 2-42 所示。

颜色：国省

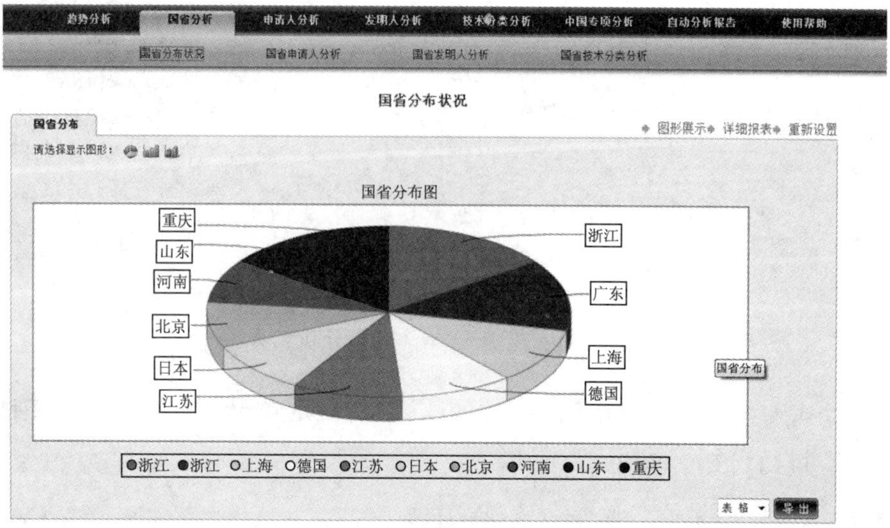

图 2-42　国省分布状况分析图界面

图 2-42 显示了某一技术主题中国专利的地区构成情况（前十国省）、专利在不同地区的分布情况和地区排名情况，反映了中国区域专利技术的地区竞争情况。

【操作说明】

a. 单击 详细报表 链接，查看表格式的分析结果，参见图 2-43。

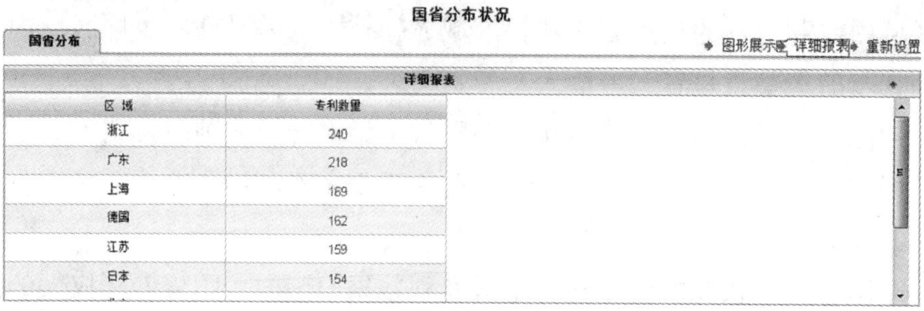

区域	专利数量
浙江	240
广东	218
上海	189
德国	162
江苏	159
日本	154

图 2-43　国省分布表格式分析结果

b. 单击 重新设置链接，由用户选择“国家和地区”重新进行分析，参见图 2-44。

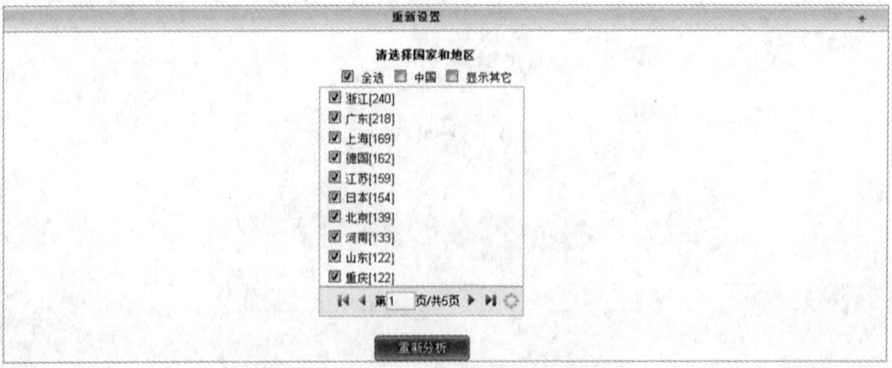

图 2-44 国省分布状况重新设置图

【说明】

1. 默认情形下是对专利数量最多的 10 个国家或地区进行分析。

2. 将中国勾选后，是以国家为单位进行的分析，如图 2-45 所示。

3. 分析图形中默认只显示被选中的国家或地区，勾选“显示其它”复选框，会将未被选中的国家或地区的专利数加到一起，显示在分析图形和分析数据列表的其它项里，如图 2-46 所示。

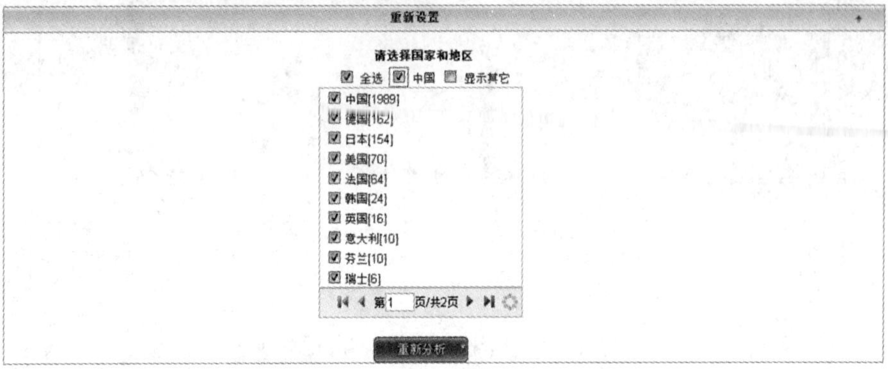

图 2-45 以国家为单位进行分析

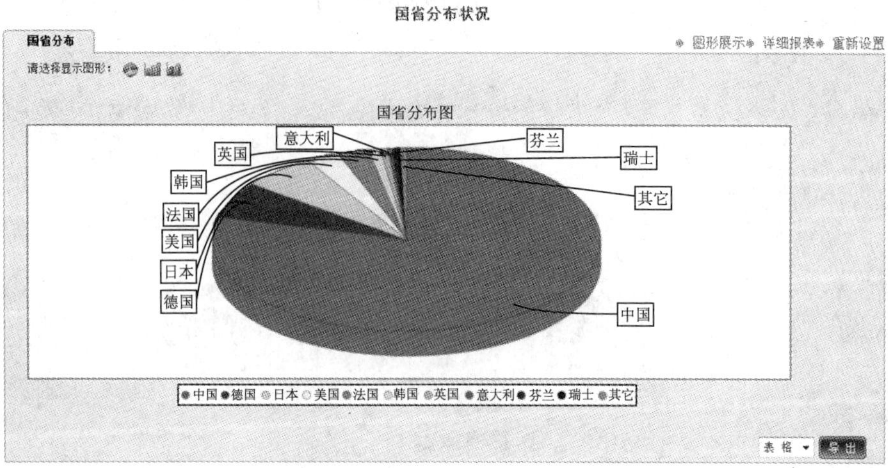

图 2-46　显示其它的分析结果

2.5.2.2　国省申请人分析

了解关键技术掌控在哪些申请人手中，对比目标国省内申请人之间的技术差异。针对目前分析的行业主题，揭示国省内申请人在该技术领域内关键技术的专利申请发展情况。

操作方法：在分析界面下，依次点击【国省分析/国省申请人分析】默认显示图形为三维柱形图（图 2-47）。

纵轴：专利数；横轴：国省；颜色：申请人

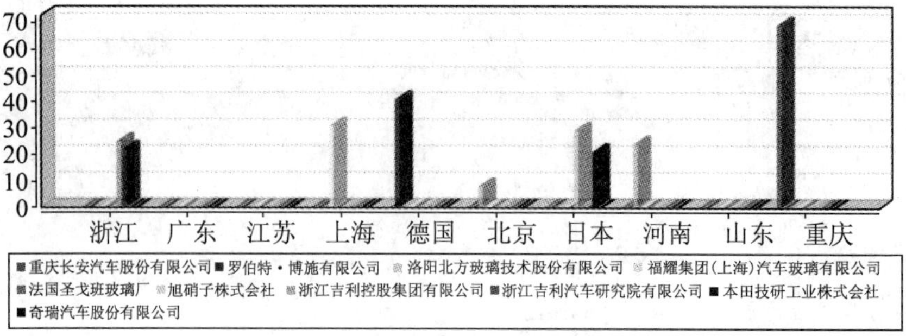

图 2-47　国省申请人分析界面图

图 2-47 显示了某一技术主题中国专利主要地区构成中（前十国省）的申请人分布情况，反映不同区域的主要竞争对手。

【操作说明】

a. 单击 详细报表链接，查看表格式的分析结果，参见图 2-48。

◆图形展示 ◆详细报表 ◆重新设置

详细报表

	浙江	广东	江苏	上海	德国	北京	日本	河南	山东	重庆
重庆长安汽车股份有限公司	0	0	0	0	0	0	0	0	0	69
罗伯特·博施有限公司	0	0	0	0	41	0	0	0	0	0
洛阳北方玻璃技术股份有限公司	0	0	0	0	0	8	0	24	0	0
福耀集团(上海)汽车玻璃有限公司	0	0	0	31	0	0	0	0	0	0
法国圣戈班玻璃厂	0	0	0	0	0	0	0	0	0	0
旭硝子株式会社	0	0	0	0	0	0	29	0	0	0

图 2-48　国省申请人表格式分析结果

b. 单击 重新设置链接，选择符合用户条件的“申请人”或所属的“国省”进行重新分析，如图 2-49 所示。系统默认只显示专利数量最多的 10 个申请人及国省。

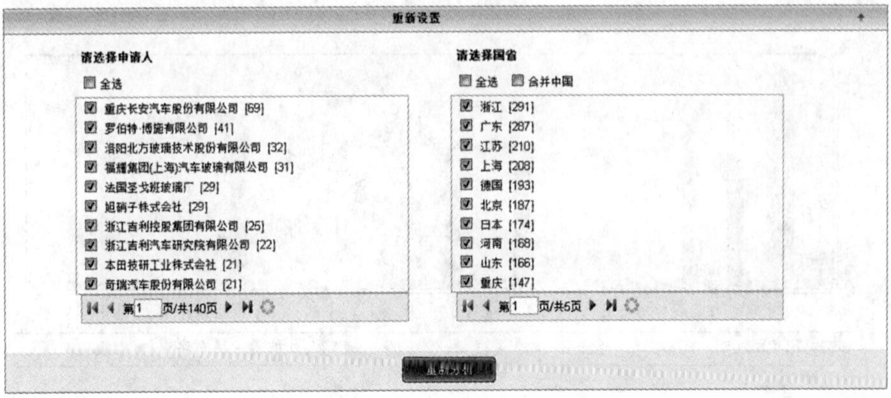

图 2-49　国省申请人分析重新设置界面

如果点选了右边的 合并中国，则中国申请人作为整体而不再分省进行统计。

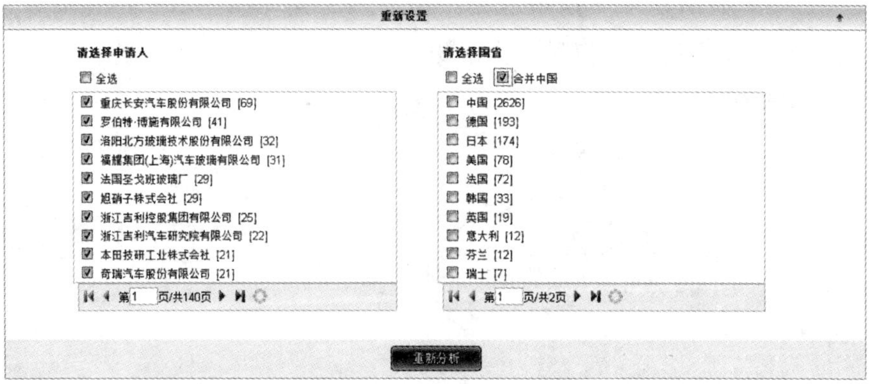

图 2-50　国省申请人分析程序设置界面（按国家分析）

2.5.2.3　国省发明人分析

显示重点发明人的国省分布。操作方法：在分析模块界面下，依次点击【国省分析/国省发明人分析】

默认显示图形为三维柱形图，如图 2-51 所示。

纵轴：专利数；横轴：国省；颜色：发明人

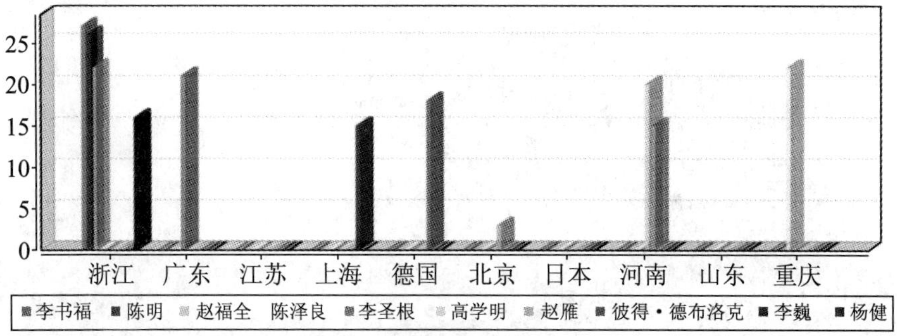

图 2-51　国省发明人分析界面图

图 2-51 显示了某一技术主题中国专利主要地区构成中（前十国省）的发明人分布情况，反映了不同区域的研发人员分布情况。

【操作说明】

a. 单击 详细报表 链接，查看表格式的分析结果，参见图 2-52。

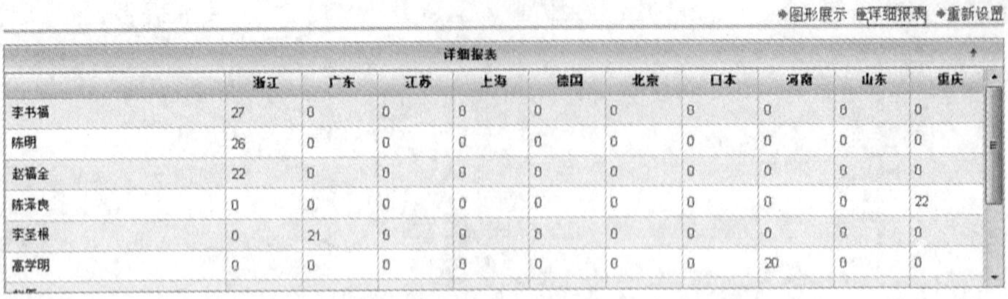

	浙江	广东	江苏	上海	德国	北京	日本	河南	山东	重庆
李书福	27	0	0	0	0	0	0	0	0	0
陈明	26	0	0	0	0	0	0	0	0	0
赵福全	22	0	0	0	0	0	0	0	0	0
陈泽良	0	0	0	0	0	0	0	0	0	22
李圣根	0	21	0	0	0	0	0	0	0	0
高学明	0	0	0	0	0	0	0	20	0	0

图 2-52　国省发明人表格式分析结果

b. 单击重新设置按钮，选择符合用户条件的“发明人”或所属的“国省”进行重新分析，参见图 2-53。系统默认只显示专利数量最多的 10 个发明人及国省。

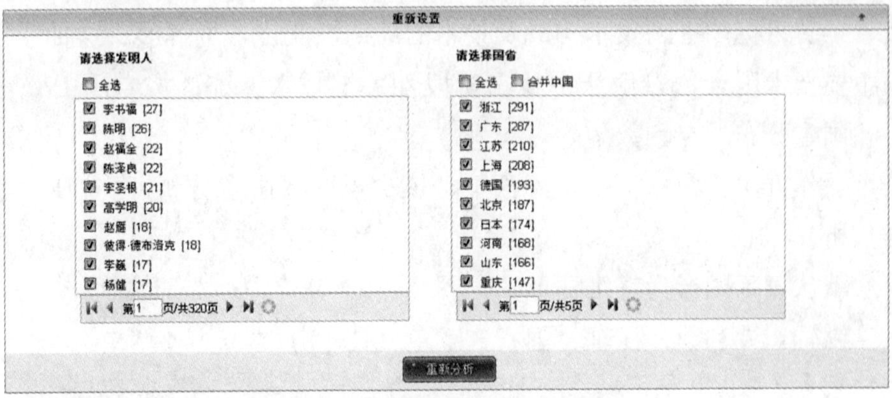

图 2-53　国省发明人分析重新设置界面

如果点选了右边的合并中国，则中国发明人作为整体而不再分省进行统计，参见图 2-54。

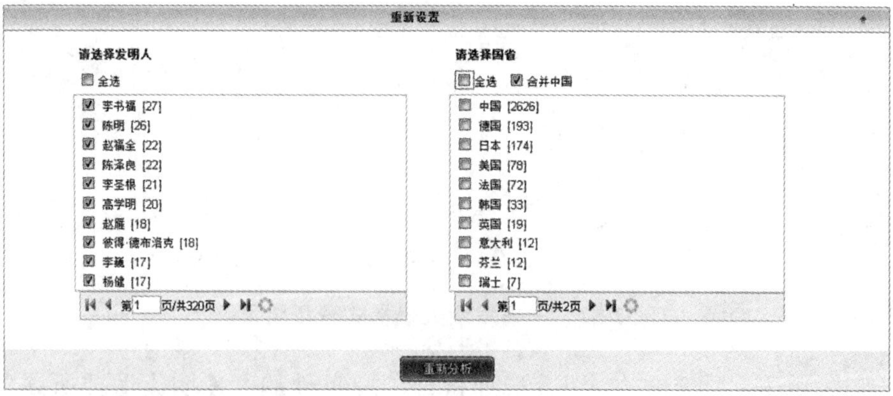

图 2-54 国省发明人分析程序设置界面（按国家分析）

2.5.2.4 国省技术分类分析

了解目标国省内技术构成及技术的周期性变化，了解形成这种变化的主要技术因素，以便从中找出阶段性关键技术。统计按专利 IPC 分类和国省分布的专利数量。

操作方法：在分析模块界面下，依次点击【国省分析/国省技术分类分析】

默认显示图形为三维柱形图（图 2-55）。

纵轴：专利数；横轴：国省；颜色：技术分类

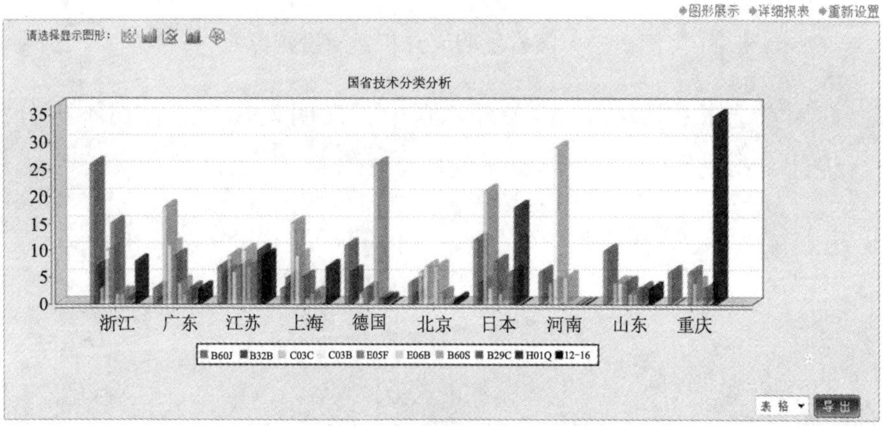

图 2-55 国省技术分类分析

图 2-55 显示某一技术主题中国专利主要地区构成中（前十国省）的技术构成情况，反映不同区域的技术发展方向。

【操作说明】

a. 单击 详细报表 链接，查看表格式的分析结果，见图 2-56。

详细报表

	浙江	广东	江苏	上海	德国	北京	日本	河南	山东	重庆
B60J	26	3	7	3	11	4	12	6	10	6
B32B	7	1	6	5	6	2	4	0	0	0
C03C	3	18	9	15	0	6	21	4	4	0
C03B	10	11	6	9	2	7	3	29	4	0
E05F	15	9	7	5	3	0	8	0	4	6
E06B	2	4	10	1	0	7	2	5	2	4

图 2-56　国省技术分类表格式分析结果

b. 单击 重新设置链接，选择符合用户条件的“部、大类、小类、大组以及小组”或所属的“国省”进行重新分析（图 2-57）。系统默认只显示专利数量最多的 10 个 IPC 小类及国省。

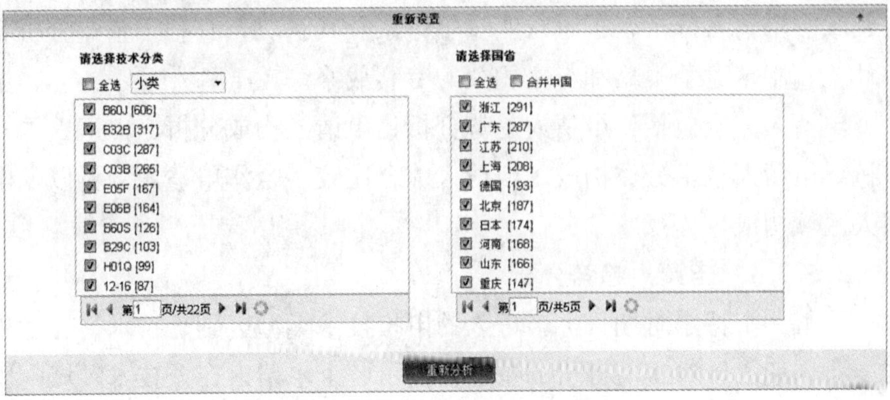

图 2-57　国省技术分类分析重新设置

如果点选了右边的 合并中国，则中国发明作为整体而不再分省进行统计，见图 2-58。

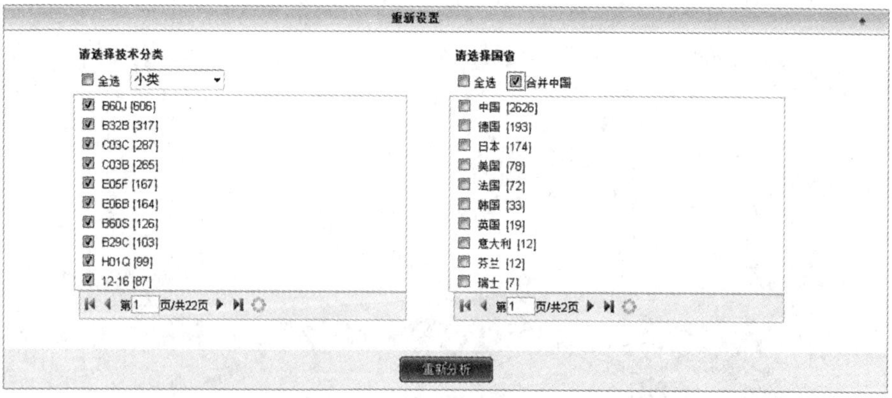

图 2-58　国省技术分类分析重新设置（合并中国）

2.5.3　申请人分析

行业竞争决定于行业的供方、买方、竞争者、新进入者和替代产品，不同的企业提供的产品技术不同，决定了其在行业中扮演的角色也不同，为自身经济利益保护的专利类别也各不相同。因此，进行目标技术领域的申请人分析，了解行业竞争体系及其状况，有利于企业分析竞争环境，制定竞争策略和与之相关的专利战略。

申请人分析包括：申请人趋势分析、申请人构成分析、申请人国省分析、申请人技术分类构成、申请人综合比较、合作申请人分析以及申请人区域构成。

2.5.3.1　申请人趋势分析

了解一个特定时期目标申请人的申报技术类型区别、技术衍变过程和变化周期。针对目前分析的主题，揭示各个申请人在该技术领域内历年专利申请情况，随特定时间段的技术发展变化趋势。

操作方法：在分析模块界面下，依次点击【申请人分析/申请人趋势分析】

默认显示图形为折线图，见图 2-59。

纵轴：专利数；横轴：年份；颜色：申请人

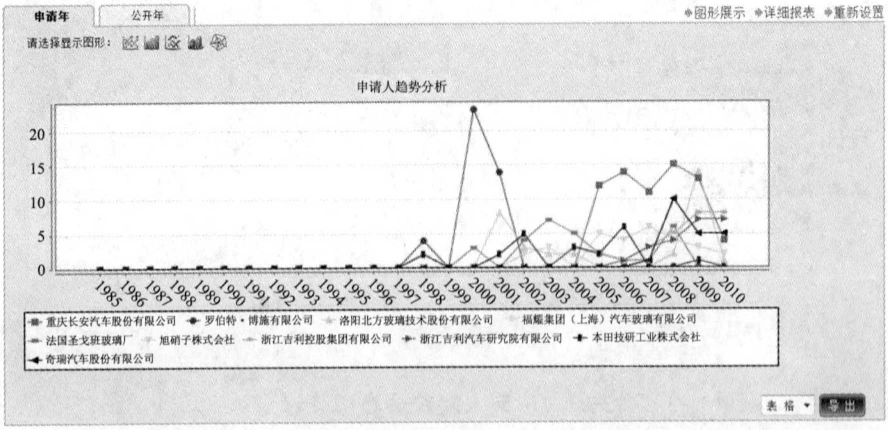

图 2-59　申请人趋势分析界面图

图 2-59 显示某一技术主题主要申请人（前十申请人）的专利申请趋势，反映主要申请人的技术发展动态。

【操作说明】

a. 单击 申请年 公开年 标签栏中的标签，可以统计选中申请者按年份的专利申请数量或公开的专利数量。

b. 单击◆ 详细报表 链接，查看表格式的分析结果，见图 2-60。

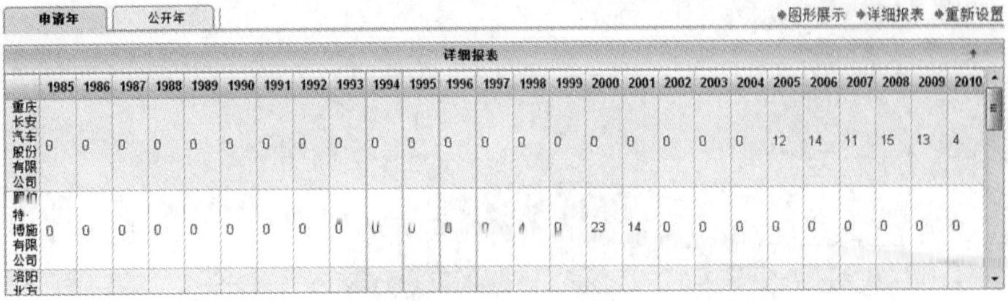

	1985	1986	1987	1988	1989	1990	1991	1992	1993	1994	1995	1996	1997	1998	1999	2000	2001	2002	2003	2004	2005	2006	2007	2008	2009	2010
重庆长安汽车股份有限公司	0	0	0	0	0	0	0	0	0	0	0	0	0	0	0	0	0	0	0	0	12	14	11	15	13	4
罗伯特·博施有限公司	0	0	0	0	0	0	0	0	0	0	0	0	0	4	0	23	14	0	0	0	0	0	0	0	0	0
洛阳北方																										

图 2-60　申请人趋势分析表格式分析结果

c. 单击◆ 重新设置按钮，选择符合用户条件的“申请人”以及“年份”范围进行重新分析（图 2-61）。系统默认只显示专利数量最多的 10 个申请人。

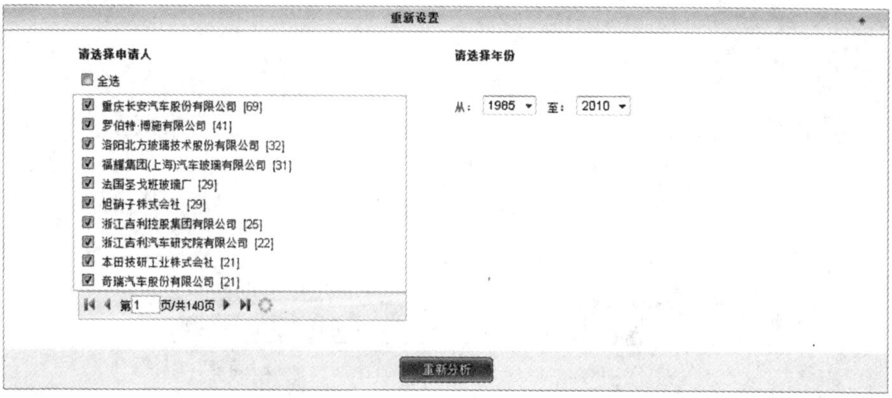

图 2-61 申请人趋势分析重新设置

2.5.3.2 申请人构成分析

了解申请人竞争的总体状况。针对目前分析的行业主题，以申请人为基础，了解该技术领域内的主要申请人、各申请人的技术研发实力和重视专利申请的程度。

操作方法：在分析模块界面下，依次点击【申请人分析/申请人构成分析】

默认显示图形为饼形图（图 2-62）。

颜色：申请人

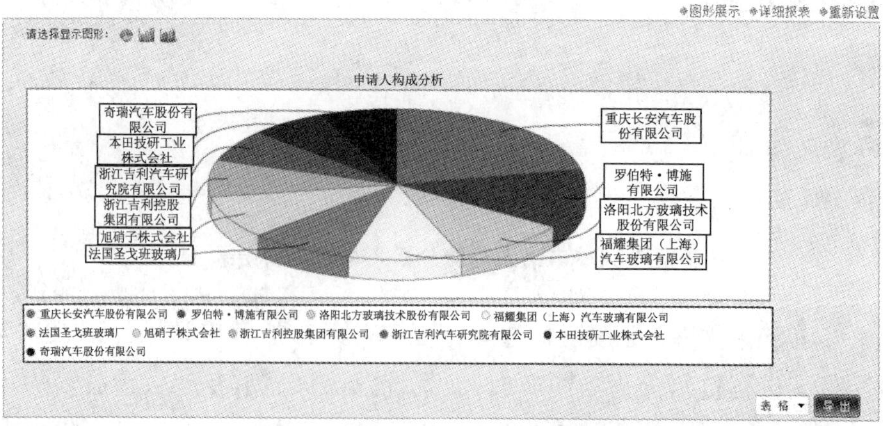

图 2-62 申请人构成分析界面图

图 2-62 显示某一技术主题前十申请人的专利构成情况，反映了该领域的优势技术掌握者和重要的竞争对手分布。

【操作说明】

a. 单击 详细报表链接，查看表格式的分析结果，参见图 2-63。

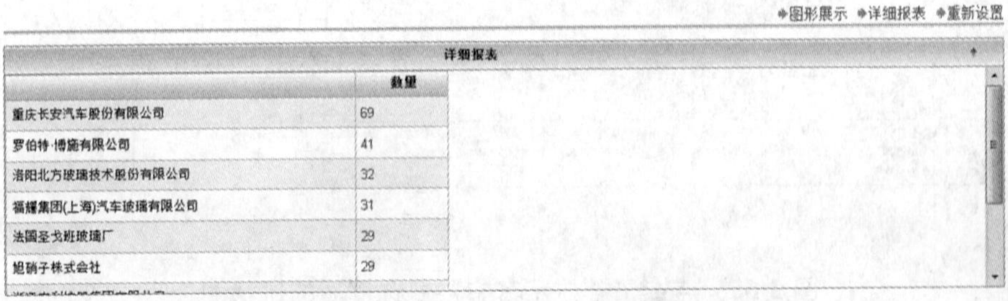

	数量
重庆长安汽车股份有限公司	69
罗伯特·博施有限公司	41
洛阳北方玻璃技术股份有限公司	32
福耀集团(上海)汽车玻璃有限公司	31
法国圣戈班玻璃厂	29
旭硝子株式会社	29

图 2-63　申请人构成分析表格式分析结果

b. 单击 重新设置按钮，选择符合用户条件的“申请人”进行重新分析（图 2-64）。分析图中默认只显示专利申请量最多的 10 个申请人。

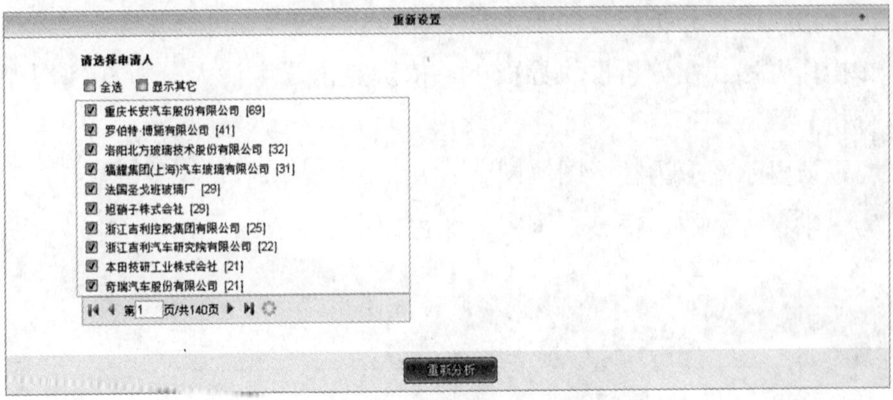

图 2-64　申请人构成分析重新设置

如果点选了 显示其它复选框，没有被选中的申请人所申请的专利数量会合并在“其它”项中进行显示，如图 2-65 所示。

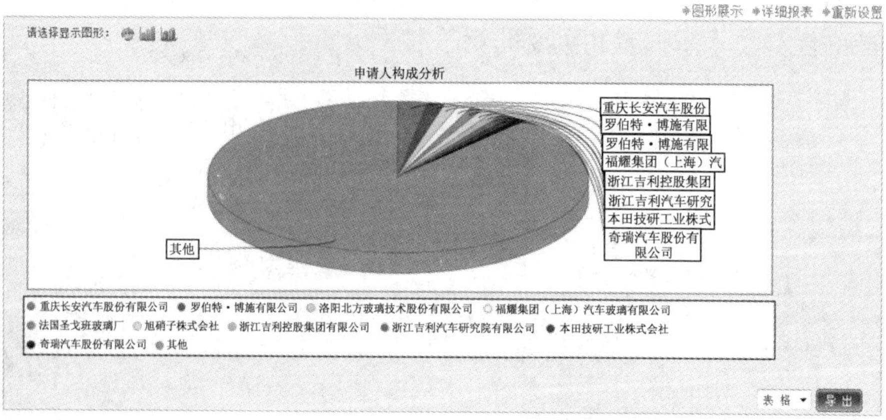

图 2-65　点选了“显示其它”复选框后的饼状图

2.5.3.3　申请人国省分析

了解行业内申请人各自关注的竞争国省情况。针对目前分析的行业主题，揭示不同申请人在该技术领域内专利申请的侧重国省和对比情况。申请人国省分析仅适用于中文专利。

操作方法：在分析模块界面下，依次点击【申请人分析/申请人国省分析】

默认显示图形为柱形图（图 2-66）。

纵轴：专利数；横轴：国省；颜色：申请人

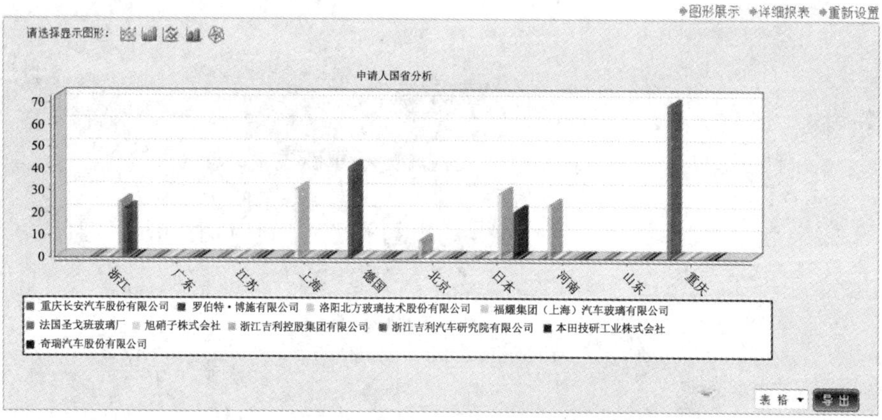

图 2-66　申请人国省分析界面图

图 2-66 显示某一技术主题前十申请人在主要地区构成中（前十国省）的专利分布情况，反映了主要申请人的区域竞争情况。

【操作说明】

a. 单击 详细报表 链接，查看表格式的分析结果（如图 2-67）。

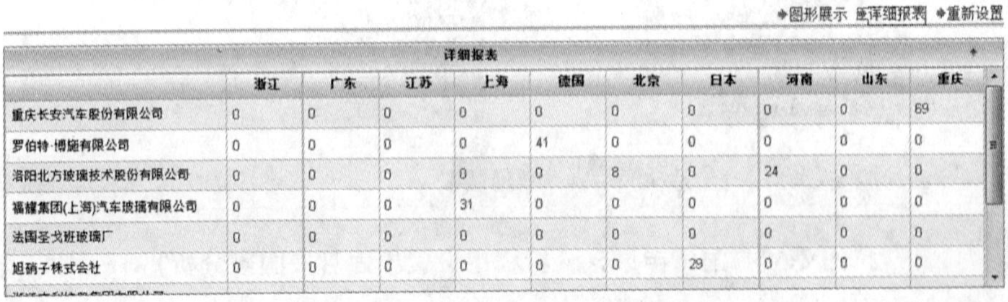

	浙江	广东	江苏	上海	德国	北京	日本	河南	山东	重庆
重庆长安汽车股份有限公司	0	0	0	0	0	0	0	0	0	69
罗伯特·博世有限公司	0	0	0	0	41	0	0	0	0	0
洛阳北方玻璃技术股份有限公司	0	0	0	0	0	8	0	24	0	0
福耀集团(上海)汽车玻璃有限公司	0	0	0	31	0	0	0	0	0	0
法国圣戈班玻璃厂	0	0	0	0	0	0	0	0	0	0
旭硝子株式会社	0	0	0	0	0	0	29	0	0	0

图 2-67　申请人国省分析详细报表

b. 单击 重新设置按钮，选择符合用户条件的“申请人”以及所属的“国省”（申请人国省分析如图 2-68）。系统默认只显示专利数量最多的 10 个申请人及国省。

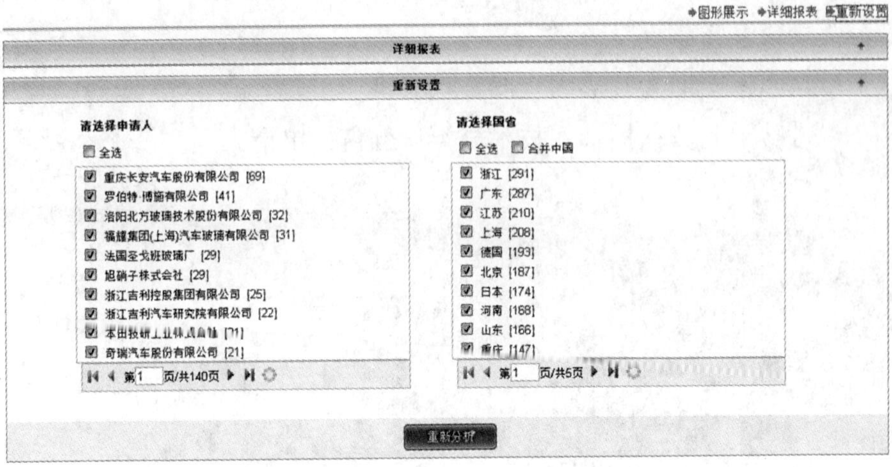

图 2-68　申请人国省分析重新设置界面

如果点选了申请人国省分析重新设置界面右边的 合并中国，则中国申请人作为整体而不再分省进行统计，见图 2-69。

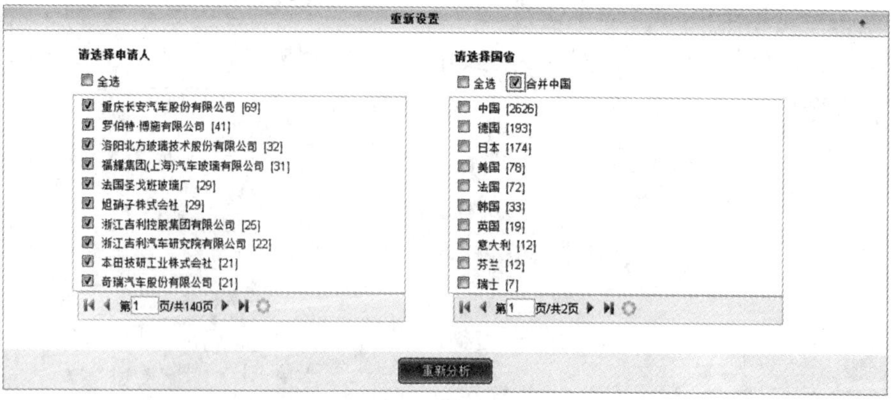

图 2-69 国省申请人分析程序设置界面（按国家分析）

2.5.3.4 申请人技术分类构成

了解关键技术掌控在哪些申请人手中，对比申请人之间的技术差异。针对目前分析的行业主题，揭示申请人在该技术领域内关键技术的专利申请发展情况。

操作方法：在分析模块界面下，依次点击【申请人分析/申请人技术分类构成】

默认显示图形为柱形图（图 2-70）。

纵轴：专利数；横轴：技术分类；颜色：申请人

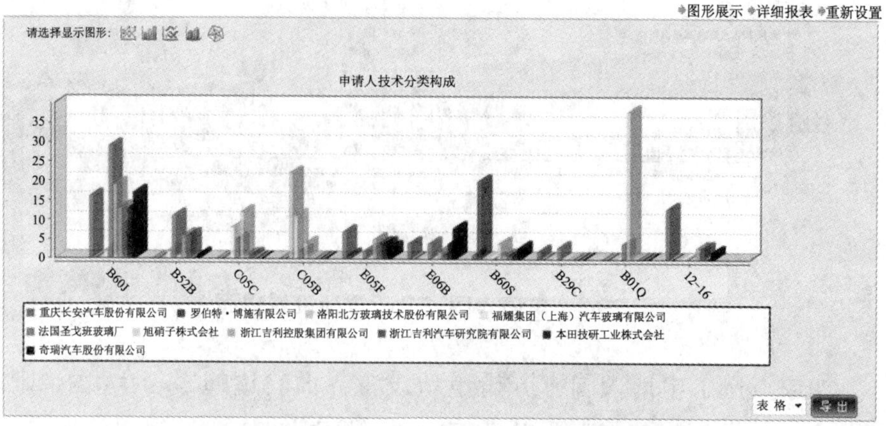

图 2-70 申请人技术分类构成界面图

图 2-70 显示某一技术主题前十申请人在主要技术分类构成中的专利分布情况，反映了主要申请人的技术发展方向。

【操作说明】

a. 单击 详细报表 链接，查看表格式分析结果（图 2-71）。

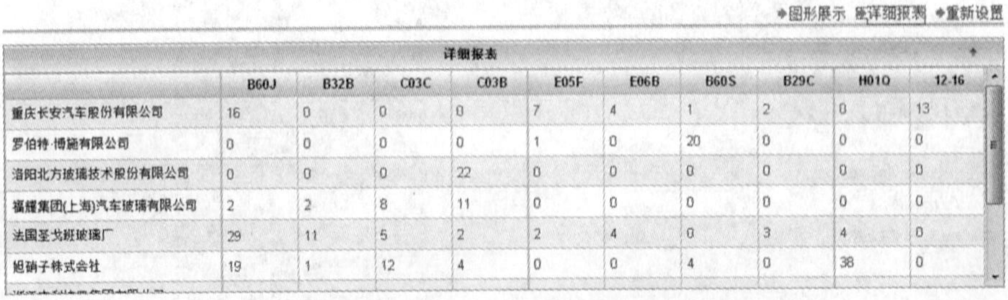

	B60J	B32B	C03C	C03B	E05F	E06B	B60S	B29C	H01Q	12-16
重庆长安汽车股份有限公司	16	0	0	0	7	4	1	2	0	13
罗伯特·博施有限公司	0	0	0	0	1	0	20	0	0	0
洛阳北方玻璃技术股份有限公司	0	0	0	22	0	0	0	0	0	0
福耀集团(上海)汽车玻璃有限公司	2	2	8	11	0	0	0	0	0	0
法国圣戈班玻璃厂	29	11	5	2	2	4	0	3	4	0
旭硝子株式会社	19	1	12	4	0	0	4	0	38	0

图 2-71 申请人技术分类构成详细报表

b. 单击 重新设置按钮，选择符合用户条件的“申请人”或“技术类别”进行重新分析（图 2-72）。系统默认只显示专利数量最多的 10 个申请人及 IPC 小类。

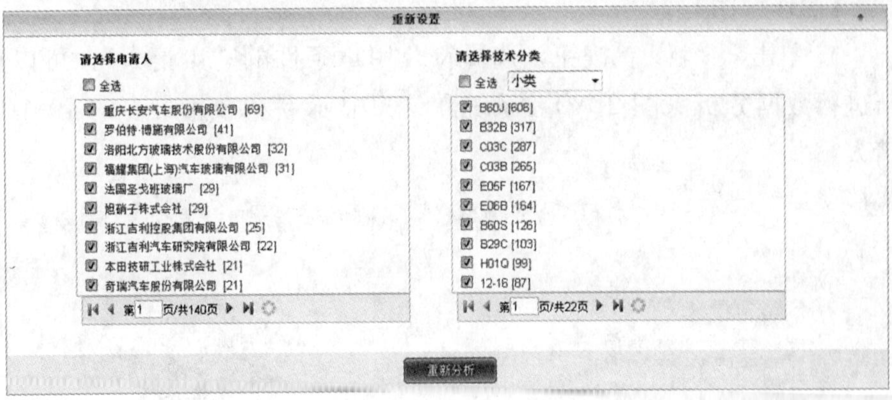

图 2-72 申请人技术分类构成重新设置

2.5.3.5 申请人综合比较

了解关键申请人在目前分析的行业主题所处地位。

操作方法：在分析模块界面下，依次点击【申请人分析/申请人综合比较】

分析结果以表格形式展示（图 2-73）。

◆详细报表 ◆重新设置

详细报表

申请人	专利所属国家	专利件数	占本专题专利百分比	申请人研发能力比较		
				活动年期	发明人数	平均专利年龄
重庆长安汽车股份有限公司	CN[69]	69	21.56%	6	73	3.78
罗伯特·博施有限公司	CN[41]	41	12.81%	3	22	10.85
洛阳北方玻璃技术股份有限公司	CN[32]	32	10.00%	7	19	5.38
福耀集团(上海)汽车玻璃有限公司	CN[31]	31	9.69%	4	18	3.52
旭硝子株式会社	CN[29]	29	9.06%	8	51	4.69
法国圣戈班玻璃厂	CN[29]	29	9.06%	8	47	6.86
浙江吉利控股集团有限公司	CN[25]	25	7.81%	5	56	2.24
浙江吉利汽车研究院有限公司	CN[22]	22	6.88%	5	49	2.27
奇瑞汽车股份有限公司	CN[21]	21	6.56%	4	37	2.33
本田技研工业株式会社	CN[21]	21	6.56%	7	38	7.43

导出

图 2-73　申请人综合比较结果界面图

图 2-73 显示某一技术主题前十申请人的专利申请特征，反映了主要申请人的技术优势、技术发展动态以、研发团队以及专利布局情况，体现了申请人在该领域所处的地位。

【操作说明】

a. 单击◆重新设置按钮，选择符合用户条件的“申请人”，可以重新进行数据分析（图 2-74）。系统默认只显示专利数量最多的 10 个申请人。

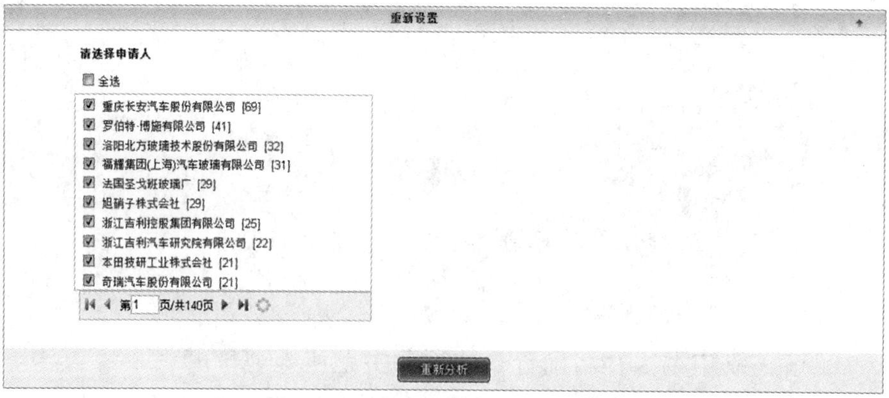

图 2-74　申请人综合比较“重新设置”界面

b. 此详细报表主要通过申请人专利数、活动年期、发明人数以及平均专利年龄等方面来考察申请人的研发能力。

2.5.3.6　合作申请人分析

了解关键申请人都有哪些技术合作者，继而分析他们的关系，对比合作者之间的重要性程度，了解合作技术领域。针对目前分析的主题，揭示申请人相互之间的合作专利申请情况。

操作方法：在分析模块界面下，依次点击【申请人分析/合作申请人分析】

分析结果以表格形式展示（图 2-75）。

◆详细报表 ◆重新设置

详细报表

申请人	专利数	合作专利数	合作者数量	主要合作者及次数统计	
				合作者	合作次数
洛阳北方玻璃技术股份有限公司	32	15	4	北京北玻安全玻璃有限公司	13
				上海北玻镀膜技术工业有限公司	11
				上海北玻玻璃技术工业有限公司	5
				北京北坡安全玻璃有限公司	1
浙江吉利控股集团有限公司	25	25	3	浙江吉利汽车研究院有限公司	22
				浙江吉利汽车有限公司	2
				浙江豪情汽车制造有限公司	1
浙江吉利汽车研究院有限公司	22	22	1	浙江吉利控股集团有限公司	22
北京北玻安全玻璃有限公司	15	13	3	洛阳北方玻璃技术股份有限公司	13
				上海北玻镀膜技术工业有限公司	9
				上海北玻玻璃技术工业有限公司	4
上海北玻镀膜技术工业有限公司	12	11	4	洛阳北方玻璃技术股份有限公司	11
				北京北玻安全玻璃有限公司	9
				上海北玻玻璃技术工业有限公司	1
				北京北坡安全玻璃有限公司	1

导出

图 2-75　合作申请人分析结果界面图

图 2-75 显示某一技术主题前十申请人的专利合作情况，反映了主要申请人的技术合作者和技术关联情况。

【操作说明】

单击◆重新设置按钮，选择符合用户条件的"申请人"，可以重新进行数据分析（图 2-76）。系统默认只显示合作专利数量最多的 10 个申请人。

勾选□在全部申请人中选择复选框，会更新申请人列表，列出有合作者和没有合作者的所有申请人，取消选中也会更新申请人列表，只列出有合作者的申请人。

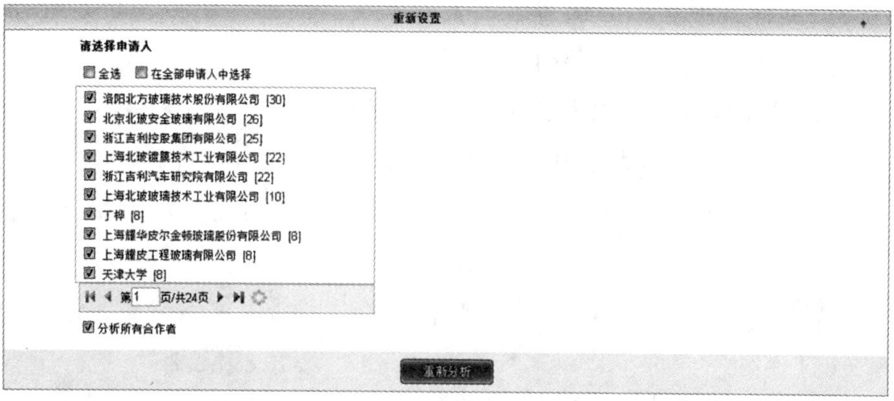

图 2-76　合作申请人分析“重新设置”界面

勾选☐分析所有合作者复选框，会分析选中申请人以及选中申请人的所有合作者，取消选中则只分析选中申请人的合作关系。

2.5.3.7　申请人区域构成

了解行业内申请人各自关注的竞争区域情况。针对目前分析的行业主题，揭示不同申请人在该技术领域内专利申请的侧重区域和对比情况。申请人区域构成仅适用于外文专利。

操作方法：在分析模块界面下，依次点击【申请人分析/申请人区域构成】

默认显示图形为柱形图（图 2-77）。

纵轴：专利数；横轴：区域；颜色：申请人

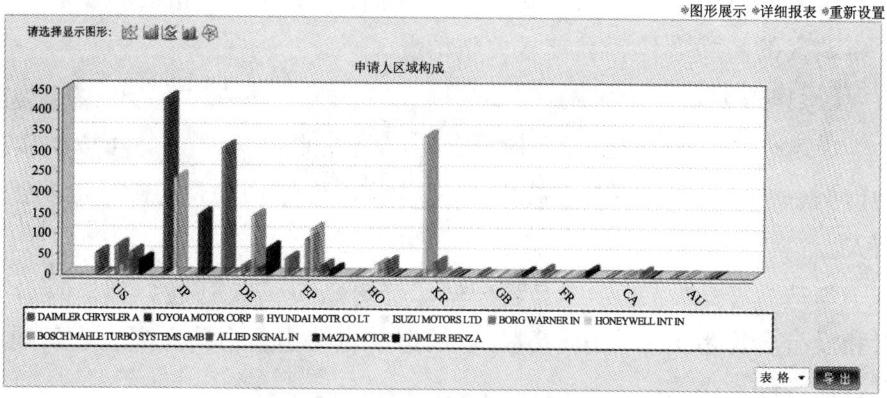

图 2-77　申请人区域构成界面图

图 2-77 显示某一技术主题前十申请人在主要区域中的专利分布情况，反映了主要申请人的区域竞争情况。

【操作说明】

a. 单击 详细报表链接，查看表格式的分析结果（图 2-78）。

	US	JP	DE	EP	WO	KR	GB	FR	CA	AU
DAIMLER CHRYSLER A	54	0	310	42	0	0	5	14	0	0
TOYOTA MOTOR CORP	0	429	0	0	0	0	0	0	0	0
HYUNDAI MOTOR CO LT	2	0	3	0	0	338	0	0	0	0
ISUZU MOTORS LTD	0	236	0	0	0	0	0	0	2	2
BORG WARNER IN	71	0	23	89	0	33	0	0	0	0
HONEYWELL INT IN	24	0	6	112	27	6	0	0	3	0
BOSCH MAHLE TURBO										

图 2-78　申请人区域构成详细报表

b. 单击 重新设置按钮，选择符合用户条件的“申请人”以及所属的“区域”（图 2-79）。系统默认只显示专利数量最多的 10 个申请人及区域。

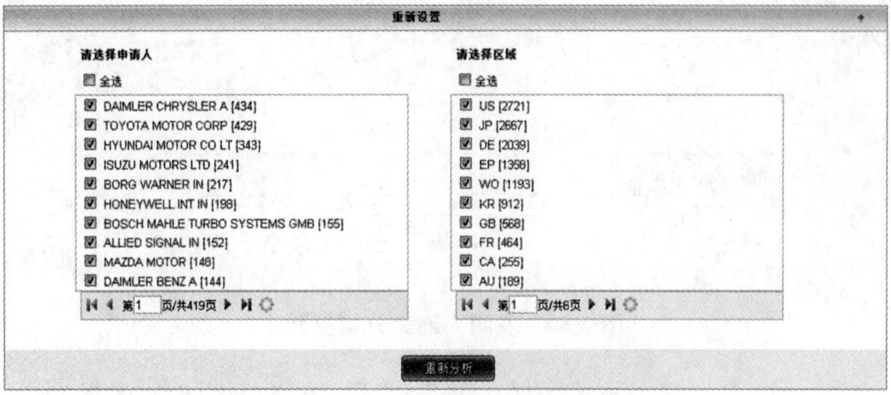

图 2-79　申请人区域构成重新设置界面

2.5.4　发明人分析

发明人是技术的来源，了解发明人对于企业技术创新特别是技术合作具有重大意义。围绕某项核心技术，往往会衍生很多相关技术，这些技术表面上与核心技术之间没有直接联系，但是会对核心技术的效能产生很大的支撑作用，这些不同类型的技术往往会通过发明人产生某种关联。

发明人分析包括：发明人趋势分析、发明人构成分析、发明人国省分析、合作发明人分析。

2.5.4.1　发明人趋势分析

了解不同时期发明人的活动状况。针对目前分析的主题，揭示不同发明人在该技术领域内历年专利发明情况。

操作方法：在分析模块界面下，依次点击【发明人分析/发明人趋势分析】

默认显示图形为折线图（图 2-80）。

纵轴：专利数；横轴：年份；颜色：发明人

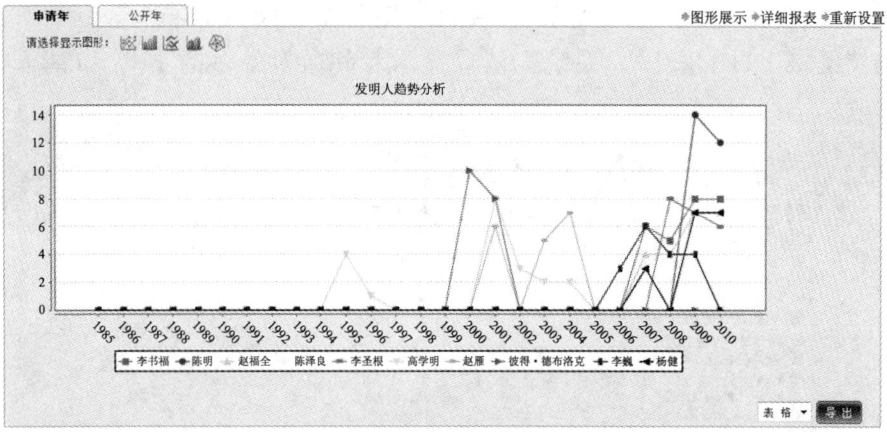

图 2-80　发明人趋势分析界面图

图 2-80 显示某一技术主题主要发明人（前十发明人）的专利申请趋势，反映主要发明人的技术发展动态。

【操作说明】

a. 单击 申请年 公开年 中的页签，可以按专利的申请日期或公开日期进行分析。

b. 单击 详细报表 按钮，在“详细报表”栏中生成表格式的分析图（图 2-81）。

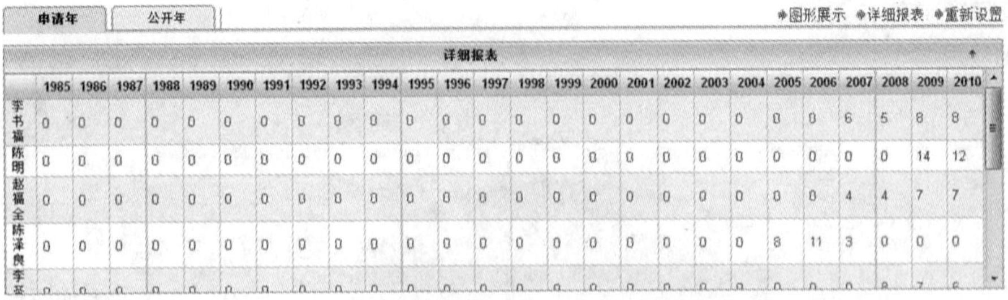

	1985	1986	1987	1988	1989	1990	1991	1992	1993	1994	1995	1996	1997	1998	1999	2000	2001	2002	2003	2004	2005	2006	2007	2008	2009	2010
李书福	0	0	0	0	0	0	0	0	0	0	0	0	0	0	0	0	0	0	0	0	0	0	6	5	8	8
陈明	0	0	0	0	0	0	0	0	0	0	0	0	0	0	0	0	0	0	0	0	0	0	0	0	14	12
赵福全	0	0	0	0	0	0	0	0	0	0	0	0	0	0	0	0	0	0	0	0	0	0	4	4	7	7
陈泽良	0	0	0	0	0	0	0	0	0	0	0	0	0	0	0	0	0	0	0	0	8	11	3	0	0	0

图 2-81　发明人趋势分析详细报表

c. 单击 重新设置按钮，选择符合用户条件的“发明人”以及相应的“起止年份”进行重新分析（图 2-82）。系统默认只显示专利数量最多的 10 个发明人。

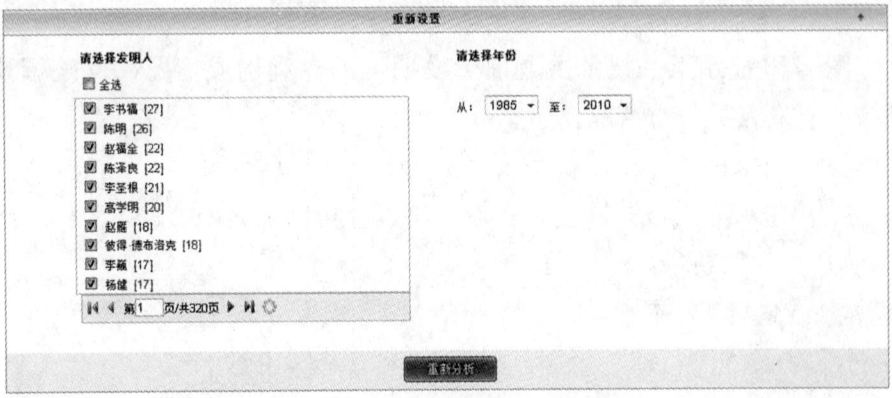

图 2-82　发明人趋势分析重新设置

2.5.4.2　发明人构成分析

了解发明人发明的构成状况。针对目前分析的主题，以发明人为基础，了解该技术领域内的主要发明人。

操作方法：在分析模块界面下，依次点击【发明人分析/发明人构成分析】

默认显示图形为饼状图（图 2-83）。

颜色：发明人

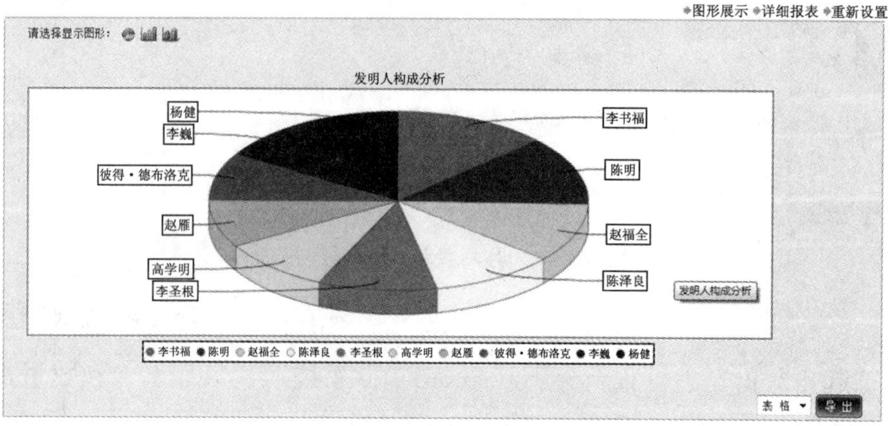

图 2-83　发明人构成分析界面图

图 2-83 显示某一技术主题前十发明人的专利构成情况，反映了该领域的研发人员分布情况。

【操作说明】

a. 单击 详细报表链接，查看表格式分析结果（图 2-84）。

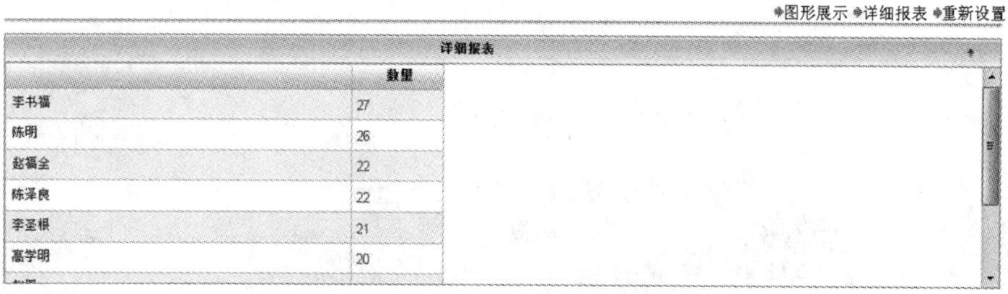

图形展示 详细报表 重新设置

详细报表

	数量
李书福	27
陈明	26
赵福全	22
陈泽良	22
李圣根	21
高学明	20

图 2-84　发明人构成表格式分析结果

b. 单击 重新设置按钮，选择符合用户条件的“发明人”进行重新分析（图 5-85）。分析图中默认只显示拥有发明数量最多的 10 个发明人的专利数量。

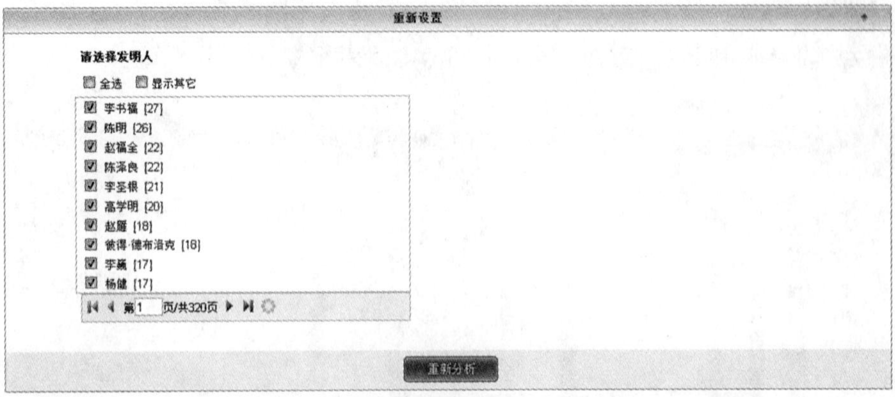

图 2-85　发明人趋势分析重新设置

如果点选了显示其它复选框，没有被选中的发明人的专利数量会合并在“其它”项中进行显示，如图 2-86 所示。

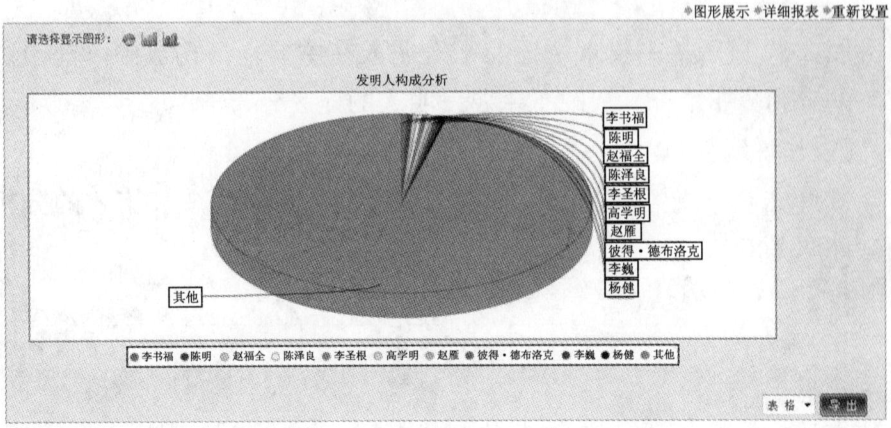

图 2-86　“显示其它”的分析结果

2.5.4.3　发明人国省分析

了解发明人发明活动的主要国省。针对目前分析的行业主题，揭示不同发明人发明活动在不同国省的申请情况。发明人国省分析仅适用于中文专利。

操作方法：在分析模块界面下，依次点击【发明人分析/发明人国省分析】

默认显示图形为三维柱状图（图 2-87）。

纵轴：专利数；横轴：国省；颜色：发明人

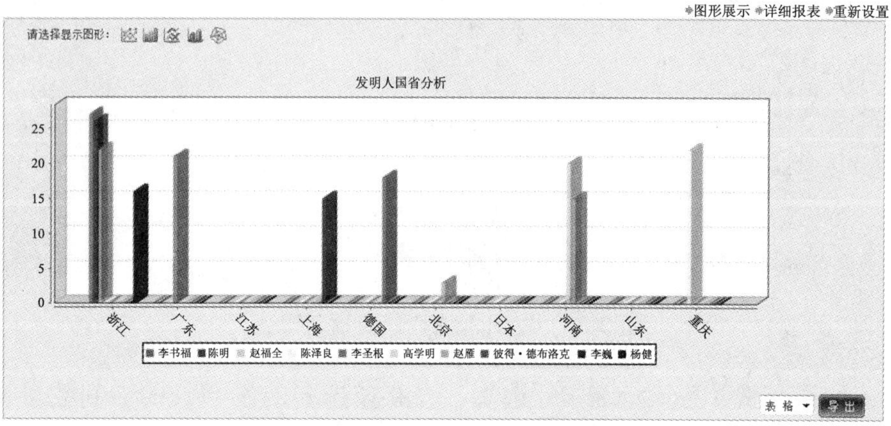

图 2-87　发明人国省分析界面图

图 2-87 显示某一技术主题前十发明人在主要地区构成中（前十国省）的专利分布情况，反映了主要发明人的地区分布情况。

【操作说明】

a. 单击 详细报表 按钮，在“详细报表”栏中生成表格式的分析图（如图 2-88）。

图形展示 详细报表 重新设置

详细报表

	浙江	广东	江苏	上海	德国	北京	日本	河南	山东	重庆
李书福	27	0	0	0	0	0	0	0	0	0
陈明	26	0	0	0	0	0	0	0	0	0
赵福全	22	0	0	0	0	0	0	0	0	0
陈泽良	0	0	0	0	0	0	0	0	0	22
李圣根	0	21	0	0	0	0	0	0	0	0
高学明	0	0	0	0	0	0	0	20	0	0

图 2-88　申请人国省分析详细报表

b. 单击 重新设置按钮，选择符合用户条件的“发明人”和所属的“国省”进行重新分析（图 2-89）。系统默认只显示专利数量最多的 10 个发明人以及国省。

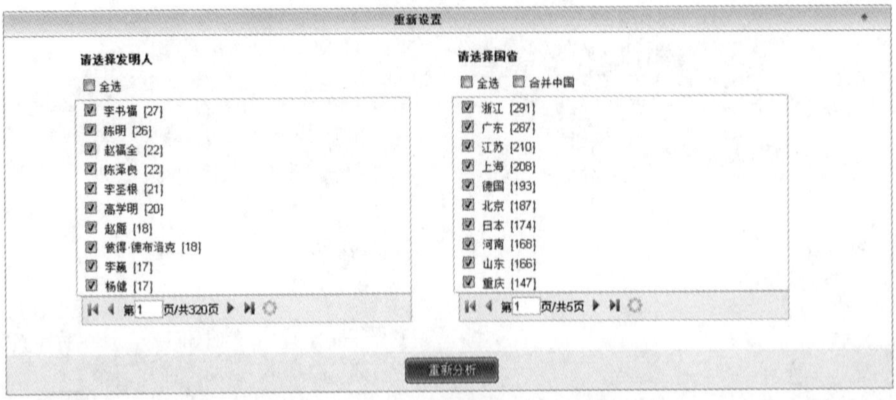

图 2-89　发明人国省分析重新设置

如果点选了右边的合并中国，则中国发明人作为整体而不再分省进行统计，见图 2-90。

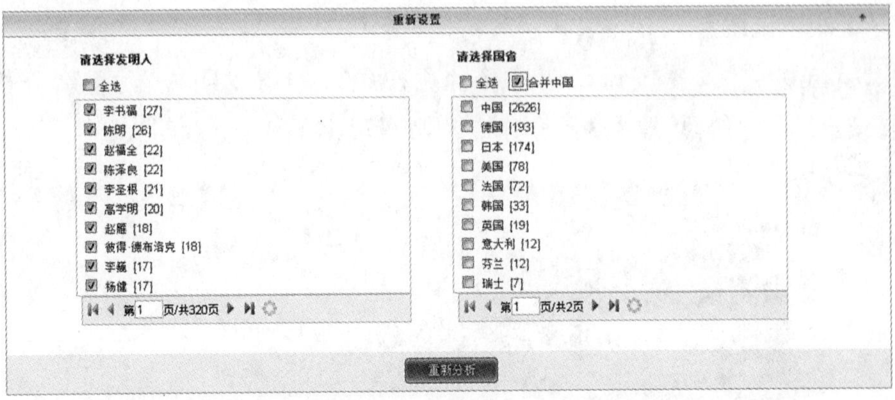

图 2-90　发明人国省分析重新设置界面（按国家分析）

2.5.4.4　合作发明人分析

了解发明人的主要技术合作者及其主要技术领域。

操作方法：在分析模块界面下，依次点击【发明人分析/合作发明人分析】

分析结果以表格形式展示（图 2-91）。

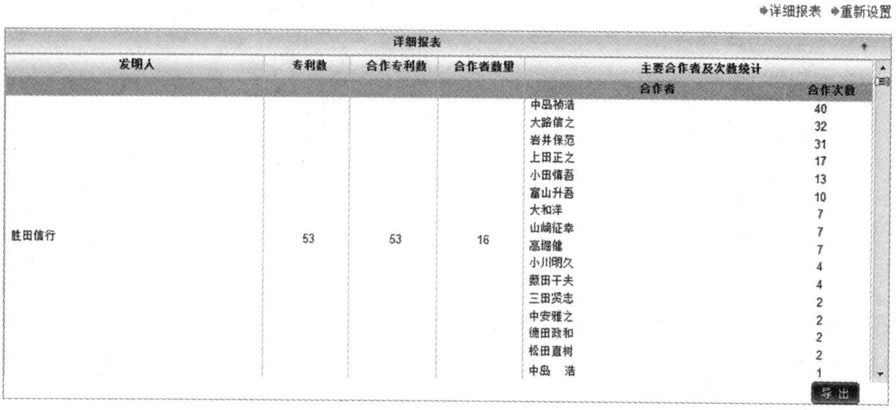

图 2-91　合作发明人界面图

图 2-91 显示某一技术主题前十发明人的专利合作情况，反映了主要发明人的技术合作者和技术关联情况。

【操作说明】

单击 重新设置按钮，选择符合用户条件的“发明人”，重新分析（图 2-92）。系统默认只显示合作专利数量最多的 10 个发明人。

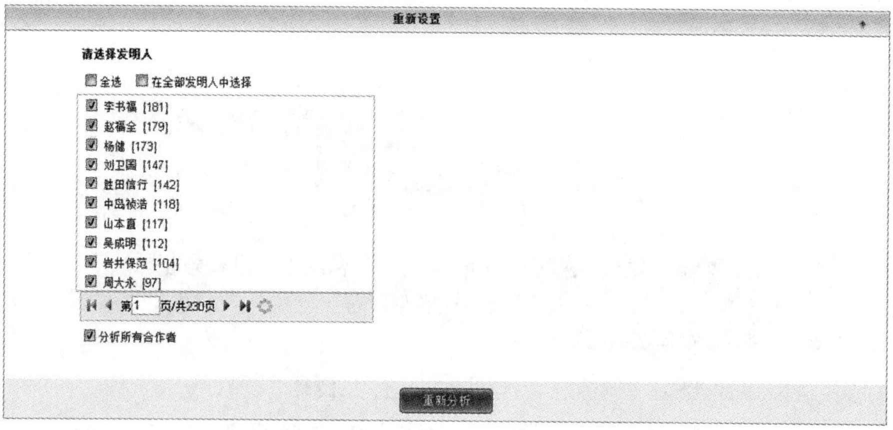

图 2-92　合作发明人“重新设置”界面图

勾选 在全部发明人中选择复选框，会更新发明人列表，列出有合作者和没有合作者的所有发明人，取消选中也会更新发明人列表，只列出有合作者的发明人。

勾选□分析所有合作者复选框，会分析选中发明人以及选中发明人的所有合作者，取消选中则只分析选中的发明人。

2.5.5　技术分类分析

企业涉足某种产品、技术的市场竞争，必须了解其技术发展变化趋势以及影响这些变化的技术因素，这些不同因素在不同区域（国省）的差别，这种差别源自于哪些发明人。因此，进行产品、技术的发展及衍变趋势的分析能够帮助企业了解竞争的技术环境，增强技术创新的目的性。

技术分类分析包括：技术分类趋势分析、技术分类构成分析、技术分类国省分析、技术分类申请人构成、技术关联度分析以及技术分类区域构成。

2.5.5.1　技术分类趋势分析

了解目标技术领域的衍变过程和变化周期，并对指定时期该技术领域的技术衍变过程进行全过程描述。针对目前分析的主题，揭示不同技术领域历年专利申请情况。

操作方法：在分析模块界面下，依次点击【技术分类分析/技术分类趋势分析】

默认显示图形为折线图（图 2-93）。

纵轴：专利数；横轴：年份；颜色：技术分类

图 2-93 显示某一技术主题主要技术分类（前十 IPC）的专利申请趋势，反映主要技术领域的发展动态。

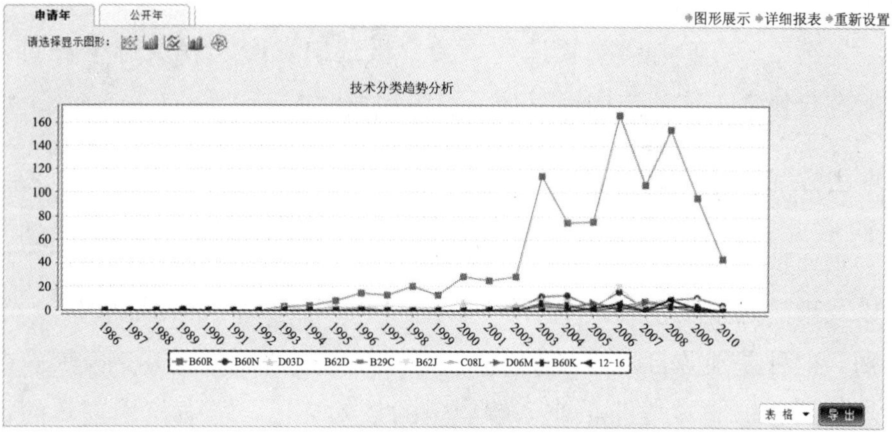

图 2-93　技术分类趋势分析界面图

【操作说明】

a. 单击 申请年 公开年 中的页签，可以按专利的申请日期或公开日期进行分析。

b. 单击 详细报表 按钮，在“详细报表”栏中生成表格式的分析图（图 2-94）。

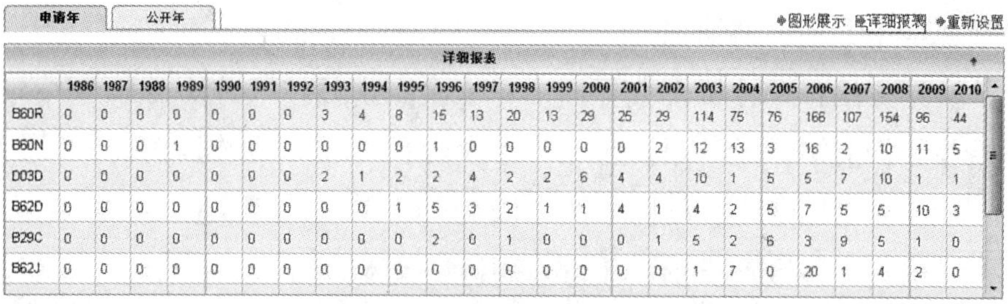

申请年　公开年　　　图形展示 详细报表 重新设置

详细报表

	1986	1987	1988	1989	1990	1991	1992	1993	1994	1995	1996	1997	1998	1999	2000	2001	2002	2003	2004	2005	2006	2007	2008	2009	2010
B60R	0	0	0	0	0	0	0	3	4	8	15	13	20	13	29	25	29	114	75	76	166	107	154	96	44
B60N	0	0	0	1	0	0	0	0	0	0	1	0	0	0	0	0	2	12	13	3	16	2	10	11	5
D03D	0	0	0	0	0	0	0	2	1	2	2	4	2	2	6	4	4	10	1	5	5	7	10	1	1
B62D	0	0	0	0	0	0	0	0	0	1	5	3	2	1	1	4	1	4	2	5	7	5	5	10	3
B29C	0	0	0	0	0	0	0	0	0	0	2	0	1	0	0	0	1	5	2	6	3	9	5	1	0
B62J	0	0	0	0	0	0	0	0	0	0	0	0	0	0	0	0	0	1	7	0	20	1	4	2	0

图 2-94　技术分类趋势分析详细报表

c. 单击 详细报表 按钮，选择符合用户条件的“技术分类”以及相应的“起止年份”进行重新分析（图 2-95）。系统默认显示专利数最多的 10 个 IPC 小类。

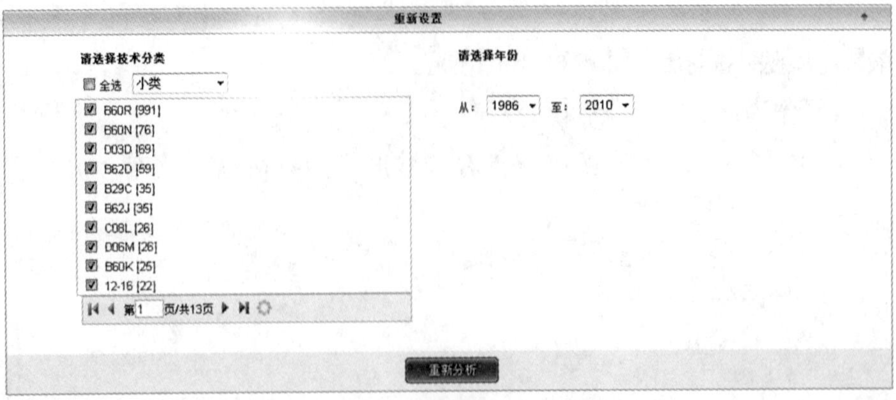

图 2-95　技术分类趋势分析重新设置

2.5.5.2　技术分类构成分析

了解目标技术领域的具体构成情况。针对目前分析的行业主题，揭示不同的目标技术领域内的专利申请情况。

操作方法：在分析模块界面下，依次点击【技术分类分析/技术分类构成分析】

默认显示图形为饼状图（图 2-96）。

颜色：技术分类

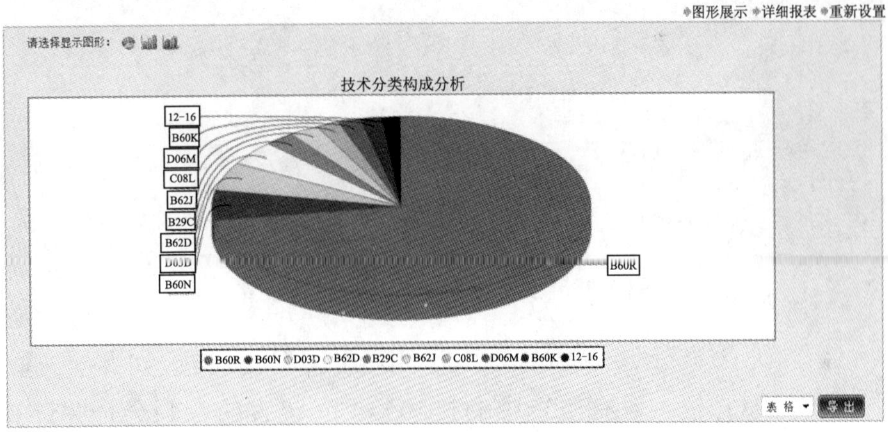

图 2-96　技术分类构成分析界面图

图 2-96 显示某一技术主题主要技术分类（前十 IPC）的专利构成情况，反映不同技术领域的分布情况。

【操作说明】

a. 单击 详细报表链接，查看表格形式的分析结果（图 2-97）。

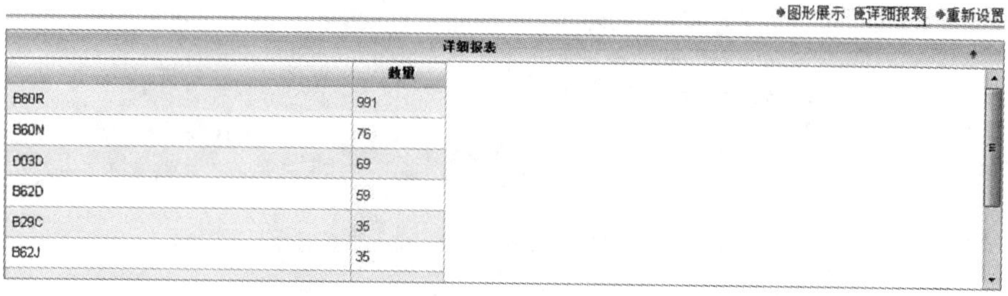

图 2-97 技术分类构成分析详细报表

b. 单击 重新设置按钮，选择符合用户条件的“技术分类”进行重新分析（图 2-98）。

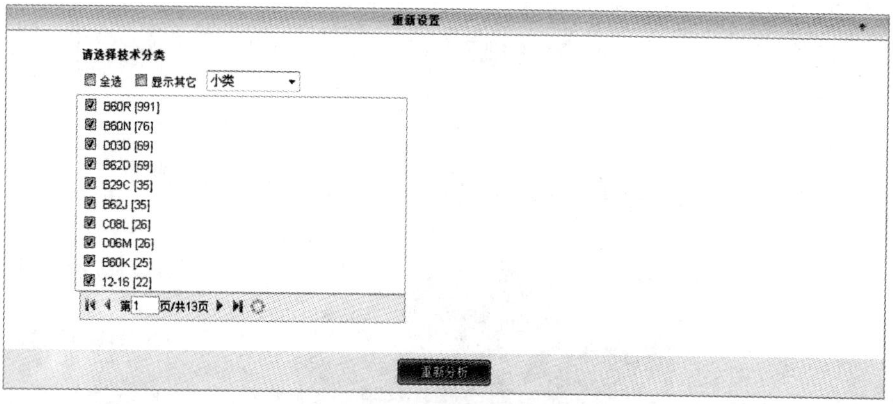

图 2-98 技术分类构成分析重新设置

系统默认显示专利数最多的 10 个 IPC 小类。如果点选了 显示其它复选框，没有被选中的技术分类所包含的专利会合并计算，在“其它”项中进行显示，如图 2-99 所示。

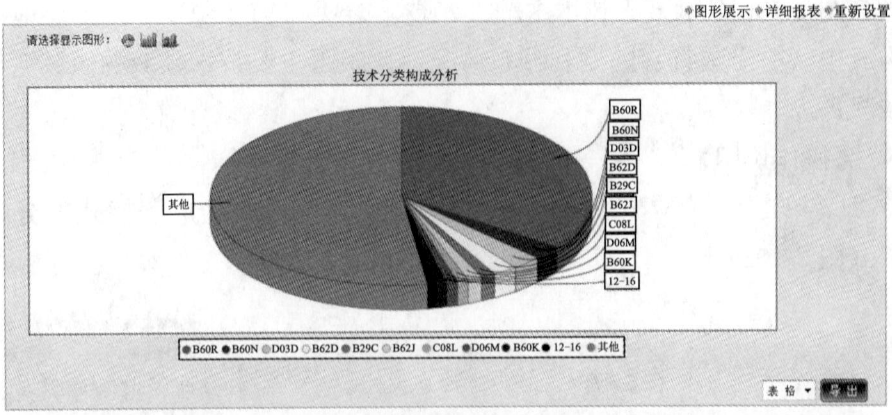

图 2-99 “显示其它”的分析结果

2.5.5.3 技术分类国省分析

了解不同时期各国、各地区关键技术构成的差异及其变化周期。针对目前分析的行业主题，揭示目标技术领域在不同国省内的专利申请情况。技术分类国省分析仅适用于中文专利。

操作方法：在分析模块界面下，依次点击【技术分类分析/技术分类国省分析】

默认显示图形为三维柱状图（图 2-100）。

纵轴：专利数；横轴：国省；颜色：技术分类

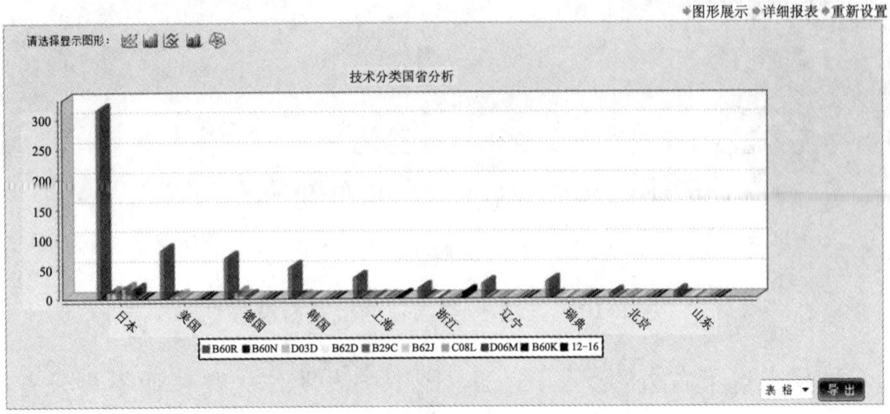

图 2-100 技术分类国省分析界面图

图 2-100 显示某一技术主题主要技术分类（前十 IPC）在主要地区构成中（前十国省）的专利分布情况，反映了主要技术领域的区域竞争情况。

【操作说明】

a. 单击 详细报表 按钮，在“详细报表”栏中生成表格式的分析图（图 2-101）。

	日本	美国	德国	韩国	上海	浙江	辽宁	瑞典	北京	山东
B60R	316	81	68	52	35	17	25	28	8	10
B60N	5	2	2	2	1	2	0	2	0	2
D03D	11	3	10	3	1	1	0	0	0	0
B62D	10	5	4	1	1	0	1	0	2	0
B29C	12	0	4	1	2	1	0	0	0	0
B62J	18	0	0	0	0	0	0	0	0	0

图 2-101　技术分类国省分析详细报表

b. 单击 重新设置按钮，选择符合用户条件的“技术分类”或所属的“国省”进行重新分析（图 2-102）。系统默认显示专利数最多的 10 个 IPC 小类及国省。

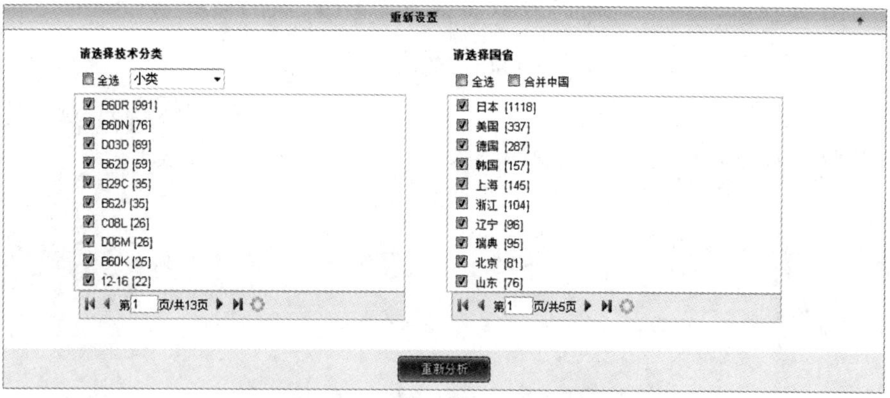

图 2-102　技术分类国省分析重新设置

如果点选了右边的 合并中国，则中国发明作为整体而不再分省进行统计。

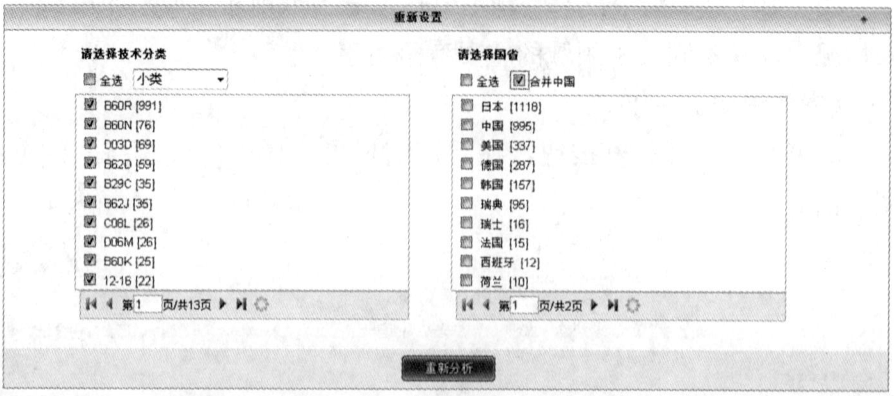

图 2-103　技术分类国省分析重新设置（合并中国）

2.5.5.4　技术分类申请人构成

了解关键性技术的掌控者，并进行技术细节方面的差异性比较。了解不同时期各国、各地区关键技术构成的差异及其变化周期。针对目前分析的主题，揭示目标技术领域内不同申请人的专利申请情况。

操作方法：在分析模块界面下，依次点击【技术分类分析/技术分类申请人构成】

默认显示图形为三维柱状图（图 2-104）。

纵轴：专利数；横轴：技术分类；颜色：申请人

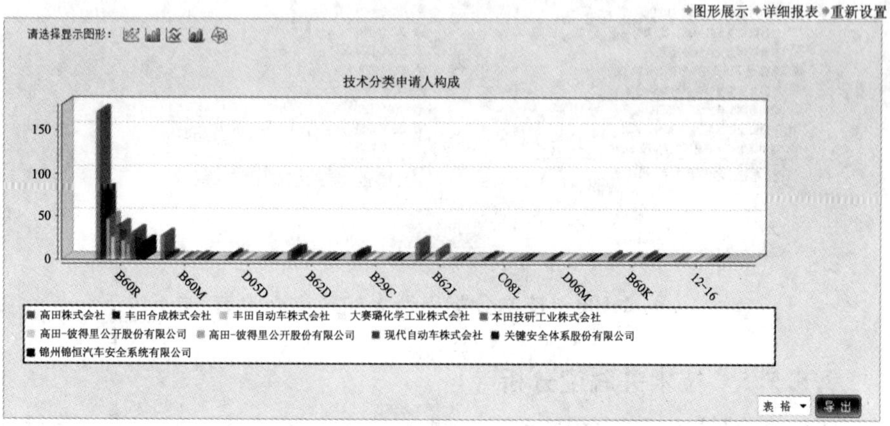

图 2-104　技术分类申请人构成界面图

图 2-104 显示某一技术主题主要技术分类（前十 IPC）的申请人分布情况，反映不同技术领域的主要竞争对手。

【操作说明】

a. 单击 详细报表 按钮，在“详细报表”栏中生成表格式的分析图（图 2-105）。

图形展示 详细报表 重新设置

详细报表

	B60R	B60N	D03D	B62D	B29C	B62J	C08L	D06M	B60K	12-16
高田株式会社	170	28	0	10	6	20	0	0	4	0
丰田合成株式会社	79	4	5	10	8	0	3	2	0	0
丰田自动车株式会社	47	2	3	3	2	0	2	0	2	0
大赛璐化学工业株式会社	26	0	0	0	0	0	0	0	0	0
本田技研工业株式会社	39	1	0	2	0	11	0	0	2	0
高田-彼得里公开股份有限公司	22	2	0	0	0	0	0	0	0	0

图 2-105　技术分类申请人构成详细报表

b. 单击 重新设置按钮，选择符合用户条件的“申请人”或所属的“技术分类”进行重新分析（图 2-106）。系统默认显示专利数最多的 10 个申请人及 IPC 小类。

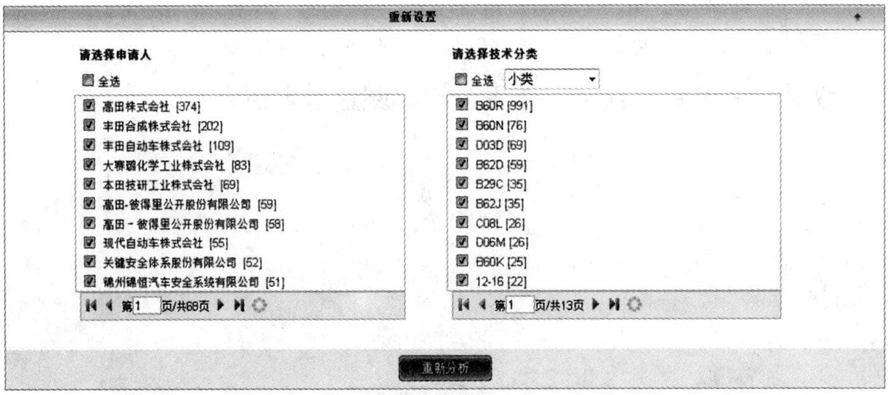

图 2-106　技术分类申请人构成重新设置

2.5.5.5　技术关联度分析

了解关键技术之间的联系，并进行技术交叉分析。针对目前分析的行业主题，揭示目标技术领域内的技术融合状况。

操作方法：在分析模块界面下，依次点击【技术分类分析/技术关联度分析】

分析结果以表格形式展示（图 2-107）。

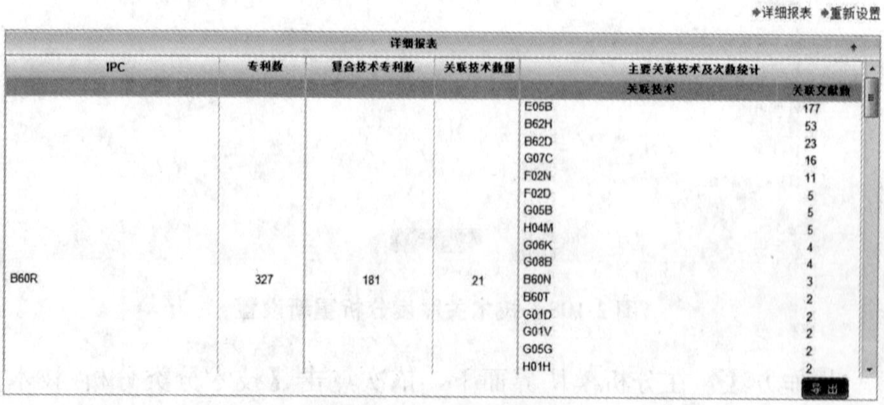

IPC	专利数	复合技术专利数	关联技术数量	主要关联技术及次数统计	
				关联技术	关联文献数
B60R	327	181	21	E05B	177
				B62H	53
				B62D	23
				G07C	16
				F02N	11
				F02D	5
				G05B	5
				H04M	5
				G06K	4
				G08B	4
				B60N	3
				B60T	2
				G01D	2
				G01V	2
				G05G	2
				H01H	2

图 2-107　技术关联度界面图

图 2-107 显示某一技术主题主要技术分类（前十 IPC）的技术关联情况，反映主要技术领域的技术融合状况。

【操作说明】

单击 重新设置按钮，选择符合用户条件的“技术分类”进行重新分析（图 2-108）。系统默认显示复合技术专利数最多的 10 个 IPC 小类。选中 在全部IPC中选择，会更新技术分类列表，列出有关联技术的 IPC 分类和没有关联技术的 IPC 分类，取消选中也会更新技术分类列表，仅列出有关联技术的 IPC 分类。选中 分析所有合作者，会分析选中的 IPC 分类和与选中 IPC 分类有关联的所有 IPC 分类，取消选中只分析选中的 IPC 分类。

2.5.5.6　技术分类区域构成

了解不同时期各国、各地区关键技术构成的差异及其变化周期。针对目前分析的行业主题，揭示目标技术领域在不同区域内的专利申请情况。技术分类区域构成仅适用于外文专利。

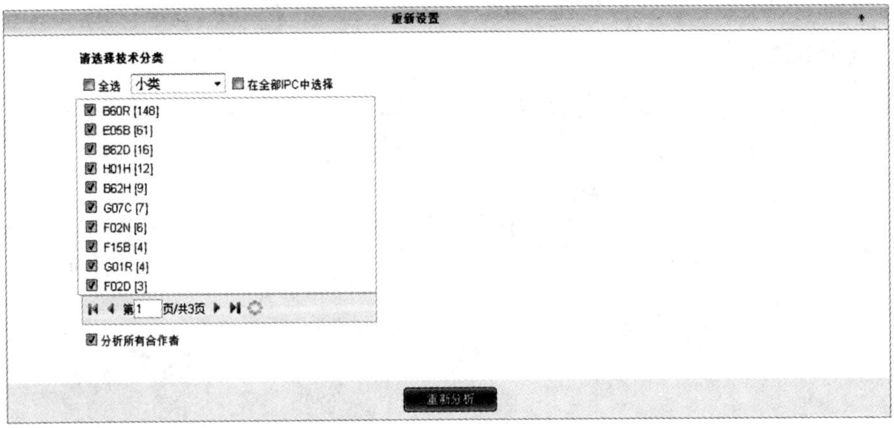

图 2-108　技术关联度分析重新设置

操作方法：在分析模块界面下，依次点击【技术分类分析/技术分类区域构成】

默认显示图形为三维柱状图（图 2-109）。

纵轴：专利数；横轴：区域；颜色：技术分类

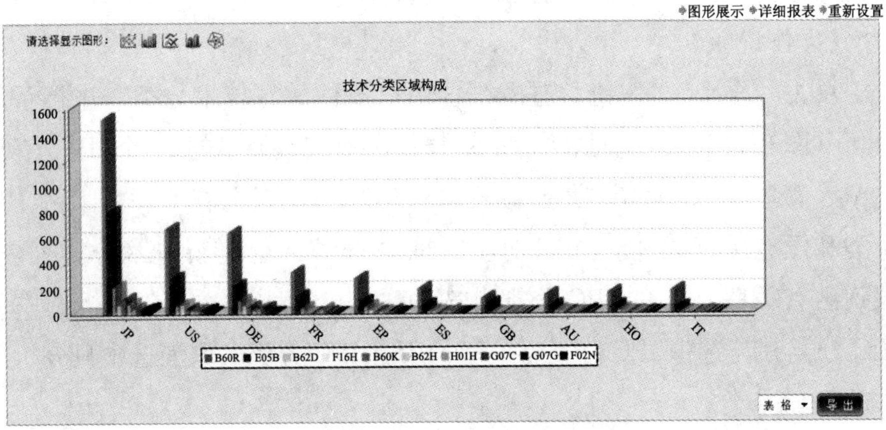

图 2-109　技术分类区域构成界面图

图 2-109 显示某一技术主题主要技术分类（前十 IPC）在主要区域中的专利分布情况，反映了主要技术领域的区域竞争情况。

【操作说明】

a. 单击 详细报表 按钮，在“详细报表”栏中生成表格式的分析图（图 2-110）。

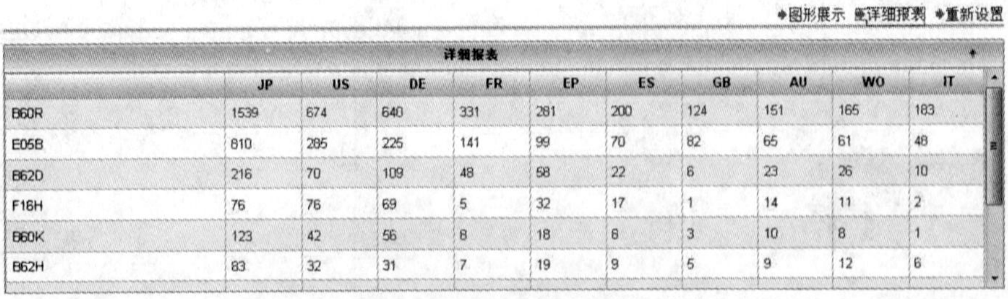

图形展示 详细报表 重新设置

详细报表

	JP	US	DE	FR	EP	ES	GB	AU	WO	IT
B60R	1539	674	640	331	281	200	124	151	165	183
E05B	810	285	225	141	99	70	82	65	61	48
B62D	216	70	109	48	58	22	6	23	26	10
F16H	76	76	69	5	32	17	1	14	11	2
B60K	123	42	56	8	18	8	3	10	8	1
B62H	83	32	31	7	19	9	5	9	12	6

图 2-110 技术分类区域构成详细报表

b. 单击 重新设置按钮，选择符合用户条件的“技术分类”或所属的“区域”进行重新分析（图 2-111）。系统默认显示专利数最多的 10 个 IPC 小类及区域。

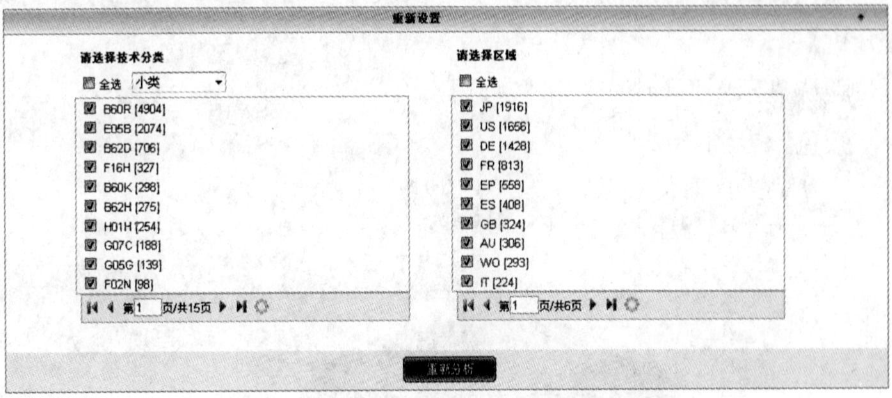

图 2-111 技术分类区域构成重新设置

2.5.6 中国专项分析

中国专项分析是针对中国区域的专利数据进行的分析，它主要包括专利类型分析、国省分布状况，见图 2-112。

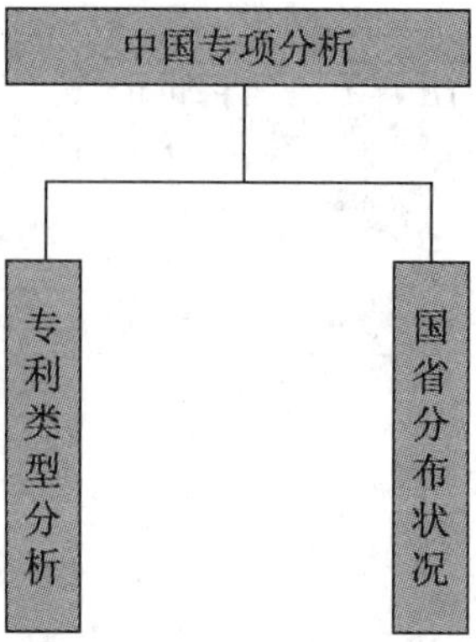

图2-112　中国专项分析示意图

2.5.6.1　专利类型分析

了解在中国区域内不同类型专利（发明专利、实用新型专利、外观设计专利）的构成情况。

操作方法：在分析模块界面下，依次点击【中国专项分析/专利类型分析】

默认显示图形为饼图（图 2-113）。

颜色：专利类型

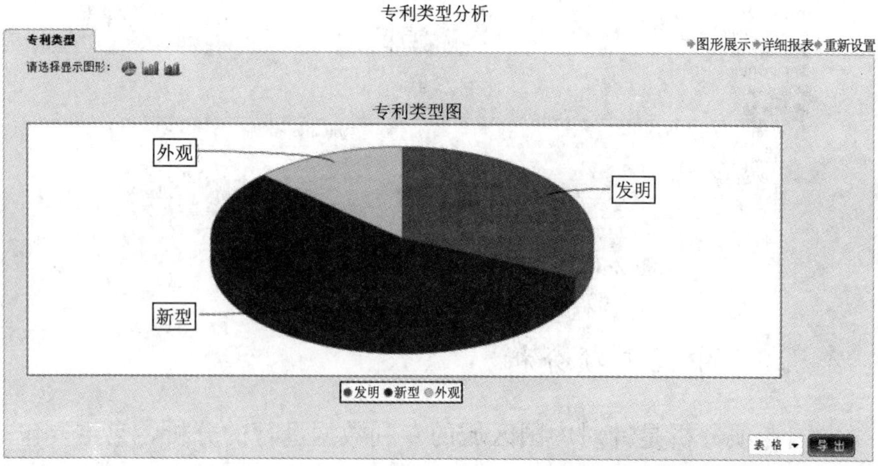

图 2-113　专利类型分析界面图

图 2-113 显示某一技术主题不同专利类型（发明专利、实用新型专利、外观设计专利）的构成情况，不同专利类型的对比和所占比例。

【操作说明】

a. 单击 详细报表 按钮，在“详细报表”栏中生成表格式的分析图（如图 2-114）。

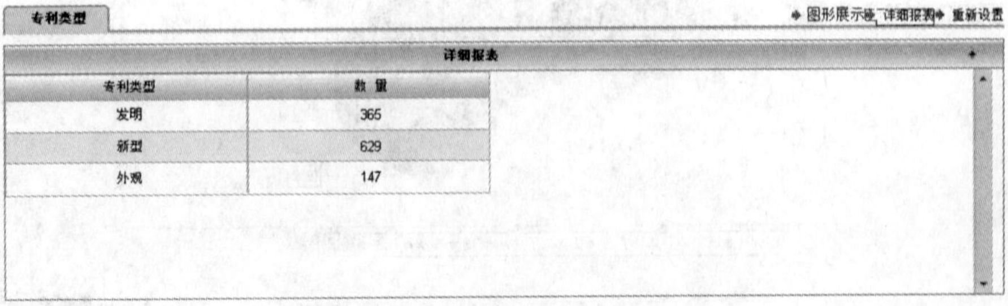

图 2-114　专利类型分析详细报表

b. 单击 重新设置按钮，选择符合中国专利条件的“专利类型”进行重新分析（图 2-115）。

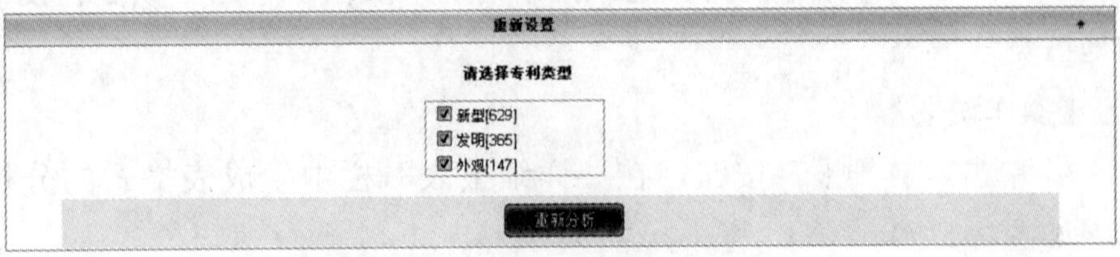

图 2-115　专利类型分析重新设置

【说明】由于此分析模块的目的是考察中国专利类型的构成情况，因此默认将三种专利类型全选中。

2.5.6.2　国省分布状况

国省分布状况主要体现了中国专利国内、国外专利权人的地区构成比例。

操作方法：在分析模块界面下，依次点击【中国专项分析/国省分布状况】

默认显示图形为饼图（图 2-116）。

颜色：国省

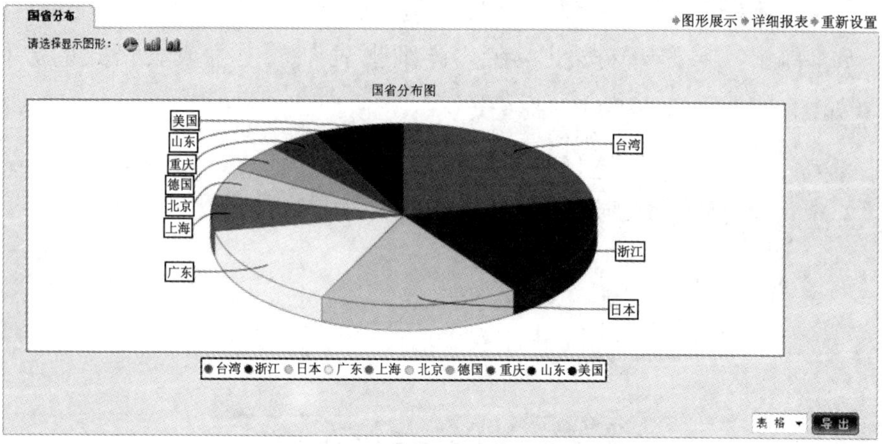

图 2-116　国省分布状况界面图

图 2-116 显示某一技术主题中国专利的地区构成情况（前十国省）、专利在不同地区的分布情况和地区排名情况，反映了中国区域专利技术的地区竞争情况。

【操作说明】

a. 单击 详细报表 按钮，在“详细报表”栏中生成表格式的分析图（如图 2-117）。

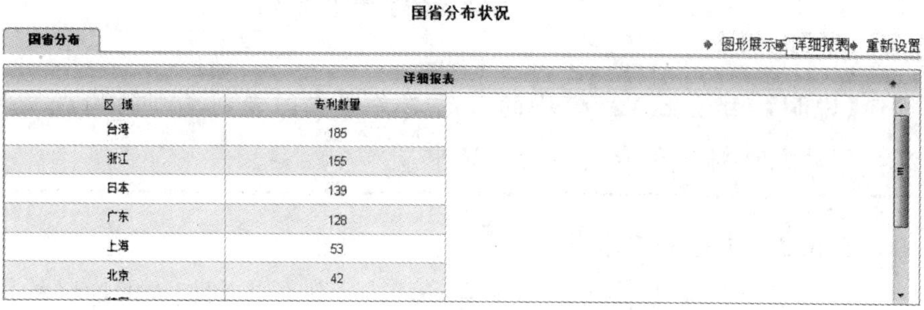

区 域	专利数量
台湾	185
浙江	155
日本	139
广东	128
上海	53
北京	42

图 2-117　国省分布状况详细报表

b. 单击 重新设置按钮，选择符合用户条件的“国家和地区”进行重新分析（图 2-118）。

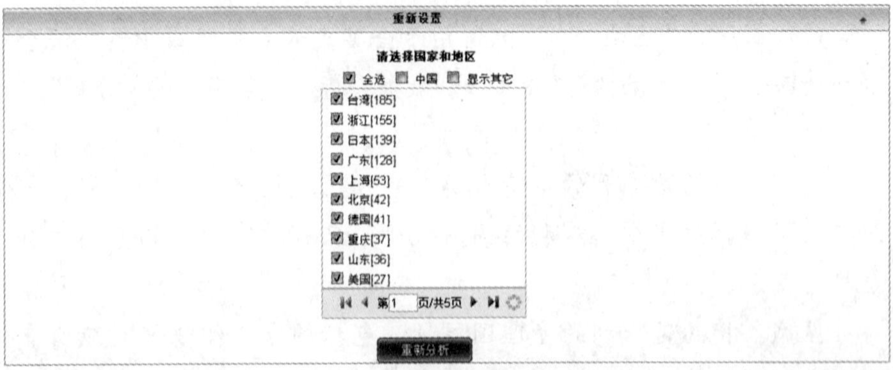

图 2-118　国省分布状况重新设置

2.5.7　区域分析

企业欲以某种产品、技术参与不同国家和地区的市场竞争，必须了解其区域性竞争状况及消费需求。而这些需求往往通过申请人、专利申请量以及产品、技术的某些技术特征来体现。因此，通过专利信息的区域性分析，可以了解行业发展的重点区域、不同区域内专利研发的重点方向和各区域之间技术的差异性、不同区域内专利技术的主要竞争者（申请人）和发明人。

区域分析包括：区域趋势分析、区域构成分析、区域技术领域构成（IPC 构成）、区域申请人构成，见图 2-119。

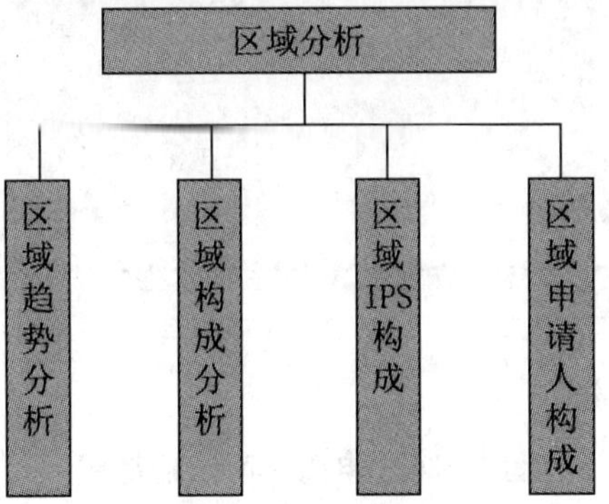

图 2-119　区域分析示意图

【说明】

（1）本章节“区域分析”只适用于全英文专利数据或中英文混合专利数据分析，对于纯粹是中文专利数据分析，要采用“国省分析”。

（2）“国省”和“区域”的区别：

国省：指的是专利的申请人所在行政区域信息，包括国家、省级行政区域，对应中国专利的国省代码，只有中国受理的专利才有这样的信息。

区域：指的是专利的受理国信息，包括国家、组织，对应所有专利的国别码。

2.5.7.1 区域趋势分析

了解一个特定时期内目标区域的技术衍变过程和变化周期。针对目前分析的主题，揭示各个区域在该技术领域内历年专利申请情况，随特定时期段的技术发展变化。

操作方法：在分析模块界面下，依次点击【区域分析/区域趋势分析】默认显示图形为折线图（图 2-120）。

纵轴：专利量；横轴：年份；颜色：区域

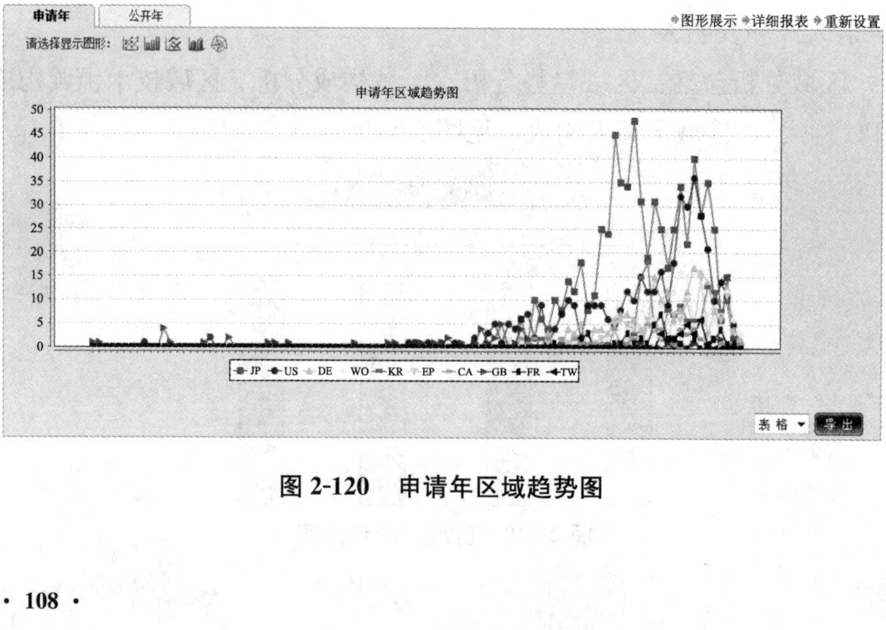

图 2-120　申请年区域趋势图

图 2-120 显示某一技术主题在不同区域的专利申请总体趋势，显示不同区域的技术发展动态。

【操作说明】

a. 单击 公开年 ，可以生成按公开年的分析图。

b. 单击 重新设置按钮，在“详细报表”栏中生成表格式的分析图（如图 2-121）。

详细报表

	1912年	1913年	1914年
JP	0	0	0
US	0	0	0
DE	0	0	0
WO	0	0	0
KR	0	0	0
EP	0	0	0

图 2-121　区域趋势分析详细报表

c. 单击 重新设置按钮，选择符合用户条件的“区域”和“起止时间”进行重新分析（图 2-122）。

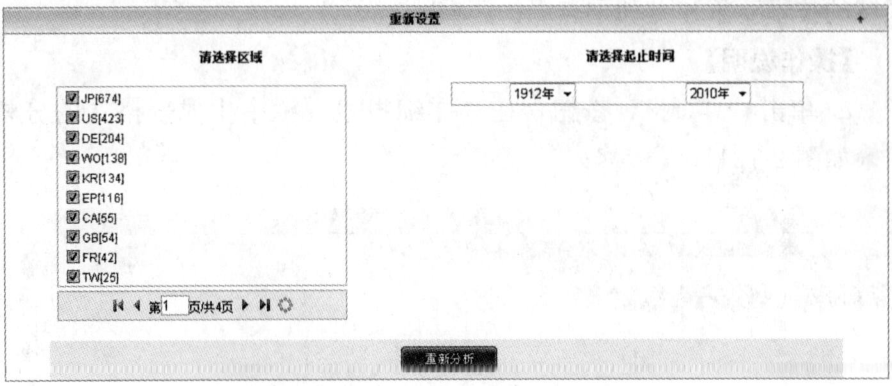

图 2-122　区域趋势重新设置

2.5.7.2　区域构成分析

了解区域竞争的总体状况。针对目前分析的主题，以申请人申请区域为基础，了解该技术领域内的重要竞争区域、申请区域的技术研发实力和重视专利申请的程度。

操作方法：在分析模块界面下，依次点击【区域分析/区域构成分析】默认显示图形为饼图（如图 2-123）。

颜色：区域

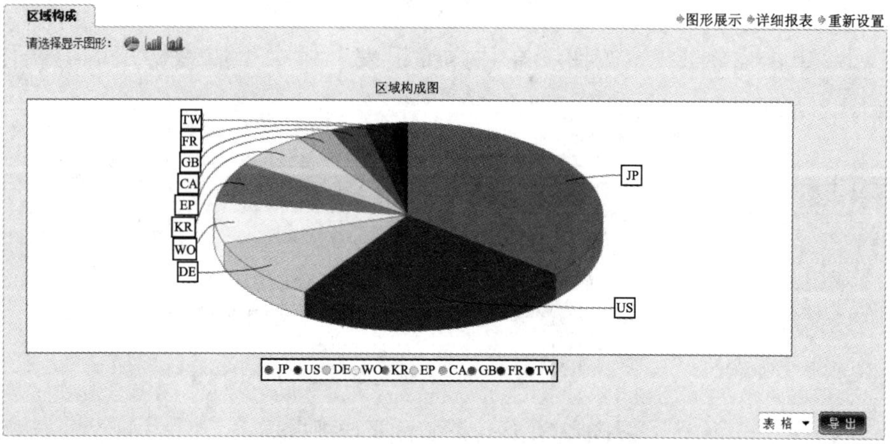

图 2-123　区域构成分析界面图

图 2-123 显示某一技术主题在不同区域的专利构成情况，显示不同区域的技术竞争和专利重点保护区域。

【操作说明】

a. 单击◆ 详细报表按钮，在“详细报表”栏中生成表格式的分析图（如图 2-124）。

详细报表

区 域	数 量
JP	674
US	423
DE	204
WO	138
KR	134
EP	116

图 2-124　区域构成分析详细报表

b. 单击◆ 重新设置按钮，选择符合用户条件的“区域”进行重新分析（图 2-125）。

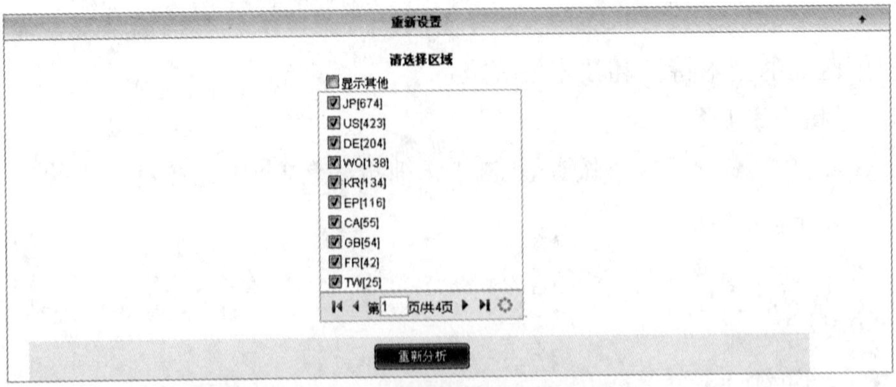

图 2-125 区域构成分析重新设置

2.5.7.3 区域技术分类构成

了解目标区域技术构成及技术的周期性变化，了解形成这种变化的主要技术因素，以便从中找出阶段性关键技术。了解各区域重点技术应用方向和各区域之间技术的差异性。针对目前分析的主题，揭示各个区域在该技术领域内关键技术的专利申请发展情况。

操作方法：在分析模块界面下，依次点击【区域分析/区域技术分类构成】

默认显示图形为三维柱图（如图 2-126）。

纵轴：专利量；横轴：区域；颜色：技术领域

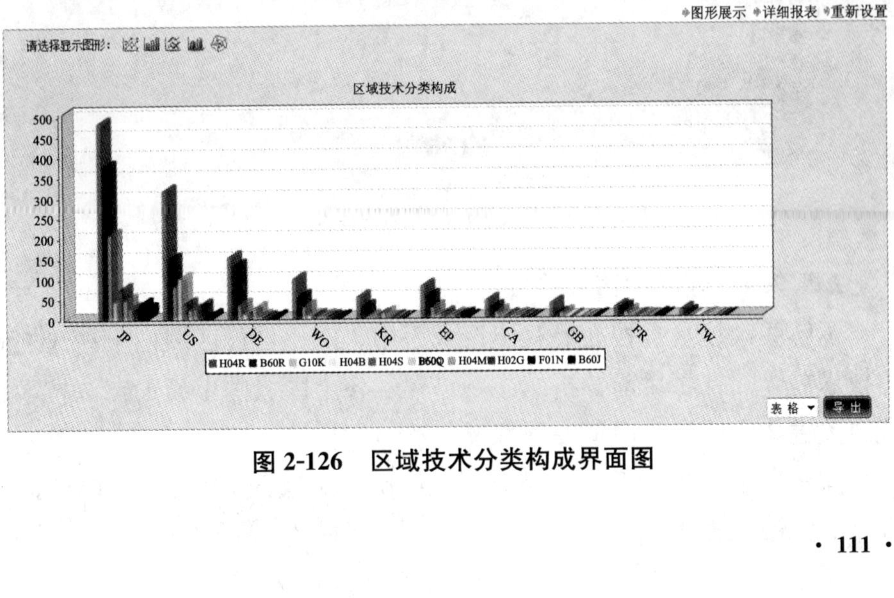

图 2-126 区域技术分类构成界面图

图 2-126 显示某一技术主题在不同区域的技术分类构成情况，显示不同区域的技术特征和技术发展方向。

【操作说明】

a. 单击 详细报表 按钮，在“详细报表”栏中生成表格式的分析图（如图 2-127）。

详细报表

	JP	US	DE	WO	KR	EP	CA	GB	FR	TW
H04R	484	318	153	99	54	80	44	36	26	17
B60R	378	149	132	56	30	55	26	8	22	9
G10K	209	82	36	31	5	27	15	12	13	1
H04B	45	101	13	9	2	6	2	0	1	0
H04S	75	39	15	9	9	12	6	3	4	0
B60Q	49	24	28	6	14	2	4	0	4	3

图 2-127　区域技术分类构成详细报表

b. 单击 重新设置按钮，选择符合用户条件的“技术分类”（系统默认为小类）和“区域”进行重新分析（图 2-128）。

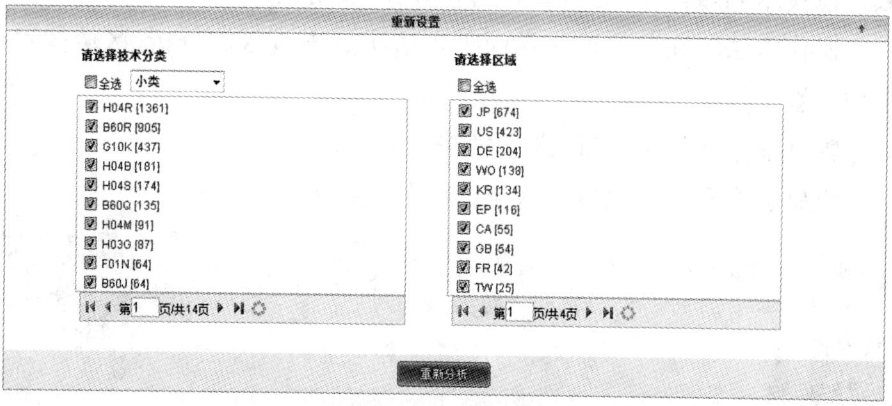

图 2-128　区域技术分类构成重新设置

2.5.7.4　区域申请人构成

了解关键技术掌控在哪些申请人手中，对比目标区域内申请人之间的技术差异。针对目前分析的主题，揭示各个区域内申请人在该技术领域内关键技术的专利申请发展情况。

操作方法：在分析模块界面下，依次点击【区域分析/区域申请人

构成】

默认显示图形为三维柱图（如图 2-129）。

纵轴：专利量；横轴：区域；颜色：申请人

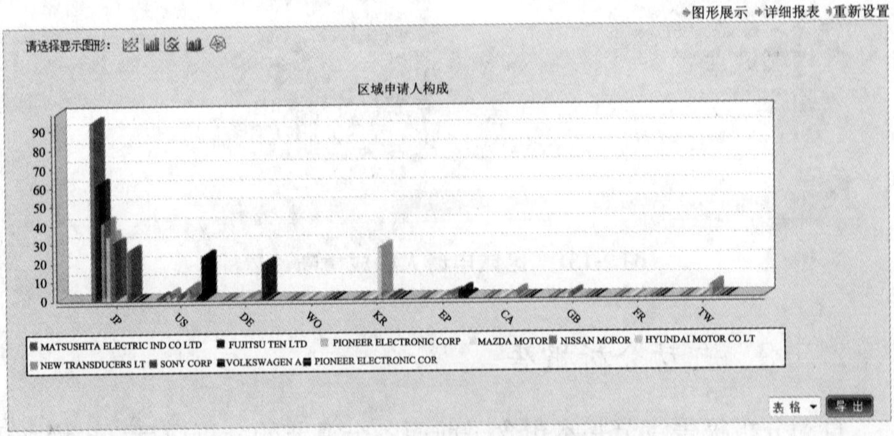

图 2-129　区域申请人构成界面图

图 2-129 显示某一技术主题在不同区域的主要申请人分布情况，反映重点区域的主要竞争对手。

【操作说明】

a. 单击 详细报表 按钮，在“详细报表”栏中生成表格式的分析图（如图 2-130）。

详细报表

	JP	US	DE	WO	KR	EP	CA	GB	FR	TW
MATSUSHITA ELECTRIC IND CO LTD	94	1	0	0	0	0	0	0	0	0
FUJITSU TEN LTD	61	0	0	0	0	0	0	0	0	0
PIONEER ELECTRONIC CORP	41	3	0	0	0	0	0	0	0	0
MAZDA MOTOR	34	0	0	0	0	0	0	0	0	0
NISSAN MOTOR	[illegible]	[illegible]	0	0	0	0	0	[illegible]	0	0
HYUNDAI MOTOR CO LT	0	0	1	0	27	1	0	0	0	0

图 2-130　区域申请人构成详细报表

b. 单击 重新设置按钮，选择符合用户条件的“申请人”和“区域”进行重新分析（图 2-131）。

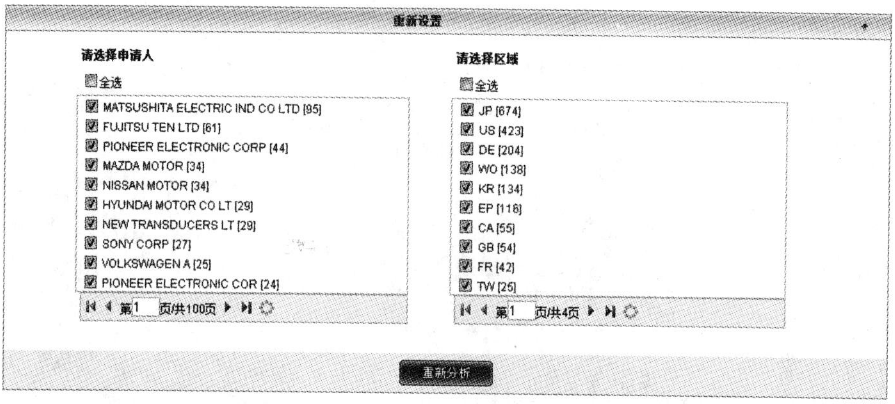

图 2-131　区域申请人构成重新设置

2.5.8　自动分析报告

自动分析报告章节基本包含了前面各个章节的分析项目（也增加了一些其他分析项目），该章节的分析结果（表格或者图形）可以导出并保存到 word 文档中。以下是自动分析报告中所有的分析项目及其显示模式，见表 2-4。

表 2-4　自动分析报告分析项目及显示模式

分析项目	分析内容	显示模式	Y 轴/X 轴
总体发展趋势	申请量年度趋势分析		申请量/年份
	公开量年度趋势分析比		公开量/年份
	申请公开量对比分析		申请量、公开量/年份
其他专项分析	代理机构分析		申请量/代理人
	国省综合状况分析	表格	申请量/专利类型/国省
	专利类型分析		申请量/专利类型
	申请类型分析		申请量/申请类型
专利申请区域分析	区域申请构成分析		申请总量/区域
	区域申请趋势分析		申请量/区域/年份
	主要技术区域申请对比分析		申请量/领域/区域
	主要竞争者区域申请对比分析		申请量/竞争者/区域

续表

分析项目	分析内容	显示模式	Y 轴/X 轴
主要技术领域分析	技术总体状况		申请总量/领域（大类）
	技术细分状况		申请总量/领域（小类）
	主要技术申报趋势分析		申请量/领域/年份
	主要技术区域申请对比分析		申请量/领域/区域
主要竞争者分析	主要竞争者专利份额		申请总量/申请人
	主要竞争者申报趋势分析		申请量/申请人/年份
	主要竞争者区域申请对比分析		申请量/申请人/区域
	主要竞争者技术差异分析		申请量/申请人/领域
	主要申请人综合指标分析	表格	综合指标/申请人
主要发明人分析	主要发明人专利份额		申请总量/发明人
	主要发明人申报趋势分析		申请量/发明人/年份
	主要发明人区域申请对比分析		申请量/发明人/区域
	主要发明人技术差异分析		申请量/发明人/领域

【说明】

（1）通过点击◈导出本章报告　◈导出整体报告保存本章节生成的图形和表格，其中，“导出本章报告”只是保存当前分析页面中勾选的分析图形和表格，“导出整体报告”将保存本章节所有分析项目下的分析图形和表格（不论是否勾选过）。

（2）在本章节中，勾选分析图下方的☑加入报告，则表示该分析图列入导出报告所含图形之一。

（3）在本章节中，单击分析图下方的 » 设置 ，可以再次设置条件，并重新绘制分析图。

2.5.8.1　总体发展趋势

操作方法：在分析模块界面下，依次点击【自动分析报告/总体发展趋势】，见图 2-132 和图 2-133。

横轴：年份；纵轴：专利量；颜色：申请年/公开年

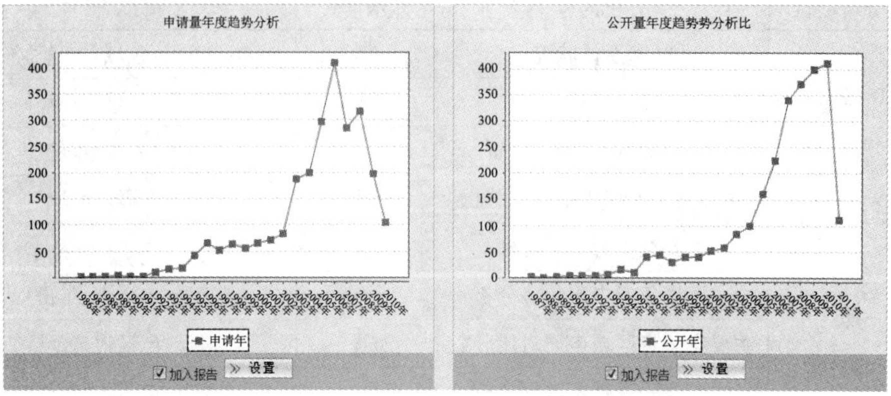

图 2-132　申请年/公开年趋势分析界面图

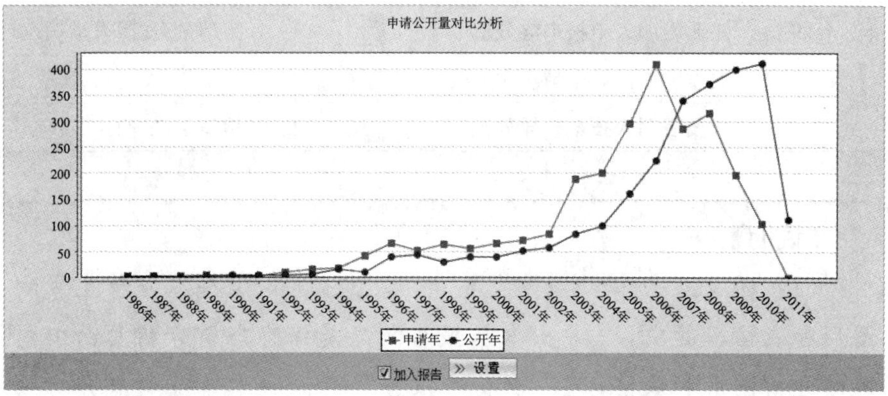

图 2-133　申请年/公开年对比分析界面图

2.5.8.2　其他专项分析

操作方法：在分析模块界面下，依次点击【自动分析报告/其他专项分析】，见图 2-134、图 2-135、图 2-136、图 2-137。

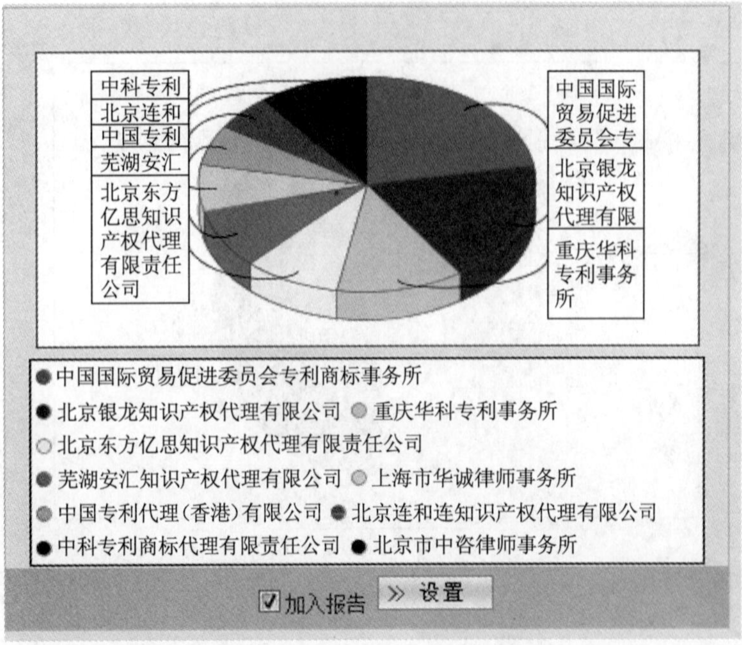

图 2-134　代理机构分析（颜色：代理机构）

国省	专利数	发明	PCT发明	新型	PCT新型	外观	公开	授
上海	216	38	0	75	0	103	26	1
安徽	249	19	0	78	0	152	14	2
广东	322	57	0	141	0	124	35	1
日本	968	181	59	5	0	723	145	7
江苏	312	30	0	119	0	163	23	1
河北	205	24	0	114	0	67	25	1
浙江	204	23	0	92	0	89	16	1
美国	280	82	92	3	0	103	112	1
重庆	462	26	0	107	0	329	20	3
韩国	185	25	1	0	0	159	19	1

加入报告　》设置

图 2-135　国省综合状况分析

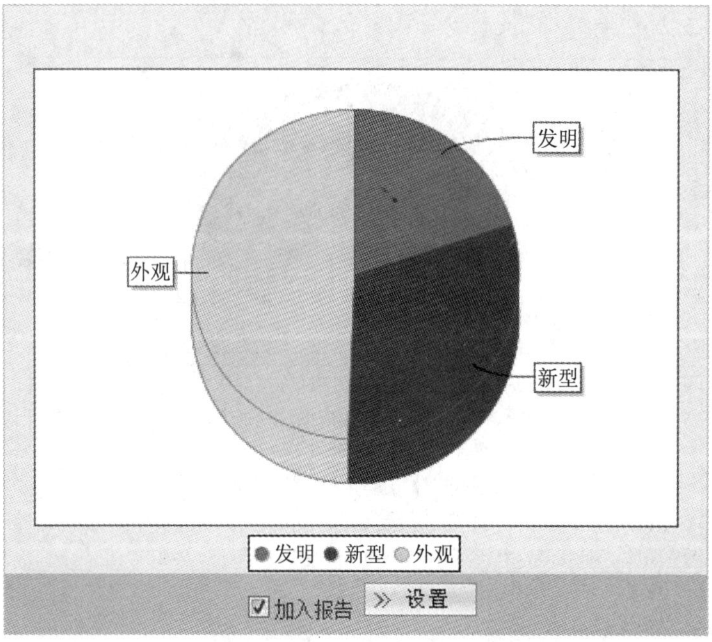

图 2-136　专利类型分析（颜色：专利类型）

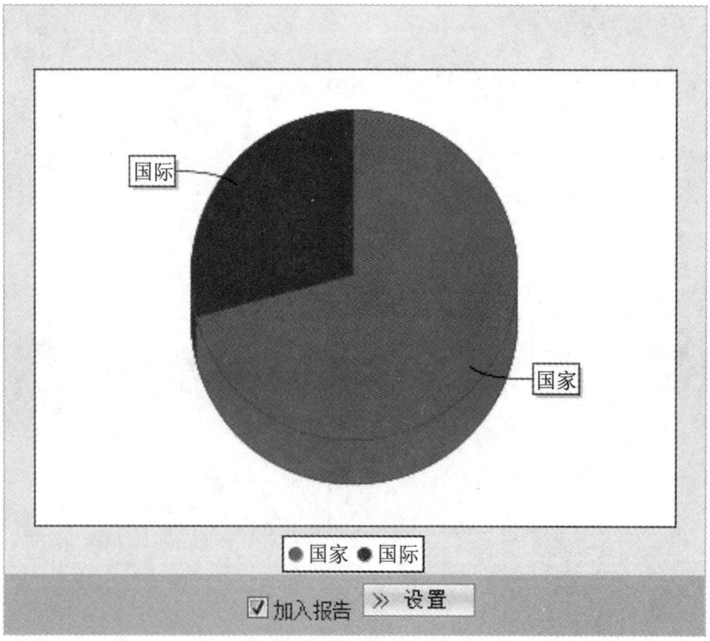

图 2-137　申请类型分析（颜色：申请国）

2.5.8.3 专利申请区域分析

操作方法：在分析模块界面下，依次点击【自动分析报告/专利申请区域分析】，见图 2-138、图 2-139、图 2-140、图 2-141。

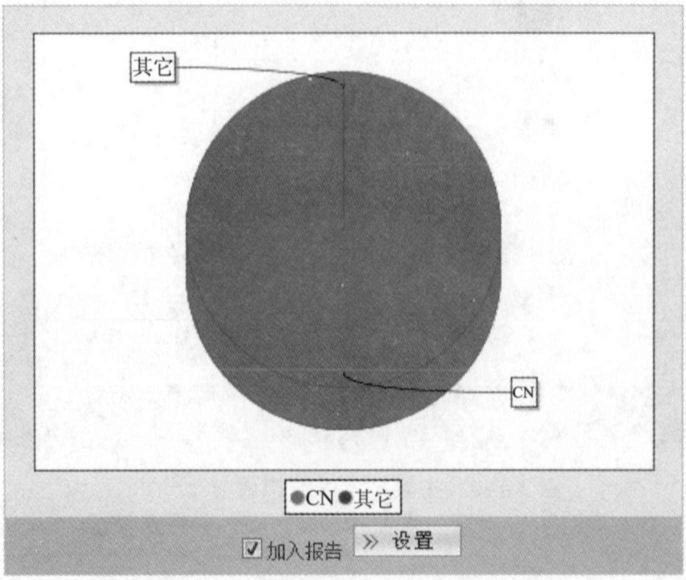

图 2-138 区域申请构成分析（颜色：区域）

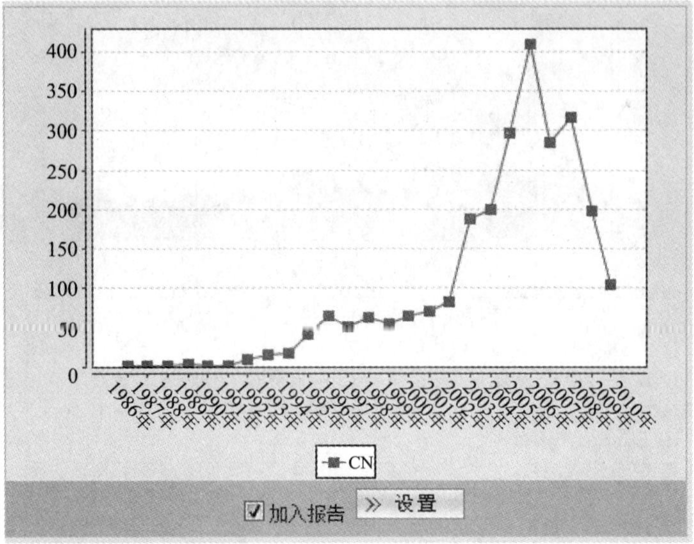

图 2-139 区域申请趋势分析（纵轴：专利量；横轴：年份；颜色：区域）

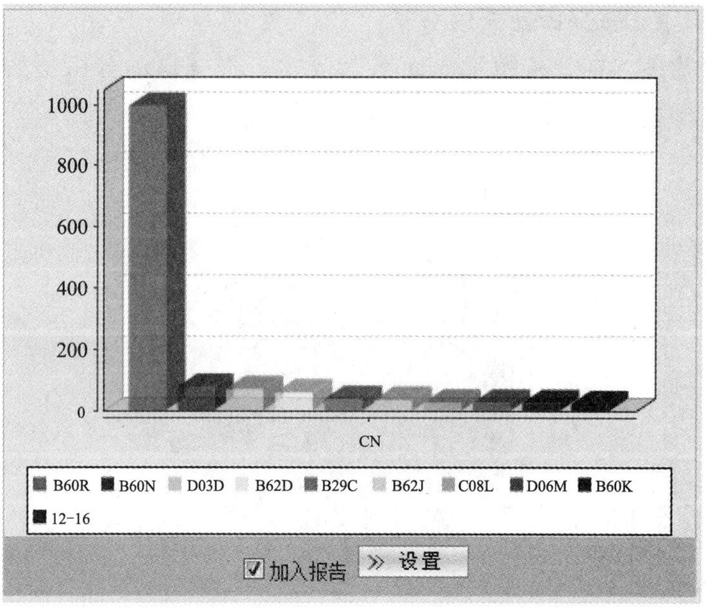

图 2-140　主要技术区域申请对比分析
（纵轴：专利量；横轴：区域；颜色：技术领域）

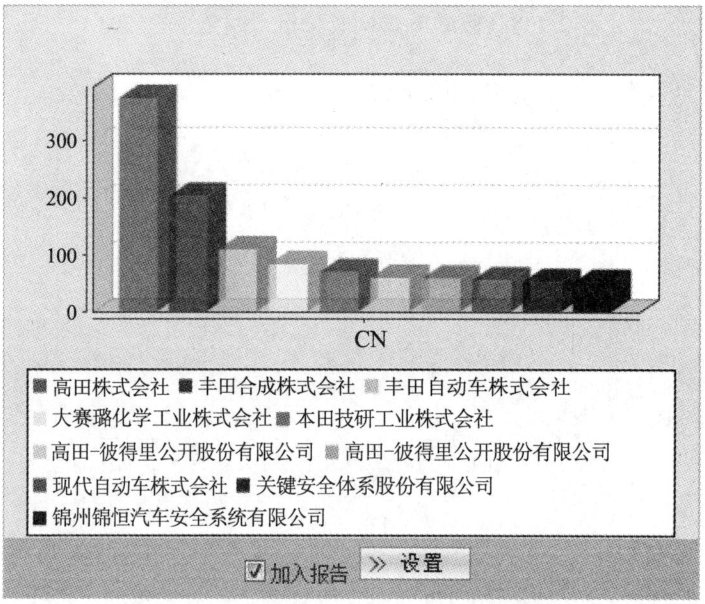

图 2-141　主要竞争者区域申请对比分析
（纵轴：专利量；横轴：区域；颜色：申请人）

2.5.8.4 主要技术领域分析

操作方法：在分析模块界面下，依次点击【自动分析报告/主要技术领域分析】，见图 2-142、图 2-143、图 2-144、图 2-145。

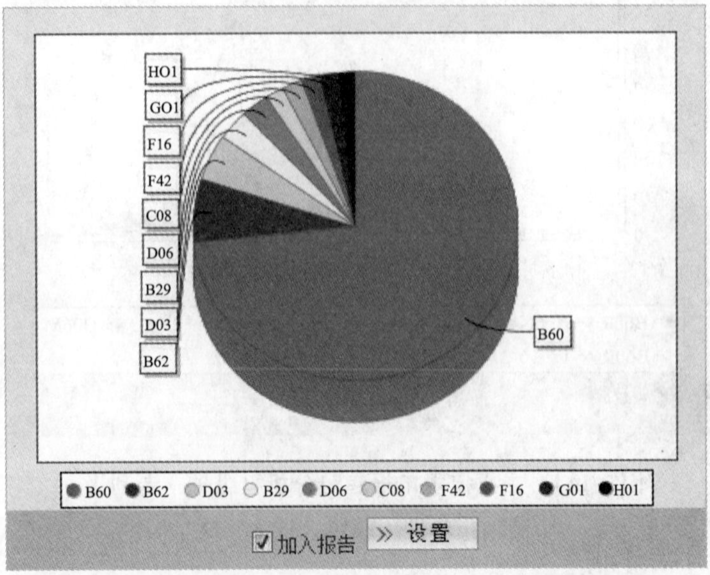

图 2-142 技术总体状况（颜色：技术领域）

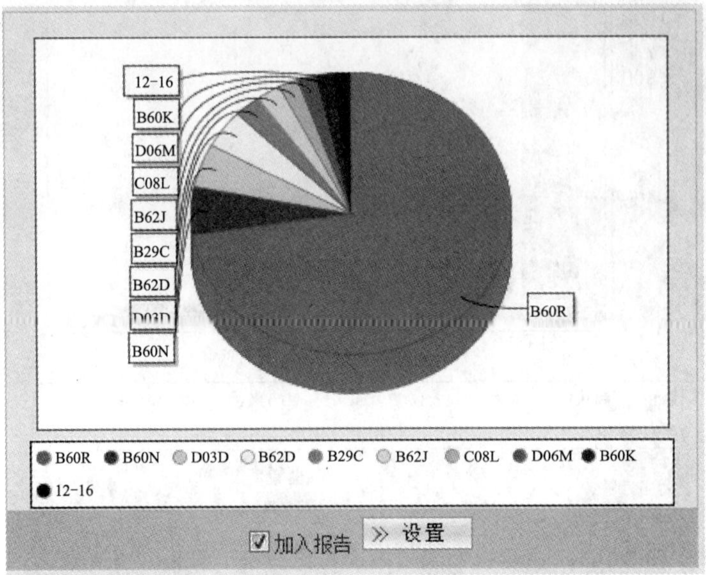

图 2-143 技术细分状况（颜色：技术领域）

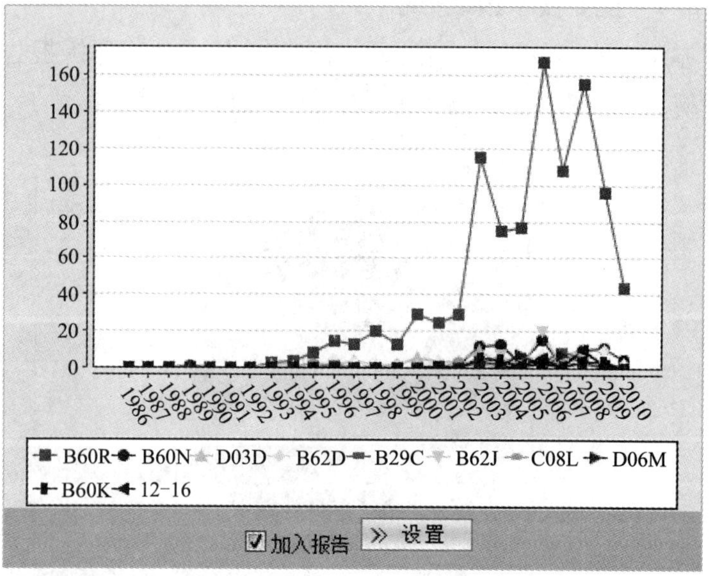

图 2-144 主要技术申报趋势分析（纵轴：专利量；横轴：年份；颜色：技术领域）

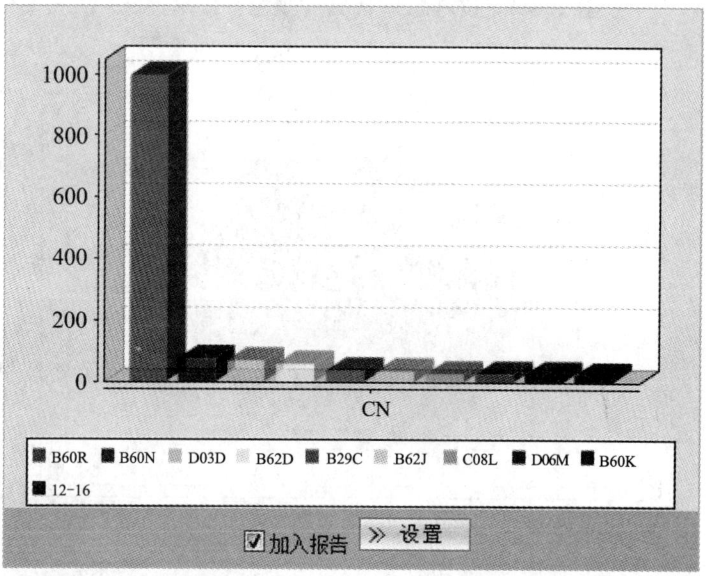

图 2-145 主要技术区域申请对比分析（纵轴：专利量；横轴：区域；颜色：技术领域）

2.5.8.5　主要竞争者分析

操作方法：在分析模块界面下，依次点击【自动分析报告/主要竞争者分析】，见图 2-146、图 2-147、图 2-148、图 2-149、图 2-150。

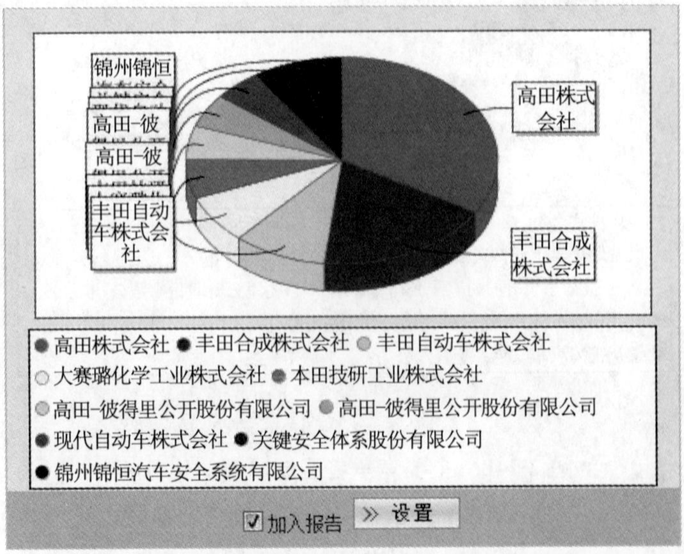

图 2-146　主要竞争者专利份额（颜色：申请人）

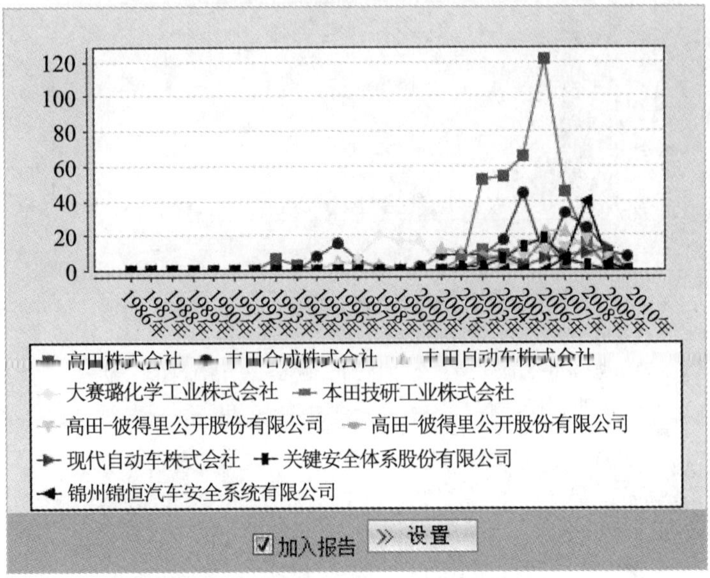

图 2-147　主要竞争者申报趋势分析
（纵轴：专利量；横轴：年份；颜色：申请人）

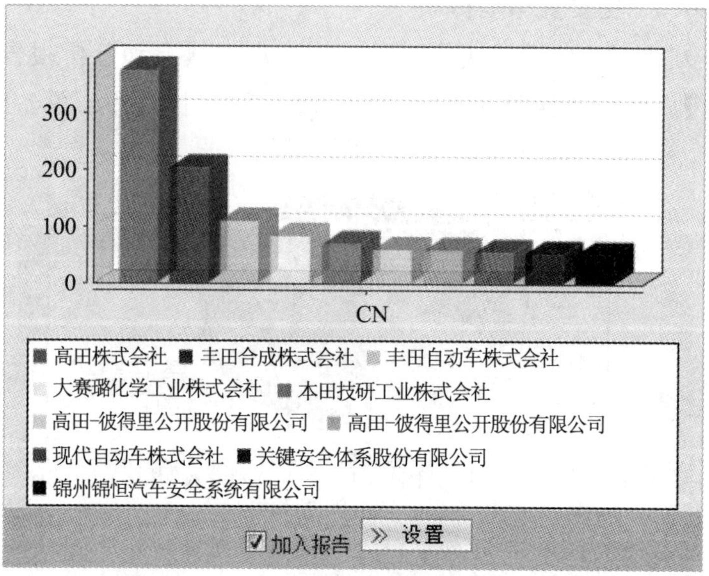

图 2-148　主要竞争者区域申请对比分析

（纵轴：专利量；横轴：区域；颜色：申请人）

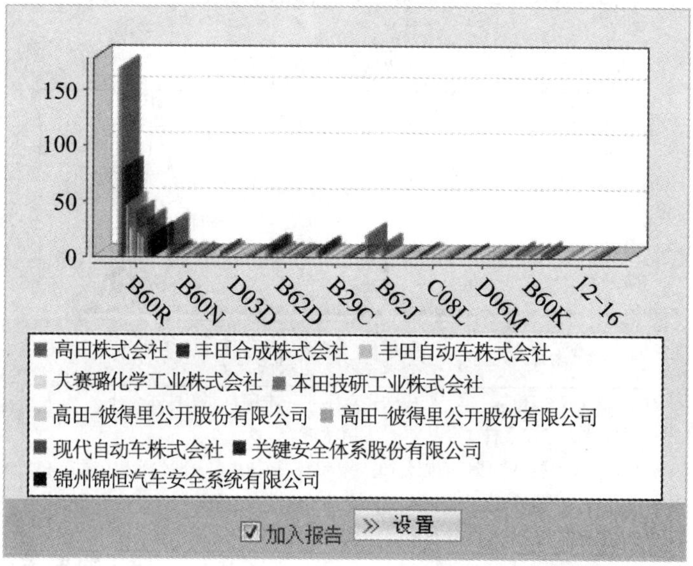

图 2-149　主要竞争者技术差异分析

（纵轴：专利量；横轴：技术领域；颜色：申请人）

申请人	专利所属国家	专利件数	占本专题专利百分比	申请人研发能力比较		
				活动年期	发明人数	平均专利年龄
高田株式会社	CN[374]	374	33.63%	9	132	5.94
丰田合成株式会社	CN[202]	202	18.17%	15	177	6.74
丰田自动车株式会社	CN[109]	109	9.80%	13	119	6.81
大赛璐化学工业株式会社	CN[83]	83	7.46%	12	46	11.24
本田技研工业株式会社	CN[69]	69	6.21%	9	80	5.77
高田-彼得里公开股份有限公司	CN[59]	59	5.31%	7	97	3.98
高田－彼得里公开股份有限公司	CN[58]	58	5.22%	6	98	5.76

☑加入报告 » 设置

图 2-150　主要申请人综合指标分析

（主要涉及以下方面：专利所属国家、专利件数、占本专题专利百分比以及申请人研发能力比较）

2.5.8.6　主要发明人分析

操作方法：在分析模块界面下，依次点击【自动分析报告/主要发明人分析】，见图 2-151、图 2-152、图 2-153、图 2-154。

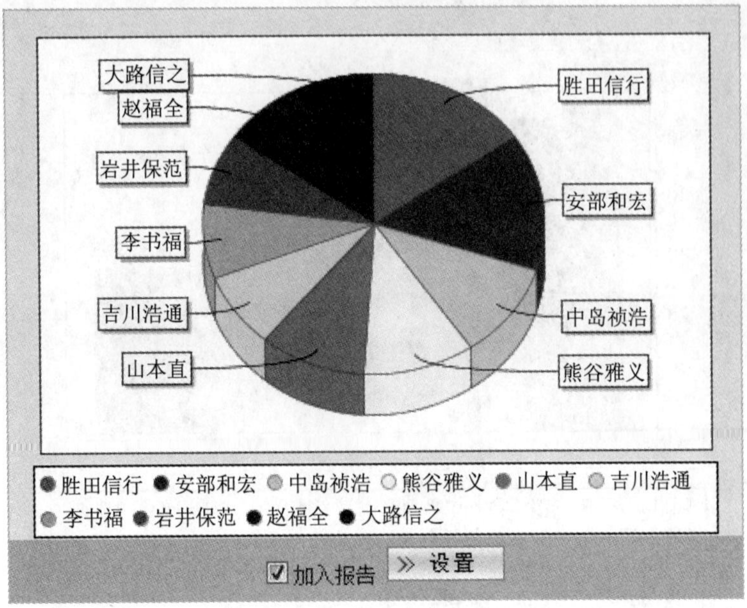

图 2-151　主要发明人专利份额（颜色：发明人）

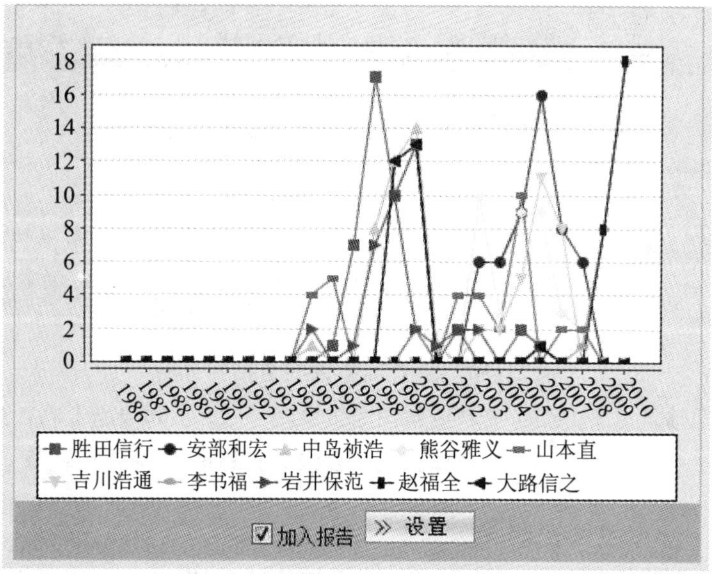

图 2-152　主要发明人申报趋势分析

（纵轴：专利量；横轴：年份；颜色：发明人）

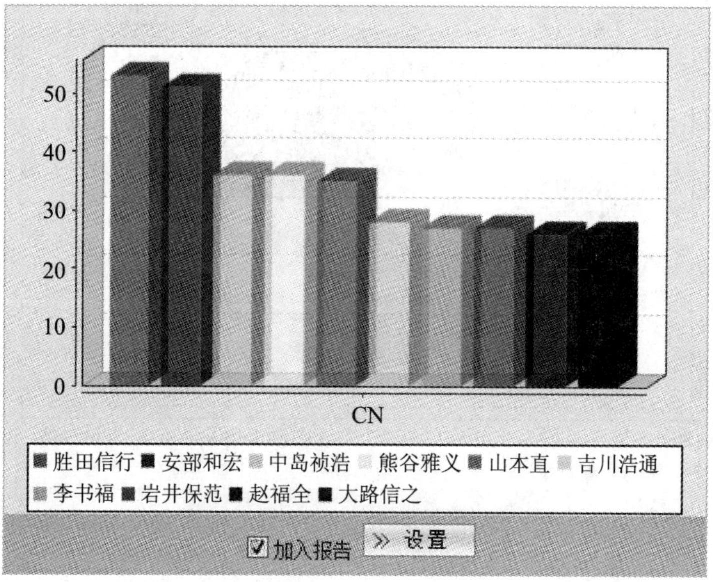

图 2-153　主要发明人区域申请对比分析

（纵轴：专利量；横轴：区域；颜色：发明人）

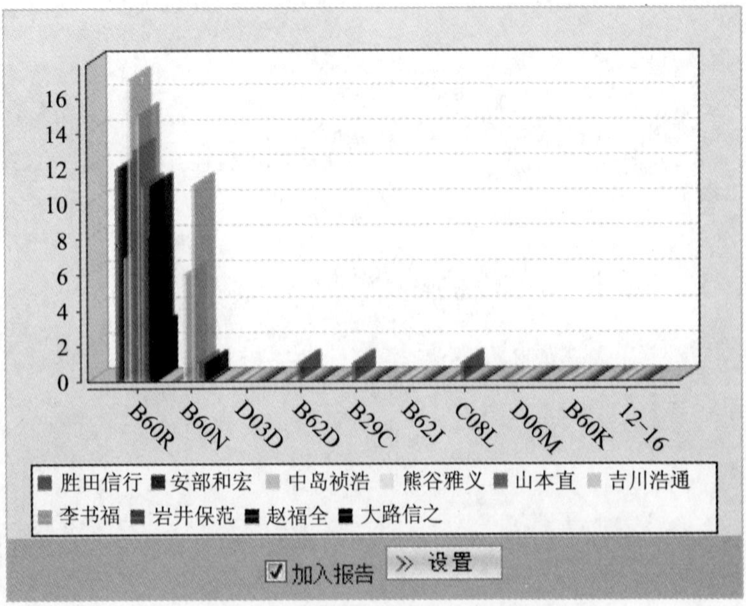

图 2-154 主要发明人技术差异分析

（纵轴：专利量；横轴：技术领域；颜色：发明人）

应 用 篇

第三章　专利信息检索

在科研课题立项、技术难题攻关、新产品开发、最新发明创造申请专利、国内外先进技术引进、专利侵权纠纷处理、了解竞争对手情况等一系列工作之前，首先应该进行专利信息检索。专利信息检索并非是专利信息的简单查找，如果人们要想从浩瀚的专利文献中查找到对自己有用的专利信息，必须从某一特定的角度入手，同时还要利用特定的方法，并借助一定的工具进行查找，这一过程就是专利信息检索。专利信息检索种类可以按照检索人要达到的目的来划分。根据不同的检索目的，专利信息检索通常可以分为：

——专利技术信息检索

——专利性检索

——专利侵权检索

——技术跟踪检索

——专利法律状态检索，等。

下面，我们结合案例，具体说明如何在“国家重点产业专利信息服务平台”上进行检索。

3.1　专利技术信息检索

专利技术信息检索是指从任意一个技术主题对专利文献进行检索，从而找出一批参考文献的过程。该检索相对比较简单，只需对需要检索的技术主题了解，能提炼出相应的检索词或关键词，在运用一定的检索平台，就可以完成。下面，举两个关于技术信息检索实例，在“国家重点产业专利信息服务平台”中的应用。

【实例1】

检索关于“碱性蓄电池的阴极制造方法”课题的技术主题（限中国国内已公开的专利文献）。

具体的检索步骤如下：

1. 明确检索目的，选择主题词、关键词以及所述技术领域和IPC分类

这项检索课题的技术主题是关于一种产品的制造方法，而不是该产品本身。另外，制造的对象并不是蓄电池，而是它的特定零部件——阴极，即电极，而且该蓄电池具有“碱性”功能。因此，选择的主题词为：蓄电池、阴极、碱性。根据上述对技术主题的分析，在“重点产业专利信息服务平台”的十大行业分类中，属于“轻工业产业”中的“电池”分类，其对应的国际专利分类表为“H01M4/00”关于“蓄电池的电极”，其中，“H01M4/26”是关于“碱性蓄电池电极制造方法”的。

2. 选择检索范围，根据描述发明关键点的关键词限定检索范围

打开www. chinaip. com. cn主页面，如图3-1。

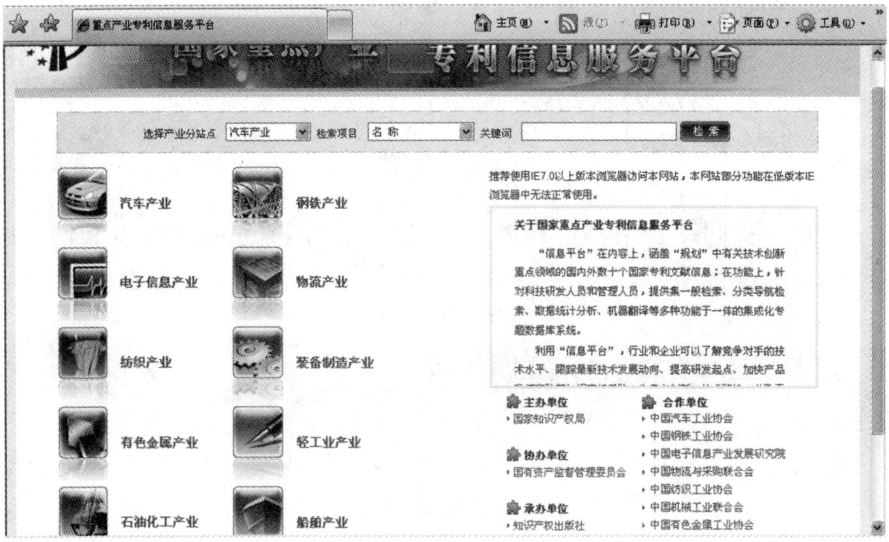

图3-1 实例1的检索界面（1）

点击“轻工业产业”，进入检索界面中，如图3-2。

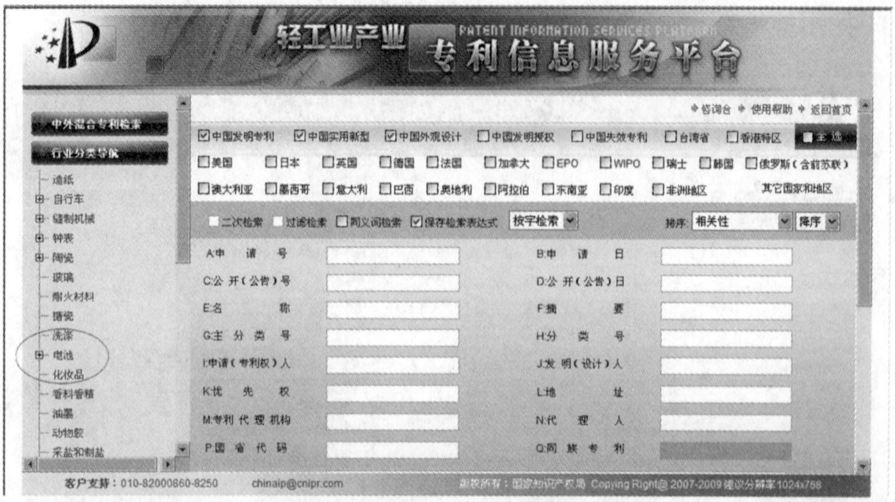

图 3-2　实例 1 的检索界面（2）

由于本检索限中国国内已公开的专利文献，所以，在检索数据库中已默认选择“中国发明专利”、“中国实用新型专利”和“中国外观设计”这三个数据库，接着，将上述分析中的“选择的主题词为：蓄电池、阴极、碱性”以及“国际分类号为 H01M4/26”结合，运用表格检索，将上述的检索限定填入表格中。

3. 关键词之间采用不同的检索逻辑符，得到不同的检索结果

在确定的主题词之间使用“and”运算限定，会查到更准的检索结果；查准截屏如图 3-3。

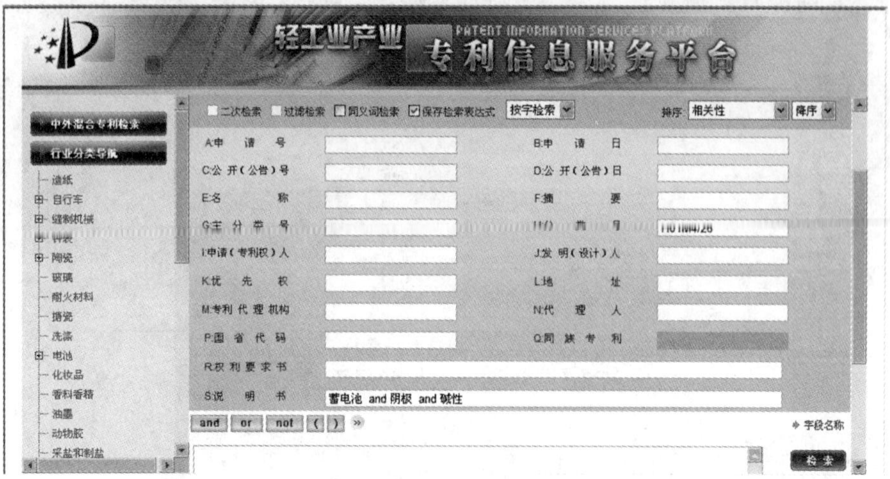

图 3-3　实例 1 的检索界面（3）

得出检索结果 21 篇，如图 3-4。

图 3-4　实例 1 的检索界面（4）

在确定的主题词之间使用“or”运算限定，会得到更全范围的检索结果，查全截屏如图 3-5。

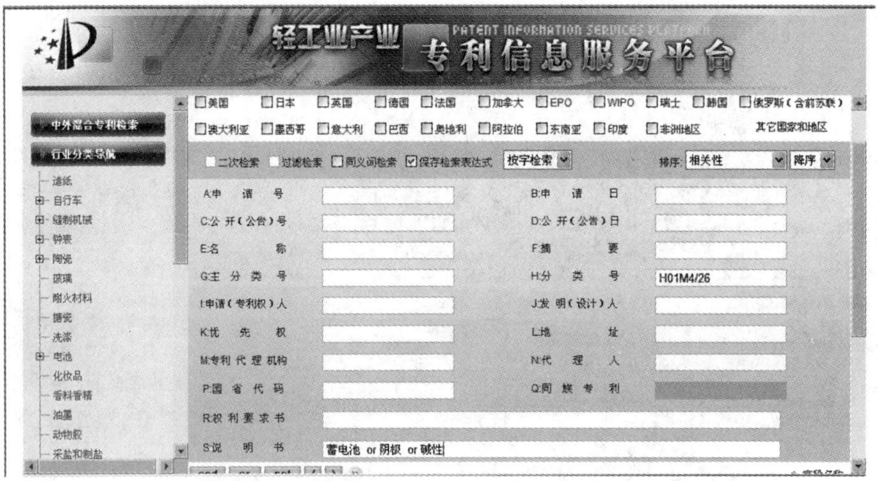

图 3-5　实例 1 的检索界面（5）

得出检索结果为 275 篇，如图 3-6。

图 3-6　实例 1 的检索界面（6）

【实例 2】

检索关于“晶体管高频感应加热器”课题的技术主题（限中国国内已公开的专利文献）。

具体的检索步骤如下：

1. 明确检索目的，选择主题词、关键词以及所述技术领域和 IPC 分类

本检索的技术主题是一种产品——加热器，其采用的加热方法是高频感应加热，特定结构是用晶体管制造的。所采用的主题词为：

加热器；

感应，中文同义词“诱导”；

高频；

晶体管，中文同义词：半导体。

检索式为：加热 and（感应 or 诱导）and 高频 and（晶体管 or 半导体）

根据上述对技术主题的分析，在“重点产业专利信息服务平台”的十大行业分类中，“加热器”属于“电子信息产业”，其国际分类为“H05B6/04”。

2. 选择检索范围，根据描述发明关键点的关键词限定检索范围

打开 www. chinaip. com. cn 主页面，点击“电子信息产业”，如图 3-7。

图 3-7　实例 2 的检索界面（1）

进入“电子信息产业”的检索界面中，如图 3-8。

图 3-8　实例 2 的检索界面（2）

将上述检索式填入逻辑运算的选项中：FT＝加热 and（感应 or 诱导）and 高频 and（晶体管 or 半导体），如图 3-9。

图 3-9 实例 2 的检索界面（3）

得到结果 46 篇中国专利文献，如图 3-10。

图 3-10 实例 2 的检索界面（4）

3.2 专利性检索

专利性检索通常是专利申请人在申请专利之前委托专利代理人、专利审查员在审批专利等活动之前进行，为判断该发明创造是否具有专利性，此外还需要对各种公开出版物上刊登的有关现有技术进行的检索，我们这里只介绍专利文献的检索。为了判断申请专利的技术是否与现有技术相同，专利性检索对查准率的要求相对较高；其专业性比较强，在检索的过程中，需要限定的条件比较多，同时，需要检索人员具备较强的专利法律知识，否则，得到的文献就不能用作对比文件。

下面，举一个专利性检索的实例，在“国家重点产业专利信息服务平台”中的应用。

【实例 3】

检索“高枝剪枝锯”。高枝剪枝锯是为了方便园林工人修剪较高树木的枝杈而发明的一种便携式机动工具，其结构是由电动机、软轴、轴套、轴套管及链工结构的锯组成的。

具体的检索步骤如下：

1. 明确发明点，选择主题词、关键词

进行专利性检索时，首先是根据具体的技术内容，确定构成该发明的基本要素、基本要素的相互关系和发明的关键点。

经对该技术主题的分析，所选的基本要素为：剪枝锯、较高树木；确定主题词为：剪枝、修剪、整枝；树枝、树木；发明关键点为：电动机、软轴及链工结构；确定关键词为：电动机、电机、发动机、软轴、链锯。分类确定为：A01G3/037、A01G3/08。

2. 选择检索范围，根据描述发明关键点的关键词限定检索范围

在本次实例中采用的检索范围由“国家重点产业专利信息服务平台 http://www.chinaip.com.cn/”中给出的范围而定，如图 3-11。

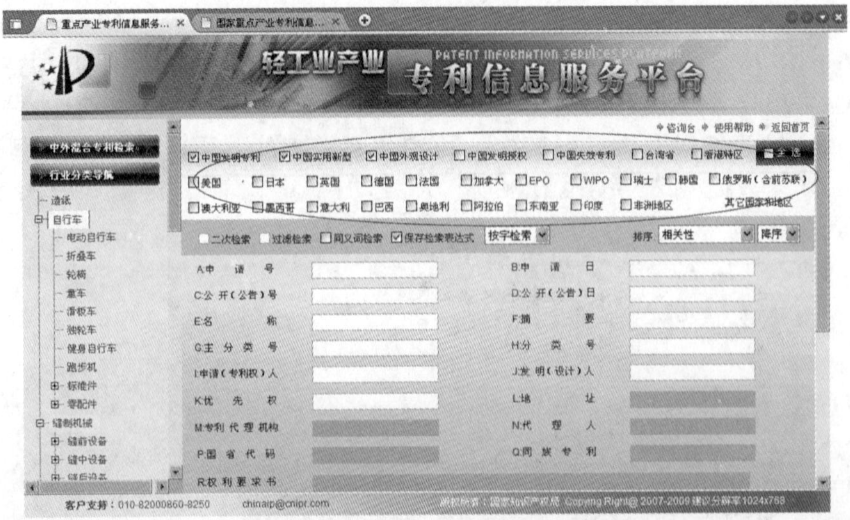

图 3-11 实例 3 的检索界面（1）

主要涵盖：中国、美国、日本、英国、法国、EPO、WIPO 等，这里我们主要介绍中国专利数据库。接下来确定检索的提问式为：（剪枝 or 修剪 or 整枝）and（树枝 or 树木）or A01G3/02 or A01G3/033 or A01G3/037 or A01G3/08。将提问式填入表格检索中，如图 3-12。

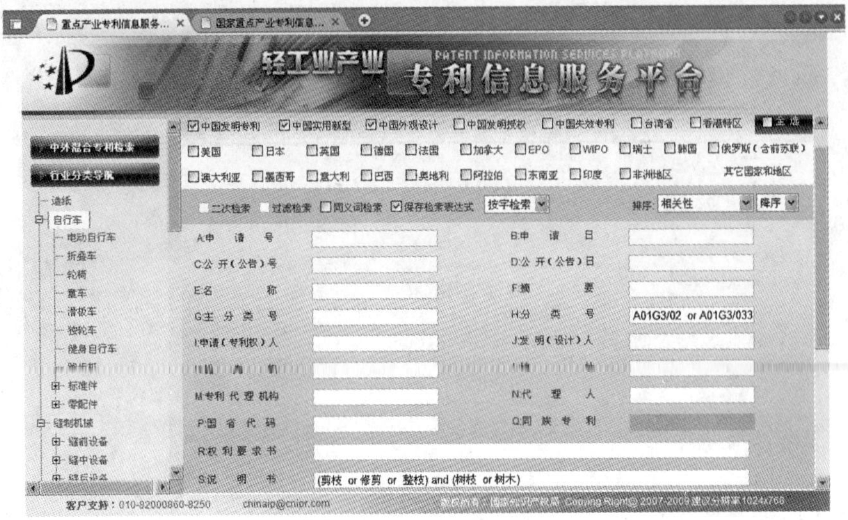

图 3-12 实例 3 的检索界面（2）

得到初步检索的结果为 484 篇文献。再用描述发明关键点的关键词“电动机、电机、发动机、软轴、链锯”，进行限定检索，建立的检索提问式为：（电动机 or 电机 or 发动机 or 软轴 or 链锯）and（（剪枝 or 修剪 or 整枝）and（树枝 or 树木）or A01G3/02 or A01G3/033 or A01G3/037 or A01G3/08）。

3. 检索结果文献篇数较多，可利用系统功能，再进行二次检索

方案一，将“电动机 or 电机 or 发动机 or 软轴 or 链锯”填入二次检索表格中，如图 3-13。

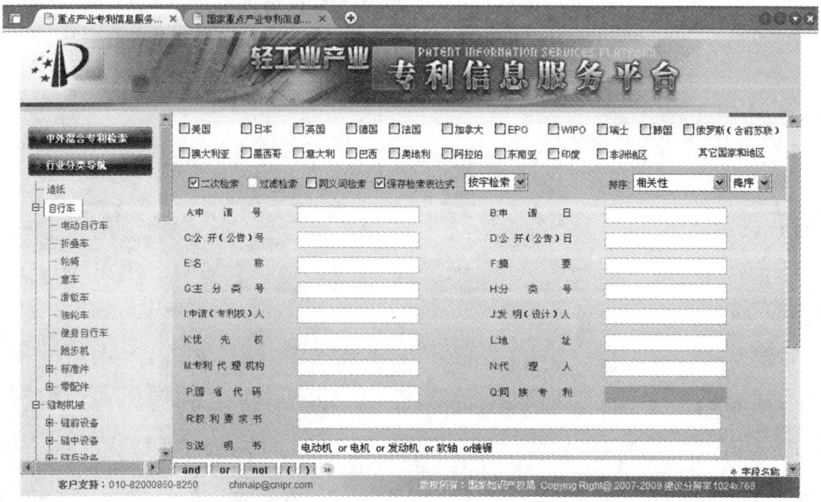

图 3-13　实例 3 的检索界面（3）

通过检索得到 132 篇结果，如图 3-14。

图 3-14　实例 3 的检索界面（4）

该检索结果得到的文献篇数较一次检索时有减少，但是，132 篇的文献数量还是较多的，并且，通过抽取其中的文献进行检验，存在一些与检索主题不相似的文献，所以，需要继续调整二次检索式。

方案二，将检索提问式改为“（电动机 or 电机 or 发动机）and（软轴 or 链锯）”填入二次检索表格中，如图 3-15。

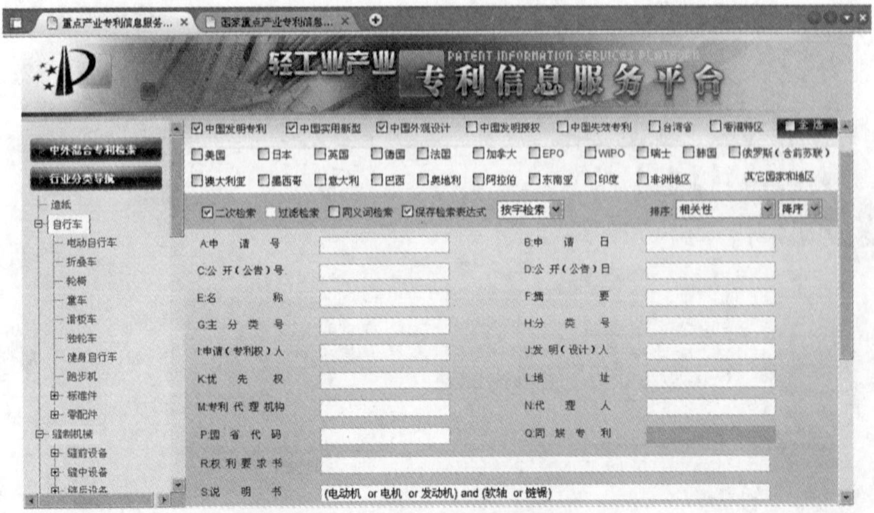

图 3-15 实例 3 的检索界面（5）

通过检索得到 36 篇有关文献，如图 3-16。

图 3-16 实例 3 的检索界面（6）

4. 对文献公开（公告）日期有要求的进一步检索

在进行专利审查的时候，查找对比文献，还需要进一步限定对比文献的“公开（公告）日”，假设，对上述结果，需要查找在 2008 年 12 月 31 日之前已公开的相关对比文献，这时，还需要对上述结果再次检索，如图 3-17。

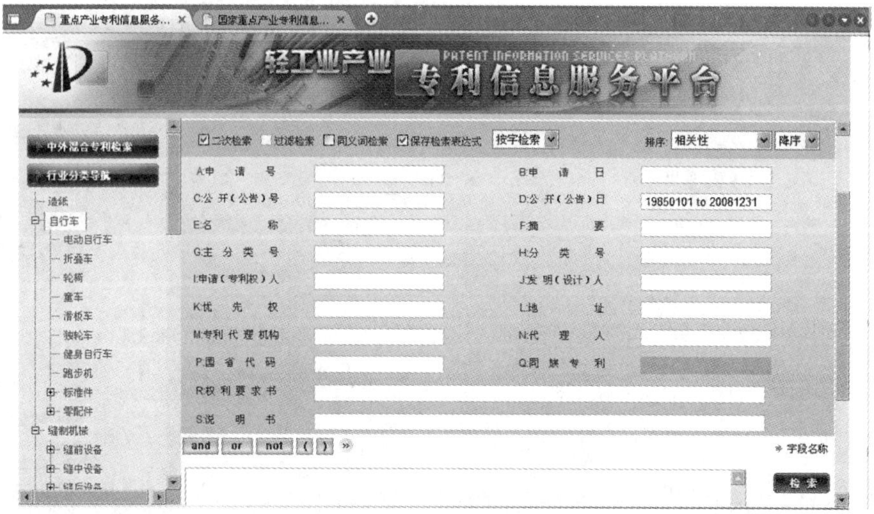

图 3-17 实例 3 的检索界面（7）

经过检索得到 23 篇相关文献，如图 3-18。

图 3-18 实例 3 的检索界面（8）

5. 文献分析

这一步骤是仔细地研究检索结果的全文，浏览说明书正文、权利要求书和附图，从而确定文献的相关程度，以便进行专利性的判断类型。

3.3　专利侵权检索

专利侵权检索又分为：防止侵权检索和被动侵权检索，它们在一般情况下是指两种完全不同目的的检索。防止侵权检索是指为避免发生纠纷而主动为某一技术新产品进行的专利检索，其目的是要找出可能受到其侵害的专利。被动侵权检索是指被别人指控侵权时进行的检索，其目的是要找出对受到侵害的专利提无效诉讼的依据，其检索方法与第二节专利性检索的方法大致相同，这里就不再重复其步骤。

下面，我们主要通过实例来介绍防止侵权检索，在“国家重点产业专利信息服务平台”中的应用。

【实例 4】

检索主题：“一种具有高抗腐蚀和抗氧化性能的气柜密封油组合物，它采用抗氧剂、分散剂、清净剂、破乳化剂、改进剂和降凝剂，配以余量基础油搅拌而成。”目的是防止该技术在中国市场上市后侵犯他人在先专利权。

具体的检索步骤如下：

1. 明确检索目的，选择主题词、关键词以及所述技术领域和 IPC 分类

选择的主题词为：抗氧剂、分散剂、清净剂、破乳化剂、改进剂、降凝剂、基础油。

分析检索主题词的关系“抗氧剂、分散剂、清净剂、破乳化剂、改进剂、降凝剂”为主要成分而“基础油”是辅料。

2. 选择检索范围，根据描述发明关键点的关键词限定检索范围

根据上述对技术主题的分析，在“重点产业专利信息服务平台”的十大行业分类中，属于“石油化工产业”中的“石油加工工艺”分类，如图 3-19。

图 3-19　实例 4 的检索界面（1）

确定检索词逻辑关系：“抗氧剂 and 分散剂 and 清净剂 and 破乳化剂”，填入表格检索中，如图 3-20。

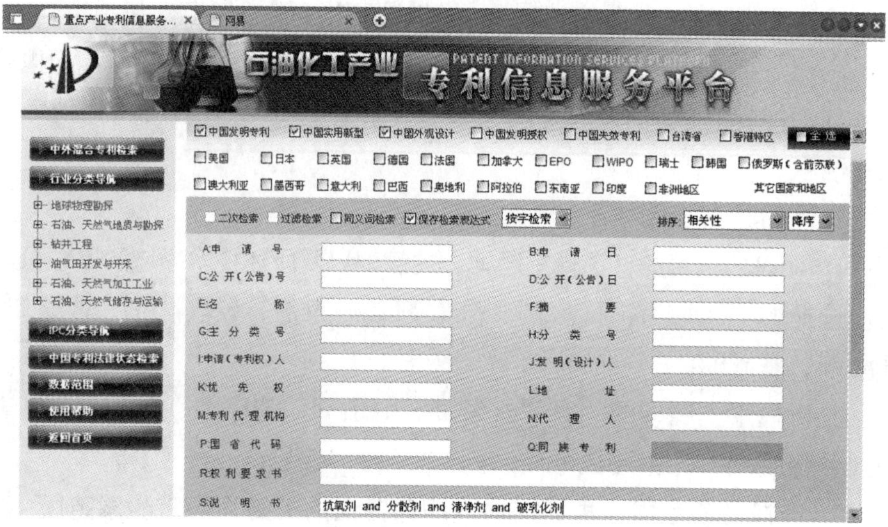

图 3-20　实例 4 的检索界面（2）

得到结果为 6 篇对比文件，如图 3-21。

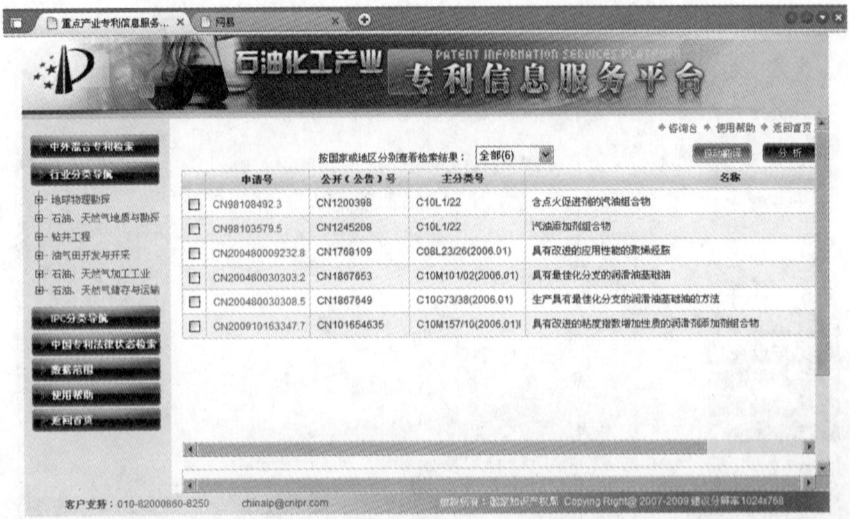

图 3-21　实例 4 的检索界面（3）

3. 利用剩余关键词，再进行深入一步的检索

方案一，将其检索词限定为“降凝剂 or 基础油”，得到 4 篇结果，如图 3-22。

图 3-22　实例 4 的检索界面（4）

方案二，将其检索词的逻辑关系限定为“降凝剂 and 基础油”，得到 2 篇结果，如图 3-23。

图 3-23　实例 4 的检索界面（5）

明显的，“and”逻辑关系得到的对比文献更准确。

4. 进一步检索文献的法律状态

侵权是否成立与法律状态至关重要，授权有效的专利是构成侵权的前提条件；

打开“CN200480030308. 5”，如图 3-24。

图 3-24　实例 4 的检索界面（6）

左侧有“法律状态”，打开如图 3-25。

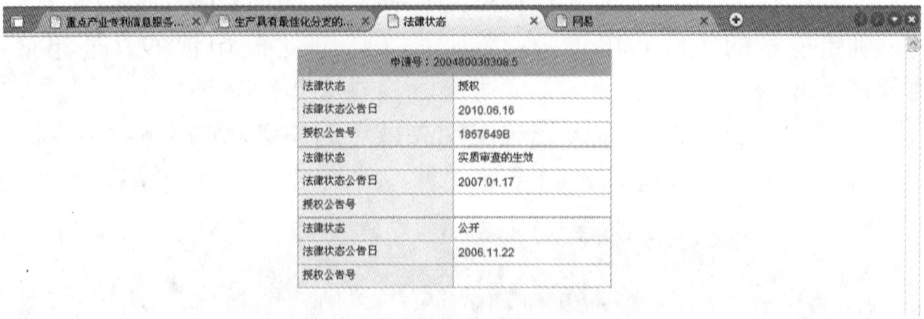

申请号：200480030308.5	
法律状态	授权
法律状态公告日	2010.06.16
授权公告号	1867649B
法律状态	实质审查的生效
法律状态公告日	2007.01.17
授权公告号	
法律状态	公开
法律状态公告日	2006.11.22
授权公告号	

图 3-25　实例 4 的检索界面（7）

这是一件 2010 年 6 月 16 日授权的专利文件，需要进一步研究其权利要求保护的范围。专利权人在 2011 年是否有继续交年费，在这里不能看出，建议使用该平台的“法律状态检索”中进一步确定。

5. 分析全文，查看对比文献权利要求保护的范围与该技术方案的关系

这一步骤是仔细地研究检索结果的全文，浏览说明书正文、权利要求书和附图，从而确定文献的相关程度，以便进行专利性的判断类型。将上述检索得到 2 篇相关对比文件的权利要求书与具体的技术方案对比，以判断，建议：请相关领域的专家进行评价，结论更准确。

3.4　技术跟踪检索

技术跟踪检索是根据客户的要求，对某技术、某企业的国内外专利进行定期检索，并提供检索出的相关专利的全文，使客户实时掌握最新的专利信息，了解相关技术的发展动向；有利于研发人员正确地运用专利技术加快创新开发，激发研发团队产生新的创意，及时调整研发方向。

【实例 5】

假设检索课题：某国内钢铁企业在 2009 年底检索了宝钢在 2008 年申请专利已公开的数量，该企业在 2010 年至 2011 年 10 月之间公开的申请专利进行检索，从而将新得出数据与对其进行分析该企业研发的方向。

具体的检索步骤如下：

1. 明确检索的目的，选择主题词、关键词

要确定检索的关键词：申请人：宝钢；

确定检索的年限，申请日：2009—2010 年之间申请的，公布日期的截止是 2011 年 10 月。

2. 选择检索范围，根据描述发明关键点的关键词限定检索范围

打开 www.chinaip.com.cn 主页面，点击“钢铁产业”，如图 3-26。

图 3-26　实例 5 的检索界面（1）

进入检索界面，如图 3-27。

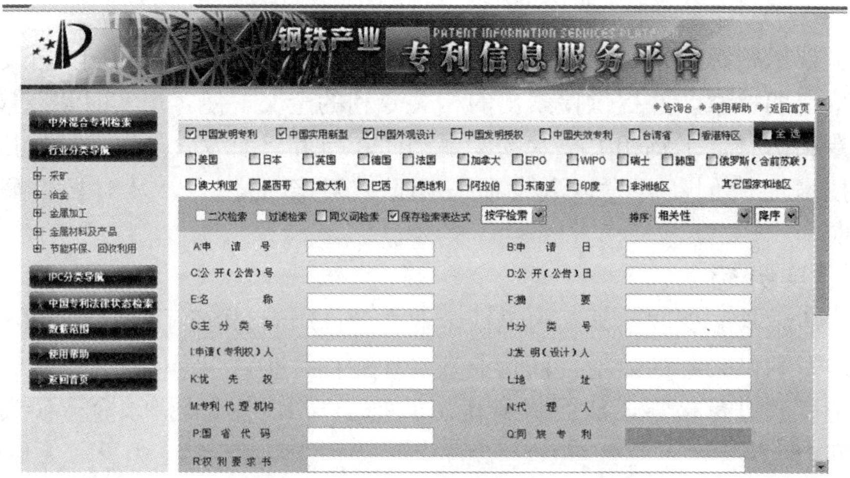

图 3-27　实例 5 的检索界面（2）

在“申请（专利权）人”一栏填上“宝钢”，在“申请日”一栏填上“2009 to 2010”，在“公开（公告）日”一栏填上“20100101 to 201010”，如图 3-28。

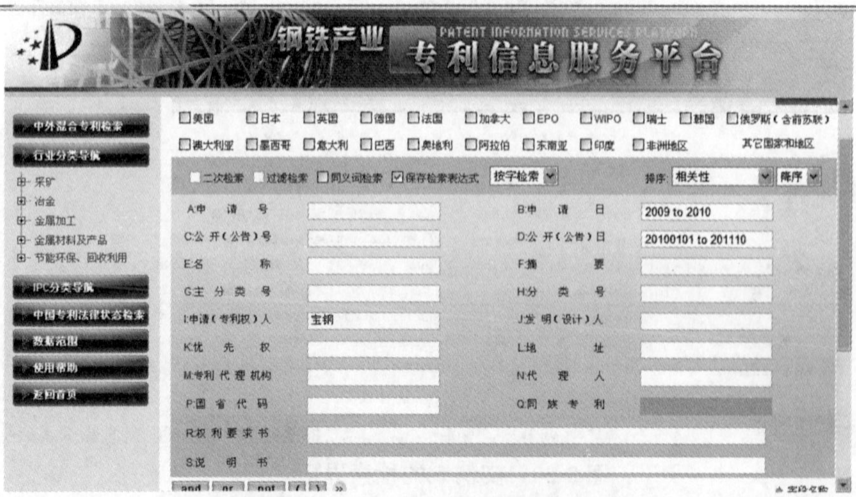

图 3-28　实例 5 的检索界面（3）

得到 1150 篇文献，如图 3-29。

图 3-29　实例 5 的检索界面（4）

进一步点击“全部（1150）”，可以看出发明、实用新型、外观设计三种专利的申请量，如图 3-30。

图 3-30　实例 5 的检索界面（5）

发明 251 篇，实用新型 897 篇，外观设计 2 篇，然后再对这 1150 篇相关文献进行分析，与之前检索的文献进行对比分析，就可以发现该公司从 2008 年至 2010 年在专利申请方面研究发展的方向，以供本企业参考。

3.5　法律状态检索

法律状态检索通常包括：中国专利法律状态检索和外国专利法律状态检索。中国法律状态检索是指查找一项中国专利或专利申请何时提出申请、何时获得专利权、何时失效、现在是否仍然是有效专利的工作。

在“国家重点产业专利信息服务平台”的主界面上没有直接的检索入口，需要点击其中任意产业的链接，就可以看到“中国专利法律状态检索”，如图 3-31。

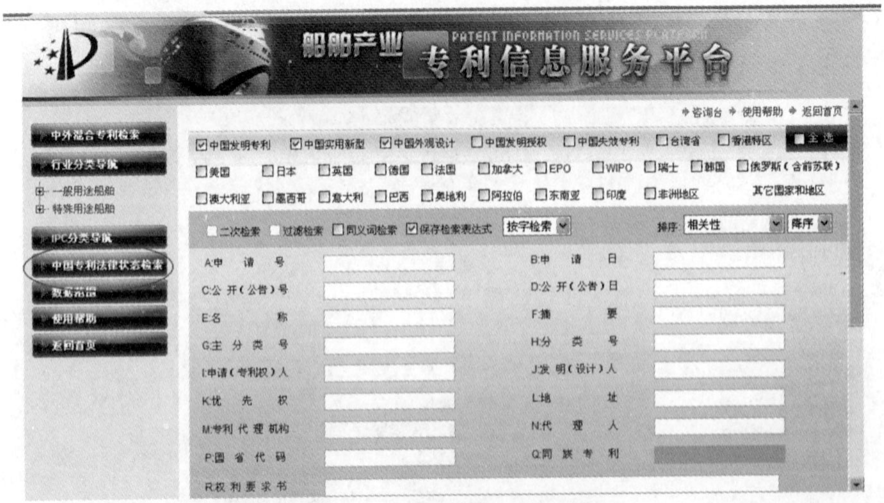

图 3-31　法律状态检索界面（1）

点击“中国专利法律状态检索”的链接，如图 3-32。

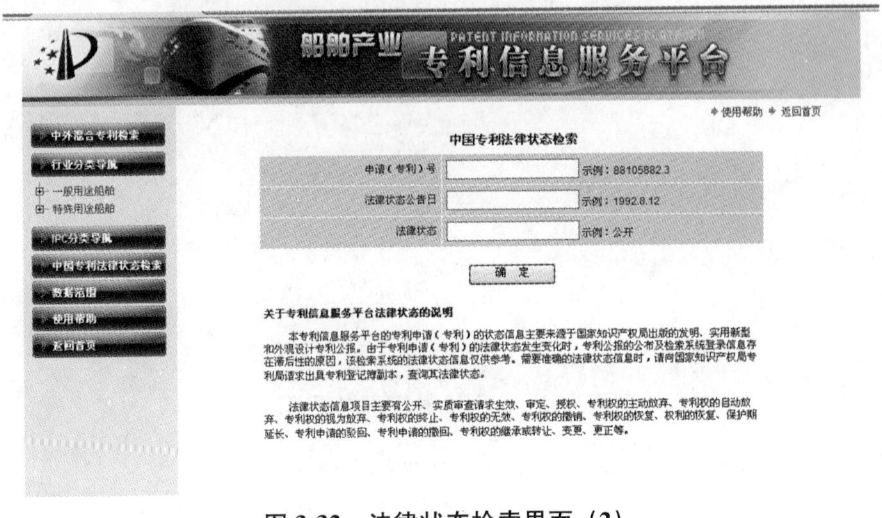

图 3-32　法律状态检索界面（2）

有三项选择栏“申请（专利）号”、“法律状态公告日”、“法律状态”，用户只需要根据自己已知的条件进行检索，就可以得到相应的结果。

【实例 6】

如已知申请号“200610041602.7”需要检索它的法律状态；那么，

直接在界面的“申请（专利）号”中输入“200610041602.7”便可，如图 3-33。

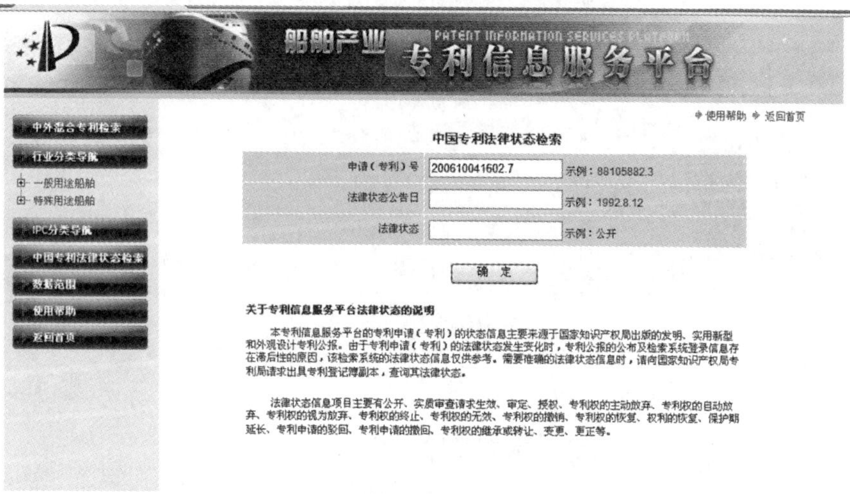

图 3-33　实例 6 的检索界面（1）

点击“确定”，得到检索结果如图 3-34。

申请号：200610041602.7	
法律状态	发明专利申请公布后的视为撤回
法律状态公告日	2009.01.28
授权公告号	
法律状态	实质审查的生效
法律状态公告日	2007.09.05
授权公告号	
法律状态	公开
法律状态公告日	2007.07.11
授权公告号	

图 3-34　实例 6 的检索界面（2）

此专利申请于 2009 年 1 月 28 日已经视为撤回。

此外，授权后专利的法律状态是以专利局制作的专利登记簿副本为准。专利局在授予专利权是建立专利登记簿，专利登记簿登记专利权的授予、专利权的转让和继承、专利权的无效、专利权的终止、专利权的恢复、专利权的强制许可和专利权人姓名或者名称、国籍、地址的变更。凡登记簿提供的查询结果与专利证书项目不符时，以专利登记簿提供的信息为准。

第四章　专利信息统计分析

本章内容主要以重点产业专利信息服务平台中的分析模块为主线，围绕一些具体实例，对分析模块在实际专利信息分析中的应用进行一个简要介绍，希望可以使读者快速、直观、清晰地了解本平台统计分析模块的各主要功能及特点。特别需要强调的是专利信息分析是一项综合性的研究工作，读者在对分析功能的实际运用过程中务必要结合实际情况综合进行分析和论证。对于平台统计分析各功能模块的说明还可参阅本书第二章第五节相关内容。

4.1　技术现状及趋势分析

【目的】

了解某项技术发展现状以及未来的发展趋势。

【实例】

某汽车企业计划涉足“汽车发动机”领域的生产和研发，需要了解“汽车发动机机体”技术的发展情况，现状以及未来的趋势等。

【操作步骤】

a. 选择“汽车产业”进入检索界面，在左边导航栏中选择“发动机机体”的国外及港台专利

b. 在右边检索结果中，点击“分析”按钮进入分析界面

c. 选择“趋势分析” 

标签，并点击“按申请年” 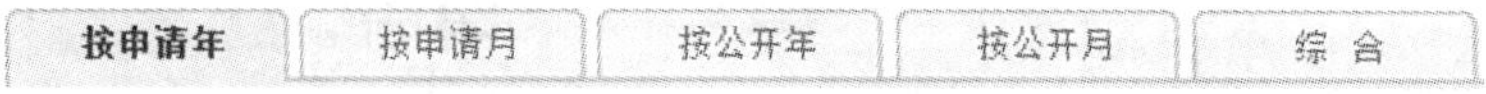

标签，即可生成“汽车发动机机体”的专利申请量年度分布图和相关数据，见图 4-1。

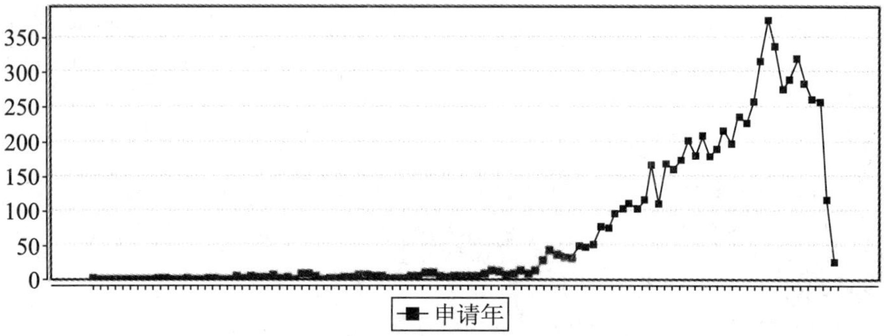

图 4-1　申请年趋势图

【结果解读】

从图 4-1 中可以看出，全球对“汽车发动机机体”技术的研究从上世纪初（1908 年）开始一直持续至今，大体上可分为三个阶段，1908 年至 1976 年的技术初期，1977 至 2001 年技术发展期和 2002 年至今的技术成熟期。具体来看在 1977 年以前全球“汽车发动机机体”技术的历年专利申请量均维持在一个较低的水平（50 件以内），相关专利技术的发展较平稳；自上世纪 70 年代随着发达国家汽车工业的迅猛发展，“汽车发动机机体”技术的研发也驶入了快车道，相关的专利申请量出现了较快增长，年申请量从 1977 年的 51 件增长到 2001 年最高的 375 件，增长约 7.4 倍，虽然这一时期的年专利申请量有所波动，但整体仍然保持着快速增长的态势；经过了二十余年的快速发展，“汽车发动机机体”技术也渐趋成熟，相关专利申请量在 2001 年后出现了较大波动，近几年随着人们对化石能源及环境的日渐担忧，传统汽车工业也正越来越多地受到新能源汽车的挑战，作为汽车心脏的发动机也将面临全新的机遇与挑战，可以预见未来“汽车发动机机体”技术将会是机遇与风险并存。

【备注】

由于专利从申请到公开需要一定的时间，因此近三年的专利申请公开时间普遍存在一定滞后，在实际统计中近三年专利量会出现较明显的下降趋势，主要就是由此导致的。因此读者在分析时要特别注意这一情况，不可简单做出趋势下降的判断。

【小贴士】

专利是技术研发活动的产物，或者说是一种有形的技术研发成果，通过以时间序列分析某技术领域的专利量变化情况，可以了解到该技术的发展历程、现状及其趋势等信息。

4.2 区域分布分析

4.2.1 区域比重分析

【目的】

了解某技术的区域分布情况，各区域的专利技术实力，主要的技术市场都在哪里等。

【实例】

某公司在“汽车发动机机体”领域研发出了一项创新技术，现在迫切要保护这项技术成果，并希望可以从中获利。一种有效方式是在全球主要地区进行专利保护，利用专利获得更多的收益，但是究竟要在哪些国家或地区申请专利效果更好呢?

【操作步骤】

a. 选择“汽车产业”进入检索界面，在左边导航栏中选择“发动机机体”的国外及港台专利

b. 在右边检索结果中，点击“分析”按钮进入分析界面

c. 选择“区域分析”中的“区域构成分析”

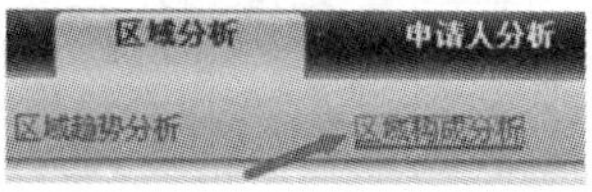

标签，即可生成“汽车发动机机体”的全球区域分布图和相关数据。另外，当鼠标移到图上某个元素时，可以显示相关的数据摘要，见图 4-2。

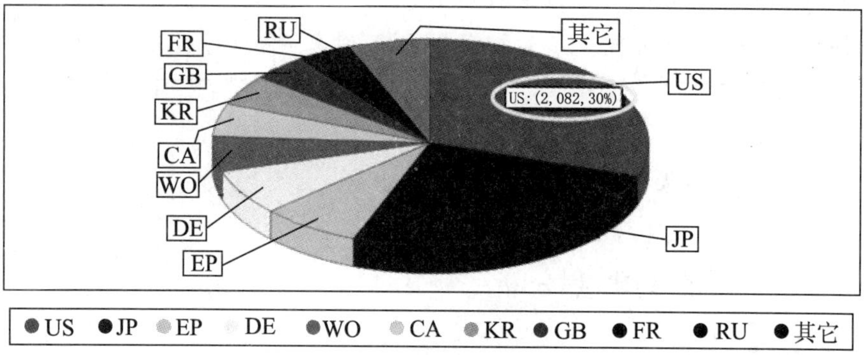

图 4-2　区域构成图

d. 点击图表下方的“详细报表”右边的⬆标签，可以查看详细的统计数据，见表 4-1。

表 4-1　区域详细报表

区　域	数　量
US	2082（30%）
JP	1767（26%）

续表

区　域	数　量
EP[1]	514（7%）
DE	492（7%）
WO[2]	386（6%）
CA	351（5%）
KR	337（5%）
GB	282（4%）
FR	162（2%）
RU	122（2%）
其它	418（6%）

【结果解读】

从图 4-2 和表 4-1 中可以看出，全球“汽车发动机机体”技术的专利申请主要集中于美、日、欧等发达国家或地区，前十位专利总量占全部专利总量的 94%，其中美国以 2082 件占比 30%排名全球第一，其次是日本的 1767 件占总量 26%，第三位是欧洲地区 514 件占总量 7%，以下依次是德国 492 件占 7%、WO 386 件占 6%、加拿大 351 件占 5%、韩国 337 件占 5%、英国 282 件占 4%、法国 162 件占 2%和俄罗斯的 122 件占 2%。传统的汽车制造国美国、日本在“汽车发动机机体”领域研发投入较大，掌握着大量的专利技术，基本上主导了该技术的发展。而以德国为代表的欧洲地区专利量虽然少于美、日两国，但其总量仍然占据着较大份额，综合来看，美、日、欧等国是“汽车发动机机体”的技术方面具有较强的实力，同时也是主要的技术市场，这些国家或地区都需要特别关注。

[1] 通过欧洲专利条约申请的专利，为专利在欧洲地区的申请提供一种便捷途径，并统一由欧洲专利局进行实质审查，但仍要指定具体的欧洲生效国。

[2] 通过国际专利合作条约（PCT）申请的专利，为专利在多国进行申请提供了一种较便捷途径，但实质审查仍要由指定各国独自进行。

4.2.2 区域态势分析

【目的】

了解某领域全球各国或地区的态势，挖掘未来的新兴市场。

【实例】

在上例中我们通过对全球“汽车发动机机体”专利技术的区域分布统计了解到该技术的研发及市场分布等情况。下面我们将进一步对这些国家或地区的发展态势情况进行分析，以期可以了解到这些国家或地区现状及未来趋势，并希望从中发现一些新兴的市场。

【操作步骤】

c. 选择“区域分析”中的“区域趋势分析”

标签，即可生成“汽车发动机机体”的全球区域趋势图和相关数据，见图 4-3。

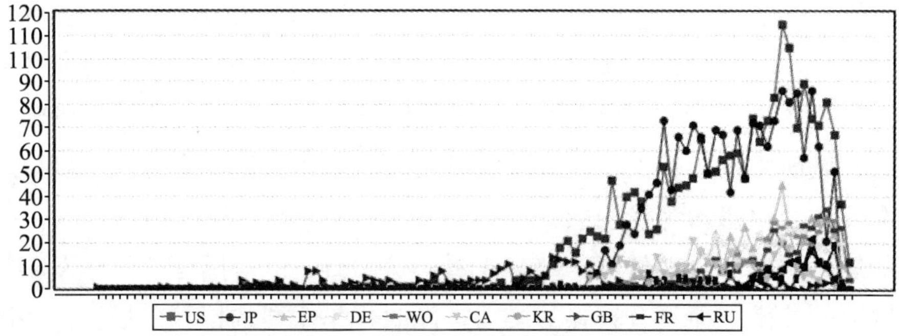

图 4-3 申请年区域趋势图

d. 点击图表下方的“详细报表”右边的标签，可以查看相关的具体数据，见表 4-2。

表 4-2　区域趋势详细报表

详细报表

	2009年	2010年
	37	12
	1	0
	11	6
	20	3
	27	4
	3	0

e. 计算近五年专利申请量所占其总量比重，同时可以与上例中的比重排名进行对比分析，见表 4-3。

表 4-3　近五年专利申请量占总量比重详细报表

区　域	近五年专利申请量占总量比重
WO↑4	32.1%
FR↑7	27.8%
KR↑4	26.7%
RU↑6	23.0%
EP↓2	19.6%
DE↓2	15.9%
US↓6	12.9%
JP↓6	7.6%
CA↓2	5.7%
GB↓2	3.6%

【结果解读】

从上述图表中可以看出，WO 专利申请量在近几年增长迅速，近五年申请量占其总量 32.1%，排名第一；排名第二的是法国 27.8%，较其专利量的排名上升了七位；第三名是韩国 26.7%上升了四位；而俄罗斯上升了六位，位居第四，以上四个是近几年相关专利申请量增长较快的国家或地区，值得进一步予以关注。与之形成鲜明对比的是美国和日本排名大幅下降，仅排在第七和第八位。综合来看，随着全球化进程的不断深入，汽车工业正在发生着巨大变革，在“汽车发动机机体”领域中韩国、俄罗斯正在加快步伐快速追赶，技术实力也增长较快，而传统的老牌（美、日、欧）国家正在面临着较大挑战。同时 WO 专利量的快速增长也表明全球“汽车发动机机体”技术研发企业正在越来越多地使用国际专利申请这种便捷途径在更多的国家寻求专利保护，以期确保其自身的技术优势。基于上述分析我们对该企业的建议是：在全球“汽车发动机机体”领域可以充分利用便捷的 PCT 国际专利申请途径在美、日、欧、韩、俄进行专利布局。

【说明】

由于专利的地域性特点，企业要投入更多的人力、财力来进行相关的专利管理，如美国 IBM 公司每年用在专利上的费用就高达上亿美元。较大成本投入使得企业在申请专利前就会考虑其价值与收益情况，在哪些国家申请可以收到更好的效果，是否可以更好地保护其产品，是否可以获得更大的收益等。我们通过分析各国历年专利量的态势及其变化趋势，可以更进一步地挖掘出隐含在专利背后的技术与市场信息。

4.2.3 区域技术特征分析

【目的】

了解某领域全球各国或各地区的专利技术的重点、趋势及差异等。

【操作步骤】

c. 选择“区域分析”中的“区域技术分类构成”标签

即可生成“汽车发动机机体”的区域技术分类构成图和相关数据，见图 4-4。

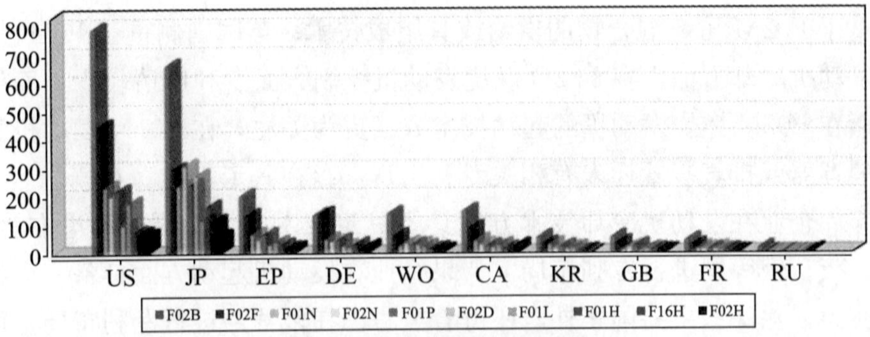

图 4-4 区域技术分类构成

d. 点击图下方“导出”按钮 表格 导出 ，可以得到表 4-4 的数据，还可以对数据进行一些适当的标注。

表 4-4 区域技术分类构成详细报表

国际专利分类号	US	JP	EP	DE	WO	CA	KR	GB	FR	RU
F02B 活塞式内燃机	792	663	204	136	141	150	57	57	45	18
F02F 汽缸、活塞或曲轴箱；密封装置	451	297	135	140	64	90	34	37	28	2
F01M 发动机润滑	236	239	69	51	28	45	31	13	16	2
F02M 可燃混合物的供给或其组成部分	203	310	49	42	37	32	16	21	14	4
F01P 燃烧发动机冷却	223	242	68	47	31	26	24	26	13	3
F02D 燃烧发动机控制	102	275	31	27	32	22	17	6	16	1
F01L 发动机用的循环操作阀	179	119	40	22	25	29	18	15	10	2
F01N 发动机气流消音器或排气装置	77	166	31	33	15	17	7	12	11	0
F16H 传动装置	74	115	20	16	17	14	9	9	5	2
F02N 燃烧发动机的起动	66	63	20	25	12	28	1	8	4	8

【结果解读】

从图 4-4 和表 4-4 中可以看出，“汽车发动机机体”领域全球主要国家或地区的专利技术普遍都集中在 F02B 活塞式内燃机、F02F 汽缸、活塞或曲轴箱、密封装置、F01M 发动机润滑等方面，相对来看日本更侧重于 F02M 可燃混合物的供给或其组成技术；英国则侧重于 F01P 燃烧发动机冷却方面，在 F02D 燃烧发动机控制方面专利申请较少；而俄罗斯在 F02N 燃烧发动机的起动技术方面更为关注，在 F01N 发动机气流消音器或排气装置还未有相关专利出现，存在一定空白。

如企业在发动机冷却技术方面具备一定技术实力，可以考虑在美、日、英、俄等国进行专利布局。如果企业在发动机起动方面具备一定技术实力，除一些主要国家外，还可着重考虑在俄罗斯进行专利布局，可能会获得较大收益。

4.3 申请人分析

4.3.1 申请人构成分析

【目的】

了解某领域有哪些竞争对手或者潜在的合作伙伴。

【实例】

国内某企业涉足“汽车发动机机体”领域的技术研发及相关零部件的生产，想了解该领域的主要竞争对手都有哪些？另外，由于企业技术及资金实力有限，还希望寻找一些合作伙伴共同进行产品的研发。

【操作步骤】

a. 选择“汽车产业”进入检索界面，在左边导航栏中选择“发动机机体”的中国专利

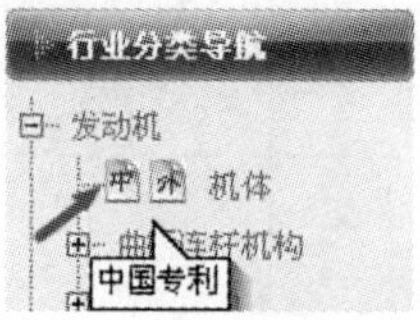

b. 在右边检索结果中，点击“分析”按钮进入分析界面

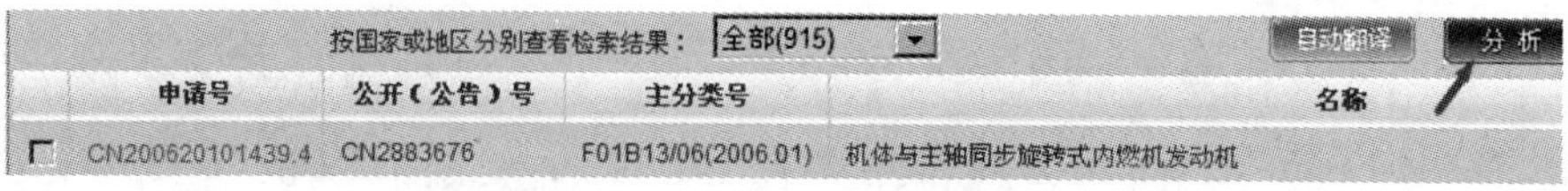

c. 选择“申请人分析”中的“申请人构成分析”标签

即可生成“汽车发动机机体”申请人构成图和相关数据，见图 4-5。

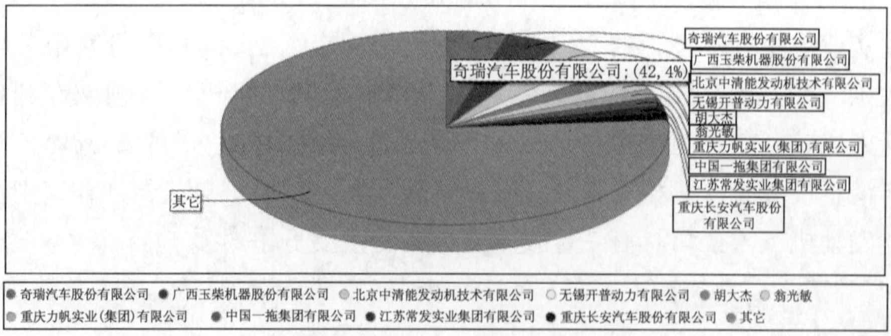

图 4-5 申请人构成分析

d. 点击图表下方的“详细报表”栏右边的⬆图标，可以查看详细的统计数据，见表 4-5。

表 4-5 申请人构成详细报表

申请人	数 量
奇瑞汽车股份有限公司	42（5%）
广西玉柴机器股份有限公司	41（4%）
北京中清能发动机技术有限公司	32（3%）
无锡开普动力有限公司	21（2%）
胡大杰	20（2%）
翁光敏	17（2%）
重庆力帆实业（集团）有限公司	14（2%）
中国一拖集团有限公司	13（1%）
江苏常发实业集团有限公司	12（1%）
重庆长安汽车股份有限公司	12（1%）

【结果解读】

从图 4-5 和表 4-5 中可以看出，在中国 915 件“汽车发动机机体”

的专利中，共涉及389位申请人，其中排名前三位的是奇瑞汽车股份有限公司的42件占总量5%、广西玉柴机器股份有限公司的41件占总量4%和北京中清能发动机技术有限公司的32件占总量3%，其后是无锡开普动力有限公司的21件占总量2%、个人申请人胡大杰的20件占总量2%和翁光敏的17件占总量2%、重庆力帆实业（集团）有限公司的14件占总量2%、中国一拖集团有限公司的13件占总量1%、江苏常发实业集团有限公司的12件占总量1%、重庆长安汽车股份有限公司的12件占总量1%。综合来看，国内“汽车发动机机体”领域专利申请人比较分散，前十位申请人的申请总量仅占国内总量的24%，人均申请量仅2.4件。相对来看，安徽奇瑞汽车、广西玉柴机器和北京中清能发动机三家公司具有一定技术实力，是主要竞争对手。

【说明】

专利申请人是指将一项发明创造向专利局申请专利的“人”，可以是个人或单位，当专利申请授权后专利申请人即变为专利权人，一般情况下（忽略转让等）专利申请人和专利权人应当是同一人。专利申请人或权利人主要由企业、科研机构、大学、个人构成，在发达国家企业是专利申请的主体，而我国的情况则相对较复杂一些，在某些领域中科研机构、大学、个人所占比重较大，但随着我国科学技术水平的不断提高，企业终将要成为专利申请的主力。与科研机构和个人不同的是，专利活动始终贯穿在企业生产经营的全过程，利用专利参与市场竞争，知己知彼、克敌制胜是企业的重要武器和手段。因此，我们通过对某技术领域专利申请人的分析研究，可以了解到在该领域的主要竞争对手是谁，他们的专利布局是怎么样的，技术实力如何，未来研发方向在哪里等十分有用的信息，甚至还可以挖掘出一些比较适合展开合作的伙伴。

另外，专利法规定专利申请权和专利权可以依法进行转让，经过转让获得专利申请或专利权的实体一般称为专利受让人，实际分析中还需注意这一情况。

4.3.2 申请人态势分析

【目的】

了解竞争对手的现状及发展态势。

【实例】

延续上一例，我们通过对国内“汽车发动机机体”专利申请人的统计了解到该领域的主要竞争对手或合作伙伴都有哪些。下面我们将进一步对他们的历年态势进行统计分析，以期可以了解他们的现状、未来趋势等信息，并希望从中可以发现一些潜在的合作伙伴。

【操作步骤】

c. 选择“申请人分析”中的“申请人趋势分析”

标签，即可生成“汽车发动机机体”的全球区域趋势图和相关数据，见图 4-6。

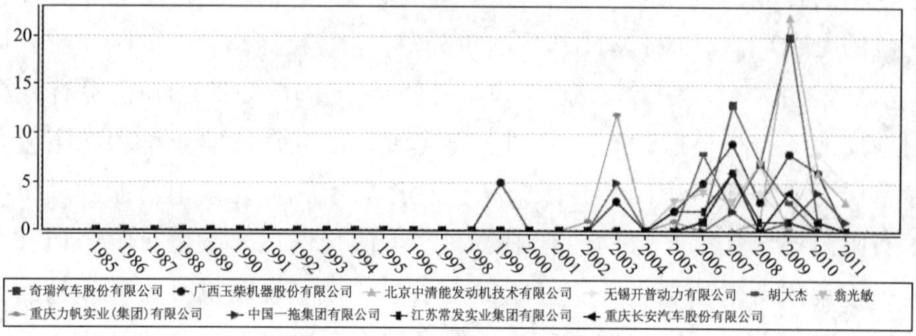

图 4-6 申请人趋势分析

d. 点击图表下方的“详细报表”右边的⬆标签，可以查看相关的具体数据。

e. 计算近三年专利申请量所占其总量比重，同时可以与上例中的比重排名进行对比分析，见表 4-6。

表 4-6　近三年专利申请量占总量比重详细报表

申请人	近三年专利申请量占总量比重
北京中清能发动机技术有限公司↑2	100.0%
无锡开普动力有限公司↑2	72.2%
奇瑞汽车股份有限公司↓2	66.7%
胡大杰↑1	50.0%
中国一拖集团有限公司↑3	41.7%
重庆长安汽车股份有限公司↑4	41.7%
广西玉柴机器股份有限公司↓5	41.5%
翁光敏↓2	41.2%
江苏常发实业集团有限公司→	16.7%
重庆力帆实业（集团）有限公司↓3	0.00%

【结果解读】

从图 4-6 和表 4-6 中可以看出，在中国“汽车发动机机体”领域主要的专利申请人中，北京中清能发动机技术有限公司的专利活动最为活跃，全部申请都是近三年提出的；其次是无锡开普动力有限公司，近三年申请的专利占其总量的 72.2%，排名较其总量排名上升了 2 位；第三位的是奇瑞汽车股份有限公司的 66.7%，较总量排名下降 2 位；以下依次是胡大杰、中国一拖集团有限公司、重庆长安汽车股份有限公司、广西玉柴机器股份有限公司、翁光敏、江苏常发实业集团有限公司和重庆力帆实业（集团）有限公司。从排名上看，北京中清能发动机技术有限公司、无锡开普动力有限公司、重庆长安汽车股份有限公司和中国一拖集团有限公司近几年可能加大了在“汽车发动机机体”领域的研发投入，相关专利申请增长较快，而奇瑞汽车股份有限公司和个人胡大杰、翁光敏则保持了较平稳的态势。值得关注的是，江苏常发实业集团有限公司和重庆力帆实业有限公司近几年专利活动渐趋下降，特别是重庆力帆实业有限公司近三年已无相关专利申请，可能预示着该公司研发方向的变化以及战略的转型，具体原因还需综合其他指标进一步分析研究。从分析结果看，广西玉柴机器和重庆力帆可能会是较好的合作伙伴。

【说明】企业往往会根据市场、生产经营活动及时调整其专利活动，我们通过对企业专利的动态分析，可以进一步了解他的研发方向和战略意图等有价值信息，甚至还可以发现一些潜在的合作伙伴。

4.3.3　申请人技术特征分析

【目的】

了解竞争对手的技术布局、研发重点及方向等。

【实例】

在上例中，我们通过对国内“汽车发动机机体”专利申请人历年申请量统计了解到其发展现状及态势等情况。下面我们将进一步聚焦于申请量前五位的企业，对其专利的技术特征进行统计分析，以期了解他们的技术布局、研发重点以及未来趋势等信息。

【操作步骤】

c. 选择“申请人分析”中的“申请人技术分类构成”

标签，即可生成中国“汽车发动机机体”主要专利申请人的专利技术构成图和相关数据，见图 4-7。

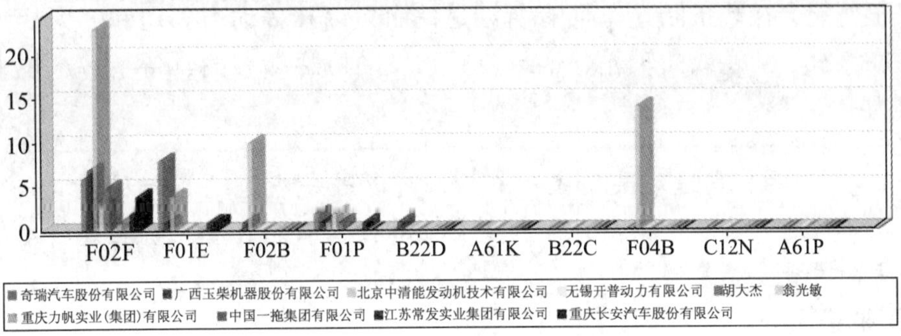

图 4-7　申请人技术分类构成

d. 点击图表下方的“详细报表”右边的↑标签，可以查看相关的具体数据。

e. 点击图下方“导出”按钮 表格 导出 ，可以得到表 4-7 的数据，还可以对数据进行一些适当的标注。

表 4-7　申请人技术分类构成详细报表

	奇瑞汽车	广西玉柴机器	北京中清能	无锡开普动力	胡大杰
F02F 汽缸、活塞或曲轴箱；密封装置	6	7	23	3	5
F01M 发动机润滑	8	1	4	0	0
F02B 活塞式内燃机	0	1	10	0	0
F01P 燃烧发动机冷却	2	1	1	2	1
B22D 金属铸造	0	1	0	0	0

【结果解读】

我们选取了中国“汽车发动机机体”专利申请量前五位的申请人对其技术情况展开进一步分析研究。从图 4-7 和表 4-7 中可以看出，奇瑞汽车的技术主要集中于汽缸、活塞或曲轴箱、密封装置、发动机润滑和发动机冷却方面，特别是发动机润滑技术关注较高；广西玉柴机器公司技术相对较全面，在几个技术领域都有所涉及，但主要还是在汽缸、活塞或曲轴箱、密封装置方面涉足较多也是其技术重点；北京中清能发动机技术有限公司除金属铸造技术外，其他方面也均有涉及，技术重点主要在汽缸、活塞或曲轴箱、密封装置和活塞式内燃机两方面，相比来看未来很可能会在装备制造方面有所涉足；而无锡开普动力公司和个人胡大杰在汽缸、活塞或曲轴箱、密封装置和发动机冷却方面具备了一定技术实力。

【说明】 当选定某研究对象后，可以进一步通过其专利技术分类，快速、直观、便捷地了解到企业的技术布局、重点甚至是研发方向等重要信息。

4.3.4　申请人综合比较

【目的】

了解竞争对手的研发能力，专利技术含量及价值等。

【实例】

国内某“汽车发动机机体”研发企业通过专利申请人构成分析初步确定了前十位主要竞争对手，现在想了解这些竞争对手的研发能力、技术水平及其专利价值等信息。

【操作步骤】

c. 选择“申请人分析”中的“申请人综合比较”

标签，即可生成中国“汽车发动机机体”主要申请人的综合比较数据，见表 4-8。

表 4-8　申请人综合比较详细报表

申请人	专利所属国家	专利件数	占本专题专利百分比	申请人研发能力比较		
				活动年期❶	发明人数	平均专利年龄❷
奇瑞汽车股份有限公司	CN[42]	42	4.59%	5	41	2.83
广西玉柴机器股份有限公司	CN[41]	41	4.48%	8	58	4.59
北京中清能发动机技术有限公司	CN[32]	32	3.50%	4	10	1.66
无锡开普动力有限公司	CN[21]	21	2.30%	6	1	2.1
胡大杰	CN[20]	20	2.19%	4	1	3.75
翁光敏	CN[17]	17	1.86%	4	11	4.18
重庆力帆实业（集团）有限公司	CN[14]	14	1.53%	3	18	7.93
中国一拖集团有限公司	CN[13]	13	1.42%	5	65	4.15
江苏常发实业集团有限公司	CN[12]	12	1.31%	5	13	4.25
重庆长安汽车股份有限公司	CN[12]	12	1.31%	4	20	3.17

❶ 活动年期：某申请人持续进行专利申请活动的时长，按年计。

❷ 平均专利年龄：某申请人维持其专利有效的平均时长，按年计。

【结果解读】

从上述图表中可以看出，中国“汽车发动机机体”领域的主要专利申请人有奇瑞汽车股份有限公司、广西玉柴机器股份有限公司、北京中清能发动机技术有限公司、无锡开普动力有限公司、个人胡大杰、个人翁光敏、重庆力帆实业（集团）有限公司、中国一拖集团有限公司、江苏常发实业集团有限公司和重庆长安汽车股份有限公司等。其中专利活动时间最长的是广西玉柴机器股份有限公司，已维持了8年时间，活动时间最少的是重庆力帆公司，仅3年时间；发明人数最多的是中国一拖集团有限公司65人，而最少的是无锡开普动力有限公司和个人胡大杰，仅1人；从平均专利年龄看时间最长的是重庆力帆公司接近8年，最少的是北京中清能发动机技术有限公司仅1.66年。综合对比来看，广西玉柴机器股份有限公司和中国一拖集团有限公司在国内“汽车发动机机体”领域涉足时间较长，发明人数多，平均专利年龄也较长，其研发能力和技术实力都较强；作为国内自主汽车品牌代表的奇瑞汽车股份有限公司近几年在“发动机机体”领域涉足较多，同时也投入了较多的研发人员，未来发展潜力较大，但其专利平均年龄还较低，整体技术水平还有待提升；而北京中清能发动机技术有限公司、无锡开普动力有限公司和个人胡大杰的研发能力还相对较弱。

值得一提的是重庆力帆公司平均专利年龄最长，表明其专利技术含量或价值较高，但比较矛盾的是该公司的专利活动时间很短，这值得我们进一步关注，如果是由于技术或资金原因导致的，可以考虑与其开展合作；如果是由于战略转型或市场等因素影响可以考虑收购其有价值的专利技术；又或者仅仅是为了保护相关产品而申请的一些防御型专利等。总之具体原因还需要具体分析对待。

【说明】

专利就像生命，也会有出生（申请）、生存（有效）和消亡（失效）等不同阶段。专利法规定在专利授权后专利权人必须要支付一定费用以维持专利的生存（有效），这里的费用我们一般称为“年费”。随着时间的递增“年费”也随之成倍地增长，换句话说，专利生存期越长维持费用也越高，如美国针对大企业第 3.5—7.5 年的年费为＄980，第 11.5—20 年的年费增长到＄4110。因此，企业在续缴专利年费都会考虑是否需要或值得再维持该专利的有效，一般来说越是价值高的专利技术其维持年限也越长，另外技术含量、企业实力等也是影响着专利生存期的长短的重要因素。因此，我们通过企业专利活动的研究，可以间接地了解到企业的研发能力、专利价值、技术水平、甚至是资金实力等十分重要的信息。

4.3.5　合作申请人分析

【目的】

了解竞争对手之间的合作情况，关联关系等。

【操作步骤】

c. 选择“申请人分析”中的“合作申请人分析”

标签，即可生成中国“汽车发动机机体”主要申请人的合作情况数据，见表 4-9。

表 4-9　申请人合作情况

申请人	专利数	合作专利数	合作者数量	主要合作者及次数统计	
				合作者	合作次数
上海爱仕达汽车零部件有限公司	10	2	1	宁波强盛机械模具公司	2
昆明理工大学	7	3	1	云南新天力机械制造公司	3

续表

申请人	专利数	合作专利数	合作者数量	主要合作者及次数统计	
				合作者	合作次数
三菱自动车工业株式会社	6	4	1	三菱自动车工程株式会社	4
三菱自动车工程株式会社	4	4	1	三菱自动车工业株式会社	4
浙江吉利控股集团有限公司	4	4	1	浙江吉利汽车研究院公司	4
浙江吉利汽车研究院有限公司	4	4	1	浙江吉利控股集团公司	4
宁波强盛机械模具有限公司	4	2	1	上海爱仕达汽车零部件公司	2
上海龙华汽车配件有限公司	3	3	1	联合汽车电子公司	3
云南新天力机械制造有限公司	3	3	1	昆明理工大学	3
联合汽车电子有限公司	3	3	1	上海龙华汽车配件公司	3
中国石油天然气股份有限公司	2	2	1	济南柴油机股份公司	2
济南柴油机股份有限公司	2	2	1	中国石油天然气股份公司	2

【结果解读】

从表4-9中可以看出，中国“汽车发动机机体”专利中主要的合作申请人有：上海爱仕达汽车零部件有限公司和宁波强盛机械模具公司、昆明理工大学和云南新天力机械制造公司、三菱自动车工业株式会社和三菱自动车工程株式会社、浙江吉利控股集团有限公司和浙江吉利汽车研究院公司、上海龙华汽车配件有限公司和联合汽车电子公司、中国石油天然气股份有限公司和济南柴油机股份公司。其中三菱、吉利公司专利合作申请人从其名称就可以初步判断他们之间的同属关系；而上海龙华汽车配件有限公司、中国石油天然气股份有限公司全部专利申请都是与其合作人共同提出的，可见他们之间关系也十分紧密；昆明理工大学和云南新天力机械制造公司是一个较好的产学研结合代表；上海爱仕达汽车零部件有限公司与宁波强盛机械模具公司有部分专利进行了合作，可以看出两公司间的技术较为互补。基于以上结论，我们还可以结合他们之间的专利技术分类，进一步挖掘更深层的技术、战略等信息。

【说明】

产品的研发往往涉及多学科多领域，如集成电路制造装备中的“高端光刻机”包括光、机电等多学科近469种理论和制造技术，限于技术、资金等客观条件限制，一些中小型企业仅靠自身的实力已很难满足产品的研发及生产需求，这就迫使企业走上了联合研发、优势互补的合作道路，同时利益的分享也促进了企业间更多的合作，另外研究表明同属关系的企业间合作也更为频繁、紧密。作为研发成果的专利自然也会体现这种合作状况，一般表现为在专利中出现多个申请人或权利人，如CN200810058188“新一代卧式单双缸柴油机机体”申请人：昆明理工大学、云南新天力机械制造有限公司。我们通过对某领域的专利合作人的统计分析，可以了解这一领域企业间的关联关系、技术优劣势，甚至是战略意图等有价值的信息。

4.4 技术分类分析

在上面的区域分布分析和申请人分析中我们已或多或少地介绍了一些专利技术分类（IPC）的内容，但由于侧重不同，内容也略有精简。本节将主要针对专利技术分类进行一个较全面、系统的介绍。

4.4.1　技术分类构成分析

【目的】

了解某领域专利技术的分类及构成。

【实例】

某企业涉足“汽车发动机机体”领域的研发和零部件生产，想了解该领域都有哪些技术，其中的技术重点又在哪里？

【操作步骤】

a. 选择“汽车产业”进入检索界面，在左边导航栏中选择“发动机机体”的国外及港台专利

b. 在右边检索结果中，点击“分析”按钮进入分析界面

c. 选择“技术分类分析”中的“技术分类构成分析”

标签，即可生成全球“汽车发动机机体”技术分类构成情况，见图 4-8 和表 4-10。

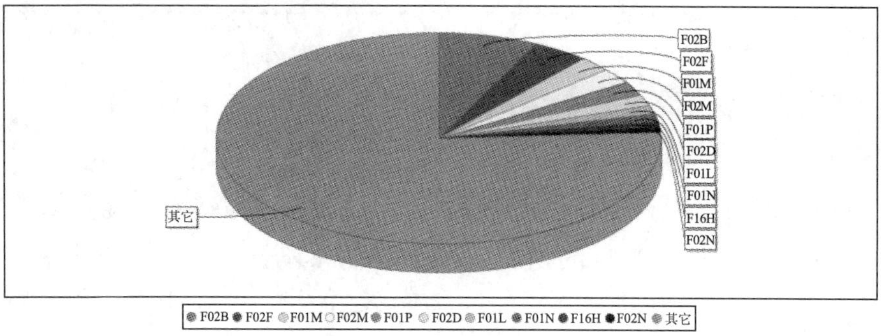

图 4-8　技术分类构成分析

表 4-10 技术分类构成情况

分类号	专利量	比重
F02B 燃烧发动机	2407	31.0%
F02F 发动机的汽缸、活塞或曲轴箱，密封装置	1371	17.6%
F01M 发动机的润滑、曲轴箱通风	777	10.0%
F02M 燃烧发动机可燃混合物的供给或其组成部分	775	10.0%
F01P 一般机器或发动机的冷却	755	9.7%
F02D 燃烧发动机的控制	546	7.0%
F01L 机器或发动机用的循环操作阀	472	6.1%
F01N 发动机的气流消音器或排气装置	387	5.0%
F16H 传动装置	289	3.7%
F02N 发动机的起动	277	3.6%

【结果解读】

从图 4-8 和表 4-10 中可以看出，全球“汽车发动机机体”专利技术主要集中于：F02B 燃烧发动机、F02F 发动机的汽缸、活塞或曲轴箱，密封装置、F01M 发动机的润滑、曲轴箱通风、F02M 燃烧发动机可燃混合物的供给或其组成部分、F01P 一般机器或发动机的冷却、F02D 燃烧发动机的控制、F01L 机器或发动机用的循环操作阀、F01N 发动机的气流消音器或排气装置、F16H 传动装置和 F02N 发动机的起动等方面。综合来看在“汽车发动机机体”领域主要涉及密封、汽缸、润滑、供给、冷却、控制、消音、传动、起动等技术，其中密封、汽缸、润滑、供给、冷却、控制等是重点技术。

4.4.2 技术分类态势分析

【目的】

了解某领域相关技术发展现状及趋势。

【实例】

上例中我们通过对全球“汽车发动机机体”专利的技术分类统计分析了解到其技术分布及重点，下面我们希望可以进一步了解这些技术的热点及趋势等信息。

【操作步骤】

c. 选择“技术分类分析”中的“技术分类趋势分析”

标签，即可生成“汽车发动机机体”的技术分类趋势图和相关数据，见图 4-9。

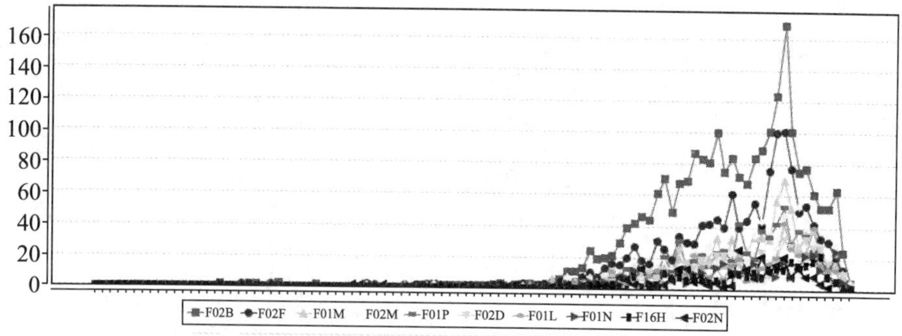

图 4-9　技术分类趋势分析

d. 点击图表下方的“详细报表”右边的标签，可以查看相关的具体数据。

e. 计算近五年专利申请量所占总量比重，同时可以与上例中的比重排名进行对比分析，见表 4-11。

表 4-11　近五年技术分类趋势详细报表

分类号	近五年比重
F01N ↑ 7 发动机的气流消音器或排气装置	14.50%
F02D ↑ 4 燃烧发动机的控制	14.30%
F16H ↑ 6 传动装置	13.80%
F02M→ 燃烧发动机可燃混合物的供给或其组成部分	11.20%
F01L ↑ 2 机器或发动机用的循环操作阀	9.50%
F01P ↓ 1 一般机器或发动机的冷却	9.00%
F02B ↓ 6 燃烧发动机	8.10%
F01M ↓ 5 发动机的润滑、曲轴箱通风	8.00%
F02F ↓ 7 发动机的汽缸、活塞或曲轴箱，密封装置	7.30%
F02N →发动机的起动	4.30%

【结果解读】

全球“汽车发动机机体”专利技术主要集中于以上几个技术方面。从其近几年所占比重可以看出，F01N 发动机的气流消音器或排气装置专利申请量的增长最快，排在首位；其次是 F02D 燃烧发动机的控制技术，近五年比重 14.3%；以下依次是 F16H 传动装置、F02M 发动机供给和 F01L 机器或发动机用的循环操作阀，而 F01P 发动机冷却、F01M 发动机的润滑和 F02F 发动机的汽缸、活塞或曲轴箱、密封装置近几年专利申请量相对较平缓。综合来看，全球近几年在“汽车发动机机体”领域的技术热点主要集中在 F01N、F02D、F16H 和 F01L 等几方面，值得特别关注。

【小贴士】

“静动结合”是信息分析的重要方法。我们通过对专利技术分类的静态分析可以大体了解技术的分布、重点等情况，再结合历年专利量变化等动态分析就可以了解相关技术的热点、趋势等更具价值的信息。

4.4.3 技术关联度分析

【目的】

了解技术间的关联关系及程度。

【操作步骤】

c. 选择“技术分类分析”中的“技术关联度分析” 技术关联度分析 标签，即可生成“汽车发动机机体”技术主要关联技术数据，见表 4-12。

表 4-12　主要关联技术数据

IPC	专利数	复合技术专利数	关联技术数量	主要关联技术及次数统计	
				关联技术	关联文献数
F02F 燃烧发动机的汽缸、活塞或曲轴箱；燃烧发动机的密封装置	252	108	21	F01M 润滑、通风	38
				F01P 冷却	38
				B22D 铸造	29
				F04B 液体泵或弹性流体泵	18
				F01L 发动机用的循环操作阀	12
				F16C 轴	12
				F16J 活塞、压力容器、密封	10
				C22C 合金	9
				F16M 框架、外壳、底座、支架	9
				C21D 金属韧性	5
				F16F 弹簧；减震器；减振装置	5

【结果解读】

从表中可以看出，在中国 252 件 F02F 燃烧发动机的汽缸、活塞或曲轴箱、密封装置的相关专利中，有近半数是复合技术，与之相关联的技术有 F01M 润滑通风、F01P 冷却、B22D 铸造、F04B 液体泵或弹性流体泵、F01L 发动机用的循环操作阀等 21 个，其中润滑通风和冷却方面的关联文献最多。综合来看上述 21 项技术都与 F02F 有着或多或少的联系，其中润滑通风和冷却等技术与 F02F 关联程度较高，换句话说润滑、通风、冷却等技术方面的改进也可以促进 F02F 技术的发展。

【说明】

随着科学技术越来越多地交叉与融合，发明创造也越来越多地涉及不同类别技术主题，而专利分类的首要目的是为了便于检索，所以根据其专利内容的主题、功能和应用，可以赋予不止一个分类号，即多重分类。一般情况下，若干分类号中第一个称为主分类，这些分类号之间相互关联、相互结合。我们通过对某领域专利技术分类间的关联分析，可以对该领域技术有一更全面的了解，并摸清不同技术主题间的关系及其程度，甚至可以挖掘一些空白技术和发明点。

管　理　篇

第五章　专利信息管理

5.1　引言

前述章节对于专利文献、专利信息等基础知识、重点产业专利信息服务平台的分析功能及利用该重点产业专利信息服务平台进行专利信息检索应用的操作等进行了具体介绍，我们在这一章偏重于介绍专利信息的管理，即对于重点产业专利信息服务平台或者其他检索数据库中的专利文献，如何从政府及企业层面对检索出的专利文献所承载的专利信息进行管理、分析和利用。系统化管理专利信息后，对其进行全面分析和整理，得到专利信息分析的结论，是最终市场主体企业对于专利信息价值最大化的最有效和直接利用的前提。因此在后面单独列出了一个章节对专利信息分析进行详细介绍，本章对于专利信息分析的部分比较简略。

5.2　政府专利信息管理和利用

5.2.1　专利信息对政府工作的重要影响

在信息社会中，社会越来越需要政府的咨询服务和政策性指导，公众越来越希望通过信息化手段从政府获得更加准确、及时、便捷的服务。

专利信息是一种集科技信息、法律信息、经济信息、战略情报信息于一体的宝贵的复合型信息资源，它是政府信息资源的重要组成部分，而且是一种比较特殊的政府信息资源。

专利信息作为重要战略性资源，在国家经济发展和国际市场竞争中的作用日益显著。随着国际国内经济社会发展环境发生深刻变化，随着经济全球化的发展以及我国融入经济全球化程度的不断加深，对专利信息资源的占有和利用直接影响经济竞争，专利信息资源也逐渐成为各国在国际竞争时，不可忽视的一项重要战略资源。

当前，转变经济发展方式是我国的要务之一，我国的产业结构优化升级是转变经济发展方式的关键步骤。我国产业结构正在由资源、劳动密集型向知识密集型转化，这必将打破现有的国际分工，导致贸易竞争日趋激烈。为了服务于我国产业结构优化升级，避免知识产权纠纷的发生，保障对外贸易健康发展，我国应当加大知识产权公共服务力度，全面发挥专利制度对经济和科技的支撑作用。其中，专利信息发挥着基础性的支撑作用。只有充分利用好专利信息资源，才可能充分发挥专利制度对经济和科技的支撑作用。

随着国家知识产权战略工作的不断推进，这几年，我国的专利信息工作也取得了显著成就：以政府为主导的全国专利信息公共服务体系初步形成；专利信息资源收集、配置的范围和规模逐步扩大；专利信息的传播推广日益广泛和深入；专利信息公共服务基础设施建设取得长足进步；专利信息公共服务规章制度不断完善；专利信息公共服务人才队伍基本形成；全社会的专利信息利用意识、能力不断增强。

5.2.2　政府专利信息工作

5.2.2.1　政府专利信息管理

专利信息的管理和利用本身是两个关联性很强的概念，从广义概念上讲的专利信息管理，其实也包含对专利信息的利用。因为政府在对专利信息管理的过程中必然涉及对专利信息的利用，政府在对专利信息利用的过程实际上也是一种管理方式或者是一种管理结果。从狭义上讲，两者是有些区别，其侧重点是不同的，信息管理强调政府对信息资源的建设水平和对信息资源的统筹调配能力；而信息利用则更强调政府信息资源的价值挖掘，使其更好地服务于经济建设。

我们知道，政府并不是专利信息的直接使用者，而是要通过各种法律法规、部门规章、政策、行政命令等行政手段来进行有效管理和调节，目的就在于在本行政区域内最大限度地发挥专利信息的战略性资源作用，将专利信息资源转化为推动社会经济和科技发展的动力。对于政府来说，专利信息管理工作具体要做好两方面的工作，一是专利信息资源的保障性建设工作；二是专利信息在技术创新和经济活动中的广泛传播和有效利用。

5.2.2.2 我国政府专利信息工作的原则和主要任务

1. 我国政府专利信息工作的原则

我国行政管理体系是自上而下的多层级的管理体系，因此我国专利信息管理工作应当遵循这么几项原则：全国统筹规划，分级分步推进，加强政策引导，注重资源调配。

全国统筹规划，是指全国政府专利信息工作的目标、方针和思路需要统一，在统一规划全国政府专利信息工作的前提下，开展具有地方特色和行业特色的专利信息工作。

分级分步推进，是指由于中央和地方的政府专利信息工作的特点、资源和任务都是不同的，因此需要分级分步推进。例如，国家知识产权局要更注重发挥人才和资源优势，加强基础性专利资源的建设以及宏观专业指导，而地方政府则更注重结合当地实际和经济需求，加强落实专利信息的利用。

加强政策引导，是指政府主管部门要注重政策引导，加强政策调控，为专利信息工作的开展搭建平台，用政策的手段引导、鼓励和帮助社会力量参与各种专利信息工作。

注重资源调配，是指充分发挥政府主管部门对人力资源、数据资源等社会资源的调配能力，集中各种优势资源，重点加强对创新主体、中介机构的业务指导工作。

2. 专利信息资源的保障性建设

专利信息资源的保障性建设本身就是专利事业发展的主要内容之一，也是衡量一个国家或地区专利事业发展水平的重要标志。

随着国家知识产权战略的大力推进，以及《国家知识产权事业发展“十二五”规划》《专利工作“十二五”规划》等规划的相继出台，专利信息资源的保障性建设作为各项工作开展的资源基础，其重要程度日益明显。

对于政府来说，专利信息资源建设主要包括以下内容：形成专利信息的管理机制，对专利信息资源进行相关的分析和研究，对专利信息资源进行必要的数据加工，建立专利信息资源的服务体系和服务评估机制，开展与专利信息资源相关的国际合作。

随着信息社会的快速发展以及中国专利文献纳入 PCT 最低文献量，一方面我国专利信息资源的规模将迅速扩大，各种用户对专利信息资源的需求也日益多样化，政府在专利信息资源建设工作方面将面临诸多挑战。

3. 专利信息资源的广泛传播和有效利用

专利信息资源的广泛传播和有效利用是发挥专利信息作用，乃至专利制度作用的必不可少，而且十分关键的两个环节。其最终目的就是要将专利文献中所蕴含的信息转变为推动社会经济和科技发展的动力。

一方面，随着网络技术和自动化技术的发展，专利信息传播的途径、方式和内容上可谓今非昔比，政府部门在专利信息传播方面也必须与时俱进，才能适应事业发展的需要；另一方面，随着经济的发展，企业和社会公众对专利信息的利用需求必然日益迫切。在对专利信息的利用方面，政府主要是起到政策引导和帮扶作用，不断提高企业和社会公众对专利信息的利用水平。当然，专利信息的传播与利用并不是相互孤立的，是紧密相关的两个环节，许多问题需要政府部门统筹规划。

对于政府来说，专利信息资源的传播和利用主要包括两个方面。一是建立顺畅便捷的专利信息公共服务渠道，这就是解决专利信息资源广泛传播的问题；二是提高全社会利用专利信息的意识和能力，这就是解决专利信息资源有效利用的问题。对第一个问题来说，包括：专利信息传播平台的建设，专利信息管理体系的改进，专利信息资源传播方式和传播深度的改进，信息资源的内容不断丰富，关联性不断增强等方面；对于第二个问题来说，主要包括：全社会利用专利信息的意识不断加强，社会公众，尤其是企业对专利信息的利用能力和水平的提高，相关人才的培养机制不断完善，渠道不断拓展等方面。

5.2.3 政府对专利信息管理和利用的措施

如前所述，政府专利信息工作包括两大方面，一是专利信息资源的保障性建设；二是专利信息资源的传播和利用。其最终目的就是充分发挥专利信息的战略性资源的价值，促进经济和科技的发展，从而发挥专利制度对经济和科技的支撑作用。为做好上述两方面的工作，实现上述最终目的，政府部门可以利用自身优势，利用包括政策引导、宏观调控、公益服务等在内的各种行政手段，采取多种措施开展专利信息管理和利用工作。在此列举几项重要措施进行说明。

5.2.3.1 专利信息资源的建设

专利信息资源建设是专利信息工作中一项涉及全局性的、保障性的、基础性的工程，是专利信息管理和利用的基础，政府需要制定长期的专利信息资源建设发展战略框架，其中涵盖对专利信息资源的收集、研究、分类、存储、加工等实践性较强的具体工作。

政府进行专利信息资源的建设首先需要坚持以市场需求为导向，根据市场需求进行专利信息资源建设，要注重特色专利信息资源的建设，能为不同用户提供服务；其次要注重实效，在资源的建设过程中不断推进建设成果的转化，在实际运用中反馈问题，不断调整和改善专利信息资源建设工作；最后政府进行专利信息资源建设需要调动各种力量，多方合作，专利信息资源的建设是一项系统性工程，需要在政府的主导下，各行业、企业、科研机构等共同参与。

5.2.3.2 专利信息平台和服务网络的发展

发达国家的政府专利机构为了提供便捷、有效的专利信息公共服务，都构建了比较完备的专利信息公共服务网络。近年来，我国国家知识产权局倾力打造了“一个数据中心、五个区域信息服务中心以及全国47个专利信息服务平台网点”建设工程，为社会公众配置了世界主要国家专利数据库，并提供专利信息检索和分析系统；此外，政府还加大了对地方数据库，专业、专题数据库的建设力度：例如，“十大重点行业专利数据库服务平台”为各行业的专利信息应用提供了最实用也最贴心的专利信息应用工具；武汉光谷、包头稀土、杨陵农业、兰州石化等多个国家级专题数据库的建设为产业结构调整和优化升级提供了专利信息支撑。

地方政府部门为营造区域知识产权发展环境、搭建区域知识产权服务与交流平台，统筹配置知识产权服务资源，提高企业自主创新能力，都在积极探索符合企业需要的专利信息服务模式。例如：北京市知识产权局和北京知识产权联盟共同体组织实施的“知识产权托管工程”；广东省提倡打造的“产业发展专利信息综合应用服务平台”；四川省、济南市等知识产权局与知识产权出版社共同推出的政府管理部门与专业的专利信息服务商联动的一体化专利信息服务——专利信息利用试验基地等。为更好地履行政府职能，促进专利信息的公共服务，我国今后将进一步加大专利资源的信息化建设和公共服务，《国家知识产权事业发展“十二五”规划》中提出的“知识产权信息公共服务工程”，已明确指出要“建立健全多种类型、多层次的知识产权信息库和知识产权公共服务平台，及时公开基础性知识产权信息”。

5.2.3.3 对专利服务业的培育

知识产权服务业，是现代服务业的重要组成部分。它为知识产权的创造、运用和交易，特别是加快知识产权成果产业化提供了新的服务平台。国家发展改革委员会已将发展知识产权服务业列入“十二五”发展规划。

专利作为一项重要的知识产权，对专利服务业的培育有利于提高社会对专利信息的综合利用能力；有利于促进专利信息对社会经济发展的支撑作用；有利于专利信息的更广泛的传播与利用；有利于提高对创新主体的专利权权益保护。

2011年底颁布的全国《专利工作“十二五”规划》的主要目标之一就是要“实现专利服务业快速健康的发展”，提出了“构建公益服务和商业服务相互支持、协同发展的专利信息服务体系”，在具体任务方面，要积极推动有利于专利服务行业发展的金融、税收等方面扶持政策的制定，鼓励社会力量参与商业化专利信息服务。大力促进专利信息检索、分析、预警、数据加工、数据库建设、专利咨询、交易、托管、资产评估、质押贷款等专利服务业的发展。支持有条件的公共专利信息服务机构进行企业化转制改革试点，扶持培育一批专业化的服务企业。加强对专利服务业的监管。

由此可见，随着国家“十二五”规划和专利工作“十二五”规划的不断推进，各级政府的各项政策、措施的不断出台，专利服务业的发展将面临历史性的机遇和挑战。

5.2.3.4 专利信息传播与利用建设

目前我国信息传播与利用的现状与社会科技、经济发展的需求尚存在较大差距。将来政府将进一步加大对信息传播与利用的建设。出台一些具体的措施和管理办法。

在管理构架方面，需要在全国范围内建立专利信息传播与利用的整体性组织构架和运行机制，制定各项工作标准，克服目前涉及专利信息传播和利用组织机构离散性分布的缺陷。

在宏观指导方面，需要建立全国专利信息传播利用的宏观管理与业务指导体系。2011年底出台的《关于加强全国专利文献信息传播与利用工作的意见》中提出了构建“帮扶顾问体系”和健全“业务指导体系”的主要任务。

其中“帮扶顾问体系”是由专利文献信息情报支持工程和企事业单位专利信息利用促进工程构成，旨在充分利用专利信息情报为政府、产业和企业提供决策参考；实现全国专利文献情报共享，实现情报价值最大化；而“业务指导体系”则是通过加强全国专利信息工作指导，开展专利信息工作战略合作以及实施专利信息传播利用基地建设等工作来完成。按照该意见的要求，在“十二五”期间，要围绕国家区域经济发展规划，结合全国专利信息公共服务体系以及地方和区域专利信息中心建设等，逐步建立10个左右的国家级专利信息传播利用基地，支持其服务区域科技创新和经济发展，发挥示范和辐射作用。

5.2.3.5 专利信息相关人才队伍的建设

在人才队伍建设方面，在未来，政府将进一步加大力度和强度，培养和造就一批数量充足、结构优化、布局合理、素质较高的知识产权人才队伍。

《国家知识产权事业发展“十二五”规划》将知识产权人才建设工程列为“十二五”期间的十大重点工程，提出实施百千万知识产权人才工程，建立一批知识产权人才培养（培训）基地，建设国家和省级知识产权人才库和专业人才信息网络平台。创新培训方式，建设知识产权远程教育分布式平台。大力培养知识产权行政管理和执法、审查及登记、中介服务以及企业知识产权管理等知识产权高端人才。支持高等院校自主设置知识产权二级学科，积极培养高水平师资队伍。推动建立适合各类知识产权人才特点的职业水平评价制度，完善人才工作的体制机制和政策环境。大力吸引海外知识产权高层次人才。

全国《专利工作“十二五”规划》中则提出了更加具体的人才建设工程。将在在全国范围内评选约300名专家组建国家知识产权专家库，建立省级人才库，并注重加强对人才的分类培养和管理。每年重点培养扶持100名中青年高层次人才和学术带头人，培养2000名左右具有较高专业水平和学术水平的各领域业务骨干，培养3万名左右从事企事业单位知识产权工作和知识产权服务业的专业人才。每年有计划分层次培训20万企事业单位知识产权人才。

5.3 企业专利信息管理

5.3.1 企业专利信息管理的重要地位

我们知道，专利信息是集科技、经济、法律为一体的综合性信息，作为基础性、战略性资源，对于借鉴现有技术、避免知识产权纠纷具有重要意义。统计表明，世界上每年完成的发明成果，90％～95％可以在专利文献中检索到，另外据WIPO统计，充分利用专利文献，可以节省大量的科研开发经费并缩短科研时间。

对于专利信息，企业是主要和直接的创造与运用者。管理专利信息，最大限度地利用、转化和发挥其价值，是企业对于专利管理的基本要求。管理好专利信息，既可以把握最新技术发展动向，了解新技术、新工艺、新设备，提高研发起点，确保行业发展的技术路线，又可以预知未来市场的发展方向，在垄断与反垄断之间掌握主动权。

目前，我国企业在有效利用专利信息方面基本处于无意识的状态，这是非常严峻的问题。随着企业经济实力逐渐壮大，并开始向外扩张，在与世界其他同类企业竞争的过程中，虽然部分中国企业开始意识到知识产权对企业发展的重大作用，但是绝大多数企业缺少对专利文献的研究，缺乏关于专利信息平台、检索手段、专利管理系统以及企业知识产权战略分析等知识，对专利的认知仍然停留在申请专利这个非常初级的阶段。部分企业专利文献的利用率只有35.4％（日本企业为92％），中小企业专利文献的利用率远没达到35.4％[1]。很多企业根本没有专利部门，更不用说对知识产权工作有科学的规划，完善的知识产权应用和发展体系等。

反观发达国家的企业在专利信息的利用和管理上，能够发现美、日、韩等国企业，对于专利信息的利用和管理有一整套有效的方式，对

---

[1] 张滢．有效利用专利信息资源，提高企业创新能力［J］．广东科技，2009（5）：49－51

于我国重点产业有着很好的借鉴意义。

早在20世纪80年代，美国出台了“偏袒专利权”（ProPatent Policy）政策，开始加强对本国知识产权的保护，加大了对专利侵权行为的惩处力度，提高了专利侵权赔偿数额❶。日本在遭受了这股知识产权保护浪潮的冲击，频繁收到美国专利权人发出的专利侵权警告后，开始加强知识产权管理工作，对国内专利技术进行严密的监控，对其他企业的专利进行详细调查。同时，专利管理部门与研发部门紧密合作，一旦发现企业研发的产品有可能侵权，就在技术研发的过程中想办法尽量避开。对于那些实在无法绕开的专利，则考虑与对方进行交叉许可，或者得到对方专利权的使用许可后，再开发企业拥有知识产权的技术和产品。1986年，日本特许厅曾对日本234家企业做过调查，结果显示，90%的企业设置了专利管理部门，负责调查、整理、分析专利文献❷。

韩国发展科技尤其是推行专利战略的做法，在近年来取得显著成绩，值得中国学习和借鉴。首先，他们明确提出专利工作的战略地位，是参与科技竞争，争取科技、经济和社会发展主动地位的重要环节。申请专利是检验科技成果的标志，也是占领科技经济发展有利位置的手段。无论从国家到企业，对于推进专利工作进程都有强有力的政策做导向。同时，在经费上予以支持，韩国的科技投入占GDP的2.99%，而中国仅占不到1%。

面对国际、国内的新形势，我国已经到了依靠自主创新和提高劳动者素质，通过开发和应用知识产权资源推动经济发展的历史阶段❸。如果在这个历史阶段，还让专利信息这个集技术、法律和经济信息于一身的、免费的信息资源被忽视，根本不看、不研究、不使用，就是企业技术创新、企业技术进步、企业发展方面的重大失误。在全球经济技术资讯迅猛发展的大背景下，以企业为主体、市场为导向、创新为核心、应

---

❶ 杨起全，吕力之．美国知识产权战略研究及启示［J］．中国科技论坛，2003（2）：102—105

❷ 王秋风．日韩专利信息工作及其对我国的启示［J］．图书情报知识，2003（1）：46—47

❸ 2010年9月8日田力普局长在首届中国专利信息年会上的讲话。

用为目的，把企业的技术创新积极性调动起来，使企业成为技术创新的真正主体，成为专利申请的主力军，是我国政府日益关注的焦点和政府工作的重要内容。我国重点产业不可回避地，必须重视加强企业专利信息管理。

5.3.2 企业专利信息管理

5.3.2.1 企业专利管理

企业通常有知识产权管理部门，涉及的是专利、版权、商标、地理标志、集成电路布图设计、商业秘密、技术秘密、软件等知识产权工作内容。由于除专利外的其他知识产权内容，多附属于企业的法律事务部门，专利多成为企业知识产权管理部门的主要且唯一的工作内容，因此，行业内所说的企业知识产权管理，通常是指企业专利管理。

企业专利管理，是企业专利管理机构与专利管理人员，在企业相关部门的配合和支持下，为在企业贯彻国家专利制度、促进企业技术进步和创新、促进企业提高经济效益而对专利事务进行的战略策划、规划、监督、保护、组织、协调等活动的总称，包括企业专利事务的管理、专利信息管理、专利法制管理等内容❶。

无疑地，专利管理工作中，专利信息管理占据最主要的地位。专利事务管理，侧重于专利流程、行政事务等方面；专利信息管理，侧重于专利技术信息方面；专利法制管理，侧重于专利法律事务方面。广义上来讲，都是涉及专利的信息管理。因此实际上，企业专利管理，与企业专利信息管理之间，并没有严格的界限，从某种意义上来说，二者可以等同。

5.3.2.2 企业专利管理模式

专利管理部门在企业组织体系中的设置，大致分为三种模式：直属

---

❶ 胡佐超．专利管理［M］．北京：知识产权出版社，2001

于最高管理者；隶属于研究与开发部门；隶属于法律部门[1]。三种模式各有优劣。企业可根据自身情况妥善安排。

企业专利管理模式，分为集中管理和分散管理两种模式。如果采用集中式管理模式，则企业分散到全球各国的所有专利的所有权和专利申请等，都集中到总部统一管理。如果采用分散式管理模式，则企业在各国、地区的专利进行单独管理。分散式管理的好处是，更靠近客户和发明人，能够在专利管理上提供更方便和快捷的支持。在管理方式的选择上，很多全球性的企业，走过集中模式，也走过分散模式，如 IBM 公司，两种模式都采用过。我国重点产业企业可以根据自己的实际情况，进行选择。如，华为公司，目前采用的是集中管理模式。

无论采用哪种专利管理模式，专利管理部门其最终工作内容和职责，都在于保护企业自己的专利权，防止侵犯他人专利权。

5.3.2.3 企业专利信息管理

从另一个角度看，企业专利信息管理可以理解为对专利法律、技术、经济的信息管理，这里偏重于讨论对于企业专利技术的信息管理。企业从研发新产品到形成最终产品的过程中，对于技术的专利申请策略、申请专利后的管理和维权，以及最后制定企业的专利战略，是企业专利信息管理的主要工作内容。

1. 专利申请策略

选择什么技术提出专利申请，以及维持什么专利是专利管理部门的首要工作。专利申请的类型需要考虑企业的技术、市场、发展等情况后综合确定。专利申请的数量与质量需要严格控制。这个控制与筛选的过程，就是各企业根据自身发展情况形成相应的专利申请策略的过程。对于专利申请的控制建议从以下几方面进行把握。

---

[1] 于涛．国外企业知识产权管理模式分析［J］．电子知识产权，2003（6）：18－22

(1) 专利管理部门负责组织和审批专利申请。

如发明人完成技术研发后撰写发明申请文件，需向审核中心提交；审核中心视情况由不同机构给出书面检索意见；如果需要，将其进一步提交给上一级“专利审查委员会”进行审查；审查结果提交给企业董事会进行最终决定；由专利管理部门将最终决定通知发明人；最后由专利管理部门将申请文件提交至各国家局申请专利。向中国国家知识产权局提交申请，如果确定是提交实用新型专利申请、或者是外观专利申请，也可以按照前述层级进行组织和审批。

其间，如果涉及与企业共同研究或受托研究的申请，需要进行协商，确定共同申请条件。未通过评审的技术，退还给发明人。

(2) 在申请流程控制过程中，将专利技术按照重要程度进行评级。

在前述申请提交过程中，对申请文件进行评级。如突破性技术、技术含量高的专利，属于最高等级核心专利，为一级；重要程度次之的专利，为二级；及其他专利，为三级、四级等。

企业可以根据自身需要对一、二、三、四等级专利进行申请。

保持“核心专利”的目的在于：保证公司产品的优越性，表明其技术高度；提升品牌价值。有利于在商业谈判中，或者与其他公司建立许可关系或签订合同占有利地位。有经验表明，这类专利占所有专利数量的3%～5%。

(3) 国外申请控制。

企业向国外申请专利的目标是为了企业产品销往国外，保护其利益。由于申请国外专利的费用较高，因此，为减少不必要的支出，应当尽量保证向国外申请的专利数量和质量。

与核心专利评价一样，企业可根据自身情况制定相应的量化指标，如专利的技术效果、竞争对手对该技术的回避难易程度、竞争对手产品侵权时是否容易取证等。

由于PCT申请自身的便利特点，根据企业需要，国际阶段的申请多建议采用PCT的方式。如果企业产品销往特定国家，也可以根据巴黎公约申请。

2. 专利维持控制

企业专利管理部门应当每年对拥有的有效专利进行评价，找出需要维持的专利。

具体评价指标，企业可以根据自身情况综合判定。通常情况下，评价主要注重：一是企业自身是否使用，二是专利稳定性，三是经济效益，四是后续研发利用等几个方面，对专利价值进行判定，找出需要维持的专利。

同时，专利管理部门还应对企业产品和解决方案进行专利清查。内部清查时，看企业产品是否在内部各国（如跨国企业）存在冲突。如技术开发人员是自己企业的员工，请的员工，还是外包员工？其知识产权归属情况？如果用到他人软件，是否符合企业在下游销售时的法律等问题。企业如果拥有严格的申请前技术评价制度，合理分配专利申请的数量，同时争取由国家给予与技术转移有关的经费支持，专利费用的减免等优惠，在专利的转化、活用上建立多样化的专利转化、技术转移模式，都能对控制专利申请维持的费用有帮助，从而更加合理进行专利维持控制。

3. 专利组合管理

从国外企业专利创造、运用、保护和管理的经验来看，企业专利管理人员首先应当了解企业业务的整体情况，其核心业务定位与技术整合情况，了解其业务涵盖范围，为企业专利组合管理工作打下基础。

对于专利的组合管理，通常表现在如下方面：

专利流通顾问对请求专利的重要性、请求保护的程度能够进行分析。如审核专利价值，管理评估是否有商业价值或技术价值，最终能够在客户商业谈判和争议中解决与专利相关的法律问题。其内涵在于，整理其法律意见，反复讨论、计价；对保护程度分析后，判断保护方式，或者申请专利，或者保守商业秘密或技术秘密。

专利许可业务方面，负责许可的业务人员，与专利工程师对产品专利进行逐项分析，提供逐条权利要求对应产品的分析报告，寻找专利许可的可能。

能够解决他人拥有的可能影响本企业业务的专利事务。如提供企业警告函或客气地说，提出合作函；对于实际是将来产品的潜在威胁的专利，或者竞争对手的专利可能是无效的专利，做出不侵权分析等等。

对于企业在对外扩张和企业发展过程中，如果涉及企业并购，对于专利能够彻底清查。

能够为政府政策和法律修订提供意见和建议。在为政府建言献策过程中，能够从企业的角度，特别是对于重点产业的相关企业，能够从实务的角度提供建议和意见。

能够处理参加标准组织的专利相关问题。如，在标准组织的专利规则中，其是怎样运行的？是否符合公司的利益或者运作或者盈利情况？若本公司的业务部门必须参加该标准，那么怎样进行谈判等等。这方面，韩国的做法值得称道。韩国认为，国家拥有被认定为国际标准的技术，可以更快地销售本国企业的产品，在国际市场中占据有利位置，技术本身甚至将作为商品出售。在抢占IT领域国际标准化先机的竞争中，韩国大量推荐本国专家进入国际标准化机构工作。据韩国信息通信技术协会2006年4月23日披露，进入国际标准化机构议长团工作的韩国专家，2000年仅有5名，2005年达到92名，占据13个议席。

从这个角度上来说，对专利信息的组合管理人员的素质要求很高。

4. 制定企业专利战略

如果企业要实现良好的专利信息管理，必须制定企业专利战略。

企业专利战略是企业结合自身研究开发、经营与管理的实际情况，通过对专利信息及其有关信息的收集和研究，获取有关技术发展信息、市场竞争信息、法律信息等，预测相关的技术、经济发展趋势与方向，以赢得竞争能力和优势、赢得知识产权竞争乃至整个市场竞争主动权、谋取更大市场份额和经济利益为目的，而在专利方面采取相应对策的总体性谋划。

企业专利管理部门需要深刻理解企业的经营战略，随时了解市场销售的广泛情况，同时按照不同产业行业特点，紧随所归属的国家“十二五”规划中重点产业知识产权整体布局和规划，来制定本企业相应的专利战略。

从整个专利战略活动来看，企业研究开发、专利战略、生产经营是企业整体发展的三个不可分割的组成部分。

企业专利战略是国家专利战略的实施主体和竞争主体，它的成效直接影响着国家专利的发展战略。企业专利战略是企业竞争战略的一部分，把知识资本融入现代企业的管理中，是新经济时代的特征。它要求企业能够在技术上不断创新，在法律上及时布局专利网，在决策上科学、有效地分析专利全景。

企业是专利战略制定和运用最活跃的主体，应当是高度重视专利信息并应用专利信息最频繁的主体。但是，我国企业专利管理的事实并非如此。我国重点产业，大的企业集团，应当充分尊重和认识到专利的重要性。企业对于专利的认识、理念和思维，决定了专利管理机构设置在企业中的地位，决定了配备什么样的人员在专利管理机构工作，能够制定出什么样的企业专利战略，也就决定了专利管理的优劣。

5.3.3 企业专利信息的利用

5.3.3.1 专利信息利用

前面章节中已经介绍，从专利文献与专利信息的关系上说，专利信息是指以专利文献作为主要内容，或者以专利文献为依据，经过分解、加工、标引、统计、分析、整合和转化等信息化手段处理，通过各种信息化方式传播而形成的与专利有关的各种信息的总成。

专利信息的利用，就是通过对专利文献的分析，可以清晰地看到技术产生、发展的全过程及未来趋势，专利文献中实施例部分包含详细的技术方案实施步骤、详细参数等信息；可以了解到对方的研发动向、市场策略等情报，有效实施技术贸易；从专利权的授予、转让、许可、继承、变更、放弃、终止和恢复等法律状态有关的信息，能够有效保护企业自身知识产权，规避侵权风险，在恰当的时机合理实施专利无效诉讼。

通过对专利信息的分析，可利用其结论指导研发，引导企业实施技术引进，指导企业进行收购、并购、专利贸易，帮助企业了解国外对手设置的专利陷阱，在竞争对手的核心技术网络中布置自己的核心技术等，规避企业生产经营中的技术风险，并且还能评估专利技术的价值，从而帮助企业用尽用好发明创造。

为充分利用专利信息，首先，企业应当有基本的专利信息数据库。

一是，企业自己申请的专利，应当有从专利申请到授权到交年费或者维权方面完整的专利档案，形成企业自己的专利数据库，从而实现企业专利的申请、日常维护和管理等工作。

企业有自己的完善的专利数据库之后，能够看到所有的首次申请、高价值申请、PCT 等申请的历史情况，如是否是许可申请？具有专利的产品其销售情况是否居先？专利组合情况？发明与专利组合的生命周期管理等等，这些都在企业的专利管理数据库中有完备的体现。

二是，还需要建设企业专利检索数据库。按照企业产品研发的需要进行全球范围内同行业专利信息的有目的选取，以便于进行各种专利数据分析，如前面章节介绍的跟踪竞争对手，控制主导产品的风险预警和监控等。

有了前述基本数据库之后，加上重点产业专利信息平台及其他商用数据库，就可相对全面地进行专利信息的检索、分析和利用。

从技术层面来说，专利信息的利用，是进行技术构成的分析、关键技术的分析、研发方向的导向、整理本企业的“专利地图”、竞争态势分析；如从技术生命周期的分析看，技术具有一定的生命周期，经历起步、发展、成熟、衰退四个阶段，有的技术可能还经历再发展阶段。通过对特定技术领域的专利文献进行统计分析，能够看到企业产品的技术生命。

从管理面来说，专利信息的利用，是进行专利趋势分析、重要国家分类分析、重要公司分析、专利投资组合分析等等定量或定性分析，对于本企业的专利管理或者营销管理和技术创新等都具有积极的意义。

5.3.3.2 专利信息利用的增值服务

在广义的专利信息管理中，包括企业对专利事务的管理。通常专利事务管理中会关注以下几个主要问题：

（1）企业专利年授权量：包括在中国的申请量与授权量，以及企业产品销售地专利申请量与授权量。

（2）企业专利申请量在国内排名地位，特别是同行中的排名情况。

（3）评估企业专利资产，如在全球范围内的有效专利资产评估情况。

（4）企业专利年收入情况，如专利许可、质押带来的收入情况等。

（5）企业管理专利时是否随时跟踪企业研发中心的变化而做相应调整，如企业研发方向的改变、技术人员的增减等，是否做出专利管理人员的相应调整，从而更好地服务于技术人员。

组织相关专利工程师和企业技术人员对专利信息进行分析和研究，也即做好专利信息的管理和分析后，同时对专利事务管理内容进行分析，形成企业自己的综合分析报告，能够为企业发展提供如下的增值服务：

（1）保持全球领先的研究与开发态势。

（2）专利成为企业的重要资产。

（3）专利战略与执行和企业的商业与技术战略有非常紧密的结合，如产品研究的模式、知识产权组合的维度、应用的多纬度、紧密相关度等。

（4）充分利用专利，保护企业行动自由，促进商业增长，获得知识产权直接收入。

（5）企业专利管理中，只有专利资产还不够，还要有达到具有高度商业影响的资产。

5.3.4 加强重点产业的企业专利信息应用联盟

从专利的角度看，企业发展到一定程度，特别是产品销往国外，一定要寻求形成企业专利信息应用联盟。

我国重点产业的企业，具有一定的技术能力，通常在全球多个国家建立本土化的设计中心、制造基地和贸易公司。不但企业自身内部各公司之间有通盘考虑，对于专利进行集中管理，行业内各个企业之间也应当互相联系，善于组建专利战略联盟，使企业间充分利用自己的技术，快速、灵活地整合他人的技术，分散风险和成本，从而实现技术资源互补、提升研发的成功率。积极做好专利信息共享、重点领域产业标准建立、海外共同维权，对于企业产品的销售也大有裨益。

国外企业战略性专利技术联盟的经验表明，他们更倾向专注于企业自身擅长的核心技术，把边缘业务或者不擅长的业务让渡给其他企业做，使原本互相竞争的企业达成合作，实现共赢。实际上，一个成功的企业专利联盟，能够帮助企业寻求到包括政府在内的多方支持。特别是在遭遇专利纠纷时，被诉的企业可以依托企业专利联盟向有关政府和中介组织反映问题，获取最大限度的支持力量。

此外，企业国际化经营过程中与相关企业组成专利战略联盟，在联盟范围内进行相互交换的专利授权许可，还可以共同构筑起互惠互利的专利网，共同应对其他利益集团，从而凭借专利联盟垄断市场。

因此，我国重点产业企业，一定要具有国际视野和心胸，充分利用专利这个利器，完善企业专利信息管理，在国际市场上主动通过专利和专利战略联盟获得技术垄断市场的有利地位。如果国内企业以开放的态度寻找机会与国外一流企业合作，成为其专利联盟的一个成员，不但能取得市场与产品应用层面的利益，还可以对世界一流企业不单是专利管理的经验，换句话说也是技术管理的经验，还有经营管理等其他管理方面的经验，有机会近距离观察和学习，能够从另一方面以最快的速度和最短的距离，帮助企业实现跨越式发展。

专利信息管理是一项专业性很强的业务。

从全球范围来看，企业的专利信息管理是困难的，很多公司都没有管理好，道路还很曲折[1]。

5.4 建立企业间的专利联盟

企业管理、运用专利信息，进而建立和实施专利战略，其根本目的是通过促进自主创新，提升企业的核心竞争力。这是一项长期而艰巨的任务，其实施的过程中需要具体明确的行为和策略。除了在企业内部实施的行为和策略，在企业之间乃至行业也要运用相应的行为和策略。专利联盟作为企业之间的横向专利战略之一，对提高企业的核心竞争力，不失为一种有效的手段。

5.4.1 专利联盟的概念

专利联盟也称之为“专利池（patent pool)”，目前尚无统一的概念，一般是指多个专利权人之间基于共同的利益而达成的一种专利合作协议，在专利联盟内部各个专利权人之间相互分享专利权，而对联盟外部则共同进行专利许可。

专利联盟的实质，是专利权人之间（一般是技术相关联的企业之间）以共同的市场利益为基础，以提高市场竞争力为目的，以形成一定的市场垄断为手段，以相关的专利技术为联系所形成的一种合作关系。

目前专利联盟并没有固定的模式，其具体的组建和运作可以有多种形式。在专利联盟内部，对专利权的分享可以是专利权人相互之间的无偿使用，可以是通过协议达成的交叉许可，也可以是相互之间在专利技术使用费方面的优惠。对专利联盟之外，专利联盟则通过某种机制，以统一的形式将联盟内的专利向联盟外的主体进行专利许可并收取相应的费用，或进行其他形式的市场交易。

---

[1] 张燕舞，兰小筠．企业战略与竞争分析方法之一——专利分析法［J］．情报科学，2003（8)：808—810

5.4.2　专利联盟的作用

专利联盟这种专利合作模式最早起源于一百五十多年前的美国缝纫机业专利联盟，早期的专利联盟多涉及机械制造、冶金、石油化工等传统制造业。随着技术的发展，二十世纪后期国际上形成的专利联盟则大多与新兴的电子行业相关。如今专利联盟在国际上已经为越来越多的企业所运用，并取得了相当的成效。世界上主要的跨国公司都纷纷组建或者参加了各自的专利联盟，专利联盟的建立和运用都很普遍。例如：欧盟的数字电视标准 DVB－T 的专利联盟，日本电视制造商的面板专利联盟等。

专利联盟对参与其中的企业到底具有怎样的作用?

几年前，日立、松下、三菱电机、时代华纳、东芝和 JVC 六大厂商共同联手，将其 1500 多项专利集合成一个专利池，组成 DVD 专利联盟（即“6C”），联合起来向我国 DVD 企业索取高昂的专利费用，就是专利联盟运用的典型范例，这对中国蓬勃发展的 DVD 产业几乎造成了灭顶之灾。

现代的高科技产品，其技术构成复杂，生产制造过程难免涉及他人的甚至是竞争对手的大量专利技术，企业如果单枪匹马地面对成百上千件专利构成的“专利丛林”，可能需要付出较高的人力、物力、时间等成本，往往得不偿失。

同行业的企业组成的专利联盟采用共享内部的“专利池”的方法，把多个专利权人的专利整合在一起，并相互交叉许可，共享技术成果，可以推动技术创新，规避“专利丛林”对各自企业造成的不利影响。一个有效的专利联盟，可以使企业通过互相合作的方式，降低交易成本，消除互相之间设置的专利障碍，有利于技术互补，提高市场竞争力，做到双赢和多赢。

专利联盟的出现，是企业之间专利竞争策略的一个重要转变，企业之间不再以其他企业的少数专利为竞争对手，而是化敌为友，与其他企业联合起来组成专利群，铸成共同对外的专利壁垒，参与其中的企业集团则形成了利益共同体，最终形成对市场的一定程度的垄断。

从专利技术与行业技术标准的关系来看，如果企业能够将自己的专利技术提升为行业技术标准，则可以通过标准的推广，使得专利技术在全行业内大范围许可，给企业带来巨大的商业利益，达到专利价值的最大化。但是一个企业无论具有多么强大的实力，要将自己的专利技术上升为控制整个行业的技术标准，都要面临巨大的困难和风险。

专利联盟就可以成为实现这一目标的重要途径：通过联合同行业的主要企业，实现专利技术与标准的捆绑，走“技术专利化、专利标准化、标准垄断化”的道路，谋求技术投入的巨大商业利益，是当今世界技术发展的重要趋势。IBM 通过其强大的专利技术实力，成功地主导了多种技术标准。在其技术标准的旗帜下，如今每年仅专利许可费就达 15 亿美元之巨。专利联盟是专利向标准转化中最重要的一环，一个运作成功的专利联盟是可以转化为技术标准的。通过技术标准的垄断性，企业就可以在市场竞争中占据有利地位，从而将企业的技术研发转化为现实的竞争力，为企业带来巨大的商业利益[1]。

专利联盟还可以作为以市场换技术的工具。我国在一些新兴高科技领域的技术基础薄弱，在短期内无法同掌握核心专利技术的国外跨国公司竞争，可以联合国内的相关企业组建专利联盟，以庞大的国内市场吸引国外的专利权人加入专利联盟，从而共享其专利技术。

专利联盟在新兴的高科技产业的市场竞争中，作用尤其显著。我国加入 WTO 以来，多次受到拥有产业核心技术和技术标准的国外专利联盟的压制，使得我国企业界也切实认识到了专利联盟的重要作用。

5.4.3 专利联盟的建立

在我国，企业乃至行业间的专利联盟或包含专利联盟特征的产业联盟也已经出现。

---

[1] 顾保国、缪荣．专利联盟：提升我国企业竞争力的重要战略 [J]，求是，2007 (11)：27—29

目前较有影响的专利联盟多集中在信息技术领域，例如数字音视频编解码技术标准产业联盟、第三代无线通信技术标准时分同步码分多址（TD－SCDMA）产业联盟、中国蓝光高清光盘标准（CBHD）、中国光伏产业联盟等。

此外，较知名的还有2006年10月，广东美的、爱德、怡达、创迪四家企业成立的电压力锅专利联盟，这是我国家电领域的第一个专利联盟。2010年6月，燕加隆、德威两家企业联合发起成立了“中国地板产业专利联盟”。

我国的专利联盟建立目前还处于探索阶段，缺乏相应的法律规定和成熟的经验。我国的企业建立专利联盟，应当本着因地制宜的原则，根据自身以及行业的实际情况，可以是由少至两个专利权人组建的联盟，也可以是由多个专利权人组建的联盟，还可以是由整个行业共同组建的联盟。

专利联盟作为多个企业构成的组织形式，其建立和运行需要技术、市场、管理、法律等多方面因素协调维护才能进行，制定联盟的章程、专利池管理模式和有关专利的规章制度、专利战略等等都是必不可少的。其中“专利池”中的专利技术和专利信息是专利联盟的物质基础，要予以高度重视。

首先要将联盟成员的专利信息进行全面收集、整理、分析、标注，使联盟成员可以随时查询，正确解读、使用其专利技术。

专利联盟还应当有专门的机构和人员负责收集其他相关的专利信息，建立专利数据库，开展专利预警分析，勾画专利地图。以此为基础，分析企业所处的技术领域的发展方向，了解竞争对手的技术动态。尤其注意要尽快建立专利预警机制，使企业规避陷入专利侵权诉讼的风险。

专利联盟要注意保持专利池的生命力。专利权有时间限制，发明专利权最长不过20年，因此专利联盟必须通过不断获得新的专利权来保持专利池的存续。

专利联盟要注意保持专利池中专利技术的先进性。只有专利池中的专利具有市场价值，联盟才具有存在的理由，因此联盟的成员不能放松对新的专利技术的开发，要保持一定数量的专利申请量和授权量。

我国企业建立专利联盟可以采用分步走的方式，近期的目标是通过建立专利联盟，使得参与的企业相互交叉许可使用对方的专利权，互用专利技术，不必再投入资金研发对方的已有技术，减少人力物力投入，特别是要联手建立战略合作机制，携手应对跨国公司的专利“敲竹杠”行为，在专利方面争取更多话语权，以保障自身的权益，起到战略防御的作用。

远期的目标则应当是，通过技术、管理、法律等的不断累积，提高专利技术开发能力、管理水平和法律运用能力，提高企业的自主创新能力和核心竞争力，最终推动将联盟的专利技术制定为行业标准、国家标准。制定标准后，联盟将可能演变成为一个标准推广公司，通过推广标准获得专利许可费用，实现战略进攻的目的。

总之，建立专利联盟是技术和市场发展的必然趋势，在我国建立专利联盟必须从中国国情的实际出发，不断探索，逐步建立我国企业强大的专利联盟。

第六章　企业专利信息应用实务

6.1　专利信息与企业知识产权创造

知识产权实务中，首先是知识产权的创造。激励知识产权创造是近年来，尤其是《国家知识产权事业发展“十二五”规划》公布后，科研单位和企业等极为关注的知识产权战略目标。激励知识产权创造的方法是多样的，从生产实践中挖掘，从科研项目中挖掘，以奖金等行政制度来激发科研人员积极性，以专业培训来帮助科研人员了解如何进行专利申请等等。而利用专利信息来有效激发知识产权创造也是非常重要的手段之一。如何有效利用专利信息来激发知识产权创造，我们从以下几个方面进行阐述。

6.1.1　利用专利信息，确定知识产权创造战略

在年度的专利申请计划拟定前，知识产权部门的管理人员应有效地对本产业领域及其主要竞争对手进行专利信息的分析工作，包括本产业领域内近5年专利申请量趋势，有效专利量，主要竞争对手的专利申请量趋势，申请全球布局，申请热点等等。根据本行业和标杆竞争对手的信息，结合本经营实体的市场战略计划，可以科学地制定出知识产权创造的战略目标，包括年度申请量计划，申请布局，重点扶植的技术热点申请等等。

我们以国内纺织原料的某企业为例（以下简称A公司），利用专利信息，制定知识产权创造的目标和计划。假设A公司的对标对象是美

国杜邦公司。那么首先需要分析的是杜邦公司在该领域在中国市场的专利布局。

（1）登录国家重点行业专利信息服务平台，选择纺织产业进入，点开行业导航，选择纺织原料，专利权人为杜邦公司，检索结果为中国专利 458 条（注意：该范例仅为说明专利信息管理应用，未经过精确的检索策略核实），见图 6-1。

图 6-1　检索示例界面（1）

（2）启用分析功能，输出结果报告，可以得到历年申请量、公开量、主要技术分支等核心对标数据，见图 6-2 和图 6-3。

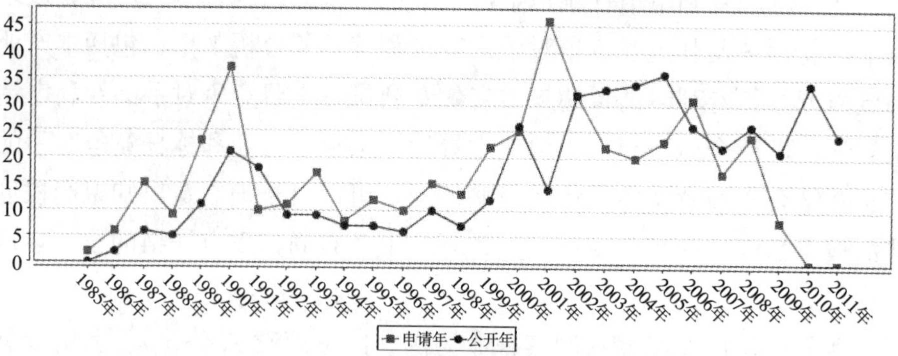

图 6-2　检索示例界面（2）

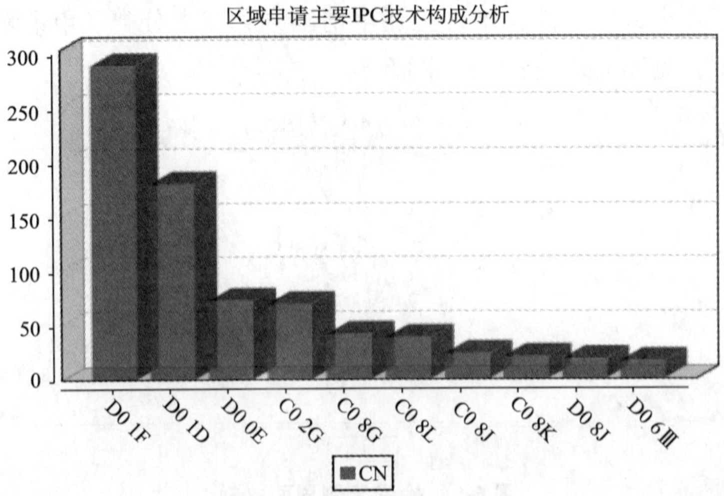

图 6-3 检索示例界面（3）

（3）相应制定A公司专利年申请量目标和重点技术专利申请方向指引。

假设A公司同时拟开展海外业务，并进行专利申请布局，那么，需要继续分析杜邦公司在海外市场的相应专利申请布局。

（4）选择纺织原料的海外专利部分，专利权人为DUPONT，进行检索，得到4112条记录，见图6-4。

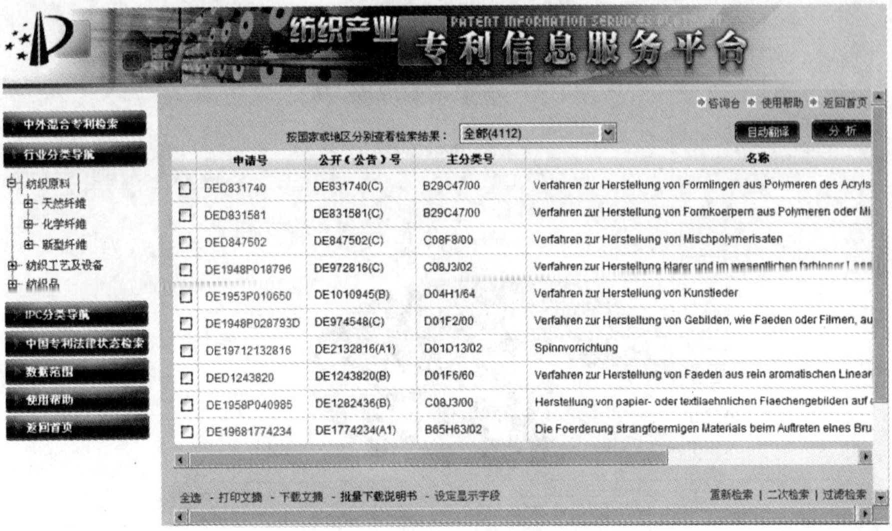

图 6-4 检索示例界面（4）

（5）点击分析功能，统计主要申请国家和技术分类，申请量等关键对标数据，见图 6-5、图 6-6、图 6-7。

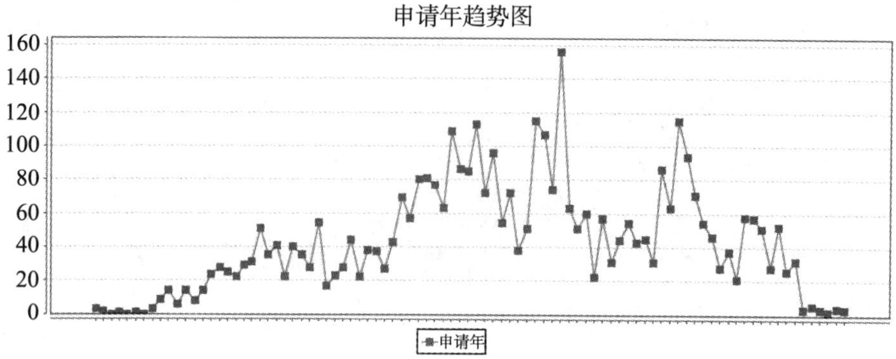

图 6-5　检索示例界面（5）

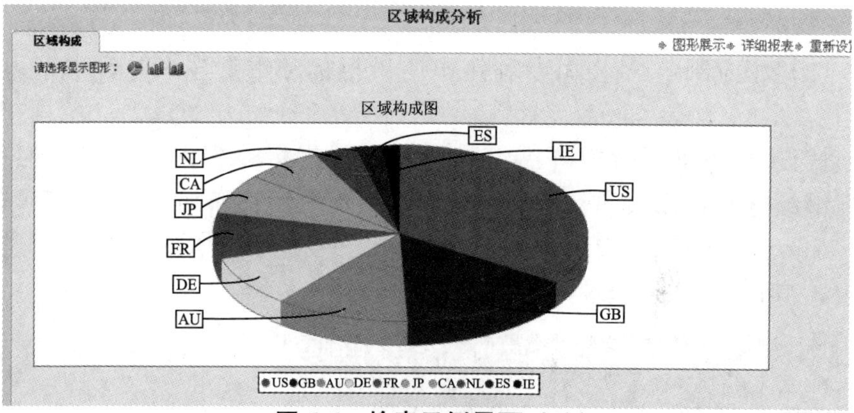

图 6-6　检索示例界面（6）

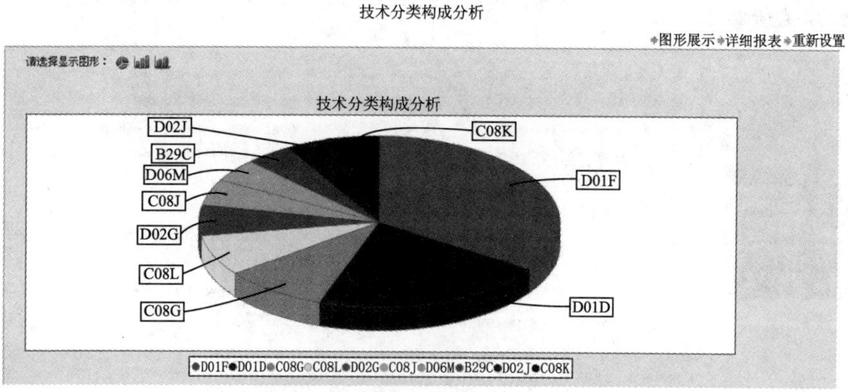

图 6-7　检索示例界面（7）

(6) 根据对标数据，制定海外专利申请的计划和重点布局技术领域。

6.1.2　利用专利信息，进行企业专利申请的挖掘

企业在确定了专利申请的目标和方向后，往往也苦于无从下手，科研人员也往往不知道如何结合科研工作，来进行有效的创新和专利申请。在这个难题上，可以聘请有经验的代理人深入科研小组挖掘专利，或者企业直接重金奖励专利申请。其实，通过利用专利信息，尤其是研究国外竞争对手的专利引用信息，是非常好的专利申请的思路和方法。

在一些专利申请文件的说明书中，经常会引用一些其他文件来对某些问题进行描述和说明。这些引证文件是与本专利申请相关的文件，包括专利文件以及科技期刊、著作、论文等非专利文件。对于大多数国家的专利说明书来说，引用参考文献主要记述在专利申请文件的说明书部分中。最常见是由专利申请书撰写者以文字描述方式写入“背景技术”部分中，当然也可见于说明书的其他部分。目前只有美国将引用参考文献以目录的方式刊在专利说明书首页上的专利文献著录项目下。包括中国在内的其他国家和地区的专利文件中参考文献通常都是散在于说明书中各处的，当然也有在说明书中（常常是最后部分）集中列出的。通常利用专利引证的分析，可以看到技术发展的趋势、竞争对手的参与等战略信息。对于中国的科研人员来说，可以借鉴学习的是一种发散性思维的思路，从一个核心技术的专利申请，到形成有效的衍生专利甚至专利池，参见图 6-8。

图 6-8 为一个验钞机专利的申请，可以看到后期，该专利又衍生出多个专利申请，包括电子支票分辨系统，存款单等自助存储系统等等。对于形成核心专利布局更有帮助。

鼓励阅读专利信息，激发科研人员的创新思路。知识产权人员通过管理手段，推动科研人员阅读本技术领域的专利信息，以有效的阅读来激发科研人员的创新思路。

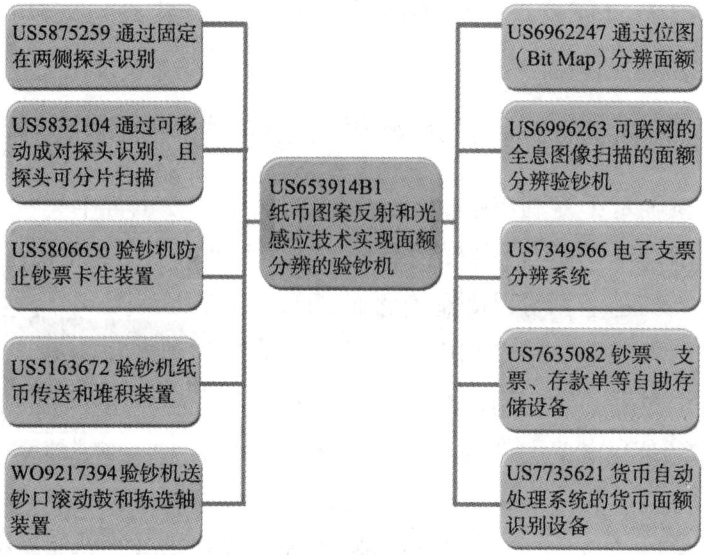

图 6-8　专利申请拓展示意图

6.1.3　利用专利信息，保障有效的知识产权创造

在激发科研人员创造知识产权的同时，知识产权部门的管理人员也意识到，科研人员提交的提案是否符合专利三性，是否具有很大的市场价值？这是决定后期知识产权保护和管理的基础。

因此，在激励知识产权创造的同时，知识产权部门应该制定有效的专利信息检索流程，确保科研人员提交的提案具有专利性，甚至能更加早期地预见到该知识产权的价值，制定有效的申请和保护策略。

举例：国内某家电公司就空气净化器拟提出专利申请，交由企业知识产权部门进行查新检索，技术要点为："烟雾净化器采用了物理净化＋化学净化＋高压静电净化＋离子净化四种技术相整合来实现其控烟功能。物理净化主要由安装在烟雾净化器最上层的前过滤网来实现；化学净化由安装在后面的沸石过滤网来实现；高压静电净化由安装在中间的电子集尘器来完成；离子净化由安装在出风口的负离子发生器来实现。"

检索到 12 个相关专利文献，列举部分如下：

（1）公开号为 US5268009A，TELEDYNE 公司的这篇专利被引证 23 次，主要是关于便携式空气净化器的相关技术，包括由电机带动的风机，可替换的过滤器，静电放电装置，负离子发生器，运行起来安静有效，可以滤除烟雾、灰尘、污染物等。特点是可以水平或竖直使用。

（2）公开号为 JP61249555A，AKEBONO SEISAKUSHO 的这篇专利提到的空气净化器同样具有电子集尘器，活性炭吸附装置，负离子发生器。与众不同的地方是，该空气净化器具有光线温度传感器，并且由于装有烟雾探测器，从而可以根据设定的室内空气等级自行启动。

（3）公开号为 DE29610335U1，Hsu Maxwell 公司申请的专利，关于具有空气净化作用的臭氧及阴离子发生器。该综合装置具有相应的进出风口，灰尘滤除器、静电筛选器、负离子和臭氧发生器，根据需要可以选择相应的功能。具有滤除烟雾，净化空气以及杀灭细菌的效果。该项技术可用于空气净化、水净化以及美发方面。

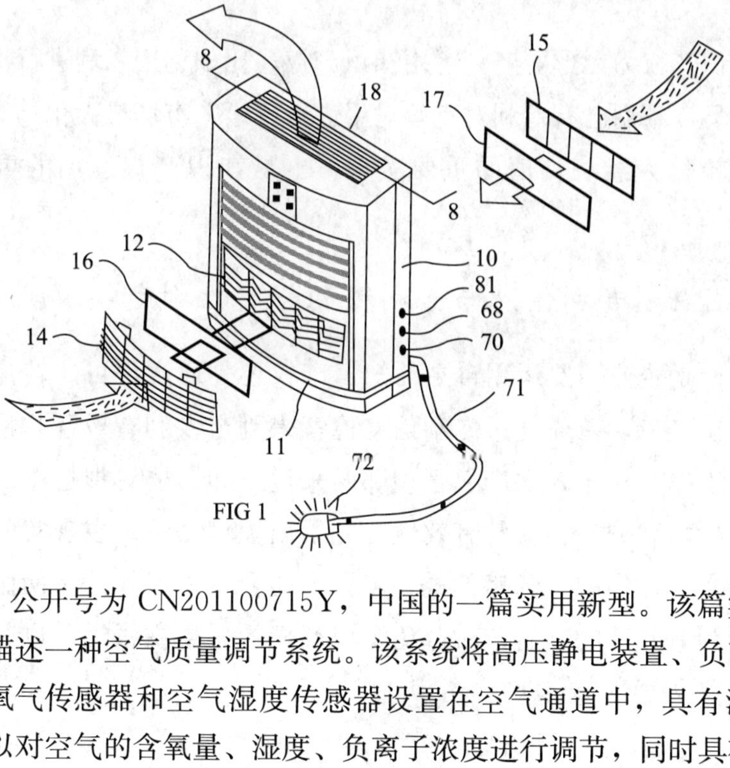

FIG 1

（4）公开号为 CN201100715Y，中国的一篇实用新型。该篇实用新型主要描述一种空气质量调节系统。该系统将高压静电装置、负离子发生器、氧气传感器和空气湿度传感器设置在空气通道中，具有清洗装置，可以对空气的含氧量、湿度、负离子浓度进行调节，同时具有消除

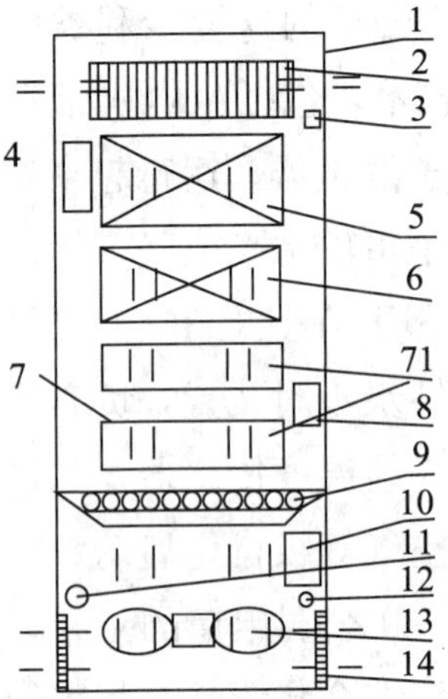

空气中异味、香烟烟雾净化、杀灭细菌的功能。其主要的控制端，包括风机控制端、加热器控制端、高压发生器控制端、制氧机的控制端、负离子发生器控制端、氧气传感器和空气湿度传感器的控制端均是通过导线与一个传感器相连接，并且控制器是由单片机或可编程逻辑控制器构成。

其他相关文献省略，由此得出的结论是发现该技术提案申请专利不具备新颖性及创造性，此外，在技术改进方面，发现飞利浦的沸石过滤网自清洁技术值得借鉴，查找出相关专利供研发人员参考。

6.2 专利信息与企业知识产权运用

知识产权为无形资产。运用知识产权，比如利用专利进行抵押、许可、交易，利用已有专利对竞争对手进行诉讼，市场最大化等等，是无形资产转化为经济价值的重要实现，也是知识产权运用的重大价值体现。

6.2.1 专利信息与专利权利稳定性判定

无论是企业需要运用自主的知识产权还是通过许可、转让引进他人的知识产权，首先通过专利信息检索来判定专利有效性是最重要和基础的工作。对于知识产权管理部门来说，即需要对拟运用的知识产权进行检索和分析，就其有效性首先给出关键结论。在现实的企业知识产权实务运作中，忽略了这一步骤可能会带来巨大的负面影响，此外，专利有效性的判定，对避免知识产权的恶意主张运用也有着非常重要的意义。

案例 1

A 公司是一家“行业内技术水平最高、自主创新能力最强、生产制造规模最大的龙头企业，目前全球能够掌握该行业内若干核心技术，并拥有专用设备系统集成能力的少数几家企业之一”，并且拥有 5 项专利技术，3 项发明专利申请，1 项实用新型专利申请，以及 10 项国际领先、国内首创或国内领先非专利技术。2 月 26 日，证监会下发了《关于核准 A 公司的首次公开发行股票并在创业板上市的批复》的通知，此举也表明，公司上市计划已经走完了最关键的一步。然而，早在两天前，让 A 公司引以为傲的几项专利已经同时被终止。2 月 24 日，国家知识产权局的网站上就已经公告，A 公司拥有的四项外观技术专利权被终止，同时终止专利权的还有一项实用新型技术专利，所有申请专利技术被终止专利权的原因皆为“未缴年费专利权终止”。对此重大事项，投资者并未在其招股说明书当中有所发现。对此，公司方面给出的解释是，因为疏忽。至此，公司涉嫌欺诈上市的呼声在市场响起。此事件，直接导致 A 公司未能如期上市和股东们的巨大损失。如果知识产权管理部门在拟运用其知识产权前，先进行专利法律状态检索判定，即可立刻发现其中的巨大纰漏和采取相应措施，而不至于失之毫厘谬以千里。

案例 2

2007 年 3 月，美国 FCC（联邦通信委员会）规定，自 2007 年 3 月 1 日起，出口到美国市场的电视必须是数字电视，同时 13 英寸以上的电视必须符合先进制式委员会（ATSC）标准的技术规范。技术规范并不可怕，可怕的是这个规范的后面，隐藏的专利和专利权人。与此同时，包括 Lucent、Zenith、汤姆逊、索尼在内的多家 ATSC 专利所有人也开始向中国彩电企业发出了具体的 ATSC 专利清单，根据当时的计算每台彩电出口要交纳的专利费用将超过 23 美元。

显然这是继中国 DVD 行业遭遇专利危机后，中国彩电行业遭遇的最严重的一次专利危机，2007 年 3 月由 TCL、长虹等 10 家中国彩电骨干企业，以每家出资 100 万元的形式，联合成立了深圳市中彩联科技有限公司进行专利谈判。该家公司在成立后，首先建立了专利信息检索和分析的团队，并引进工具，开始对 ASTC 专利清单进行检索和分析，确定其专利有效性。据中彩联公司的介绍，2008 年，美国一家著名品牌企业作为专利权利人前来收费，声称有1000多组8000多项专利。经过中彩联公司的尽职调查，发现大部分是无效的垃圾专利：如专利过期的、技术过时、技术含量低根本用不到、专利权属不清等，而他们所谓的核心专利则没有被专利所有人认可。经过专利有效性的判断和综合知识产权工作的开展，中国彩电面临的专利费用标准大概可以减少40%。

6.2.2 专利信息与专利价值评估

知识产权运用，在有效性的判定基础上，到底价值几何，是目前国际上都为之关注的焦点和热点研究课题。其中运用专利信息来参与评价专利价值也是非常重要和有效的手段。对于知识产权管理部门来说，也应该考虑建立综合的评价指标，本文中仅分析如何通过专利信息来参与评价专利价值。希望对知识产权管理人员在制定标准时提供思想上的帮助。

最早的专利信息指标是专利被引用次数，专利价值评估人员认为专利被引用的次数越多，其核心价值越高。然而这个指标存在的缺陷也不言而喻，首先并非每个国家的专利申请都具有引证信息，其次，当这个专利存在时间比较长的时候，被引用多可能与时间有关，而不完全与价值等同。近年来，更被普遍认可的是综合专利信息指标判定专利价值。

加州大学伯克利分校与乔治梅森大学的2位教授，就专利文献信息来判定专利价值，进行了一系列的研究，并提出了独特的综合判定指标。

——专利权利要求数量（patent claim）

——专利引用次数和被引次数（Prior Art Citations/Citations Received）

——专利异议和再审查（Patent opponents and reexamination）

——专利分类（Patent Classifications）

——专利家族（Families of Patent ）

——专利从申请到授权的时间长度（Prosecution Length）

——专利年龄（Patent Age）

——其他（other）

如专利家族数量，非常容易理解，家族的覆盖面越广，该专利的保护区域则越大，对于专利价值而言，就越有正向的意义。经历了专利异议和再审查，仍然得到授权的专利，也很好理解，其专利权利要求是非常稳定的，因此专利价值也相应增大。

根据以上的综合指标判断法对中国朗科公司的专利进行价值判定，可以得到如图 6-9、图 6-10 所示结论。

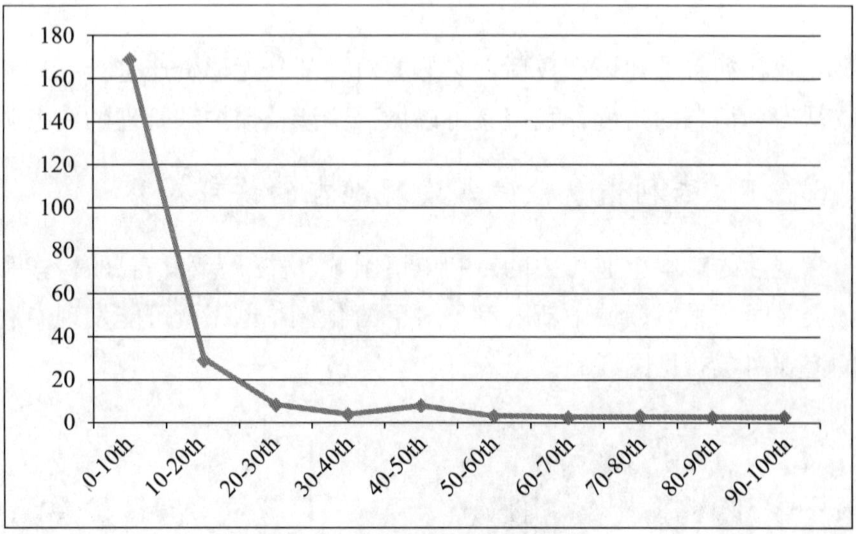

图 6-9　专利价值判定示例（1）

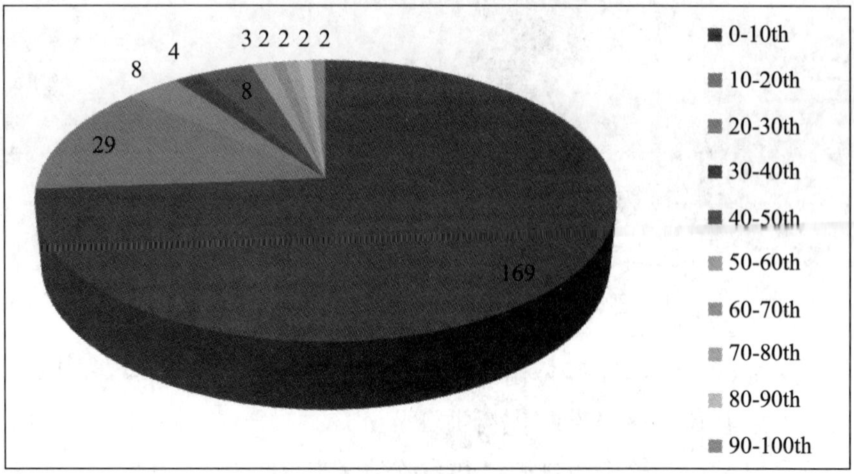

图 6-10　专利价值判定示例（2）

首先可以发现，对于检索出的海量专利，专利价值大的往往只占全部专利申请量的很少部分。其次，在实际工作中，结合专利文献的信息，可以帮助检索和分析人员，迅速甄选出哪些是值得关注的核心专利，以有效地利用专利文献和减少海量专利带来的困扰。

6.3 专利信息与企业知识产权保护

企业在拥有了知识产权后，必然要对这部分无形资产进行管理和保护。从专利信息的角度，我们又可以做哪些涉及保护和管理的实务呢？

6.3.1 专利信息检索，发现潜在的许可对象

常规性的对本企业相关的专利申请领域，进行专利信息的检索和分析，会及时洞悉本领域中新的竞争对手的介入，也完全可能发现专利许可的潜在对象，见图 6-11。

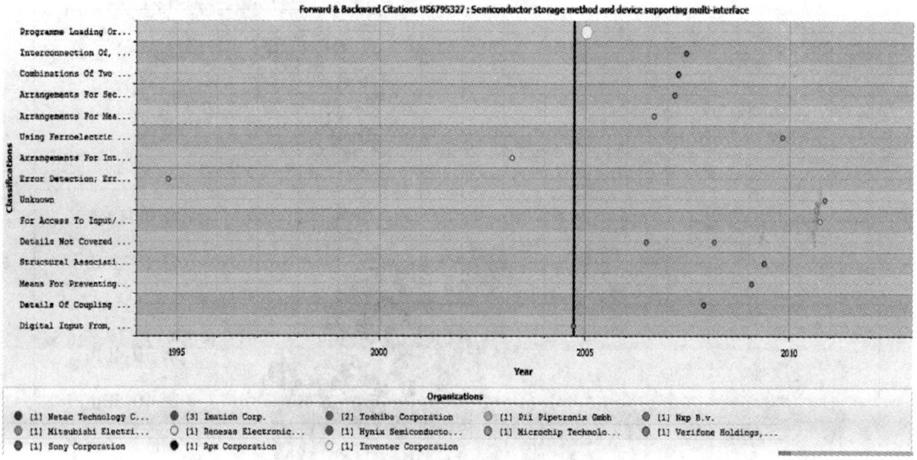

图 6-11 发现潜在许可对象示例界面

上图为分析中国朗科公司的一篇核心专利被引证图。从上图的专利信息中可以看到，该篇专利先后被 Toshiba，sony 等公司引用。那么从理论角度出发，有这个可能性，朗科公司在专利分析的基础上，向相关的公司提及专利许可，甚至无效对方的专利。

6.3.2　专利信息检索，判断企业本身知识产权是维持还是放弃

在企业知识产权管理过程中，判断专利应该是维持、放弃还是作为核心专利加以保护，也离不开专利信息的检索和分析。在检索出与本企业相似的专利案后，结合企业本身的经营战略，对专利是否维持以及作为核心专利保护提出参考意见。

在重点产业专利信息服务平台上，检索条处有以下模块：

该功能就能帮助检索者，对于检索结果可以根据一定的相关性进行排序，找出关联专利。

6.4　专利信息与企业知识产权管理

6.4.1　部门、人员设置

在企业内部设立知识产权管理部门，在部门中，除了知识产权整体工作的管理人员，还应该考虑设立专利信息检索专家职位，该职位的工作包括常规的专利信息检索、专利信息分析、专利风险预警等等。该人员的素质要求必须具备以下几点：①与企业一致的专业背景；②专利基础知识；③专利信息检索和分析的专业技能等。目前很多企业将这部分工作委托第三方机构进行，但从效果来说，肯定不如企业内部人员的工作更加贴近企业需求和实效性。在企业暂时没有这样的职位设置情况下，企业考虑委托第三方服务机构进行分析报告的完成。至少要确保第三方服务机构具备以下几个关键要素：①完全理解企业的经营战略，目标市场等，知识产权战略的制定是必须服从与企业整体经营战略的；②有相应的专业背景，避免检索时候出现严重的检索式错误而导致整个

分析报告的不准确；③有相应的检索工具，如果只是通过互联网的免费工具，甚至仅仅选择了部分国家数据，进行的检索，也往往会导致检索结果不准确和整个分析报告的不准确。

6.4.2 专利信息的平台和工具

信息检索专家有效地利用专利信息的前提是拥有专利信息的平台和工具，否则巧妇也难为无米之炊。目前有以下几类信息平台和工具值得关注。

6.4.2.1 网络公开数据平台

包括中国和世界上多个国家知识产权局，均建立了通过网络即可获取专利信息的公共服务平台。该类平台的优点是免费、快捷，缺点是检索手段有限，一般不提供专利信息分析功能，此外数据的下载会受到限制等等。

6.4.2.2 专利信息专题库（如重点产业专利信息服务平台）

目前全球专利数量已经达到了7千万件，对于企业利用专利信息来说，海量数据也是一个专利信息利用的瓶颈。专利信息专题库的基本机理就是先由信息检索专家将相关的专利信息检索出来，然后将数据导入到专利信息检索软件中，安装在企业内部的本地服务器上，供企业使用。该平台的优势是安全、速度快、一次费用，缺点是数据更新慢，分析能力弱，也很难保障检索数据的全面性。

6.4.2.3 商业联机信息检索和分析工具

专利信息检索和分析，对于信息检索专家来说，最适用和高效的还是商业工具的利用。在这个方面比较知名的有汤森路透科技集团提供的包含德温特世界专利索引的系列产品。当然，还有著名的国际联机检索系统 Dialog 等等。当然，采用商业工具尤其是国外供应商提供的工具的最大缺点就是价格昂贵。此外，必须通过登录外网使用，安全性也是一个考量因素。

6.4.3　管理机制

在整个企业的知识产权制度中，但凡涉及专利信息利用的环节，就用制度和标准模板加以固化，使专利信息利用成为工作中必须的环节。

举例：××家电企业，在知识产权部门和IT部门的共同协作下，与第三方知识产权服务公司签约，将本企业相关的国内专利技术检索后，分类导航，形成基于本地服务器的专利信息平台。平台上线后，科研人员按照部门进行使用注册，知识产权管理人员通过后台可以监控到登录日志，如图6-12。

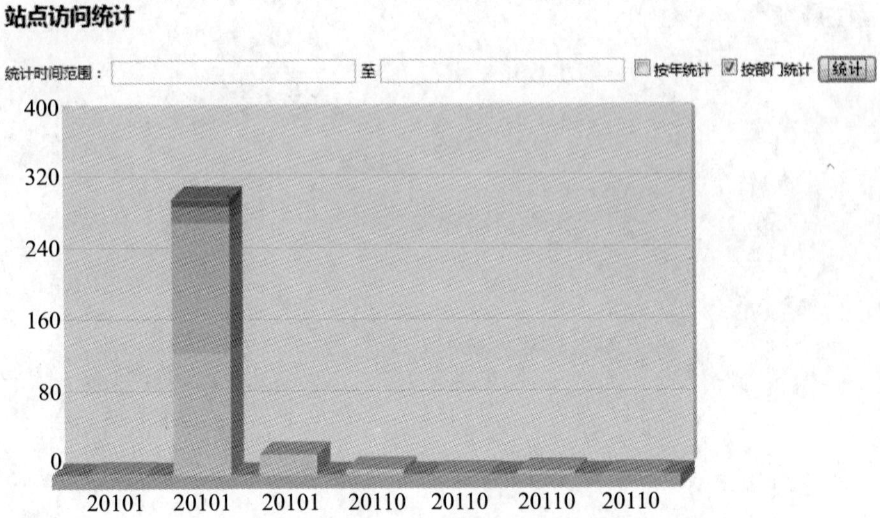

图6-12　登录日志

上图中，不同颜色代表不同部门，根据统计显示，知识产权部门可以很容易统计出各个科研部门对专利信息的利用率，甚至个人的登录时间统计和检索主题等等。知识产权部门因此制定出相应的奖励制度，来鼓励和管理科研人员利用专利信息的热情和能力，以此激发科研人员的创新思路。

6.4.4 培训与考核

专利信息利用也涉及很多专业知识，因此，如果要广泛地开展专利信息利用的工作，必须从基础做起，对相关的科研人员和专利工程师进行系统的培训工作，有相应的考核计划，以确保相关人员具备这方面的认识和能力。

第七章　企业专利信息应用经典案例

7.1　研发立项前的专利信息分析

研发立项前进行专利信息分析，将有助于企业较为全面地了解该项技术的现有技术现状及其发展趋势、技术分支及其专利分布、竞争对手及其专利布局、竞争对手研发方向及其研究动向、技术研究热点与研发空白点等信息，从而帮助企业充分了解自身参与该项目研发的优势与劣势，为其确定研发思路与研发方向的决策提供充足的技术和法律信息支持。

案例 1

A 公司准备预研一种结构新颖的家电产品组成部件，希望了解该技术的发展现状，包括该技术的发展趋势、国内外研发机构的分布状况、国内外的技术分布状况、技术及技术分支的分布分析等，用以指导企业的研发工作。

经过专利分析工程师与企业研发人员的多次交流，在深入解读企业需求的前提下，与其协商制定了工作目标和分析内容框架。随后，由该技术领域的检索工程师在全球范围内初步检索该家电产品组成部件的相关文献（包括专利文献和非专利文献），并根据初步检索结果，结合预定的工作目标和分析内容框架开展必要的补充检索，进一步完善相关文献的检索、调研和筛选，最后，根据工作目标加工、整理、提取和分析所需的文献情报信息，并用图表直观解读下述主要分析内容。

（1）分析该技术的发展现状和发展趋势，帮助企业了解该技术的发展现状与发展趋势、技术生命周期、技术竞争热点、专利保护热点等宏观信息，为企业研发投资提供相应的文献情报信息。

（2）分析该技术的国内外研发机构、研发人员的分布状况，帮助企业了解该领域活跃的研发人员，主要竞争对手及其拥有的专利技术、研发投资方向、长处与短板，为企业遴选合作伙伴和组建研发团队提供文献信息支持。

（3）分析该技术的国内外技术分布状况，包括技术分支分析、技术分支的地域分布分析等，帮助企业了解该技术的竞争热点、主要研发方向、存在问题与解决手段，便于企业藉此对比分析竞争对手的研发实力，从而确定自身的研发思路、研发方向等。

（4）技术及技术分支的分布分析，包括技术分支的分布分析、关键技术与核心技术分析、技术发展脉络分析、技术潜在入口分析、可利用的技术分析等，帮助企业了解该项技术的技术分支及其分布情况，可借鉴与可利用的他人技术、关键技术与核心技术，并通过时间、研发方向、主要竞争对手、技术手段的矩阵分析来梳理技术的发展脉络和技术潜在入口，帮助企业摸清技术的来龙去脉及其可能的发展走向，主要竞争对手及其拥有技术，研发方向及其分布与其研究态势、技术手段及其有效性与其应用方面，技术研究热点与其空白点等信息，为企业确定研发思路与研发方向提供充足的文献情报信息支持。

7.2　研发过程中的专利信息分析

企业应在立项、研发、投产、上市等各个重要的管理节点开展专业的侵权防御性检索和分析，不仅可以帮助企业提前化解侵权风险，而且在充分了解现有技术的基础上合理借鉴和使用他人已有研究成果，还可以有效缩短研发周期并节约研发经费；通过开展针对性的规避或改进研发，在有效降低并化解侵权风险的基础上，还可完善企业系列研发成果的专利布局及相关知识产权保护，有效提升企业核心竞争力，并实现企业利益最大化。

案例 2

B公司新设计了一种空调产品，在投产前，公司希望就其未来目标市场（国家/地区）进行专利侵权防御性检索和分析，以了解该型号空调在未来目标市场是否存在侵权风险。经过专利分析工程师与企业研发人员的多次交流，在深入解读企业需求的前提下，开展项目如下：

（1）首先组织相关领域的检索专家和分析专家拆解了该型号空调产品的相关技术方案（下称“目标技术方案”），随后围绕该目标技术方案，在目标市场范围内检索、调研、筛选与其相关的有效专利权（下称“相关专利”）和法律状态尚不确定的专利申请（下称“相关申请”），所述的相关申请包括在目标市场尚未审定的专利申请，以及可能通过国际专利申请途径或者通过巴黎公约途径进入目标市场的专利申请，再根据目标市场侵权判定的相关规定和判例，将技术方案与相关专利进行侵权比对分析，列明技术方案可能落入其专利保护范围的相关专利及其相关权项（下称“风险专利”），以及技术方案可能落入其请求保护范围的相关申请及其相关权项（下称“风险申请”），需要及时跟踪评估相关申请的审查进程及其最终法律状态，继续排查相关申请可能带来的潜在侵权风险。

（2）进一步分析评估风险专利的专利权稳定性，在充分检索的基础上寻找是否存在可以无效这些风险专利的证据和理由，同时，分析评估风险申请的授权前景及其可能的保护范围，并根据评估结果，对一些已有证据和理由影响其请求保护范围的风险申请提出公众意见或者第三方意见，以期审查部门考虑并接受相关证据和理由；对风险申请的保护范围给予合理的评价，藉此早日排除不当请求保护范围风险申请等对企业投产、上市等经营活动的潜在影响。

检索及分析结果发现三项风险专利申请及已授权专利，其中两项专利难以通过专利无效宣告规避侵权风险的风险专利，一项专利申请难以通过公众意见或者第三方意见规避侵权风险的风险申请。

（3）围绕技术方案进一步检索相关现有技术，通过与研发团队的通力合作，结合公司的研发能力，在合理借鉴他人技术和利用他人技术的基础上，达成了规避前述三项风险专利及专利申请的技术改型方案和设计。

(4) 经过多次重复前述侵权防御性检索、侵权防御性咨询、侵权比对分析、专利性咨询（包括专利权的稳定性咨询、专利申请的保护范围分析）、技术方案的改型规避设计等工作，最终B公司成功获得侵权防御性改型规避技术方案。

(5) 在此基础上，B公司进一步分析评估其研发成果和系列改型规避设计成果的属性及可专利性，围绕研发成果及其改型技术方案进行专利挖掘，再根据专利挖掘结果进行有效、合理的专利布局与专利规划，构建了较为完善的知识产权保护。

B公司依据前述改型规避设计制造的系列新产品上市后，既没有遭遇他人的侵权诉讼，并在节能、环保、成本、效益等方面具有较为显著的有益效果，显著提升了其系列改进成果与其他竞争对手的差异性，从而大力提升其市场认可程度和市场占有率，为公司赢得良好的经济效益和社会效益。同时，在改进规避设计的过程中，也完善和强化了企业的知识产权保护，显著提升公司的核心竞争力。

7.3 侵权警告应对和海外风险预警

企业在产品出口或海外参展前，应对其拟出口或参展的产品/技术在目标市场进行侵权防御性检索、侵权防御性咨询、涉嫌侵权专利的专利性咨询等，必要时，围绕存在侵权风险的产品/技术进行规避设计，并根据分析结果，采取规避设计方案、寻求获得授权许可、无效相关障碍专利、放弃该项产品/技术的出口或参展等多种方式，降低出口或参展的专利侵权风险，同时，还要及时加强改进成果的知识产权保护，以期实现企业利益最大化。

7.3.1 侵权警告应对案例

案例3

C公司生产的家电产品重要组成部件（包括产品1、产品2、产品3

和产品 4）远销国内外电器生产商，其主要目标销售市场包括中国、美国、日本、韩国和欧洲等国家/地区。在其产品 1-4 出口到日本不久，就收到日本知名企业（下称“日本企业”）的律师警告函，函告 C 公司产品 1-4 涉嫌侵犯该企业在日本拥有的 4 项专利（下称专利 1、专利 2、专利 3 和专利 4）。

应对侵权警告的过程如下：

首先组织本领域的技术专家和法律专家组成专门的专利事务应急处理小组，在有序开展下述工作的基础上，为 C 公司决策提供技术和法律依据。

（1）确定法律状态：检索日本公司指控涉嫌侵权的 4 项专利的法律状态，确定其权属和有效状态，发现 4 项专利均为日本的有效专利。

（2）侵权判定：查阅 4 项专利的审查档案，结合其专利授权公告文本，分析 4 项专利的保护范围；根据 4 项专利保护范围的分析结果，结合日本侵权判定的相关规定和判例，将 C 公司产品 1-4 与专利 1-4 的保护范围逐一进行侵权比对分析，结果发现，产品 1 落入专利 2 和专利 4 的保护范围，产品 2 落入专利 1 的保护范围，存在侵权风险；产品 3 和产品 4 不落入 4 项专利的保护范围，没有侵权风险。

（3）专利性分析：经充分的检索现有技术，分析评估专利 2 和专利 4 的专利权稳定性，结果发现影响专利 2 新颖性和创造性的证据，而专利 4 的专利权相对稳定，没有发现影响其专利权稳定性的有力证据和理由。

据此，C 公司只有选择或者放弃产品 1 在日本的销售，或者围绕专利 4 对产品 1 进行改型规避设计两种应对策略。

（4）在权衡利弊之后，C 公司结合企业的研发实力及前述检索现有技术的启示，在合理借鉴他人技术和利用他人技术的基础上，围绕产品 2 完成防御性规避技术方案的改型和设计，并围绕防御性改型设计方案在日本国进行针对性的前述侵权防御性检索和分析，没有发现新的侵权风险。

（5）基于上述分析结果，及时回复警告函，其中，根据日本侵权判定的相关规定和判例，给出了产品 1-4 与专利 1-4 的保护范围逐一侵权比对的分析结果，并给出了产品 3 和产品 4 不落入专利 1-4 保护范围的理由，专利 2 的专利权可被宣告专利无效的证据和理由，完成改型设计的产品 1 和产品 2 不落入专利 1-4 保护范围的理由。之后，企业的产品 1-4 在日本销售期间没有收到来自日本企业或其他企业的警告函或者专利之诉。

(6) 同时，为了帮助公司了解产品 1-4 在其他目标市场是否存在其他侵权风险，围绕产品 1-4 在全球目标市场进行全面的侵权防御性检索，并根据目标国侵权判定的相关规定和判例，进行前述侵权比对分析，发现产品 3 和 4 落入一项中国有效专利（下称“中国专利”）的保护范围，存在较高侵权风险。

经过检索现有技术，分析评估了该中国专利专利权的稳定性，发现了影响其创造性的证据，可以据此对其提出专利无效宣告请求，以消除其对企业产品 1-4 的制造、销售等实施行为的影响，并且，至今也未遭遇其他企业的侵权之诉。

C 公司进一步分析评估其系列改型规避设计成果的可专利性，并基于现有技术的检索和分析结果，完善上述研发成果的专利技术挖掘、阶段性改进成果的保护规划与专利布局，并构建较为完善的知识产权保护。

7.3.2 海外风险预警案例

案例 4

国内某化工企业 D 公司计划向欧洲出口一种市场占有率很高的化学产品。初步检索发现，该产品在欧洲的产品专利保护期限已经届满，多数竞争对手在欧洲提交了化合物制备工艺改进方面的专利申请。为了降低未来可能遭遇的侵权风险，就前述事项进行海外风险预警检索分析，开展过程如下：

(1) 检索与化工产品相关的欧洲专利或专利申请，以及通过国际申请途径或巴黎公约途径进入欧洲的专利申请，其中，所检索的化工产品相关主题包括化合物、制备方法、用途等主题（下称“相关专利”）。

（2）筛选与化工产品相关的专利或专利申请，并查阅核实其法律状态。

（3）按照目标市场国侵权判定的相关规定和判例，解释相关专利的保护范围，再将企业拟实施的技术与相关专利逐一进行侵权比对，排查可能存在侵权风险的专利申请与存在侵权风险的专利，结果发现，存在三项侵权风险专利（下称“风险专利”）。

（4）在检索现有技术的基础上，分析评估风险专利的专利权稳定性，寻找是否存在通过专利无效宣告清除风险专利所致障碍的可能及其证据与理由，其中，一项风险专利存在可被宣告专利无效的理由和证据，也可采用公知技术抗辩，而另外两项风险专利的专利权相对稳定，需要企业或者在欧洲出口时放弃使用前述 2 项专利技术，或者对其出口技术/产品进行改型规避设计。

（5）通过检索现有技术，在充分借鉴和利用他人技术的基础上，结合企业的研发实力，协助 D 公司对一项风险专利的改型规避设计，即调整其制备工艺参数、条件等，使得改型技术不落入该项风险专利的保护范围而化解其侵权风险；放弃使用一项风险专利技术，而直接使用合法购买的中间原料制备最终产品，以绕开该项风险专利所致的专利侵权风险。最终，产品顺利出口欧洲，至今未发生侵权之诉。

7.4 专项技术的专利预警分析

无论是产品出口还是技术引进或开发立项，通过开展专项技术的专利预警分析，不仅大大降低企业自主研发的成本，有助于明确研发方向，而且可以避开国内外已有的专利壁垒，避免将来的侵权风险，还可以发现并了解同行企业和科研机构在相关技术领域的研究开发情况和专利布局情况，做到知己知彼，为公司制定实施知识产权战略规划提供决策依据。

案例 5

E 公司希望介入某项技术的研发，需要检索、调研和分析该项技术的国内外专利分布情况，了解该技术在国内外的专利保护现状、国内外主要竞争对手及其拥有的专利技术、技术分支及其分布、技术发展脉络、技术潜在入口等，为 E 公司选择研发方向提供思路和指导，并构建可利用的专利专题数据库。

基于公司的上述分析目标和要求，开展了下述工作：

1. 专题技术的范畴界定、检索与分析工作

（1）初步检索技术主题所涉及的相关专利或专利申请，根据初步检索结果，与研发人员、管理人员共同协商，并在参考行业发展报告和听取本领域专家建议的基础上，确定检索的技术主题及其范畴，从而确定技术主题的技术分类及其检索策略。

（2）在检索过程中进行文献筛选、补充检索等工作，并不断调整检索思路、检索范畴、检索策略和检索式，进一步完善技术主题的检索工作。

（3）筛选与技术主题相关联的文献，并将这些关联文献按照企业需要分类构建为专题专利数据库。

2. 专题技术的专利分析工作

（1）统计分析与技术主题相关联的文献，了解该项专利技术的发展现状与发展趋势、地域分布与专利保护热点、主要竞争对手及其拥有的专利技术与其长处与短板、技术生命周期、IPC 分布、国内外保护现状、研发机构与发明人及其分布等相关情报信息，为 E 公司确定是否介入该技术的研发、可能参与竞争的目标市场、合作伙伴的遴选和研发团队的构建、研发方向的选择等重大决策提供专利信息分析的技术和法律依据。

（2）分析该技术的国内外技术分布状况，包括技术分支分析、技术分支的地域分布分析等，了解该技术的竞争热点、主要研发方向、存在问题与解决手段，便于公司藉此对比分析竞争对手的研发实力，从而确定自身的研发思路、研发方向等。

（3）通过技术专家的人工阅读、引证分析、同族专利分析，寻找该项技术发展的关键技术、核心技术与技术节点。

（4）按照时间先后顺序和主要研发方向，矩阵排布分析该项技术的专利申请，以了解该项技术的来龙去脉及其发展趋势，揭示其技术发展脉络。

（5）通过时间、研发方向、主要竞争对手、技术手段的矩阵分析，使E公司了解技术分布与其技术分支的分布、技术发展脉络、技术潜在入口、可借鉴与可利用的他人技术、存在的专利壁垒与潜在专利壁垒、关键技术与核心技术（节点技术）及其来龙去脉与可能的发展走向、主要竞争对手及其拥有技术与其优劣势、研发方向及其分布与其研究态势、技术手段及其有效性与其应用方面、技术的研究热点与空白点等信息，为E公司确定研发思路与研发方向提供充足的专利文献情报支持。

（6）基于产业发展趋势，结合E公司的研发实力与经营战略，为E公司知识产权保护、侵权防范、侵权应对、专利预警机制的建立等方面提供相关建议。

通过专项技术的专利预警分析，E公司获得了该项技术的专利保护现状和发展趋势，获得了研发方向、目标市场、专利挖掘、专利布局与专利规划、知识产权保护、侵权防范、侵权应对、专利预警机制的建立专利预警等方面的建议，并构建了专题技术数据库，完善了E公司的知识产权保护和知识产权战略构建工作。

第八章　专利预警

专利预警，是基于专利信息检索与分析，从危机管理的角度出发，对关乎我国企业生存、行业发展以及国家战略层面中的关键技术的专利信息情报（如相关技术的专利审批过程、涉及专利案件的执法过程和外经外贸活动等）进行动态监测，并运用一定的统计分析方法，从而发现和警示在科技、贸易、投资、引资等活动中潜在的知识产权风险。

将专利信息分析与专利预警工作有机结合起来，不仅符合当前我国建设创新型国家的总体需要，同时也为国家重点领域和重大技术的审批提供了辅助决策的科学依据。可以说，专利分析和预警是促进我国技术创新、防范产业化重大项目中存在的知识产权风险，避免资金的重复投入、提高研究的起点水平、促进经济和科技协调发展、确保国家知识产权战略顺利实施的重要保证。

8.1　专利信息分析概述

8.1.1　相关概念

信息分析（information analysis）又称情报研究（intelligence analysis 或 intelligence analysis & synthesis），是通过系统化的程序将信息转化为知识、情报和谋略的一类科学劳动的集合，从数据挖掘到软科学研究，形成了一条很宽的研究谱带。无疑，专利信息分析或专利情报研究，是社会信息分析活动的重要构成，是我国软科学研究领域的新生力量。

专利信息分析是制定专利战略、增强竞争优势、保护知识产权的基础和前提，对于保护发明创造、鼓励技术创新、促进社会进步和经济发展具有重要的战略意义。本节在明晰专利信息分析的基本含义、发展历史和战略价值的基础上，论述了专利信息分析的基本方法、流程、分析报告的构成、应用范围和影响因素。

8.1.1.1 专利信息分析简述

在本小节中，将论述专利信息分析定义，并对专利信息分析研究历史进行回顾，探讨专利信息分析的战略价值。

1. 专利信息分析定义

所谓专利信息分析就是从专利文献中采集专利信息，通过科学的方法对专利信息进行加工、整理和分析，最终形成专利情报和谋略的一类科学劳动的集合。

专利信息可以在许多的方面被聚集和分析，其基本模式包括：

（1）专利发明人，公司或公司群；

（2）一个或多个技术领域；

（3）国家或地区的专利活动；

（4）随时间变化的专利数量。

上述模式是应用于专利信息分析中的 4 种基本的模式。进行专利信息分析时可以根据不同的研究目的对以上 4 种基本的模式进行组合。

专利信息分析的本质是对专利信息的内容、专利数量以及数量的变化或不同范围内各种量的比值（如百分比、增长率等）的研究，对专利文献中包含的各种信息进行定向选择和科学抽象的研究，是情报信息工作和科技工作结合的产物，是一种科学劳动的集合。

专利信息分析过程，是具有增值价值信息的再生产过程。它是通过对大量杂乱的、孤立的专利信息，使用各种定量或定性的分析方法，研究它们之间的相互关联性，挖掘深藏在大量信息中的真相，从而对特定技术做出趋势预测、对竞争对手做跟踪研究等，从而产生指导国家、行业、企业生产、经营决策的重要情报。

在专利信息分析这一个过程中，需要建立测量科学技术活动的指标，作为科技活动分析的“尺度”，这种指标就是专利指标。专利指标涵盖了从简单的专利计数到利用专利数据进行复杂计算的指标，这些指标揭示了科学技术领域、技术和研发的关联度，甚至在更宽泛领域内表征技术和经济活动之间的关联度。专利指标按照不同的聚集度和细节，划分了技术活动类型或技术差异。如果说，专利信息是专利信息分析的基础，那么，专利指标无疑是专利信息分析的核心和灵魂。

在实际工作中，分析人员无论选择哪种分析方法，在信息分析前应当建立适当的分析指标。在专利信息分析过程中，无论采用什么分析方法和技术手段，其目的总是在于希望对特定的问题做出合乎逻辑的解答，通过分析，将孤立的信息按照不同的聚集度，使它们由普通的信息转化为有价值的专利竞争情报，再根据这些情报可以从专利这一特殊的视角研究和判断企业或国家在相关产业和技术领域的重点技术及技术发展方向、主要竞争对手的技术组合和技术投资动向，为企业乃至国家制定与总体发展战略相匹配的专利战略。

2. 专利信息分析的研究历史

在国际上，对于专利信息分析这一领域的理论研究和实践已有多年的历史。一些发达国家将其用于比较、评估不同国家或企业之间的技术创新情况、技术发展现状，以及跟踪和预测技术发展趋势，并以此为科技发展政策，尤其是专利战略的制定提供决策依据。

早在20世纪60年代，国际经济合作与发展组织（Oranisation for Economic Co-Operation and Development，OECD）就开始探究生产率要素与专利质量的内在联系。在美国，美国专利商标局技术评估及预测处（OTAF），从1971年建立开始，就一直不惜工本地对专利信息加以统计研究，他们定期出版的《Technology Assessment and Forecast》，深得各个专业部门和企业技术评估和预测部门的器重，并把它作为企业专利战略重要参考依据。美国摩根研究与分析协会（Mogee Research & Analysis Association），自1985年以来，一直在为美国《财富》杂志中所列的五百强企业提供专利信息研究和分析，其分析报告对企业技术许可、市场竞争、研究与开发管理、专利投资及经济发展提供了很好的帮助。联合国教科文组织发表的《1998年世界科学报告》中指出，“技术活动可以通过专利局公布的专利予以描述，这里不把专利看作一种工业手段，而是看作处于知识前沿的技术能力的标志”。同时，该报告还阐述了专利与研究开发成果、国内生产总值的关系。

与此同时，国外学术界对于专利信息与科技活动、经济活动的关系进行了大量的有益探索。例如，1983年，美国加州大学伯克利分校教授保罗·罗默提出的生产四要素理论，认为经济长期增长取决于资本、非技术劳力、人力资本（按接受教育时间的长短衡量）和创新思想（可按专利数量衡量），专利数量是经济活动的衡量指标之一。1990年，哈佛大学教授，当代权威专利数据研究专家之一的Griliches❶ 在其论文中探讨了专利数据的重要价值和意义，对专利总量的波动与投资增长的关系进行了精辟的分析。

与国外相比，由于我国自1985年起才开始正式实施专利制度，人们对专利制度以及专利信息作用的认识需要一个长期过程，对专利分析以及专利战略的运用还处于初期阶段，专利指标的研究成果更少。所以，加强专利指标与分析方法的研究，显得尤为重要和迫切。

3. 专利信息分析的战略价值

人们常常利用专利指标作为科学技术指标来分析比较不同国家之间的技术创新情况，评估技术发展现状，跟踪和预测技术发展趋势，那么，为什么专利指标可以作为一种“尺度”来对这些问题进行“描述”呢？通过对专利与创新以及研发之间关系的研究所得到的结论或许可以对这些问题做出较为理想的解答。

众所周知，科技的变化和创新是生产力和竞争力的重要因素，对于这一问题的讨论已经成为大多数工业化国家经济分析的中心议题。

但是，一个重要问题在于如何以定量的方法和定性方法来描述科技活动。

---

❶ GRILICHES，ZVI. Patent Statistics as Economic Indicators：A Survey，Journal of Economic［J］. Literature，1990（28）：1661－1707

通常，科技活动只能间接地使用投入、产出或影响因素指标进行测度。OECD 最近建议：投入、产出或影响因素指标应当被定义为科技资源、科技结果和影响因素指标。此外，在理论和实践中，确定科技活动的结果远比记录其资源更困难。科技活动的结果和新产品、新工艺在市场上取得成功的可能性，都不能用通常科学概念上测量变量来测度。解决的办法是采用一种替代的指标而不是直接测度。在这种背景下专利指标通常被用来测度科技活动的产出。

近年来，市场、人的创新技能，以及创新模式等其他因素对创新活动的影响在逐渐增加，但是在创新过程中，科技活动是决定性的，了解创新无疑预示着对科技活动的了解。

创新的线性模式显示这样的规律，即新技术的发展将遵循一个清晰的时间次序，起源于研究，包括新产品发展阶段，直至到达产业化和商品化，如图 8-1 所示。专利不能被限制在一个单独的创新阶段，它几乎贯穿于科技活动的整个生命周期。作为技术创新的风向标，专利指标的可信度已经被许多的调查所证明。这些调查显示：大部分发明被申请专利，并且大部分专利是伴随着经济用途而产生的；无论是小企业或大公司，专利都能较好地反映他们的工程制造部门或技术开发部门的发明和创新活动；各国专利法要求专利申请必须显示其潜在的工业应用，可以说发明创造时常发生在工业化和工程设计过程中，而且取得专利权的过程中需要付出高额的成本。这也从另一侧面揭示出申请专利的企业或个人都期望其工业创新活动有较高的投资回报。

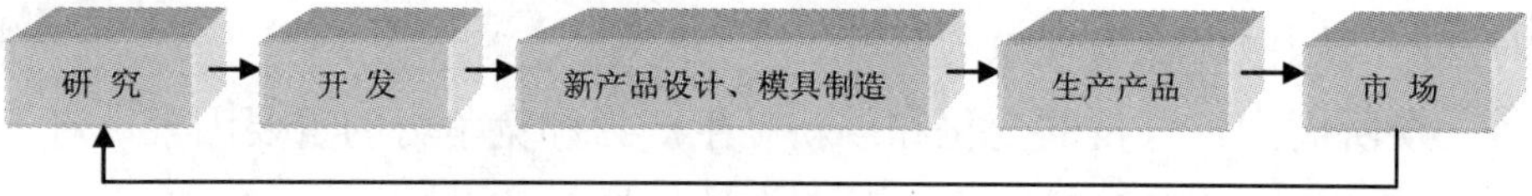

图 8-1　从研发到产品的模式

此外，研发活动与专利活动的联系紧密还在于两者均描绘了发明创新过程的重要方面。不同国家、地区和企业的研发分布状态与专利申请的状况在很大程度上趋于一致；专利是应用导向型研发（应用研究和实验过程，有时也包括导向型的基础研究）的典型结果（或称为产出）。然而，关于研发的数据常常不易获得，而专利作为公开的信息源可以提供有关企业或个人创新活动的详细信息。由于专利数据统一规范的特征使得专利指标具有离散度小的特点，也使得专利指标比研发支出或贸易和产品统计有更好的作用。

虽然专利与创新以及研发之间具有密切的关联，然而这种关联却深深地隐藏在专利信息的宝库中。而专利信息分析则是面对大量杂乱的专利信息，使用各种分析方法，探寻、研究专利信息之间的相互关联性，将已经或将要发生的客观事实以科学的手段展现在面前。它的作用在于提供对发明创造过程的清晰认识，它可以在宏观或微观的不同层面反映国家或企业的发明创新活动以及研发产出、知识产权的拥有量、技术发展水平及其在国际技术与经济竞争中的地位。借助于专利信息分析，可以把握相关产业和技术领域中整体状况及其发展趋势、行业技术创新热点及专利保护特征，了解相关产业和技术领域企业或国家的技术活动及战略布局，同时可以为国家制定产业政策提供依据，也可以为企业的决策者把握特定技术的开发、投资方向以及制定企业专利战略等方面提供论证；了解竞争对手在不同地域或国家的市场经营活动，竞争企业间的技术合作、技术许可动向，预测新产品、新技术的推出，市场普及情况，以及相关国家的市场规模等。

应当注意的是，虽然专利反映了整个创新过程的重要部分，但是它们不应该被孤立地使用。科技，甚至研发，仅仅是创新中的一个因素，专利仅反映了创新活动的一个重要方面。一件专利不可能描述发明的所有细节，也不能完全衡量发明人的财力投入以及专利权人的组织机构的情况，但这些信息如同它的根本效用和市场一样，是不可或缺的。此外，不是所有发明创造都能申请专利，例如，我国专利法第25条明确规定下列各项不授予专利权：

（1）科学发现；

（2）智力活动的规则和方法；

（3）疾病的诊断和治疗方法；

（4）动物和植物品种；

（5）用原子核变换方法获得的物质；

……

同时，也不是所有的发明创造都申请专利（如可口可乐的配方）。在技术发展快速的领域，专利保护或许价值不大，因为创新技术很可能很快变得陈旧，而且企业申请专利必须付出高昂的专利费用。因此，专利保护不是创新技术在市场上取得成功的唯一途径，诸如技术秘密、迅速推出新产品，以及低价格策略等都可以作为一种技术保护手段替代专利保护。这就是说，虽然涉及专利申请的技术创新范围是相当广泛的，但专利没有覆盖发明创新活动的所有领域，所以在专利信息分析过程中应当科学、合理地运用专利指标对科技活动进行诠释，同时专利指标应当与其他科学技术指标综合使用。

8.1.1.2　专利技术层次划分

对专利技术层次划分的研究，有助于了解技术特征，从而选择有效的分析方法。通常，将专利技术划分为基本技术、改进技术和组合技术。

1. 划分技术层次的意义

在研究专利信息分析之前，有必要对专利技术的种类加以分析。我国《专利法》第 2 条规定，专利申请包括发明、实用新型和外观设计 3 种类型。一般来说，发明专利具有技术含量高、申请成本高和审批周期长等特点。实用新型专利技术含量其次，而外观设计只是对产品的形状、图案、色彩或其组合所作的新设计，相对于发明专利和实用新型而言，其技术含量不高。3 种不同的专利，其技术含量不同。从专利技术在发明创造活动中的地位不同，人们常常将专利技术划分为核心专利技术、辅助专利技术和相关专利技术等。对于发明创造活动的不同阶段，所产生的专利（无论是发明专利还是实用新型专利），其技术层次也有所不同，通常被分为基本技术、改进技术和组合技术。可以说研究专利技术的不同种类，有助于了解研究对象的专利技术特征，从而有针对性地选择分析方法。

人们普遍认为，技术进步的派生需求是基础知识的扩张，知识和技术的存量制约了人们的活动。因而创新是建立在人们原有的现存基础知识存量之上的。基本发明技术构成了创新的基础，在此基础之上的改进技术构成了技术簇，面对已有创新技术的组合，最大限度地发挥了基本发明与改进发明的潜力❶。创新理论的先驱熊彼特认为："创新一般不是孤立事件，创新总是蜂拥而至。这是由于某项创新所含的技术引发或促成的一系列相关创新的集合构成的"。❷ 但是从专利的现象看，集群现象常常表现为围绕某项基本发明而进行的多次改进及组合的发明。从技术发展的过程看，作为一个规律，基于自然科学领域的重大技术突破的基本发明，其早期专利中要求保护的范围总是较窄的，但是随着这一新技术的不断深入并被越来越多的人所掌握，建立在这一技术基础上的创造性工作的难度越来越大。除非在基本手段和方法上有重大突破和创新，否则未来这个领域的许多发明都将采用改进的发明和组合的发明。

2. 基本技术

基本技术是指技术上主要是对新的科学原理的发明和发现。从技术创新角度来说，它是基础性的，是一种全新的技术思想，开辟了一个全新的技术领域。基本技术在其特性、属性，以及用途等方面与现有技术相比完全不同。处于基本技术阶段的发明，常常具有广阔的全新的应用前景。从引文理论角度看，处于这一阶段的专利文献，具有较高的被引用率，其后围绕着该专利技术的专利数量和专利申请人数量都会逐步增加。对基本技术持有者来说，应通过法律程序规定的手续申请专利，获得专利权，从而达到保护自主知识产权和制约竞争对手发展的目的。

3. 改进技术

改进技术是指在对现有技术进行分析研究的基础上，找出现有技术的不足与缺陷，并对其进行实质性改进，使改进后的新技术比现有技术具有显著的新颖性、创造性和实用性。从技术创新角度来说，改进技术

---

❶ 杨武．技术创新产权．北京：清华大学出版社，1999（1）：89

❷ DEBRESSON C. Breeding Innovation Clusters：a source of dynamic development ［J］．World Development，1989（17）：1-16

并不是全新的方法或产品的创造，而是对现有技术进行改造，使其产生新的特性或新的局部质变。在基本技术产生后，围绕着基本技术将产生无数的产品和系统的改进，它们数量巨大，具有更大的经济价值和技术进步作用。可以说改进技术是技术创新的重要特征。从引文角度来说，处于改进阶段的技术往往会引用某一基础技术，并围绕基础技术形成了大量的改进技术。如果改进技术及时申请专利，则有利于形成网状保护，扩大市场占有率。同时，如果改进技术大量被竞争对手所掌握，则会制约基础技术的应用。

4. 组合技术

组合技术是指对现有技术进行研究的基础上，选择现有技术的不同特征进行组合，形成具有新性能的新技术，并具有显著的技术优点。组合技术表现形式众多，一方面可以开辟一个全新的技术领域，即提出一个全新的技术方案，如激光的发明对医学航天等方面的应用产生的新领域。另一方面可以是技术要素的组合产生新的性能和技术优点，或者是同现有技术相比，仅仅是技术要素关系的改进与变更，如大小、形状、比例、或物质分子的改变，但产生了突出的技术效果。还可以是组合技术产生新的用途，将已知的产品或方法用到新的技术领域能完成非同寻常的功能。从引文角度来看随着技术的改进和不断完善，组合技术间的联系更加紧密，引用更加频繁。

专利技术的3个层次是随着发明创造的发展而产生的。一项基础性专利的价值虽然是很高的，但是它的内容必须不断发展，并能派生出一系列的新技术，才能使该技术的质量、性能等不断改进，同时在其周围构成网状的小的改进专利，保护自主基本技术的知识产权或削弱竞争对手基本技术产权的权利。确定技术的层次有利于企业自主创新技术的正确定位和正确判断竞争对手技术定位。目前确定技术层次的方法主要有引文分析、专利申请量、专利申请人范围分析等方法。

8.1.2 专利信息分析的应用范围

专利信息分析可以用于比较、评估不同国家或企业之间的技术创新情况、技术发展现状，以及跟踪和预测技术发展趋势，并以此为科技发展政策，尤其是专利战略的制定提供决策依据。

从专利信息的内在特征上看，专利信息分析的核心是对专利技术的现状、发展等问题的研究。从其利用特征上看，专利信息分析在不断向经济、社会各方面延伸和扩展。因此它的应用领域非常广泛。从利用专利情报构造竞争优势的角度出发，专利分析可以在以下几个方面体现其具体的应用。

8.1.2.1 技术分析

技术分析包括产业和技术发展趋势分析、技术分布分析和核心技术的挖掘。它主要关注相关产业和技术领域的领先者和竞争对手的专利研发活动和研发能力、行业技术创新热点及专利保护特征，探索在相关产业和技术领域中企业或国家的技术活动及战略布局。通过分析，为国家制定产业政策提供依据，为企业的决策者把握特定技术的开发、投资方向，以及制定企业的专利战略等方面提供论证。

1. 技术发展趋势分析

申请专利最主要的原因是为了获得相关领域竞争保护。因此，专利申请的数量在一定程度上反映了一个国家、地区、部门或一个企业在科技活动中所处的竞争地位的情报。同时，专利申请的数量按照地理分布或时间分布的聚集可以反映出国家或企业研发活动的规模，并有助于分析国家或企业的专利活动历史，追踪科技趋势。

2. 技术分布分析

专利常常按一种特定的技术类目（如国际专利分类）进行分类，所以经常被用来研究国家专利活动强势领域或企业的技术分布领域。技术分布揭示出国家或企业对特定技术领域的投入和关注程度，对辨别他们的研发与创新方向和技术发展的总体趋势有显著的作用。此外，仅从企业层面上而言，技术分布还显现了企业的技术轮廓和市场竞争策略，可以用来研究企业的创新战略、技术多样性，以及企业在不同领域的技术活动组合，分析相关产业和技术领域的领先者及竞争对手的专利研发活动和研发能力以及行业技术创新热点及专利保护特征。还可以从中辨识出有关合作伙伴、收购方、协作方，以及战略联盟等方面的相关情报。

3. 核心专利分析

专利说明书中包含的发明创造背景知识，一般会参考具有相同发明目的的在先专利的发明创造内容。同样，当专利审查员审查专利文件时，常常会将审查的专利与主题相近的在先公开的专利相比较，这些被引用的专利常常列在公开的专利说明书扉页上。基于这样的事实，可以在一定程度上说明研究专利的被引用数可以识别孤立的专利（这些专利很少被后面的专利申请所引用）和活跃的专利。一件专利如果比同时期的专利更加经常被其他专利所引用，则该专利可以被看成一件有较大影响力的专利，或是具有更高的价值。通过引文分析，可以了解专利之间的关系，了解围绕着变化的技术领域形成网状专利保护的轨迹，并显现出基本专利以及技术交叉点的专利趋势和新技术空白点。

8.1.2.2 经营环境分析

经营环境分析包括经济价值分析、市场分析、合作伙伴分析和发明人分析等。它主要关注竞争对手在不同国家或地域的竞争策略、市场经营活动，以及竞争企业间的技术合作和技术许可动向等。通过分析为企业找寻合适的战略合作伙伴、技术开发人才等；同时，预测新产品、新技术的推出，以及市场普及情况和相关国家的市场规模等。

1. 经济价值分析

一件专利只有在其申请的国家被授权，它才能获得保护。为此申请人要支付申请费用以及获得专利权以后需要支付的专利年费、专利维持费在内的相关费用。如果一项发明在多个国家申请专利的话，则所需费用会很大。这样就有理由估计，如果一项发明创造在众多国家寻求保护，可以认为该发明创造有较高的商业收益。专利的商业潜力或经济价值可以按其专利申请的国家数或专利族信息进行统计研究。

2. 市场分析

专利族信息可以用来研究一个企业的专利申请模式，即在过去的时间内，企业寻求专利保护的国家。研究这些模式，分析人员可以确认企业寻求商业利益的市场趋向。对一个企业过去一段时间内国内外专利申请的分析，可以揭示出它的市场利益的地理分布图。

3. 合作伙伴分析

一件专利可能有一个以上的专利权人，也就是通常所说的共同专利权人，分析这种数据就可以确立企业同盟、合伙人和不同领域中的合作者。

4. 发明人分析

一个好的竞争情报战略研究应包括对技术领域发明创新最活跃的发明人的研究，并及时了解发明人发生变化的情况。某一特定技术领域研究人员增减或变化，一方面反映了相关领域的技术热点以及技术热点变化，另一方面也反映了相关技术人力资源的分布状况。

8.1.2.3 权利分析

权利分析重点在于专利三性分析和专利侵权分析等。其中专利三性分析和专利侵权分析共同点在于对专利权利要求本身的解读和分析。

专利三性分析主要是指通过定性分析，判断创新技术与相关技术相比较是否具备了专利法规定的新颖性、创造性和实用性。常常运用于企业自主发明创造专利性的判断，对于突破竞争对手的专利壁垒或构筑企业自身的专利保护圈有着极为重要的价值，同时为企业专利战略的确定和经营活动的选择提供有益的导向。

对于专利侵权分析而言，它侧重于对已经发生或可能发生专利侵权行为的判定。专利侵权行为一方面是指企业对他人的侵权行为，另一方面则是指他人对企业的侵权行为。因此，通过专利侵权分析，可以对已经发生或可能发生的专利侵权行为作出恰当的评估，为企业采取诸如规避（或警告）、索赔（或赔偿）、诉讼，以及结盟等策略提供建设性的意见或建议。

8.1.3 影响专利信息分析的因素

专利信息分析是一项涉及面广、专业性很强的工作，对分析结果的影响因素来自法律制度、专利分类、统计办法、经济因素等各个方面，错综复杂。在工作中，分析人员应当尽可能地克服会对分析产生影响的因素，从而获得准确、客观的专利信息分析结果。

8.1.3.1 专利制度差异的影响

世界上大多数国家都有自己的专利制度，但各国的专利制度不尽相同。专利制度的差异造成了诸如专利类型不同的问题。有些国家的专利类型中只有发明专利和外观设计专利，而有些国家的专利类型包括发明、实用新型和外观设计专利，这就给分析数据的选择带来了困惑。为了消除这种因专利制度不同对分析的影响，国际上通行的做法是采用发明专利数据。

8.1.3.2 专利分类的影响

由于《国际专利分类表》每5年修订一次（第8版以后的IPC分类表基本版每3年修订一次，高级版每3个月修订一次），迅速发展的科技领域总是常常无法归入预先建立的专利分类的类目之内。同时，受《国际专利分类表》修订的影响，处于不同时期但却属于相同技术领域的专利申请有时会拥有不同的国际专利分类号。因此，专利分类往往也会成为影响专利分析的一个因素。

8.1.3.3 专利申请局限性的影响

通常，申请专利是对发明创造寻求法律保护的常用手段。然而，技术持有者是否提出专利申请往往要从其技术和市场策略出发全盘考虑。之所以这样说，是因为有些技术领域采用申请专利的手段对发明创造的保护较为有效，而有些则不然。例如，在信息技术领域，技术发展的进程非常迅捷，而专利申请的批准过程较为缓慢，专利申请的批准周期可能赶不上迅速发展的技术进步的步伐。因此，部分技术持有者可能通过其他手段维护他的发明秘密而非寻求专利保护。在进行专利信息分析时，这种局限性往往会对诸如在地区专利活动分析结果产生影响。

8.1.3.4 专利信息计数方法的影响

专利信息计数是专利信息统计分析的重要组成部分，如何计数将直接影响分析的结果，明确计数的基本规则是进行专利分析的前提。例如，一件专利申请有多个专利申请人或多个国际专利分类号，在这种情况下，如何进行申请人或分类号计数呢？通常，分析人员会让这些共同申请人或分类号共享这件专利申请，这就意味着无论是主分类或者副分类，所有的共同申请人均享有同样的权重。换句话说，就是采用分数计数方法。有时，也有一些分析人员在加工所分析的专利信息时，只采集位于首位的申请人或分类号（主分类号）。因为，在他们看来，第一个专利分类号为主要分类，不应与其他副分类号有相同的情报价值。同样，第一位申请人也应该具有更高的研究价值。这种计量方法的差异，会对分析结果产生一定的影响。通常，倾向于采用分数计数方法。

8.1.3.5 本国优势的影响

“本国优势”会对国家或企业专利活动的描述出现较大的影响。所谓本国优势是指在通常情况下，专利申请人会更多地在本国国内申请专利，造成了本国专利申请在该国专利申请总量中占有优势地位的现象。“本国优势”的程度可以通过比较本国专利制度下的专利活动和外国专利制度下的专利活动进行评估。两个国家（或不同国家的公司）专利活动的对比可以在一个第三方市场中进行。例如，欧洲各国间的专利活动可以通过采集美国专利商标局的专利数据进行比较，也可以将世界上主要的专利局（如 USPTO、EPO、JPO）的专利数据进行组合，对两个国家（或不同国家的企业）的专利活动进行对比。因此，用特定国家或组织的专利体系对不同国家的专利活动进行比较将使专利信息分析的结果更为客观。

8.1.3.6 著录项目变更的影响

在进行专利信息分析时，应密切关注“著录项目”的变更信息，及时对“著录项目”进行“清洗处理”。例如，专利权人为公司时，应当保证公司名称的统一规范，同时注意公司间的关联（如母公司与子公司）、公司名称的更名、专利权人的变更（如转让）等信息。对信息变化的敏感关注，同时对“著录项目”适度的“清洗处理”，才能有效地保证统计数据的准确，显现专利分析的意义。

除了上面列举的因素以外，还有一些诸如分析人员的自身素质、职业道德、主观判断以及专利检索数据库的质量等其他因素也会对信息分析的结果产生影响。在这里，不可能一一列举，也不可能提出一个完整的解决方案，而是有待于广大从业人员在专利分析领域的工作实践中不断探索和研究。

8.2 专利信息分析方法

对专利信息进行分析的方法有许多种，通常按定性分析、定量分析、拟定量分析和图表分析来划分分析方法的类型。

8.2.1 定量分析方法

专利定量分析方法主要有专利技术生命周期法、统计频次排序法、布拉德福文献离散定律、时间序列法和趋势回归法。

8.2.1.1 专利定量分析简述

定量分析是指利用数理统计、科学计量等方法对研究对象的相关信息进行加工整理和统计分析，从而对研究对象的发展趋势做出预测和推断的一种基础信息分析方法。在科学研究中，通过定量分析可以使人们对研究对象的认识进一步精确化，以便更加科学地揭示规律，把握本质，理清关系，预测事物的发展趋势。

专利信息定量分析是研究专利信息的重要方法之一，它是在对大量专利信息加工整理的基础上，对专利信息中的某些特征进行科学计量，从中提取有用的、有意义的信息，并将个别零碎的信息转化成系统的、完整的有价值情报。

定量分析方法是建立在数学、统计学、运筹学、计量学、计算机等学科的基础之上，通过数学模型等方式来研究专利文献中所记载的技术、法律和经济等信息的本质。这种分析方法能提高专利信息分析质量，可以很好地分析和预测技术发展趋势，科学地反映发明创造所具有的技术水平和商业价值。同时科学地评估某一国家或地区的技术研究与发展重点，用量化的形式揭示国家或地区在某一技术领域中的实力，从而可以获得认识市场热点及技术竞争领域的经济信息。及时发现潜在的竞争对手，判断竞争对手的技术开发动态，及时获得相关产品、技术和竞争策略等方面的信息。

定量分析专利信息首先要对专利文献的有关外部特征进行统计。这些外部特征有：专利分类、申请人、发明人、申请人所在国家、专利引文等，它们能够从不同角度体现专利信息的本质。

8.2.1.2 技术生命周期分析法

技术生命周期分析是专利定量分析中最常用的方法之一。通过分析专利技术所处的发展阶段，推测未来技术发展方向。它针对的研究对象可以是某件专利文献所代表技术的生命周期，也可以是某一技术领域整体技术生命周期。

1. 专利技术的4个发展阶段

人们通过对专利申请数量或获得专利权的数量与时间序列关系、专利申请企业数与时间序列关系等分析研究，发现专利技术在理论上遵循技术引入期、技术发展期、技术成熟期和技术淘汰期四个阶段周期性变化。

(1) 技术引入期。在技术引入阶段，专利数量较少，这些专利大多数是原理性的基础专利，由于技术市场还不明确，只有少数几个企业参与技术研究与市场开发，表现为重大的基本专利的出现。此时，专利数量和申请专利的企业数都较少（集中度较高）。

(2) 技术发展期。随着技术的不断发展，市场扩大，介入的企业增多，技术分布的范围扩大，表现为大量的相关专利申请和专利申请人的激增。

(3) 技术成熟期。当技术处于成熟期时，由于市场有限，进入的企业开始趋缓，专利增长的速度变慢。由于技术的成熟，只有少数的企业继续从事相关领域的技术研究。

(4) 技术淘汰期。当技术老化后，企业也因收益递减而纷纷退出市场，此时有关领域的专利技术几乎不再增加，每年申请的专利数和企业数都呈负增长。

2. 专利技术生命周期计算方法

基于专利技术生命周期理论上存在 4 个阶段，人们引用多种方法来测算专利的技术生命周期。本章重点介绍专利数量测算法、图示法和 TCT（technology cycle time）计算方法。其中，专利数量测算法和图示法主要用于研究相关技术领域的技术生命周期，而 TCT 计算方法主要用来计算单件专利的技术生命周期。

(1) 专利数量测算法。

该方法通过计算技术生长率（ν）、技术成熟系数（α）、技术衰老系数（β）和新技术特征系数（N）的值测算专利技术生命周期。

① 技术生长率（ν）。所谓技术生长率是指某技术领域发明专利申请或授权量占过去 5 年该技术领域发明专利申请或授权总量的比率，如式（8-1）所示。

$$\nu = a/A \tag{8-1}$$

其中，a 为该技术领域当年发明专利申请量或授权量；A 为追溯到五年的该技术领域的发明专利申请累积量或授权累积量。如果连续几年技术生长率持续增大，则说明该技术处于生长阶段。

② 技术成熟系数（α）。所谓技术成熟系数是指某技术领域发明专利申请或授权量占该技术领域发明专利和实用新型专利申请或授权总量的比率，如式（8-2）所示。如果技术成熟系数逐年变小，说明该技术处于成熟期。

$$\alpha = a/(a+b) \tag{8-2}$$

其中，a 为该技术领域当年发明专利申请量或授权量；b 为该技术领域当年实用新型申请量或授权量。

③ 技术衰老系数（β）。所谓技术衰老系数是指某技术领域发明和实用新型专利申请或授权量占该技术领域发明专利、实用新型和外观设计专利申请或授权总量的比率。如式（8-3）所示，如果 β 逐年变小，说明该技术处于衰老期。

$$\beta = (a+b)/(a+b+c) \tag{8-3}$$

其中，c 为该技术领域当年外观申请量或授权量。

④ 新技术特征系数（N）。指新术特征系数由技术生长率和技术成熟系数推算而来，如式（8-4）所示，在某一技术领域如果 N 值越大，说明新技术的特征越强。

$$N = \sqrt{\nu^2 + \alpha^2} \tag{8-4}$$

实例 1❶

为了分析电动汽车技术的技术生命周期，选择了中国专利数据库作为数据采集的信息源。数据采集范围为 1985 年—2001 年中国专利公开数据，包括发明、实用新型和外观设计，共采集有关电动汽车的专利 684 件。为了便于作时序分析，数据的统计以申请日为基础，以年为单位；采集数据时以篇数（或称为件）为单位。考虑到专利申请公开、公告滞后的问题，趋势分析主要考虑 1985 年—2000 年的数据情况，见表 8-1。

表 8-1　1985 年—2000 年电动汽车年度中国专利申请量

年度	专利申请量/件	年度	专利申请量/件
1985	5	1993	37
1986	10	1994	54
1987	10	1995	66
1988	25	1996	52
1989	13	1997	66
1990	15	1998	81
1991	16	1999	84
1992	33	2000	99

数据来源：中国专利信息中心光盘

根据表 8-1 的数据和上述计算式，计算技术生长率（ν）、技术成熟系数（α）、技术衰老系数（β）和新技术特征系数（N），绘制表 8-2。从表 8-2 中可以看出，电动汽车技术生长率 ν 值 1996 年—1997 年增长很大，而 1998 年—2000 年，ν 值持续在一定的数值区间，并有逐步变

❶ 陈燕．利用专利情报研究电动汽车技术的发展［J］．知识产权，2002：增刊

小的趋势，显现出该技术领域技术趋于成熟的迹象。同时电动汽车的技术成熟系数 α 值的变化也反映出从 1998 年开始逐年变小的趋势；而技术衰老系数 β 值并没有逐年减小，未反映出技术衰老的特征。同样，新技术特征系数 N 值的变化规律与 ν 值的变化规律性相似，1997 年以后开始逐年变小。这说明电动汽车技术已不属于新技术范畴。从 α、β、N 系数的变化情况看，电动汽车技术已脱离了新技术范畴，并趋于成熟，而且尚未显现技术衰老的特征，处在技术生命周期的第三阶段，即技术成熟期。

表 8-2　α，β，N 随时间变化一览表（中国专利数据）

年度 / 系数	1996	1997	1998	1999	2000
ν	0.2069	0.2609	0.2303	0.2182	0.2249
α	0.4615	0.5714	0.4430	0.4390	0.4043
β	1	0.9545	0.9753	0.9762	0.9495
N	0.5090	0.6077	0.4993	0.4902	0.4626

（2）图示法

在日常研究中人们发现利用专利申请量与时间序列图可以推算专利技术生命周期。

实例 2❶

在美国专利数据中采集有关电动汽车技术领域的专利，以此研究其技术生命周期。

数据采集范围：1990 年—2001 年公开的美国专利数据，截至 2001 年底，有关电动汽车的美国专利共 1960 件。从图 8-2 中，可以看出国外电动汽车专利技术的发展与中国专利的发展趋势大体一致。所不同的是：从 1990 年—1995 年，电动汽车技术在美国的申请量呈增长态势，从 1995 年—2000 年，专利申请量持续在一定水平，申请量变化不大，

❶　陈燕．电动汽车领域专利技术的发展动态［R］//中国知识产权研究会．各行业专利技术发展程度和趋势预测报告：第 1 辑．北京：中国人口出版社，2003

显现出电动汽车技术正处于成熟期的特征，见图 8-2。

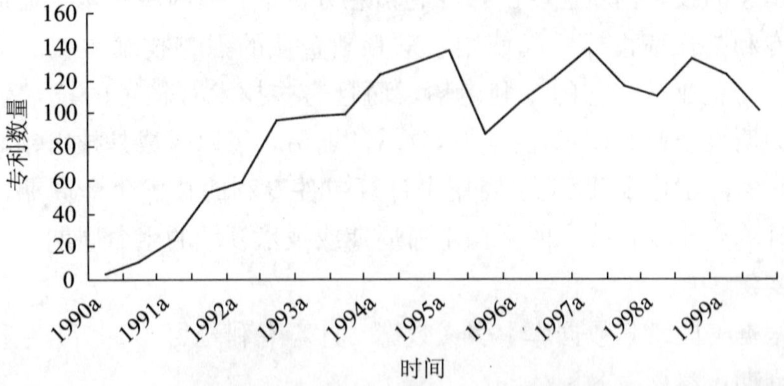

图 8-2　电动汽车专利技术生命周期图

比较图 8-2 和表 8-1，不难看出，无论是美国专利数据还是中国专数据均反映出电动汽车技术已趋向成熟，同时，电动汽车技术在中国的发展较美国滞后 3～5 年的时间。通过以上分析，相关企业应该了解：目前，整体说来有关电动汽车的技术已经趋向成熟，企业在研究制定相关专利战略时，应根据企业的具体情况，对已经研制成功的技术应积极申请专利，以取得法律保护；对尚未投入开发的技术，以实施技术引进战略为宜；或者采取交叉许可战略或协同战略，使企业在最短的时间内获得技术、投入生产、参与市场竞争。

(3) TCT 计算法。TCT 计算方法是基于这样的理论：技术生命周期可以用专利在其申请文件扉页中所有引证文献技术年龄的中间数表示。TCT 用于捕获企业正在进行技术创新的信息，它测量的是最新专利和早期专利之间的一段时间。很显然，早期专利代表着现有技术，因此 TCT 其实就是现有技术和最新技术之间的发展周期。一个技术领域其技术生命周期 TCT 平均值可以从本质上区别于其他技术领域。TCT 具有产业依存性，相对热门的技术 TCT 较短，快速变化的技术领域，如电子技术，技术生命周期一般为 3～4 年，而技术缓慢变化的领域，如造船技术，技术生命周期一般在 15 年或更长。如果一个企业比它的竞争对手在相同的技术领域拥有较短的技术生命周期，那它就拥有寻求技术革新的优势。此外，通过测算国家的平均技术生命周期还可以比较不同国家的技术创新速度。在专利信息分析中，有时将技术生命周期指标与专利增长率指标一起使用，来判断企业的强势技术领域。研究表明：一个企业增加它的专利申请，而且这些技术有较短的技术生命周期，说明该企业的技术处在技术领域的前沿，可以看成是技术领域的带头人。实际工作中 TCT 主要用来计算单件专利的技术生命周期，但也可以计算企业专利技术的平均生命周期或技术领域的生命周期。

实例 3[1]

根据美国专利数据库中引文数据，计算专利号为 6736071 专利技术生命周期，参见表 8-3。

表 8-3 技术生命周期（TCT）计算实例

专利号	6736071					
申请日	1999 年 2 月 22 日					
授权日	2004 年 5 月 18 日					
题目	Rail cars for intermodal train					
参考引文	年代	专利号	年龄/年	年代	专利号	年龄/年
	Aug.，1895	544561	109	Aug.，1991	5036774	13
	Jun.，1984	4456413	20	May.，1993	5207161	11
	Mar.，1987	4652057	17	Jun.，1993	5216956	11
	Aug.，1987	4686907	17	Jun.，1993	5222443	11
	Jan.，1988	4718351	16	Sep.，1993	5246081	11
	Jan.，1988	4718800	16	Oct.，1996	5564341	8
	Jun.，1988	4750431	16	Jul.，1997	5651656	7
	Feb.，1989	4805539	15	Mar.，1998	5722736	6
	Nov.，1990	4973206	14	Apr.，2003	6550400	1
	Jun.，1991	5020445	13			
	平均年龄=332/19 年=17.47 年					
该专利显示的技术生命周期 TCT=（14+13+13）/3 年=13.33 年						

[1] 利用美国专利商标局专利数据库检索，绘制表 8-3。

值得一提的是有些学者用专利申请文件扉页中所有引证专利年龄的平均数来表示该专利的 TCT。如果研究的技术属于发展变化较快的领域，可以用所有引证专利文献年龄的平均数来表示 TCT。而对于技术缓慢发展的领域，如造船医药等技术领域，一般来说，倾向于用所有引证专利文献年龄的中间数或中间数的平均数来表示 TCT，这是因为有些专利的引证专利，常常有 1～2 个很古老的专利，如上述事例中第一个参考专利文献的年龄为 109 年，将这些专利的年龄计算到平均数中容易造成数据的不准确。另外，如果中间年龄的专利同时有几篇，应该计算它们的平均贡献。如上述实例中，截至 2003 年，参考引文的中间年龄为 13～14 年，共涉及 3 篇专利文献，那么该专利文献的 TCT＝（14＋13＋13）/3 年＝13.33 年。

8.2.1.3 统计频次排序法

对专利数据进行统计和频次排序分析是定量分析专利信息中的一项最为基础的和最为重要的工作。专利分类号、专利申请人、专利发明人、专利申请人所在国家或专利申请的国别、专利申请或授权的地区分布、专利种类比率、专利引文等特征数据是进行统计和频次排序的对象。

1. 统计和频次排序的基本做法

在对专利信息进行分析时，首先要对专利分类号、专利申请人等特征数据进行统计分析，在完成数据统计的基础工作后，要对统计数据进行频次—排序分析。频次—排序分布模型是科学计量学中的重要模型，主要用来探讨不同计量元素频度值随其排序位次而变化的规律。这一模型用于专利文献的计量分析是非常合适的。因为不同专利分类所包含的专利数量的变化，以及不同专利权人所申请的专利数量的变化等，是科学地评价和预测专利技术，发现专利权人动态的极具价值的信息。它们能够从不同角度体现专利中包含的技术、经济和法律信息。专利信息定量分析的统计对象一般是以专利件数为单位。频次—排序分布模型对于展示这些专利信息是非常直观和有效的❶。

根据专利信息分析的目的，首先进行相关的专利检索，并对检索结果中专利分类号、专利申请人、专利发明人、专利申请人所在国家或专利申请的国别、专利申请或授权的地区分布、专利种类比率等特征数据项进行升序、降序排列。排序表中通常包括：表格名称、序号、专利统计项的名称和频度值（专利申请数量或专利授权数量等）。然后在图中建立频次—排序分布模型，利用 x-y 坐标系中排列的点阵，进行回归分析。也可以利用 x-y-z 三维坐标系中排列的点阵进行相关分析。有时也可以将普通的坐标系转换成对数 $\lg x$-$\lg y$ 坐标系或 $\lg x$-$\lg y$-$\lg z$ 三维对数坐标系，或半对数 x-$\lg y$ 或 x-$\lg y$-$\lg z$ 坐标系等。目的是将坐标系中分布成曲线的点阵转换为排列成直线的点阵，从而使点阵的排列特征更直观，也便于作回归分析。

2. 专利申请量或授权量统计

专利信息分析中专利申请或授权量统计是最为基础的工作，统计方法因分析目的而异，如逐年统计某一技术领域专利申请量，以便进行时序分析；或统计某一技术领域 3 种专利类型，以便研判该技术领域的特征等。

实例 4❷

以“打火机专利技术研究”项目为例，探讨专利信息分析中有关特征数据的统计和频次排序。所采集的数据中，中国专利数据截至 2002 年 6 月，有关打火机的专利共 1622 件，这些专利涉及的 IPC 小组约 1693 个。德温特世界专利索引（WPI）专利数据库所收录的专利数据中，1991 年至 2001 年有关打火机的专利共 1281 件。

① 专利申请量统计。

通过研究中国专利数据中打火机专利申请量随时间变化的情况（见

---

❶ 李建蓉．专利文献与信息．第 1 版．北京：知识产权出版社，2002：542

❷ 陈燕．打火机行业专利技术的市场分布及其主要竞争者［R］//中国知识产权研究会．各行业专利技术发展程度和趋势预测报告：第 1 辑．北京：中国人口出版社，2003

图 8-3）可以看出：在 1985 年至 1990 年间，打火机技术的申请量很少，且申请量变化不大。从 1991 年至 1997 年，打火机技术领域的专利申请量逐步增加，此时，打火机技术处在技术发展期的特征明显。到 1998 年相关的专利申请进一步增加，从 1998 年至 2000 年之间，相关的专利申请量又维持在一个高水平阶段，从而反映出打火机技术逐步趋于成熟。

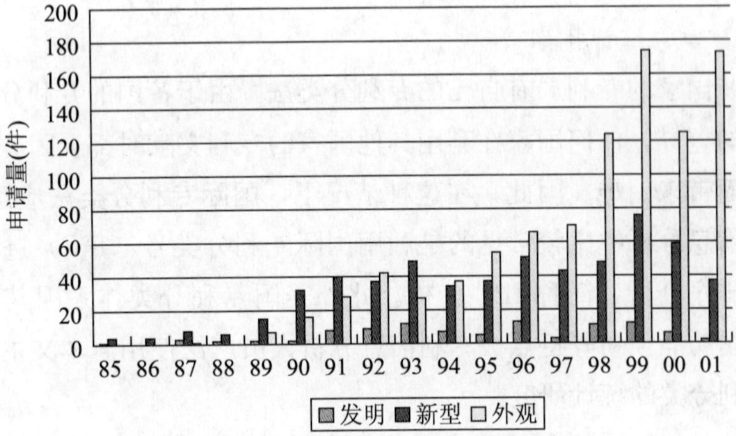

图 8-3　打火机中国三种专利年申请量

② 专利类型统计。

截至 2002 年 6 月，中国专利数据库中，有关打火机的专利共 1622 件，其中发明专利 98 件，约占总数的 6%；实用新型专利 580 件，约占总数的 36%；外观设计专利 944 件，约占总数的 58%。从发明专利和外观设计所占总数的比例看（见图 8-4），有关打火机的专利申请大部分涉及产品形状、图案、色彩等外观设计专利，相对而言，其技术含量不高。

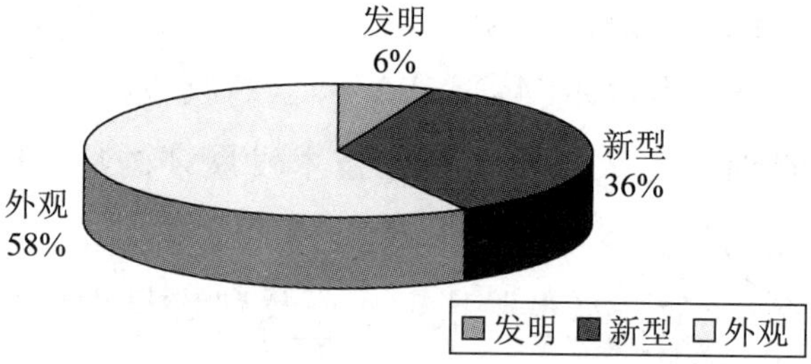

图 8-4 打火机中国专利三种类型比例

3. 分类号统计排序

一些国家的专利局有自己的专利分类法，由于各国的专利分类法指导思想的差异，任何国家在利用其他国家的专利文献时都会因分类体系的不同而带来困难。因此，在这种情况下，国际专利分类法应运而生。在专利信息分析中比较常见的是利用国际专利分类号（IPC）进行统计和频次排序分析，简称 IPC 分析。此外美国专利分类体系因其类目详细、主题功能强劲等特点被专利信息分析人员广泛使用。本文主要介绍国际专利分类的统计研究。

统计时，根据各个 IPC 号对应技术领域内专利数量的多少，进行统计和频次排序分析，研究发明创造活动最为活跃的技术领域、某一技术领域可能出现的新技术、某一技术领域中的重点技术。利用 IPC 号与时间序列的组合研究，还可以探讨技术的发展趋势。利用某一技术领域内对应 IPC 号最近几年的专利授权量与过去 10 年的授权量之比，统计专利技术增长率，分析“热门”技术。

实例 5❶

截至到 2002 年 6 月，在德温特世界专利索引数据库中采集有关打火机技术领域专利数据，根据 IPC 号进行统计频次排序，取前 30 个 IPC 小组数据制作频次排序表 8-4。前 30 个 IPC 小组所代表的专利数量之和为 1459 个，约占总数（2774 个）的 53%。说明前 30 名 IPC 所代

❶ 陈燕．打火机行业专利技术的市场分布及其主要竞争者［R］//中国知识产权研究会．各行业专利技术发展程度和趋势预测报告：第 1 辑．北京：中国人口出版社，2003

表的技术内容能反映出打火机技术领域发展重点。（注：由于1件专利文献可以有几个分类号，统计时考虑了副分类号，所以在分类号统计集合中涉及的专利数大于采集的样本专利数）

表8-4 国外打火机专利前30名IPC排名对应技术领域

排名	IPC	技术领域	申请量
1	F23Q2/16	气体燃料点火器	221
2	F23D11/36	打火机零部件	136
3	B60N3/14	车辆乘客用电热点火器	121
4	F23Q2/34	装有燃料的点火器，例如点烟用打火机零件或附件	103
5	F23Q2/32	与其他物体结合在一起为特征的点火器	101
6	F23Q2/28	以电点火燃料为特征的点火器	96
7	A24F15/18	结合有其他物件的袖珍的雪茄烟或纸烟容器或盒	62
8	F23Q7/00	炽热点火；采用电热的点火器，例如点烟用打火机；电加热的热线点火塞	47
9	A24F15/10	有点火器的雪茄烟或纸烟容器或盒	45
10	F23Q2/50	装有燃料的点火器，例如点烟用打火机的防护罩	44
11	F23Q2/00	装有燃料的点火器，例如点烟用打火机	36
12	F23Q2/46	装有燃料的点火器，例如点烟用打火机的摩擦轮；摩擦轮的配置	36
13	B65D85/10	用于纸烟（用于物体或物料储存或运输的容器）	35
14	F23Q2/36	打火机外壳	34
15	F23Q3/00	应用电火花的点火器	33
16	F23Q0/00	点火或灭火装置	27
17	H01R17/04	具有同心或同轴布置的触点	27
18	F23Q1/02	应用摩擦或冲击作用的机械点火器	26
19	F23Q2/42	装有燃料的点火器，例如点烟用打火机的燃料容器；燃料容器的罩	25
20	F23Q2/02	液体燃料点火器	24
21	F23Q2/173	火焰可调节的气体燃料点火器所用阀门	22
22	A24F47/00	吸烟者用品（在其他类未列入的）	21
23	F23Q7/12	由气体控制装置启动的点烟用打火机	20

续表

排名	IPC	技术领域	申请量
24	A24F19/00	烟灰缸	18
25	B60R16/02	电气部件或附件（专门适用于车辆并且其他类未包括的，电路或流体管路或其元件的配置）	18
26	F23D14/28	附有气态的燃料源的燃烧器	18
27	F23Q2/167	火焰可调节的气体燃料点火器	18
28	H01R17/18	具有每个连接部件布置在于连接啮合运动的方向平行的线上的触点	17
29	A24F13/24	雪茄烟的截断器、切开器、或穿孔器	14
30	A24F19/10	结合有其他物件的烟灰缸	14

从表 8-4 可以看出：国外打火机技术的发展重点主要集中在以下几个方面：一是点火技术及其装置，如 F23Q2/16、F23Q2/34、F23Q2/32、F23Q2/173、F23Q2/02、F23Q2/167 和 F23Q2/28 等；二是安全技术及其装置，如 F23D11/36、F23Q2/50、F23Q7/12 等；三是打火机外壳及材料技术，如 A24F15/08、F23Q2/36 等；四是存放燃料的存储器技术，如 F23Q2/42、F23D14/28 等；五是打火机燃料技术，如 F23Q2/52 和 F23Q2/44 等。国外打火机专利技术中，涉及打火机点火技术的专利也占绝对优势，前 30 个 IPC 小组中，有 10 个 IPC 小组涉及打火机点火技术。但是，值得注意的是：在国外点火技术专利中，“电热点火器技术”和“车辆乘客用的电热点火器技术”（F23Q2/28、F23Q3/00、B60N3/14、B60R16/02 等）占有一定的比重，排名趋前。而且涉及“雪茄烟点火方面的专利技术”（A24F15/18、A24F13/24 等）和“火焰调节技术”（F23Q2/167）以及车用打火机相关的电传导连接等方面的技术（H01R13/24 和 H01R17/04）所占比重较大。最值得注意的是：国外打火机技术中，涉及“打火机安全方面的专利技术”（F23D11/36、A47G23/04、F23Q2/50、F23Q7/12 等）投入的力量相当大，专利申请量排名靠前，是打火机领域的重点技术。

通过以上分析，企业可以了解生产打火机涉及的关键技术，以此评价本企业技术特点以及在打火机领域的地位，指导企业技术投资方向等。

4. 国别统计排序

国别统计分析是指按专利申请人或专利优先权国别统计其专利申请量或授权量，研究相关国家的科技发展战略及其在各个技术领域所处的地位。应该注意的是，国别统计分析方法也可以用于地区间对比研究。

实例 6

表 8-5 是 1991 年法国、德国、英国、意大利、美国、加拿大和日本 7 个国家在欧洲专利局就相关领域被授权的专利数量（件）。从表中可以发现日本、美国在基本电气元件方面、仪器仪表等行业专利较多，技术处于领先地位。美国在制药领域独占鳌头，而德国、美国则在加工工艺（Process engineering）领域并驾齐驱。在消费品、食品、民用工程以及机械工程等领域德国优势明显。就法国而言，它的科技投入重点主要在机械工程、基本电气元件等方面，而意大利的技术重点相对侧重于机械工程等领域。这种统计结果有助于人们了解某一时期各国科研和开发的重点。

表 8-5 美国、日本、英国等国家 1991 年在欧洲专利局专利授权量❶

国家	电气元件	仪器仪表	化学制药	加工工艺	机械工程	消费品 食品 民用工程
法国	788	479	561	493	973	373
德国	1265	1078	1382	1468	2318	835
英国	371	238	326	317	430	143
意大利	223	189	265	284	544	242
美国	2784	1758	2144	1422	1517	462
加拿大	47	36	36	64	39	33
日本	3686	1726	1772	1105	1433	256

❶ 数据来源：OST-EPAT bibliometric data。

针对不同的信息分析目的，对专利申请量或授权量的国家分布研究有时可以从一个侧面反映某个国家科技投资组合，或者其相应的市场策略。表8-6是根据美国、德国、日本、英国、法国和加拿大等国在2001年至2003年10月在中国专利局被公开的专利申请数据所做的统计排序分析。从表中可以看到：在此期间，上述6个国家在中国共申请35 716件专利（公开的专利申请，以下同）。其中，日本专利就有23 685件，占总数的66.31%，说明在国外来华的专利申请中，日本的专利占据主导地位。而且，在几个主要领域中，日本投入最多的技术领域是电学通信等，其次是在光学物理、产品的外包装和车辆为主的运输领域也有较强的技术实力。美国在华专利申请最多的也集中在电学、通信技术领域，其次是产品的外包装和化学、冶金技术领域，当然，从总体来看，美国在华专利申请是日本的1/3，日本企业占领中国技术市场的意图十分明显。值得注意的是德国在华专利申请排在首位的是化学、冶金领域，其次是电学通信技术领域和产品的外包装。尤其需要关注的是法国的在华专利申请总量虽然不高，但它在电通信技术领域具有强劲的技术实力。

表8-6 美国、日本、德国等国2001年至2003年在中国公开的专利申请 ❶

领　　域	加拿大	德国	法国	英国	日本	美国
A：人类生活用品	26	232	193	65	1209	650
B：作业、运输	33	570	144	59	2823	824
C：化学、冶金	14	616	227	73	1964	900
D：纺织、造纸	0	130	8	11	411	71
E：固定建筑物	9	58	9	14	169	77
F：机械工程、照明、加热、武器、爆破	10	279	42	27	1500	332
G：物理	45	256	176	64	5153	1165
H：电学	55	444	549	67	6779	1436
外观	18	401	256	168	3677	1228
被公开的专利总申请量	210	2986	1604	548	23 685	6683

❶ 根据中国专利信息中心2003年10月中国专利光盘数据绘制。

图 8-5❶ 显示的是打火机中国专利申请的地区分布信息。从采集到的中国专利数据样本看，有关打火机技术的专利申请分散于全国 40 个省、市、自治区、专利试点城市和特别行政区，并涉及 15 个国家的来华申请。如图 8-5 所示，在国内相关的专利申请集中在浙江、广东、台湾、上海、福建和北京等地。其中，浙江地区专利拥有量有绝对优势，在中国专利数据样本中占 30.21%，广东省紧随其后，在国内打火机技术市场占有重要地位，此外，台湾省、上海、福建和北京等地区，在国内打火机技术市场也占有一席之地。数据表明，国内打火机专利技术相对集中，其技术市场由浙江等几个主要省份所控制。

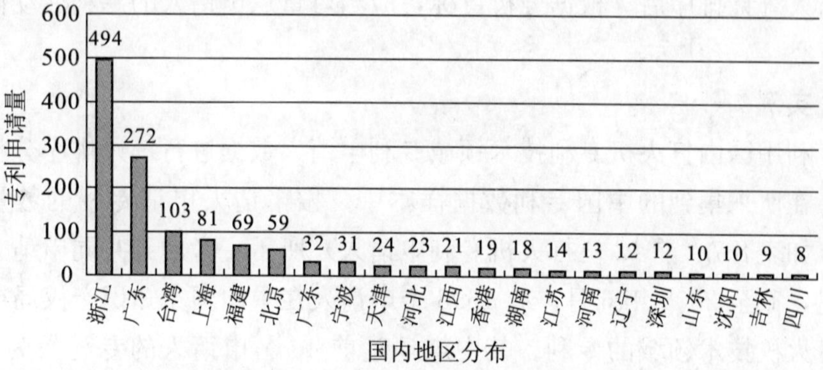

图 8-5　打火机中国专利申请地区分布图

总之，企业在做竞争情报分析时，应该对相关技术领域中主要国家或地区的技术活动做进一步深入的分析，专门针对主要国家申请人在中国申请的相关专利和企业产品出口地申请的国际专利做深入研究。

5. 申请人统计排序

申请人统计排序是指按申请人或权利人的专利申请量或专利授权量进行统计和排序，研究相关技术领域的主要竞争对手。

我国专利法第 6 条规定："执行本单位的任务或者主要是利用本单位的物质条件所完成的发明创造为职务发明创造。职务发明创造申请专

❶ 陈燕．打火机行业专利技术的市场分布及其主要竞争者［R］//中国知识产权研究会．各行业专利技术发展程度和趋势预测报告：第 1 辑．北京：中国人口出版社，2003

利的权利属于该单位；申请被批准后，该单位为专利权人。非职务发明创造，申请专利的权利属于发明人或者设计人；申请被批准后，该发明人或者设计人为专利权人。”当然，单位与发明人或者设计人订有合同的，专利权的归属从其约定。专利信息分析中所说的专利申请人统计分析，如果涉及的专利申请被批准，统计中的专利申请人即为专利权人。因为各国专利法都规定专利申请权或者专利权可以依法进行转让，有些国家将经过合法转让获得专利申请权或者专利权的个人或单位称为专利受让人。在使用美国专利数据、德温特世界专利索引数据库数据进行专利信息分析时常常会使用专利受让人做统计分析。值得注意的是，专利申请人统计排序后，根据分析目标，应当对重点申请人的专利活动做深入研究。

实例 7[1]

利用国内打火机专利技术领域专利申请人数据进行统计排序分析。

在所采集到的中国专利数据样本中，按申请人申请专利的数量排序，如表 8-7（前 12 位打火机专利申请人）所示。考虑到共同申请人的情况，截至 2002 年 6 月，有 1693 个申请人在中国国家知识产权局申请了打火机技术领域的专利。其中申请量前 40 名申请人的专利数为 638 件，占总数的 37.68%。申请量前 40 名申请人中，我国公司（包括合资企业）或个人有 32 家，其他是外国公司的来华申请，其中，多数是日本公司。值得注意的是，申请量前 40 名申请人中，发明专利的拥有量有 44 件，占发明总数的 44.90%。

表 8-7　中国打火机专利申请量前 12 名申请人排名

排名	申请人	发明	实用新型	外观设计	总计
1	沙乐美（福州）精机有限公司			55	55
2	黄新华		10	34	44
3	株式会社东海	13		21	34

[1] 数据来源：OST－EPAT bibliometric data。

续表

排名	申请人	发明	实用新型	外观设计	总计
4	新会市明威打火机厂有限公司		1	30	31
5	黄宇明		2	28	30
6	濑川隆昭	1		26	27
7	李濠中		16	11	27
8	王志林	5	19	1	25
9	舒义伟		3	19	22
10	李伊克		11	10	21
11	顺德县桂洲镇红星打火机厂		4	17	21
12	碧克公司	16		3	19

经进一步研究发现：申请量排名第3位的日本株式会社东海，拥有发明专利13件。其专利的技术主题主要涉及放电点火式气体打火机、液体燃料技术和材料、焰色反应物载体和制造焰色反应件的方法、安全装置及打火机外壳技术等方面，其技术内容十分广泛。与德国的东海清木有限公司一起，形成了强大的“东海”打火机专利技术保护网，是打火机技术领域强有力的竞争者。专利申请量位于12位的碧克公司，拥有发明专利16件，在发明专利拥有量排名中名列第一。其专利的技术主题主要涉及儿童安全打火机、可选择性启动的打火机和打火机安全保险等方面的技术，同样是打火机技术领域强有力的竞争者。关注打火机技术领域的人知道，2001年，欧盟拟定进口打火机的CR法规草案。其核心内容是：规定进口价格在2欧元以上的打火机必须带有防止儿童开启装置即带安全锁。这意味着，素有“打火机王国”之称的温州打火机即将遭受严峻考验。其实，安全锁的工艺、结构并不复杂，且万变不离其宗。但国外对它的技术及专利已领先一步，这些技术几乎被国外有关企业申请了专利，例如碧克公司，它在中国申请的19件专利中，有16件为发明专利，而且于1998年在我国申请了7件有关防止儿童开启装置的发明专利。如果我国相关企业能及时关注这些国际上主要竞争对手的专利动态，就有可能在欧盟CR法规遭遇战前先知先觉，处于主动

迎战的地位。有人认为，CR法规主要是受世界著名的打火机制造商美国BIC公司和日本东海公司的影响，是为了保护其在欧洲的市场。从深度上分析，这是国际集团公司惯用的以技术优势抢占产品市场的竞争手法。为此，相关企业应引以为戒。

专利申请人分析，实际上是竞争对手分析。应当在专利申请人排名分析的基础上，针对本企业的具体情况，将排名在本企业之前的申请人作为主要竞争对手，对这些申请人进一步做专利检索，并关注竞争对手的技术特点和申请专利的技术领域变化。同时，对排名在本企业之后的申请人当中，应当关注那些申请量逐年增加的企业，因为这些申请人是本企业的主要潜在竞争对手。

6. 主题词频次统计

主题词频次排序分析是通过对所采集的分析样本中技术主题词对应的专利数量或占总量的比例进行统计和频次排序，其中排名靠前、所占份额较大的技术主题词对应的技术内容为重点技术。

通常主题词频次排序分析的实施要借助专业的分析工具，通过文本挖掘或自然语言技术等实现对技术主题词对应的专利数量或占总量的比例进行统计和频次排序，并借助可视化工具制作图表。有些分析工具还具有人机对话功能，允许分析人员进行人工标引获得相关的技术主题，再进行统计和频次排序。

实例8

截至2007年1月15日，在DII专利数据库中采集到有关PVD的专利累计23 695件，利用Thomson集团公司的Aureka分析工具制作相关的主题分布图，图8-6中首先可以看出：专利最集中的区域为层状金属镀覆（layer metal coating，图中心白色区域）；其次，与层状金属镀覆技术关系最为密切的是磁控溅射（magnetron sputtering/workpiece magnetic，图中心白色区域上方的红色区域）；此外，与溅射技术相关的专利技术主题还涉及金属烧结区域（power/matal/sintering）与金属板材与装配（plate/assembly）、氧化物与传导层（oxide/transparent conductive film）等区域；

在溅射技术中最重要的技术是溅射源区域（power/voltage/power source）；在图 8-6 的右下方是磁控管与磁体的旋转（rotation/magnetron/magnetic/）、镀覆中的磁控管与磁体（magnetron/magnetic/coating），目前来看，此区域的现有技术相对独立，只有少量的专利与屏蔽层（coil/shield/layer）、刻蚀（electrode/voltage/eatch）、层的固定和旋转（rotating/holder/layer）相关，由此可见在磁控溅射中磁控管与磁体相关的技术开发较少，有较大的投资开发价值。另外，在图的左下方，可以看出有不少专利和金属烧结与记录工具（recording medium/recording/layer）关系密切。

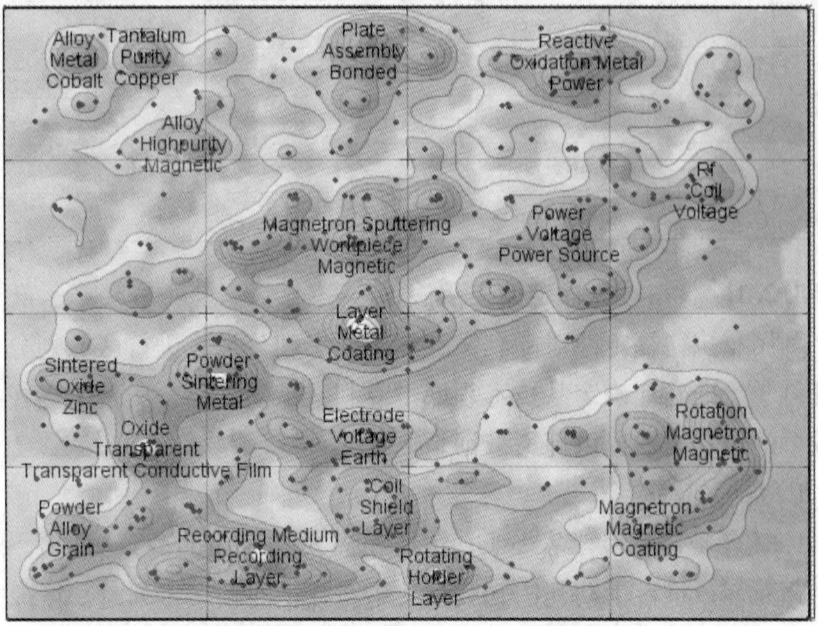

图 8-6 国外溅射技术的主题分布图

实例 9

在德温特世界专利索引数据库中检索有关锂电池方面的专利（数据采集时间：1960 年—2007 年），并按照应用领域进行主题分析，参见表 8-8。如表 8-8 所示，锂电池专利的应用领域主要涉及：个人电脑用锂电池专利 3677 件，其次是移动电话手机用锂电池专利 2958 件，第三个主要用途是便携式电子装置的专利2256件，通过此表可以较直观反映锂电池专利的应用情况。

表8-8 锂电池专利技术用途的分布情况

	用　途	涉及件数
1	personal computer	3677
2	mobile telephone	2958
3	portable electronic device	2256
4	electric vehicle	1677
5	power supply	1335
6	video camera	1248
7	hybrid vehicle	782
8	portable electronic machine	591
9	motor vehicle	506
10	power source	484

8.2.1.4 布拉德福定律应用法

利用布拉德福定律对专利文献按国际专利分类号进行区域划分，可以较科学、准确地确定某技术领域中专利文献的核心分类，为寻找技术领域中的核心技术提供理论依据。

1. 布拉德福定律

1934年英国文献学家S.C. 布拉德福（Bradford）明确指出，对某一主题而言，将科学期刊按刊载相关论文减少的顺序排列时，可以划分为对该主题最有贡献的核心区，以及含有与该区域论文数量相同的几个区域。每个区域里的期刊数量成$1:n:n^2\cdots$，这就是为后人所称道的布拉德福文献离散定律。

2. 布拉德福定律在专利分析中的应用

布拉德福这一研究结果表明，科学论文在科技期刊中的分布是不均匀的，少数期刊中“拥挤”着大量高质量的论文，大量的期刊中“稀释”着少量的论文。也就是说，文献的分布存在着高度集中与分散的现象，而文献这种不均匀分布现象同样存在于专利文献中。

专利文献在分类体系中的不均匀分布，与科技论文的分布情况十分雷同。国际专利分类体系（IPC）是按照专利文献的技术主题进行分类的体系，因此即便是同类技术，由于专利申请提出的技术主题保护的侧重不同，其专利文献分类号也会有区别。有时，一件专利可能同时具有几个 IPC 号，而且每个 IPC 号按照国际专利分类表，都有对应的技术主题，专利文献中 IPC 号的特点，为应用布拉德福文献离散定律进行核心技术研究提供了便利的条件。

通常，为了确定某一技术领域的核心专利分类，将布拉德福定律应用到专利文献的分类统计中时，可以把采集的专利数据按专利分类分为3个区域：

第一区域为本领域核心技术分类，该领域的专利文献相对集中于少量的核心分类上；

第二区域为本领域的一般性分类，该区域的分类号较多，但每一分类号下集中的专利文献并不多；

第三区域为与本领域相关分类，该区域的分类是那些主题与本领域技术内容有关联的类别。

核心专利技术研究是专利信息分析的重要组成部分，不仅可以使企业了解本行业重点技术，了解某个国家或地区的关键技术优势，还可以及时跟踪竞争对手的核心技术的变化，制定适合企业发展的竞争战略。

实例 10❶

应用布拉德福定律，对 2002 年通信技术领域的专利文献做统计研究，参见表 8-9。2002 年通信技术领域的专利申请（截至 2004 年 3 月被公开的中国专利）量为 2007 件。按每件专利文献的主分类统计，其中，集中在 H04N、H04Q、H04M、H04L、H04B、H04J 等 9 个分类号中的专利数达 1810 件，集中在 H04R、G02B、G06F、G02F、G11B、H04S、H04H 和 G03B 等 26 个分类号中的专利数仅有 175 件，

❶ 根据中国专利信息中心 2003 年 10 月中国专利光盘数据分析研究。

而其他22个分类号中的专利数只有22件。按照布拉德福定律，将这些分类划分为三个区域，来研究通信技术领域专利文献分布的不均匀性。

表8-9清楚地反映出通信技术领域专利文献的核心、一般和相关三个分类区。该实例的目的是帮助读者理解布拉德福定律应用到专利信息分析中的方法。实际工作中要研究相关技术领域的核心分类区域，首先要对采集的数据做一定的研究，还要选择合理的时间跨度，在划分区域时要设定不同区域其专利数量占相关技术领域专利总量的比例。需要注意的是不同技术领域，应该有不同的划分标准。

表8-9 2002年通信技术领域核心技术分类研究

分类区域	分类号	专利申请量/件
第一区域 本领域核心分类区	H04N、H04Q、H04M、H04L、H04B、H04J、H04R、G02B和G06F	1810
第二区域 本领域一般性分类区	G02F、G11B、H04S、G03B、G01S、H01L、G03G、H05K、G06T、H02M和H03M等分类号	175
第三区域 本领域相关分类区	G01B、G01C、G01M、G01R、G04B、G05B、G06K、G07F、G08G、G09B、B60P、B66B和F24F等分类号	22
总　　量		2007

8.2.1.5 时间序列法

时间序列分析或回归趋势分析等信息分析方法，是基于通过对历史数据变化规律的分析，有效地找出数据变化规律与时间的关系，揭示事物发展的轨迹，并对事物的未来发展状况进行预测。

1. 时间序列法

所谓时间序列法，就是在均匀时间间隔中对研究对象的同一变量进行统计分析的方法。目的在于掌握这些统计数据依时间变化的规律。它是进行定量分析时经常选择的数学模型之一。

2. 时间序列法在专利分析中的应用

在专利信息分析中，时间序列法也是被经常选择的一种方法。其变量可以是专利分类、申请人、专利被引用次数和申请人所在的国家等。

例如通过对专利申请量或授权量随时间变化的分析，研究技术领域的现状；通过专利申请人、专利申请数量与时间的对应关系研究揭示某技术领域在一定时间跨度内参与技术竞争的竞争者数量，从而揭示相关技术领域的技术生命周期。在时间序列分析的基础上，进一步展开线性回归趋势分析，预测该技术领域未来的发展趋势。

应用时间序列法进行技术趋势的分析和预测时，需要具备一个最基本的条件：要有足够的历史统计数据，构成一个合理长度的时间序列。专利文献是一个数量庞大、年代跨度长的信息集合，它恰好能满足时间序列法所要求的条件。因此在利用专利信息进行技术预测时，选择时间序列法是比较合适且实用的。

实例 11❶

以日本东海公司有关打火机方面的专利数据为例，利用时间序列和回归趋势分析方法，研究专利技术发展趋势。

在中国专利数据库中，该公司有关打火机方面的专利涉及 75 个 IPC 分类小组。经过统计排序分析，取前 20 位 IPC 分类小组，参见表 8-10。从中可以了解东海公司在打火机领域专利申请量随时间变化的情况，并以此分析其技术活动动向。

数据表明：东海公司（Tokai Corporation）在打火机领域拥有的专利技术十分全面，同时有关“液体燃料技术和燃料储存器技术”、“安全装置及打火机外壳技术”和“电点火技术”等关键技术是他们研究的重点。值得注意的是：在东海公司申请的有关打火机的专利中，F23Q2/02、F23Q2/44、F23Q2/46、F23D3/02、F23D3/08 和 F23Q2/06 等技术领域的专利，大多数是 1998 年以后申请的，同时这些领域的专利申请随时间的变化呈增长的态势。这说明 1998 以后东海公司的专利活动的重点开始向这些领域转移。

❶ 陈燕．打火机行业专利技术的市场分布及其主要竞争者［R］//中国知识产权研究会．各行业专利技术发展程度和趋势预测报告：第 1 辑．北京：中国人口出版社，2003

表 8-10　东海公司打火机专利申请（中国）前 20 名 IPC 排名

IPC	1992	1993	1995	1996	1997	1998	1999	2000	2001	2002	总计
F23Q2/16	3	3	1	4	2	4	4	2	7		30
F23Q2/28	1			2	2	1	3		5	2	16
F23Q2/34		2	2	2	2	2	1	1	1		13
F23Q2/02						4	2	4			10
F23D11/36	2	2	2	1			2				9
F23Q2/44						4	2	2			8
F23Q2/30				2	2	1					5
F23Q2/42				1				4			5
F23Q2/167		1			1	2					4
F23Q2/46							1	1	2		4
F23D14/28	1					1	1				3
F23D3/02						1	2				3
F23D3/08						2		1			3
F23Q2/06						2			1		3
F23Q2/50		1			1				1		3
F23Q3/01	1		1		1						3
F23D3/24						1	1				2
F23Q11/00				1	1						2
F23Q2/00		1					1				2
F23Q2/36	1			1							2

与此同时，如表 8-10 所示，东海公司在中国申请的有关打火机的专利中，涉及 F23D11/36、F23Q3/01、F23Q11/00 和 F23Q2/36 等领域的专利，多数是在 1997 年以前申请的。除 F23D11/36 外，这些领域在 1997 年以后均没有新的专利申请，反映出这方面的技术已相对成熟，东海公司不再做新的投入。

根据表 8-10 中的数据，进行回归趋势分析，绘制图 8-7。如图 8-7

所示：F23Q2/16（气体燃料点火器）、F23Q2/28（以电点火燃料为特征的点火器）等方面的技术呈现增长态势，而F23Q2/34（装有燃料的点火器的零件或附件）已呈现明显的下降趋势。这说明东海公司在装有燃料点火器的零件或附件等相应的技术领域的投资在减少。

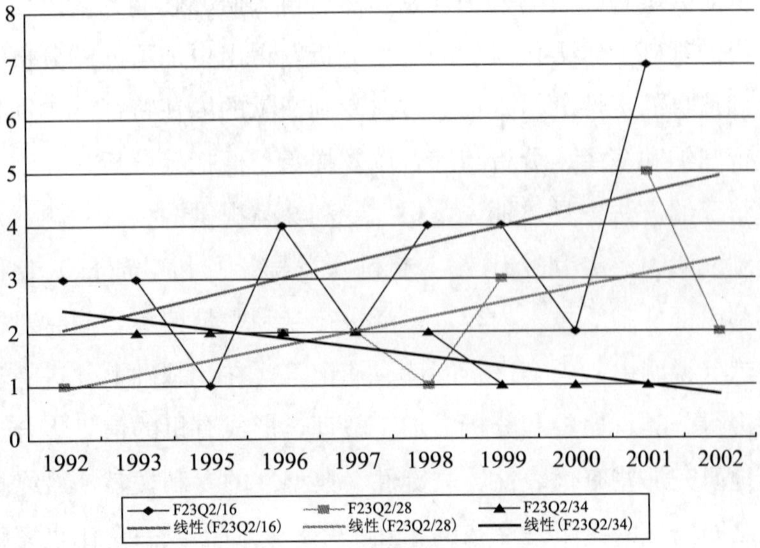

图 8-7 回归趋势分析图

8.2.2 专利定性分析

专利定性分析是对专利信息内在特征进行质的分析。它在专利信息分析中有广泛的应用领域。本文重点介绍专利定性分析中常见的方法：专利技术的定性描述。

8.2.2.1 专利定性分析简述

定性分析是指运用归纳和演绎、分析与综合以及抽象与概括等方法，对获得的各种材料进行思维加工，从而能去粗取精、去伪存真、由此及彼、由表及里，达到认识事物本质、揭示内在规律。定性分析的本质是对研究对象进行“质”的方面的分析。要对研究对象进行“质”的分析，首先就要认识这个对象所具有的性质特征，以便把它与其他的对象区别开来。定性分析有两种不同的层次：一种是研究的结果本身就是定性的描述，没有数量化或者数量化水平较低；另一种是建立在严格的定量分析基础上的定性分析。从科学认识的过程看，任何研究或分析一般都是从研究事物的质的差别开始，然后再去研究它们的量的规定，在量的分析的基础上，再作最后的定性分析，得出更加可靠的分析。

专利信息的定性分析是指通过对专利文献的内在特征（专利技术内容）进行归纳和演绎、分析与综合以及抽象与概括等分析，探索某一技术发展状况的方法。具体地说，根据专利文献提供的技术主题、专利国别、专利发明人、专利受让人、专利分类号、专利申请日、专利授权日、专利引证文献等技术内容，广泛进行专利文献搜集，同时对搜集的专利文献（说明书）内容进行阅读、摘记等，在此基础上，进一步对这些信息进行分类、比较和分析等加工整理，形成有机的信息集合。进而有重点地研究那些有代表性、关键性、典型性的专利文献，最终找出专利信息之间内在的甚至是潜在的相互关系，从而形成一个比较完整的专利情报链。

8.2.2.2 专利技术的定性描述

在专利信息分析中一种行之有效的方法是通过对专利技术的研究，从多视角进行分群描述，形成各种图表来辨别专利分布态势。常用的有专利技术功效表、技术角度分析法和技术发展图等。

1. 专利技术功效矩阵分析

专利技术功效矩阵分析是指通过对专利文献反映的主题技术内容和技术方案的主要技术功能之间的特征研究，揭示它们之间的相互关系。这种研究方法的结果常常用功效矩阵图表形式表示。

专利技术功效矩阵分析的步骤是先对研究的技术内容进行分类，然后再按照技术功能分类，最后进行归纳和推理以及分析与综合。这种方法可以用来研究现有技术发展重点以及尚未开发的技术空白点。

实例 12

表 8-11 是关于技术功效矩阵分析的结果显示表格，案例涉及有关“二氧（杂）芑”化合物技术主题的研究。分析人员将 1984—1998 年间有关二氧（杂）芑化合物，共 56 件进行加工、整理和分类。然后按 4 个技术主题（流化床体燃烧特征（Fluid bed cmbustion charactenstics）、二级燃烧温度控制（Secondary cmbustion temperature control）、二级燃烧混合控制（Secondary cmbustion mixing control）和二级燃烧持续时间（Secondary cmbustion retention time））和 5 个发明目的（使二氧（杂）芑分解（Dioxin decomposition only）、降低成本（Cost reduction）、维护和保养（Improved maintenance）、残渣类型与数量的波动（Accommodation to fluctuations of refuse type and volume）和热恢复及其他（Heat recovery and others））进行分类整理，并按三年为一个时间跨度进行统计，得到表 8-11。

数据显示：该技术领域的发明主要集中在 1987 年至 1995 年间，技术主题主要集中在二氧（杂）芑分解过程中流化床燃烧特征、二氧（杂）芑分解过程中二级燃烧温度控制、二氧（杂）芑分解过程中二级燃烧混合控制、二氧（杂）芑分解过程中二级燃烧持续时间等技术领域。其次，涉及的另一个技术主题是流化床燃烧中残渣类型与数量的波动研究。值得注意的是有关该技术主题的专利大部分是 1993 年以后才出现的，属于新的技术热点。另一个需要注意的是在表中有 6 个区域没有专利申请，它们是该技术领域的技术空白点，即潜在的技术发明点，亦是寻求专利创新的方向。

表 8-11　专利技术功效矩阵示意图

Purpose	Dioixn decomposition only					Cost reduction					Improved maintenance					Accommodation to fluctuations of refuse type and volyme					Heat recovery and others				
Application year / Technical item	84-86	87-89	90-92	93-95	96-98	84-86	87-89	90-92	93-95	96-98	84-86	87-89	90-92	93-95	96-98	84-86	87-89	90-92	93-95	96-98	84-86	87-89	90-92	93-95	96-98
Fluid bed combustion characteristics		●●●●●●	●●●	●●●●●●						●			●			●			●●●	●●				●	●
Secondary combustion temperature control		●●●	●●	●	●●			●			技术空白点							●	●					●	
Secondary combustion mixing control		●●●●	●●●●	●●				●					●						●	技术空白点					
Secondary combustion retention time		●●	●●	●		技术空白点																			

2. 技术角度分析法

专利技术角度分析法是专利功效矩阵分析方法的延伸。在专利信息定性分析中，分析人员常常会将采集的专利文献集合，按材料（Material）、特性（Personality）、动力（Energy）、结构（Structure）、时间（Time）5 个方面进行加工、整理和分类，构造 MPEST 技术角度图，从技术分类入手，将研究对象进行分群来揭示被研究的技术领域的专利特征。

有些分析软件将技术分析角度分为处理（Treatment）、效果（Effect）、材料（Material）、加工（Process）、产品（product）、结构（Structure）6 个方面，并且对每个方面也都做了一定的延伸，简称 TEMPST 地图，参见表 8-12。在实际工作中也可以将类与类进行组合，如材料与处理方法，材料与产品等，形成多种矩阵图表，来研究技术重点或技术空白点。

表 8-12 技术角度分类示意图

技术分析角度		概念的延伸
T	处理（treatment）	温度（temperature）、速率（velocity）、时间（time）、频率（frequency）和压力（pressure）等
E	效果（effect）	目标（purpose）、履行（performance）和功效（efficiency）等
M	材料（material）	材料（material）、成分（component）、混合物或化合物（compound）和附加物（addition）等
P	加工（process）	制造方法（manufacturing）、系统（system）和程序（procedure）等
O	产品（product）	产品（produce）、部件（parts）、结果（results）和产量（outputs）等
S	结构（structure）	结构（structure）、形状（form）、图样或装置（device）、组分（compound）和电路（circuit）等

无论是 MPEST 技术角度图还是 TEMPST 地图，这种分析方法所反映的技术特征，有时并不是专利文献中直接提及的，在加工过程中，现阶段尚需要一定的人工干预。但从分析结果看，该方法结果显示直观，能揭示专利文献潜在技术特征，是专利信息分析中的一种深层次定性分析方法。

由于技术角度分析方法尚需要一定的人工干预，在不少专利分析软件中，均需要一定的技术专家或分析人员对相关的专利文献进行二次加工和分类。随着信息处理技术的迅猛发展，自然语言技术的广泛应用，这种人工干预的现象将得以解决。

3. 技术发展图

在专利信息定性分析中，分析人员常常会按照技术发展的时间先后，将分析结果中专利文献的简要内容用图示的方式，直接展示给客户，见图 8-8。在技术发展图中，根据研究目的的不同，用户可以自行设计展示的技术内容，以便为决策者提供简洁、直观的技术信息。

专利公开年份	
1987	4658018 Filed：1/13/1984 Process for producing homogeneous colony stimulating factor Assignee：Immunex Corporation（Seattle，WA）
	↓
1990	4894440 Filed：9/17/1986 Method of isolating megakaryocyte stimulatory factor Assignee：Massachusetts Institute of Technology（Cambridge，MA）
	↓
1991	5032396 Filed：1/17/1989 IL-7 to stimulate platelet production Assignee：Immunex Corporation（Seattle，WA）
	↓
1993	5260417 Filed：9/12/1991 Megakaryocyte growth promoting activity protein Assignee：Genetics Institute，Inc.（Cambridge，MA）； University of Vermont and State Agricultural College（Burlington，VT）
	↓
1994	5326558 Filed：6/29/1990 Megakaryocytopoietic factor Assignee：Genetics Institute，Inc.（Cambridge，MA）

图 8-8　技术发展示意图

8.2.3　专利拟定量分析

从本质上说定量分析和定性分析之间既有区别又有联系。在实际工作中将二者结合起来应用，可以更好地揭示事物的本质。专利信息分析也不例外。针对不同的分析目的，分析人员有时要采用定量与定性相结合的分析方法，即拟定量分析方法。专利拟定量分析通常由数理统计入手，然后进行全面、系统的技术分类和比较研究，再进行有针对性的量化分析，最后进行高度科学抽象的定性描述，使整个分析过程由宏观到微观，逐步深入进行。专利分析中比较常见的拟定量分析方法有专利引文分析和专利数据挖掘等，它们是对专利信息进行深层次分析的方法。

8.2.3.1 专利引文分析

由于引文分析能由表及里地揭示出科学思想的相互关联、探索事物的结构和规律，使得它被广泛地应用到各种信息分析当中。专利引证数据的特点，又使得专利引文分析方法具有更强的功能。

1. 引文分析基础

在科学活动中，人们的智力劳动及其知识产品都不是孤立存在的，而是以前人的劳动为前提和条件的。因而作为知识劳动的主要载体形式之一的科技文献，在内容上存在必然的相互联系、相互影响。正如英国著名学者 J. N. 齐曼（Ziman）所说，“没有一篇科学论文是孤立存在的，它是被深嵌在某学科的文献系列之中”。文献之间根据出版的时间先后存在引用和被引用的相互关系。引用文献和被引用文献在内容上形成了科学思想借鉴和发展的轨迹。

一般来说，引文分析就是利用科学论文所引用的文献，对科学论文所体现的内容进行分析。对一个学科一定样本数量的引文进行分析，不仅可以揭示出学科科学思想的发展轨迹，还可以挖掘出很多深层次的、单一文献内容以及其他信息分析方法不能反映的信息。因此，引文分析是一种重要的情报研究方法，其功效是其他情报学方法所不能替代的。

2. 引文分析中的名词解释

引文是一种重要的信息源，广泛应用于信息检索、技术评估与预测、竞争对手研究等信息分析领域。在引文分析中有几个概念相当重要，了解它们有利于掌握引文分析方法。这些基本概念将被应用到专利引文分析中，在此对这些基本概念做简要介绍。

（1）引文。引文是指一篇学术论文中所引用的参考文献的统称。

（2）引文数。引文数是指一篇学术论文中所引用的参考文献篇数。

（3）平均引用数。平均引用数是指某专业领域内相关论文被引用平均次数。

（4）平均引用比率。平均引用比率是指某专业领域内相关论文被引用次数之和占领域内相关论文总数的百分比。

（5）引文耦。引文耦这一概念首先由美国学者 M. M. 克斯勒（Kessler）在 1963 年提出，是指两篇或多篇学术论文在参考文献中有一篇或多篇共同的引文，则它们之间存在某种耦合关系，共同的引文篇数表示其耦合相关的程度，称之为引文耦。有时也称之为“同引”。引文耦越多，说明耦合强度越大。在引文分析中，引文耦概念可以从文献拓展到学科、专业、作者、语种、国家等特定的目标上，来反映学科之间、领域之间、作者之间等相关的关系。

（6）同被引。这一概念是在 1973 年由美国情报学家 H. 斯莫尔（Small）和前苏联女情报学家玛尔莎柯娃（Marshakova）同时提出的，是指两篇（或多篇）独立的文献同时被其他文献所引用，则这两篇（或多篇）文献具有“同被引”的关系，并且以它们被其他文献引用的次数来表示其相关的程度，或称为同被引强度或同被引频率。在引文分析中常常要规定同被引的阈值（学科领域或专业的不同，聚类所要求的同被引强度有所不同）作为判别相关的尺度，或控制聚类的条件。研究同被引的目的在于利用文献之间的同被引关系，把表面没有联系的文献聚类到一起，便于文献的研究，客观地反映科学活动中许多隐蔽的或深层的相关情报。同样，同被引的概念也可以被推广到文献以外的特定对象上。例如，可以在学科之间、国家或地区之间、作者之间等多方面，利用同被引研究来揭示其复杂的相互关系。

（7）施引文献。施引文献是指引用其他文献的源文献。

（8）受引文献。受引文献是指被其他文献引用的文献。

（9）自引率。自引率是指文献作者引用自己相关文献的次数占作者论文的总引用次数的比率。

（10）被引用率。被引用率是指文献或文献作者被引用次数占领域论文的总引用次数的比率。

（11）引文索引。引文索引是引文分析中被广泛使用的检索工具。不同的检索系统可以建有不同的引文索引。目前被科技信息与科学研究的人员广泛使用的、比较有影响力的国际引文索引数据库有美国科学情报社（1SB）编辑出版了《科学引文索引》（Sciences Citation Index，SCI）、社会科学引文索引（Social Sciences Citation Index，SSCI）和艺术与人文类索引（Arts & Humanities Citation Index，A&HCI）。

3. 专利引文分析简述

由于专利引文数据易于获得、数据规范，分析人员可以方便地建立专利引证模型。从而使专利引文分析方法被广泛应用到预测竞争者的主要新产品、寻找技术空白点、挖掘技术开发人员、评价开发新技术和信息产品平台的成本和收益，为企业提供战略定位服务等。

（1）专利引文分析定义。专利引文分析是指利用各种数学和统计学的方法以及比较、归纳、抽象、概括等逻辑方法，对专利文献的引用或被引用现象进行分析，以揭示专利文献之间、专利文献与科学论文之间相互关联的数量特征和内在规律的一种文献计量研究方法。

（2）专利引证模型。美国工业研究院的 Anthony Brietzman 和 Patrick Thomas 认为："隐藏在专利引证分析背后的理念，是被后来的诸多专利所引用的专利趋向，包含重要的许多其后发明者所依据的思想，这使得它们更有价值"❶。Fleming 等学者也提出："专利引证分析是基于这样一个前提：前向和后向专利引证的数量状态都是专利价值的指示器；尤其是前向引证的数量有更大的研究价值。一个前向引证是对由另一项专利所赋予的价值的一种参照"❷。所谓前向引证和后向引证是相对于研究对象（需要研究的一件或多件专利）而言的，前向引证是指研究对象被在后申请的专利所引用，而后向引证是指研究对象引用在先专利。至此，构建了专利引证的基本模型，如图 8-9 所示。

在图 8-9 中，相对于研究对象 A 而言，专利 P1、P2 和 P3 都是专利 A 的前向引证，而专利 M1 和 M2 是专利 A 的后向引证。有分析人员指出：一件专利当它被引用次数超过 10 次时，在某一时间段内被引

---

❶ BREITZMAN A.，THOMAS P. Using Patent Citation Analysis to Target/Value Merger and Acquisitions Candidates［J］. Research-Technology Management，45：28—29

❷ JULIA F. Valuing Patents：Assessing the Merit of Patent Citation Analysis［D］. Virginia：University of Virginia，2003

用的次数与它技术重要性专业排名高度相关。这些理论基于这样的事实：一份专利说明书中包含的发明创造背景知识一般会参考具有相同发明目的的现有技术文献。同样，专利审查员审查专利时，常会参考主题相近的现有技术文献，这些参照文献常被列在专利文献首页上，或检索报告中。

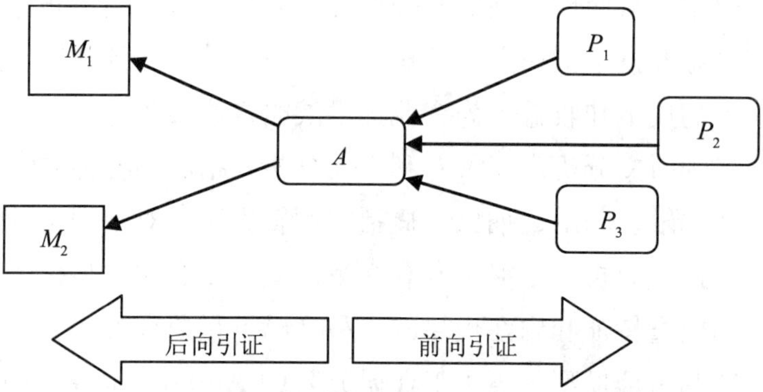

图 8-9　专利引证模型

研究专利的引用信息可以识别孤立的专利（这些专利很少被其他的专利申请所引用）和活跃的专利，这些活跃的专利被大量的其他专利引证。表明它们是影响力较大的专利，或是具有更高的质量。当然，专利引证模式、被引用的平均数，或者施引文献与受引文献之间时间滞后的平均数因不同的国家和地区（或部门）、不同技术领域而不同，这些影响因素在信息分析中应加以关注。

利用专利引文数据，构建的专利引文指标可以用来推算技术关联程度和特定技术领域的技术关联程度等。此外，通过引文分析，了解专利之间的关系，有助于了解围绕着变化的技术领域形成网状专利保护的轨迹，并显现出技术交叉点的专利趋势，从而寻找新技术空白点。

专利引文分析之所以在专利信息分析中占重要地位是由专利文献及其专利引文的本质所决定的。专利文献所公开的‘引证’信息代表着现有技术信息。如图 8-9 所示，专利 A 被专利 P_1、P_2 和 P_3 引证，意味着专利 A 代表先前存在的技术知识，专利 P_1、P_2 和 P_3 是在其技术基础之上构建的。这种现有技术与新技术之间的紧密联系赋予专利引文的重要价值。

(3) 专利引文数据类型。一般来说，专利文献包含两种类型不同的引证。一种是由专利发明人撰写专利说明书时撰写的。这种引文既可以是专利文献，也可以是非专利参考文献，它们包含在说明书正文之中。另外一种引文是专利审查员在审查专利申请时撰写的。这种引文出现在专利说明书的扉页，或者检索报告中。

上述两种专利引证类型之间存在着差异。通常，专利申请人倾向于引用自己的早期专利申请作为背景技术，这是因为他们一般不做专利检索来了解技术状况，另一方面也不知道与他自己的专利相类似的发明创造。相对于专利申请人的引文而言，专利审查员作为该技术领域的专家，当他们审查专利文件时，常常会将审查的专利与主题相近的在先公开的专利相比较，这样列出的引文专利更客观，而且数据采集、加工相对容易。专利信息分析中研究人员在通常情况下使用的专利引文是指专利审查员提供的专利引文，这是因为现有专利引文检索数据库往往只提供专利审查员的引文。

(4) 中国专利引文数据的特点。对于中国专利文献而言，专利引文数据类型和上述描述的内容一致，但需要注意的是在中国，只有经过实质审查阶段的发明专利才会获得第二种引文数据。目前，经过实质审查阶段的发明专利只占全部中国专利的10%左右，因此专利引文数据的数量不多、覆盖面较小，而且只有1997年以后的、经过实质审查阶段的发明专利才有审查员给出的专利引文数据。这些数据出现在专利说明书的扉页、或审查员的检索报告中。那些在国内已经被公开但未经过实质审查阶段的发明专利申请不具有审查员给出的引文数据，只有在专利说明书的背景技术描述部分包含专利发明人引用的引文数据。此外，中国专利申请中，实用新型专利不需要经过实质审查阶段，因而没有专利审查员引用的引文数据。只有在专利说明书的现有技术描述部分包含专利发明人引用的引文数据。采集这类引文数据的工作量较大，而且这种引文数据隐含在专利说明书之中，采集不方便。现阶段中国专利数据库中尚没有引文检索功能。

（5）商业引文数据库介绍。目前，许多商业数据库通过 Internet 提供专利引文检索，在 STN、Dialog 以及 Questel Orbit 等商业数据库中提供德温特引文索引（DPCI）检索数据库。DPCI 包含所有不断更新的专利族目录以及审查员引用的专利和非专利文献，是信息量最大、覆盖面最广、检索功能强大的专利引文数据库之一。此外，美国 Mogee 研究与分析协会开发的有自主知识产权的专利引文分析数据库（PCAD），包含的专利数据为 1975 年至今的美国专利及其专利引文。该数据库还配有专利引文的分析软件，并提供各种研究、分析报告。

4. 专利引文分析功能

申请专利的发明创造与专利引文数据密切相关的特性，决定了专利引文分析法作为一种有效的、专门的信息分析方法，被广泛应用于技术创新、专利定价和技术与学术评估、竞争环境中的主要竞争对手研究、了解技术发展历史、预测技术发展趋势等专利分析领域，其应用范围及发展前景十分广阔。可以说专利引文分析法是专利信息分析研究中不可或缺的重要组成部分。

（1）提高专利信息检索质量。各种情报检索理论和方法都围绕着准确、高效地显示、识别和判断检索对象内容或概念上，专利文献检索也不例外。然而，专利文献检索却因专利本身的特征而具有其特殊性，其原因如下。

① 由于各国专利法都对专利申请文件有新颖性、创造性等方面的规定，这就使得同一领域的专利文献在技术内容上不完全相同。

② 在一些技术发展迅速的技术领域，用目前的技术术语进行主题词或关键词检索，可能找不到近几年的有关发明创造。

③ 不同的发明人语言习惯与表达方式也不尽相同。

因而在专利信息分析中，只使用主题词或关键词进行检索，不易充分显示概念之间真正的相关关系，影响检索语言的缩检扩检功能，容易发生漏检误检。而专利引文检索不依赖于主题词或关键词等词汇检索，它利用引文数据揭示专利文献之间的潜在的相互联系，因而，可以扩大专利信息检索的范围，提高检索效率，常常会得到传统检索得不到的结果，尤其在专利新颖性检索方面有其独特的优势。

(2) 进行专利技术评估。专利引文的另一个重要功能是可以揭示专利文献之间或专利文献与科技文献之间的相互关系，并由此推断技术领域或竞争对手的核心技术，测算专利技术生命周期，预测技术发展趋势，从而对专利技术进行综合评估。

① 评估科学与技术关联度。专利申请中引用的学术论文数常用来评估科学与技术的关联度。专利审查员在审查专利申请案时，除了引用在先专利外，还会引用在先学术论文来描述在先技术与新专利申请案在专利内容上的关联性。对于某一技术领域，尤其是新技术领域，审查员引用的学术论文与技术和科学关联度的发展轨迹相关。而且，无论在定量还是定性上，这样的引文数量都能表征任何一个设定的技术领域的科学基础的程度。

② 确定核心技术。研究专利的被引用数可以识别哪些专利是活跃的专利，这些活跃的专利被大量的其他专利引证，它们是相关专业技术领域的核心技术的代表。一般来说，专利文献之间的引用是不对称分布的，相对于专利总量而言，大约有2/3的专利很少被引用。进而可以这样理解：一件专利如果比同时期的专利更加经常被其他专利所引用，则该专利很可能包含着重要的技术发展优势，它的技术内容超出同技术领域的专利的平均技术水平，可以被看成一件较为重要的、处于核心竞争地位的发明，或有较大影响力的专利，或是具有更高的质量。许多后来的同类专利可能是在借鉴它的技术基础上研究出来的。研究表明，专利文献的技术水平越高，它被引用的几率越大。通常当一件专利被频繁引用10次或更多次时，该件专利值得高度重视，它很可能是某技术领域或竞争对手的核心技术的代表。例如美国1986年公布的US4615959专利，该专利是一件关于可充电电池技术方面的专利，共被引用了46次，而该领域绝大部分专利只被引用过1～2次。从电池技术的发展历史看，该专利与电池技术的创新有关，是电池技术领域的核心技术。

此外，不同的技术领域，专利被引用的平均次数不同。技术发展快速的技术领域，专利被引用的平均次数较低，而技术发展相对缓慢的领域，专利被引用的平均次数较高。这些影响因素在专利信息分析中要充分考虑。

基于同样的理论，专利引文分析方法可以用来研究国家或地区层面的核心技术群。

③ 揭示技术发展阶段。由于专利引文反映了新技术对现有技术的借鉴，沿着专利引文的方向，可以寻找技术发展的轨迹。借助于专利被引用的次数，研究专利技术的生命周期，从宏观上推测技术所处的发展阶段。一般说来，新技术提出之初，专利引文数量较小，而随着技术的不断发展，专利引文量逐渐增加，当技术进入成熟期后，专利引文数量达到最大值。因此，对专利引文数量的分析，不仅可以了解专利技术发展的历史，还可以帮助人们判断技术的发展阶段。

④ 研究技术发展趋势。通过对专利引文随时间变化的研究，揭示那些专利引文数量排名虽不在前列，但是随着时间的推移，专利被引用次数不断增加的专利技术，很可能是该技术领域中最有潜力、发展快速的前沿专利技术。

（3）分析竞争对手。专利引文可以评估专利权人（或称为专利受让人）的技术实力是基于这样的理论：相对于整个专利体系的平均专利申请量和专利平均被引用次数而言，如果某个竞争对手拥有较多的专利申请，说明该竞争对手在相关的技术领域有较好的发展。如果其中又有多件专利被他人引用，说明该竞争对手有较好的专利组合质量，同时它的专利技术对施引者来说较为重要，由此可以表明该竞争对手具有雄厚的技术实力。通常被认为处于产业的强势地位。

利用专利引文进行竞争对手分析时，不仅能掌握竞争对手的技术实力与技术动态，还可以帮助用户确定技术领域中最重要的技术竞争者和潜在技术竞争者，了解做出重要技术发明的技术人才，掌握竞争对手的专利活动及其专利侵权等信息。在开发新产品、新技术时，客户也要主动进行文献对比研究，防止主动侵权行为的发生。

5. 专利引文分析方法

从专利信息分析的角度讲，引文分析方法有多种，包括利用前向和后向专利引证构建引用清单、平行专利研究、专利被引用数排序研究、专利引证与专利权人关系研究、专利引证率分析、引用时差分析等。

（1）前向和后向引证分析。专利引文分析中最简单的方法是依据用户提供的专利号，构建引用清单，使引用信息直观化。该引文清单组合由前向引用和后向引用组成。

① 前向引证。前向引证是指研究对象被在后申请的专利所引用。大量的研究已经表明：前向引证是对一项专利（被引用的专利）所赋予的价值的一种参照。

前向引证研究，常常根据用户指定的研究对象（如实例中专利号为5358317 的美国专利文献，以下简称受引专利），进行引文检索，确定引用这些受引专利的专利文献（以下简称施引专利），以及专利权人的有关信息，构建引用清单，了解在受引专利公开后，就相同技术领域提出的新的专利申请。重复出现的受引专利的次数，表示受引专利被引用的次数。

实例 13❶

如表 8-13 所示：专利号 5358317 的专利文献是福特汽车公司申请的，研究其前向引证，旨在了解哪些专利引证了该公司的专利，并可能造成的侵权。

表 8-13 专利 5358317 前向引用清单

用户指定的受引专利号	施引专利号	受引专利的权利人	施引专利的权利人
5358317	6709075	Ford Motor Company	Ford Global Technologies，LLC
5358317	6663197	Ford Motor Company	Ford Global Technologies，LLC

❶ 利用美国专利商标局专利数据库进行检索和分析，绘制表 5-12、表 5-13。

续表

用户指定的受引专利号	施引专利号	受引专利的权利人	施引专利的权利人
5358317	6655754	Ford Motor Company	Ford Global Technologies，LLC (Dearborn，MI)
5358317	6631960	Ford Motor Company	Ballard Power Systems Corporation (Dearborn，MI)
5358317	6275763	Ford Motor Company	Ford Global Technologies，Inc. (Dearborn，MI)；Eaglestar Electric Drive Systems LLP (Dearborn，MI)
5358317	6142586	Ford Motor Company	Toyota Jidosha Kabushiki Kaisha
5358317	6120115	Ford Motor Company	Toyota Jidosha Kabushiki Kaisha
5358317	6094611	Ford Motor Company	Hyundai Motor Co.，Ltd.
5358317	6088646	Ford Motor Company	The Boeing Company (Seattle，WA)
5358317	6070953	Ford Motor Company	Toyota Jidosha Kabushiki Kaisha
5358317	6033041	Ford Motor Company	Mitsubishi Jidosha Kogyo Kabushiki Kaisha (Tokyo，JP)
5358317	5997107	Ford Motor Company	Mitsubishi Jidosha Kogyo Kabushiki Kaisha (Tokyo，JP)
5358317	5895100	Ford Motor Company	Toyota Jidosha Kabushiki Kaisha
5358317	5893895	Ford Motor Company	Honda Giken Kogyo Kabushiki Kaisha (Tokyo，JP)
5358317	5882093	Ford Motor Company	Aisin Seiki Kabushiki Kaisha
5358317	5879062	Ford Motor Company	Mitsubishi Jidosha Kogyo Kabushiki Kaisha (Tokyo，JP)
5358317	5875864	Ford Motor Company	Honda Giken Kogyo Kabushiki Kaisha (Tokyo，JP)
5358317	5549371	Ford Motor Company	Nippondenso Co.，Ltd. (Kariya，JP)；Nippon Soken，Inc.
5358317	5542754	Ford Motor Company	Honda Giken Kogyo Kabushiki Kaisha (Tokyo，JP)
5358317	5511866	Ford Motor Company	Aisin Seiki Kabushiki Kaisha
5358317	5508924	Ford Motor Company	Kabushikikaisha Equos Research
5358317	5476310	Ford Motor Company	Hitachi，Ltd. (JP)

表中数据显示：在施引专利权人中，除了福特汽车公司多次引用自己早期专利技术外，日本本田公司（Honda Giken）、丰田公司（Toyota Jidosha Kabushiki Kaisha）以及日本三菱公司（Mitsubishi Jidosha Kogyo Kabushiki Kaisha）等著名汽车集团也多次在其专利申请中引用福特汽车公司的该件专利。数据表明：福特汽车公司与日本本田公司、丰田公司以及日本三菱公司在“电动汽车防滑制动与牵引等控制系统”技术领域从事相似的技术研究，福特汽车公司应密切关注它们的技术动向，并仔细分析竞争对手的专利申请，分析是否构成侵权。

② 后向引证。后向引证是指研究对象引用在先专利。它能揭示出一项新技术的技术基础和背景技术。后向引证清单是根据用户指定的研究对象（如实例中专利号 5358317 的美国专利，简称施引专利），了解其引用的全部美国专利文献。通过检索，在清单中列出了被它引用的在先申请的专利号和专利权人（受引专利），参见表 8-14。表中出现的受引专利文献数是该专利引证其他专利的次数。

表 8-14 后向引用清单

用户指定的施引文献	受引文献	受引文献专利权人	受引文献申请日期
5358317	4794538	Robert Bosch GmbH (Stuttgart，DE)	1988
	4809175	Honda Giken Kogyo Kabushiki Kaisha (Tokyo，JP)	1989
	4842342	Nissan Motor Co.，Ltd.（Yokohama，JP）	1989
	4930084	Honda Giken Kogyo Kabushiki Kaisha (Tokyo，JP)	1990
	4947332	General Motors Corporation (Detroit，MI)	1990
	4962969	Ford Motor Company (Dearborn，MI)	1990
	5001640	Nippondenso Co.，Ltd.（Kariya，JP）	1991
	5033002	Ford Motor Company (Dearborn，MI)	1991
	5222568	Kabushiki Kaisha Shikoku Sogo Kenkyujo (Kagawa，JP)；Sato；Kazunobu (Tokushima，JP)	1993

注：5358317 是 1993 年 1 月在美国申请的专利。

③平行专利研究。在专利研究中，由于专利申请自提出后到被公开，需要一定的时间，比如，一般情况下，中国发明专利要在专利申请日后 18 个月才能被公开。这就造成在此期间内，有些专利申请虽然在技术主题上具有相似性，但相互之间却没有直接的引用关系。在专利信息的分析中，研究人员将这些专利称为“平行专利”，通过对前向引用和后向引用的综合研究，可以有效地寻找没有直接关联的平行专利，从而提高专利信息分析的质量和专利检索的查全率，见图 8-10。

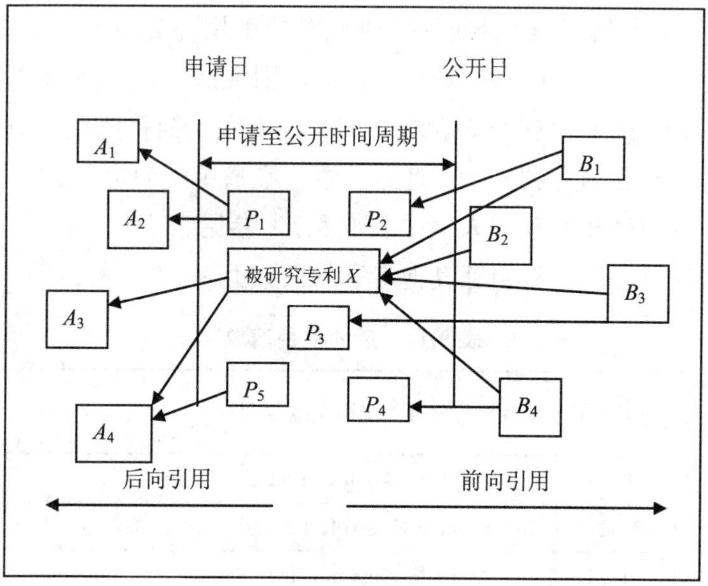

图 8-10　平行专利示意图

图 8-10 显示：专利 A_1、A_2、A_3、A_4 是专利 P_1、X、P_5 的受引专利，它们之间产生后向引用关系。专利 B_1、B_2、B_3、B_4 是专利 P_4、P_2、X、P_3 的施引专利，它们之间产生前向引用关系。通过前向引用和后向引用的综合研究，寻找到 X 的平行专利 P_1、P_2、P_3、P_4、P_5。图中，申请日和公开日是被研究的专利 X 的专利申请日和公开日。

④专利引文树显示。在专利引文分析中，前向引用和后向引用的分析结果常常用引文树的形式显示，见图 8-11。值得注意的是：专利引文树可以有多级层次，通过引文树，可以直观地反映专利文献之间相互关系，寻找核心专利所在。

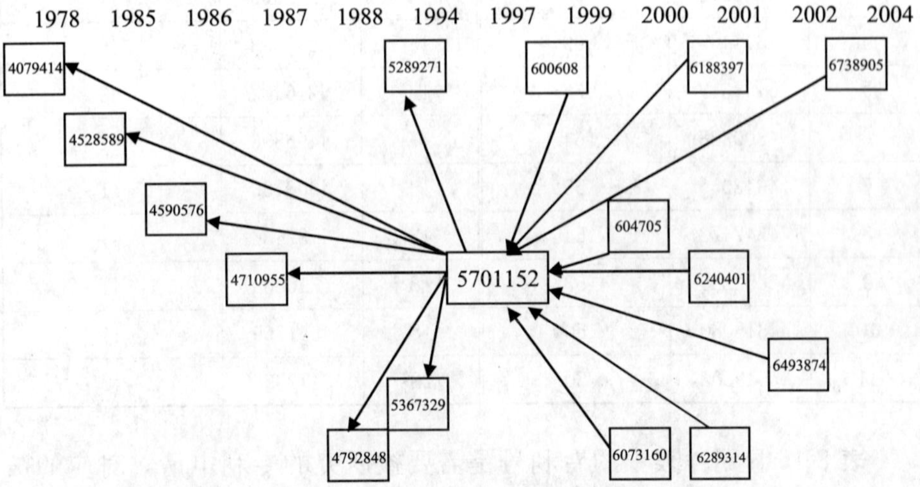

图 8-11 专利号 5701152 向前、向后引文树（数据来源：uspto. gov）

（2）专利引证次数的统计排序。

① 单件专利被引证次数排序。研究表明，一件专利在某一时间段内被引证的次数与它的技术重要性专业排名高度相关。进而，在一定技术领域中，根据专利被引证次数的统计排序，可以反映专利技术的重要程度。

实例 14

本义以电动汽车为技术主题，在美国专利数据库中提取 1976 年至 2004 年间公开的专利文献，截至 2004 年 9 月底，有关电动汽车技术的专利共 2660 件，去除部分数据项缺损的数据，参加统计分析的专利数为 2480 件。按专利被引证的次数排名，取前 22 位，见表 8-15。

表 8-15 专利引证频次排名

排名	专利号	被引证次数	排名	专利号	被引证次数
1	5343970	140	12	4407132	49
2	4335429	112	13	4532418	48
3	4533011	90	14	4962969	47
4	4351405	69	15	5341083	46
5	5157319	66	16	5216402	43
6	4800328	64	17	4496896	42
7	4042056	59	18	4306156	41
8	4347472	54	18	4187436	41
9	3952239	53	18	4216839	41
10	4313080	50	18	4951769	41
11	5049802	50	22	3470828	40

表 8-15 显示：表中的专利号是需要被研究的专利申请，对应的被引用次数是在规定的时间范围内，这些专利被引用的次数。按照被引用的次数进行排序，了解这些专利中的重要专利。表中 5343970、4335429 和 4533011 等专利，被引用次数均在 90 次以上，而且比其他排名靠前的专利高出 30～50 次，说明这 3 件专利所代表的技术内容是电动汽车领域中的重要技术。

② 引证分析中的时间序列法。在专利引证次数统计排名的基础上，利用回归分析方法研究专利被引用数逐年变化的情况，可以分析其技术趋势，见图 8-22。

利用表 8-15 的数据，取前 5 名专利研究它们被引用次数与时间的关系。从图 8-12 中可以看出：专利号为 5343970（混合型电动汽车）的美国专利，在美国专利数据库中，被 1976 年以后公开的专利引证次数高达 140 次。从 1994 第一次被其他专利文献引用，在 1994—1997 年间，共被其他专利引证 10 次。之后，被引用次数逐年增加。到 2002 年，该专利年被引用数量以高达 26 次，是历年中最高值之一。之后，

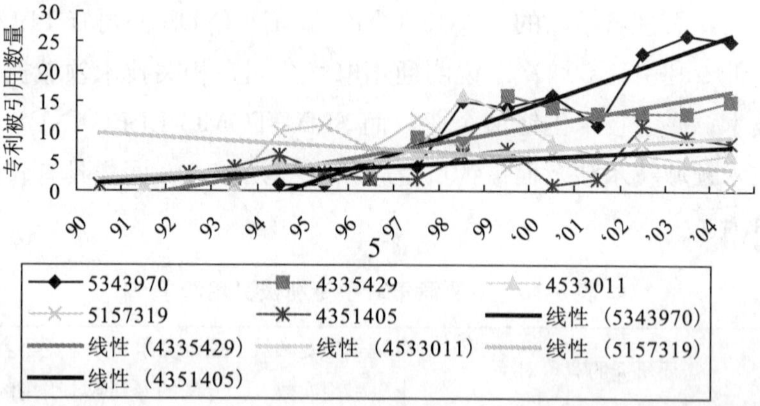

图 8-12　专利被引用随时间变化趋势图

该专利的被引用次数一直维持在峰值附近。由此可以推断：该专利所代表的技术，不仅是电动汽车领域的重点技术，而且是目前的热点技术，处于强势发展地位。从图中可以看出：专利号为 4335429（混合型汽车引擎控制装置）的美国专利被引用次数随时间变化的情况与 5343970 类似。随着时间的推移，该专利被引用次数在逐年增加，表明该专利所代表的技术也是电动汽车领域的重点技术之一，具有较强的发展趋势。与此相反，美国专利 5157319（电动汽车用遥控式电池充电系统）在 1994—1998 年间被大量引用，而从 1999 年开始，被引次数大幅下降。数据表明：该专利所代表的技术有高达 66 次的引用数，说明该专利的技术是相关技术领域的重点技术之一，但是，随着时间的推移，该技术已逐步成熟，投入到相关技术领域的研究力量在大幅减少，显现出技术老化的迹象。

③ 专利权人引证研究。在专利引证次数的统计排序中，以专利权人为研究对象，按其所拥有的专利被引证次数统计排序，可以揭示相关技术领域中主要的技术竞争者，见表 8-16。

实例 15

表 8-16 是针对某技术领域的主要竞争对手的专利被引用情况所做的研究，按照竞争对手专利被引用次数进行排序。从表中可以看出：通用电气公司（GENERAL ELEC）的 24 件专利共被 322 件其他专利引

证 750 次，而排名第二的 SUMITOMO ELEC INDS 公司有 149 件被其他 330 件专利引证 594 次。说明通用电气公司在相关技术领域拥有大量核心技术，属于技术先锋型企业，而 SUMITOMO ELEC INDS 公司在相关技术领域技术涉及面极为广泛，研发投入较大，同样具有较强的技术竞争力。

表 8-16　主要竞争对手专利被引用清单

排名	需要研究的竞争对手	竞争者专利被引用次数	引证竞争对手专利的专利数	竞争者涉及被引用的专利数
1	GENERAL ELEC	750	322	24
2	SUMITOMO ELEC INDS	594	330	149
3	HITACHI	482	340	25
4	WESTINGHOUSE ELEC	353	195	109
5	IBM	348	211	199
6	TOSHIBA	311	205	23
7	US ENERGY	304	229	116
8	SIEMENS	294	209	47
9	MITSUBISHI	264	182	55
10	US NAVY	204	164	92
11	SEMICONDUCTOR ENERGY LAB	160	96	30
12	INTL SUPERCONDUCTIVITY TECHN CTR	142	98	38
13	TRW	139	88	36
14	US AIR FORCE	126	108	47
15	US PHILIPS	122	95	70
16	FUJITSU	120	90	57
17	MASSACHUSETTS INST TECHN	117	72	23
18	ELEC POWER RES INST	109	77	33
19	GENERAL ATOMICS	101	81	79
20	UNIVCALIFORNIA	97	66	78

注：数据来源：mogee 网站，REPORT 402B：HIGHLY CITED ASSIGNEES.

（3）专利引证与专利权人关系研究。研究专利引证与专利权人潜在的相关关系，可以揭开专利权人技术变化的神秘面纱，使主要竞争对手的专利战略直观化。

实例 16

本文以 3952239 和 4007315 专利文献为例，利用美国专利数据库中的相关引文数据做统计分析，进一步研究引用和被引用专利技术的相互关系，以及引证与专利权人关系。

① 3952239 专利的相关内容。

专利号：3952239

申请日：1974 年 8 月 23 日

授权日：1976 年 4 月 20 日

发明名称：Modular cordless tools

专利权人：The Black and Decker Manufacturing Company（Towson，MD）

该专利在美国专利数据库中共被 54 件其他美国专利所引用，在这些施引的专利文献中，值得关注的是 Hubble 公司的 11 件施引专利文献，见表 8-17。

表 8-17 Hubble 公司引用 3952239 专利的 11 件专利汇总表

申请日	专利号	发明名称	分类号
1994，12	5478250	electrical connector assembly especially for electric vehicles	H01R13/453
1993，1	5344330	electrical connector assembly especially for electric vehicles	H01R13/453
1993，2	5344331	electrical connector system especially for electric vehicles	H01R13/453
1993，9	5385480	electrical connector inlet assembly with break-away mechanism for electric vehicles	H02J7/00，H01R13/453
1993，9	5413493	electrical connector assembly especially for electric vehicles	H01R13/453，H01R13/703

续表

申请日	专利号	发明名称	分类号
1993，2	D348430	Dead front electrical connector for recharging electric vehicles	D13/133
1993，2	D348431	Dead front electrical connector for recharging electric vehicles	D13/133
1993，2	D349276	Dead front electrical connector for recharging electric vehicles	D13/133
1993，2	D350331	Dead front electrical connector for recharging electric vehicles	D13/133
1993，2	D350332	Dead front electrical connector for charging electric cars	D13/133
1993，9	D356543	Dead front electrical connector for recharging electric vehicles	D13/133

从上述相关内容可以看出，3952239是一篇1974年申请1976年公开的专利，内容是有关“用于电机连接控制机械能”方面的技术。由于1995年以前美国的专利保护期为17年（以公开日为准），因而该专利在1993年4月20日以后就成为社会的公共财富，任何人都可以不受限制地使用这一发明。1993年美国Hubble Incorporated公司多次引用该专利文献，并申请了5件发明专利和6件外观设计专利，表1-17显示了Hubble Incorporated公司这11件专利的有关情况。如表1-17所示，Hubble公司的11件专利主要是围绕“电动汽车电传导连接”等方面的技术，他们在3952239专利保护期届满前后，将它的连接技术应用于电动汽车，并申请了大量的新专利，这就是应用了专利续展战略中的再申请战略。即以到期的基本专利为继续研究开发新技术的起点，组织专利申请的战略。所选择的基本专利，具有技术含量高、开发潜力大的特点。同时，围绕着“电动汽车电传导连接”技术的周围，Hubble公司申请了大小11件专利，体现出Hubble公司在“电动汽车电传导连接”技术方面投入较多，在该技术领域占据一席之地，而且网状专利申请战略来保护自主知识产权的策略十分明显。

② 4007315专利的相关内容。

专利号：4007315

申请日：1975年5月12日

授权日：1977 年 2 月 8 日

发明名称：Battery cell cooling system

专利权人：Varta Batterie Aktiengesellschaft

该专利在美国专利数据库中共被 38 件其他美国专利所引用，在施引专利中，1990 年以后申请的专利文献有 30 件，见表 8-18。

表 8-18 美国专利 4007315 被引一览表（38 件）

施引专利	专利权人	技术主题
6653002	Parise；Ronald J.	H01M 014/00
6551740	Ford Motor Company	H01M 010/50
6524747	C&D Charter Holdings，Inc.	H01M 004/56
6432582	C&D Charter Holdings，Inc.	H01M 004/56
6138466	Daimler Chrysler Corporation	F25B 013/00
6118099	Daimler Chrysler Corporation	H05B1/02
6089034	Daimler Chrysler Corporation	F25B1/00
6082128	Daimler Chrysler Corporation	F25B13/00
6077158	Daimler Chrysler Corporation	F24F7/06
6059027	Daimler Chrysler Corporation	G05B23/00
6057050	Parise；Ronald J.	H01M 014/00
5985482	GNB Technologies，Inc.	H01M 002/10
5904999	Electric Fuel（E. F. L. ）LTD.	H01M 8/0/4
5871859	Parise；Ronald J.	H01M 010/50
5834132	Honda Giken Kogyo Kabushiki Kaisha	H01M1/50
5830599	Matsushita Electric Industrial Co. Ltd.	H01M2/04
5753384	Electric Fuel（E. F. L. ）Ltd.	H01M 008/02
5665484	Inductran Corporation	H01M 002/40
5647534	Mercedes-Benz AG	B60H1/04
5582929	Electric Fuel（E. F. L. ）Ltd.	H01M 008/12
5549153	Behr GmbH & Co.	B60H 001/00
5524681	Ford Motor Company	B08B 009/00

续表

施引专利	专利权人	技术主题
5516600	GNB Battery Technologies Inc.	H01M 010/50
5487955	Electric Fuel（E. F. L. ）Ltd.	H01M 010/51
5447807	Peled；Emanuel，ect	H01M 006/50
5424143	Electric Fuel（E. F. L. ）Limited	H01M 008/04
5385793	Globe－Union Inc.	H01M 010/48
5347816	University of Chicago	F17C 011/00
5232690	Behringwerke Aktiengesellschaft	A61K 039/00
5070933	Zomeworks Corporation	F28D 015/00

从上述相关内容可以看出，4007315 是一篇有关“电动汽车蓄电池冷却系统”方面的技术，该专利虽然也是 20 世纪 70 年代申请的，但是因其属于电动汽车技术领域的关键技术——“电池技术”方面的内容，因而，在 1995 年至 1998 年期间，被众多汽车企业所引用。

数据显示：本田公司于 1995 年 11 月 3 日在 4007315 专利文献保护期届满后，申请了一件有关“电动汽车蓄电池温控装置”的专利（专利号：5834132），再次显示出专利续展战略中实施再申请战略的重要性。此外，戴姆勒一克莱斯勒公司❶（Daimler Chrysler Corporation、Mercedes-Benz AG）引用 4007315 专利而申请了 7 件发明专利。这些专利申请中 6138466 的专利申请涉及“电动汽车蓄电池冷却系统”，专利号为 5647534 的专利设计一种带有温度调节蓄电池的电动汽车乘客室加热装置，而其他 5 件申请则是围绕着“电动汽车蓄电池冷却技术”而展开的有关“HVAC 系统的热控制器”技术，这种“热控制器”技术是电动汽车蓄电池冷却技术的关键所在。

数据表明：戴姆勒一克莱斯勒公司在引用 4007315 专利的基础上，成功研制了新的“电动汽车蓄电池冷却技术”，并以此为中心申请了大量相关专利，形成了强有力的网状专利保护。

此外，以色列电气燃料有限公司（Electric Fuel Ltd.）引用 4007315 申请了 5 件有关燃料电池或二次电池冷却方法和装置方面的专

❶ 1998 年克莱斯勒公司被戴姆勒奔驰公司收购，称为戴姆勒一克莱斯勒公司。

利（专利号为 5424143、5487955、5582929、5753384、5904999）。而日本松下电气公司（Matsushita Electric Industrial Co. Ltd.）申请的专利（专利号：5830599，一种可再生密封蓄电池）以及美国 Globe－union公司申请的专利（专利号：5385793，蓄电池系统的热能管理），这些公司的专利都与被引用的专利 4007315 的技术紧密相关。

以上分析可以看出：在 1995 年至 2001 年期间，4007315 专利文献多次被日本本田公司、戴姆勒－克莱斯勒、色列电气燃料有限公司和松下电气等众多国际顶级汽车跨国公司所引用，说明这些跨国汽车公司都十分关注“电动汽车蓄电池温控技术”这一领域技术的发展。同时也反映出电动汽车关键技术——“电池技术”领域竞争激烈，是汽车企业和相关企业技术开发重点投资的领域之一。

（4）专利引证率分析。企业竞争能力的研究是竞争对手分析中的重要工作。在专利指标的研究中，曾经介绍过竞争力指标的计算公式，通过计算，按竞争力指标值的大小排名，寻找技术竞争的强势企业。详细计算方法参见专利指标的相关章节。这里介绍利用专利引证率，构建专利引证地图，研究企业竞争力的方法，参见图 8-13。

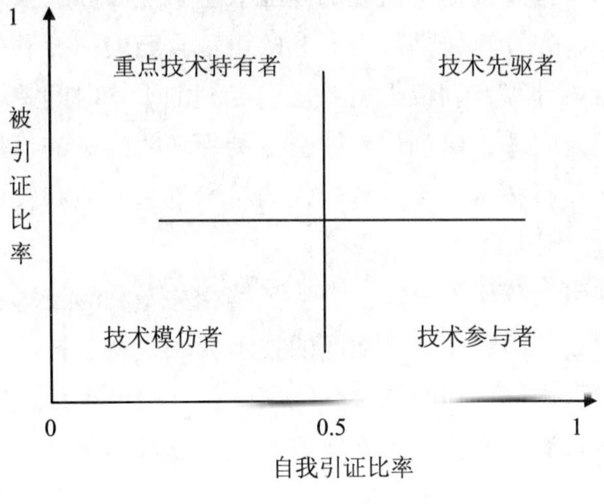

图 8-13 专利引证地图

图 8-13 显示，当企业专利被引证率高、自我引证率高时，说明该企业专利申请量大且拥有相关技术领域的前沿技术。同时围绕着重点前沿技术形成了较好的专利技术保护网络。但因为没有现有技术可供参

考，所以自我引证率高，它们是该技术领域的技术先驱者，技术竞争力最大。

当企业专利被引证率高、自我引证率低时，说明该企业拥有相关技术领域的核心专利，但专利技术份额不高，难以成为技术领军者。

当企业专利被引证率低、自我引证率低时，说明该企业技术力量薄弱，是相关技术领域的模仿者和跟随者，基本不具有竞争力。

当企业专利被引证率低、自我引证率高时，说明该企业拥有相关技术领域的专利不多，不涉及某技术领域重点技术，其技术具有一定特色，但难以形成技术优势。

专利引证率分析方法常常要借助专利引证矩阵而展开，以此研究企业之间引用、被引用的详细信息。

（5）引证时差分析。引证时差分析是利用专利引证数据，测算现有技术和最新技术之间的发展周期，用于捕获企业正在进行技术革新的情报。推算企业专利创新的速度，从而研究公司竞争地位。具体方法是将专利权人（用户指定的需要研究的企业或个人）在相关技术领域的所有专利提取出来，先计算每件施引专利的申请日与受引专利公开日之间的时间差，然后再计算专利权人所有受引专利的平均时间差，最后计算所有专利的平均时间差。专利权人施引专利平均时间差的值越低，说明专利权人正在构建新技术，并具有较强的技术创新能力和较快的技术创新速度。

通过专利引文分析，可以使企业了解相关专利的技术层次以及组合技术之间的关联，国家或地区之间的技术关联、特定技术领域的技术关联度等。同时，通过分析专利文献之间的相互引证关系，有利于企业了解一项专利技术的发展过程和围绕着这一项技术的相关申请以及这一技术领域参与竞争的主要技术持有人等，同时，根据被引用专利随时间变化的情况，使企业了解围绕着变化的技术领域形成网状专利保护的轨迹、了解专利技术发展趋势以及相关领域的技术动向。

8.2.3.2　专利数据挖掘

当今，数据挖掘技术的应用更加注重多种技术集成和多种学科之间的相互渗透，来挖掘信息的情报价值。这一特点使其在深层次的专利信息分析中有广泛的应用前景，但因其研究时间较短，目前并没有成熟的理论和应用系统。本文仅就数据挖掘技术及其在专利分析中的应用做简要探讨，旨在抛砖引玉，希望更多的学者参与研究。

1. 数据挖掘简述

数据挖掘（Data Mining）技术出现在20世纪80年代末期，是面向商业应用的研究。历经二十多年的发展，研究重点已逐渐从发现方法转向系统应用，注重多种技术的集成，以及多种学科之间的相互渗透。2000年12月，Gartner❶的一次高级技术调查结果显示：数据挖掘和人工智能将成为“未来3～5年内对工业产生深远影响的五大关键技术”之首，并且还将并行处理体系和数据挖掘列为未来五年内投资焦点的十大新兴技术的前两位。与国外相比，国内对数据挖掘和知识发现（DMKD）的研究稍晚，出现在20世纪90年代初期，目前尚未形成整体力量。

（1）数据挖掘含义。数据挖掘是指从大量的、不完全的、有噪声的、模糊的、随机的实际应用数据中，提取出隐含在其中的、人们事先不知道的、但又具有潜在价值的信息和知识（模型或规则）的过程。它是在没有明确假设的前提下去挖掘信息、发现知识。这个定义包括几层含义：数据源必须是真实的、大量的、含噪声的；发现的是用户感兴趣的信息和知识；而且所得到的信息应具有先前未知、有效和可实用三个特性。

数据挖掘其实是一类深层次的数据分析方法。数据挖掘中，原始数据可以是结构化的，如关系数据库中的数据；也可以是半结构化的，如文本、图形和图像数据；甚至是分布在网络上的异构型数据。因此，数据挖掘是一门交叉学科，涉及数据库技术、人工智能技术、数理统计、可视化技术、机器学习、并行计算等方面的技术。数据挖掘的核心技术历经了数十年的发展，把人们对数据的应用从简单查询，提升到从数据

---

❶ Gartner，Inc公司是研究和分析全球IT技术领域最新动向的跨国公司。

中挖掘知识，提供决策支持。今天，这些成熟的技术，加上高性能的关系数据库引擎以及广泛的数据集成，让数据挖掘技术进入了实用的阶段。

（2）数据挖掘与统计分析的关系。数据挖掘不是为了替代传统的统计分析技术，相反，它是统计分析方法学的延伸和扩展，是人工智能的更高层次的应用。大多数的统计分析技术都基于完善的数学理论和高超的技巧，预测的准确度还是令人满意的，但对用户的要求很高。而数据挖掘利用了统计和人工智能技术的应用程序，它把这些高深复杂的技术封装起来，使人们不用自己掌握这些技术也能完成同样的功能，并且更专注于自己所要解决的问题。同时，数据挖掘不是用于验证某个假定的模式（模型）的正确性，而是一个利用各种分析工具，在庞大的数据群中进行抽取、转换、分析和处理相关数据，并发现模型和数据间关系的过程。这些模型和关系可以提取决策的关键性数据，并用来做出预测。它在本质上是一个归纳的过程。

（3）数据挖掘中的信息分析方法。数据挖掘中应用较多的信息分析方法有分类、预言、估值、关联或相关分析、聚类分析等，由于分类、关联分析、聚类分析等分析方法的研究早于数据挖掘，这些方法相对成熟，因而在数据挖掘领域被广泛应用。而自然语言分析等是数据挖掘方法中属于更高层次的信息分析方法，目前国内外也有不少涉及数据分析领域的公司从事相关的研究，但是较为成熟并且能被广泛应用的产品尚不多见。

就目前数据挖掘技术领域来看，网络数据挖掘、生物信息或基因的数据挖掘及其文本的数据挖掘是数据挖掘的发展方向。在专利信息的分析中文本型数据挖掘有广泛的应用前景。在当今经济全球化中，技术人员创造的智力成果越来越成为一个决定企业价值的主要的因素。因此，专利和其他知识产权文献所提供的专利信息正在逐渐吸引研发人员、金融分析家和知识产权分析师的更为广泛的注意。

2. 数据挖掘在专利分析中的应用

对于综合的、组织结构较好的专利文献数据库，目前分析人员经常使用的分析方法包括专利技术生命周期分析、专利权人及专利申请量等专利著录项目统计分析、引文分析等。这些专利分析方法提供了分析人员希望得到的情报。但这些情报主要侧重于某一技术领域的专利现状，或者是某一专利权人的技术动态等。

数据挖掘适用于对海量信息的深层次分析。而专利数量的增长速度以及对于具体专利文献的技术内容分析，一般的数理统计分析方法不能实现。因而，数据挖掘技术的应用，可以帮助专利分析人员对海量专利文献内容进行深度分析，从而能提高研究分析人员的工作效率。在专利信息分析中，根据不同的信息分析目的和应用领域，其方法的选择也不同。本文重点介绍专利数据及文本挖掘中常见的关联分析和聚类分析方法。关联分析通常反映事件之间的关联程度，而聚类分析首先要将事件分类，进而反映类与类之间的关联程度。同时，关联分析与聚类分析的结果常用可视化图形方式显示。

(1) 关联分析（Association Analysis）。在现有的书籍和教材中，信息分析专家普遍认为相关分析涉及面相当广泛，例如性质相关分析、结构相关分析、数量相关分析、内容相关分析等。而且分析方法有的以定性方法为主，有的以定量方法为主，也有不少是定性方法与定量方法相结合。本文重点讲述研究深层次相关关系的关联分析方法。通常，若两项或多项变量的取值之间存在某种规律性，那么其中一项变量的属性值就可以依据其他变量的属性值进行预测，就称为关联分析。换句话说，关联分析是寻找数据库中值的相关性。

关联分析的实质是寻找在同一个事件中出现的不同数据项的相关性，从而找出数据库中隐藏的关联网，获得 个数据项和其他数据项之间依赖或关联的知识，从而指导决策战略的制定。关联分析的结果常常用图形的方式显示。如图 8-14 所示，每个节点（见图中的圆圈）代表一个数据项或一个数据项的不同数据，节点的大小表示不同的数据量，节点间的连线代表它们间的关系。连线越粗，或连线越近，表示相关性越强；线越细，或连线越远，表示相关性越弱。这种图形的显示方式对使用者来说就很直观。

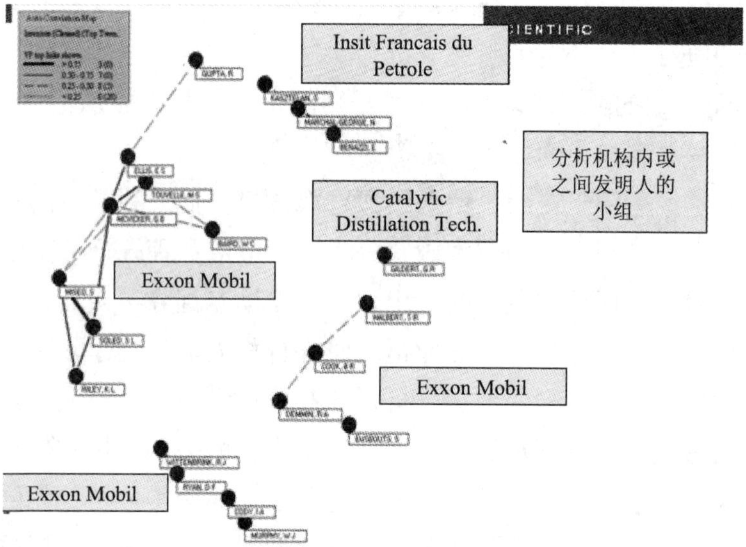

图 8-14　关联分析示意图

（2）聚类分析。聚类是指利用客观的计量方法，按事物某些属性的相近程度对数据库中的记录分组，把相似的个体记录放在一个聚集里，从而把要分析的数据分成不同的群组，这些有意义的不同的群组也可以称为子集或类别，这个过程称为聚类或聚集。它的目的是使属于同一类别的个体之间的距离尽可能地小，即同一个类别之间的数据尽量相似，而不同类别间的个体间的距离尽可能地大。而且类别与类别之间差别很明显。聚类的作用在于使同一类群内的事物一般都具有相同的特性，而不同类群之间却有显著的差别，进而反映同类事物共同性质的特征型知识和不同事物之间的差异性质的特征型知识。

尽管从结果来看，分类和聚类的结果都是得出若干个类别，但聚集和分类的区别在于：聚集不依赖于预先定义好的类，不需要训练集，用以聚类分析的数据，不仅数据量大，而且联系不明显甚至表面无联系，在聚集之后要由信息分析师解释这样分群的意义；而分类与聚集相反，是将有形的整体对象分解为若干部分或分支，而且分类之前已经知道要把数据分成哪几类，每个类的性质是什么。

聚类分析（Cluster Analysis），又称数值分类学，是以大量对象的统计数据为基础，把具有相似性的一些数据组合为类群的方法总称，因其是以数量方式进行分类，又称为数值分类学，在社会学应用中也有专家将其称为类型学。尽管人类进行分类工作已有很长的历史，但真正以数量方式对复杂对象进行定量分类的聚类分析方法还只是近三十年的事。由于聚类分析具有揭示分析对象事先不为人知的各种相关关系的特别功能，借助当今计算机技术的迅猛发展，以及强大的计算机储存能力使这项数值分类方法广泛应用于竞争情报、知识产权以及其他高新技术领域。

聚类分析方法有多种不同的划分形式，其中较为常见的有逐步聚类法、系统聚类法、图示聚类、模糊聚类等等。聚类分析研究相关关系所用的尺度是相似度（Similariy）。类别的判定准则一般是依据距离最小或相似最大的原则。

图形是聚类分析结果的重要表示方式，在图形模式下人们很容易找到数据中可能存在的模式、关联和异常等问题，使用户能快速直观地分析数据。专利信息分析中，一般情况下，聚类分析的结果采用关联节点图或等高线图。此外，聚类分析方法在专利信息分析中的应用还需要有必要的分析工具做技术支持，例如，Thomson 集团公司的 VantagePoint 分析软件和 Aureka 专利检索和可视化产品，Wisdomain 公司的 FOCUST 分析工具等，这些专利分析工具将在后面的章节中详细介绍。

实例 17❶

以 IBM 公司的专利文本分析案例为例，进一步说明专利聚类分析方法。

根据 1991 年在美国专利商标局公开的所有 3881 件韩国专利数据，IBM 公司利用专利文本挖掘工具对数据加工处理，聚类得到表 8-20、图 8-15、图 8-16，以此研究韩国当时的科学技术研究的重点领域，以

---

❶ 资料来源：HEHENBERGER M，COUPER P. Text Mining applied to Patent Analysis［C］. 美国知识产权律师协会年会，1998。

及该国最为活跃的专利申请人等。

表 8-19 反映了 3881 件韩国专利涉及的 19 个主要技术主题以及这些主题包含的专利申请量和占总数的比例。

图 8-15 是典型的聚类分析中关联节点图（或称为气泡状图形）。图中显示 1991 年韩国在美国申请的 3881 件专利涉及的 30 个主要技术领域中 24 个技术类别的分布情况。椭圆形气泡体积的大小，与涉及的专利文献数目大小相关。如：1 号节点代表最大的主题——半导体构造与制造（Semiconductor Fabrication and Manufacture,），它包含了 201 件专利。连线色彩和连线粗细显示出两个主题之间的相互关系。例如，图中绿色椭圆形节点（节点 3、节点 6、节点 17、节点 23、节点 25）均表示与通信技术相关的技术类别，而红色椭圆形节点（节点 5、节点 18、节点 21）则表示与电视信号控制相关的技术类别。此外，节点之间连线的远近、连线的粗细都能反映不同的关系。节点之间连线越近、或连线越粗，说明两个节点所代表的技术主题就越关联。例如，节点 10（Logical Device，逻辑装置）与节点 1（Semiconductor Fabrication and Manufacture，半导体构造与制造）二个技术主题最为关联。值得一提的是 IBM 公司专利文本挖掘系统根据文本中最重要的关键词自动概括每一主题的题目，信息分析师根据系统自动概括的主题题目，可以有选择地手工更新主题名称。

图 8-16 显示了前 30 个专利技术主题中 7 个韩国大公司的专利分布情况。很明显，韩国高仕公司（GLDS）和韩国三星公司（SMSU）拥有最多的韩国知识产权。这两个公司的专利不仅涉及 30 个技术领域中的绝大多数技术领域，而且在数量上也占有绝对优势。需要注意的是表 8-19 与图 8-15 实际上是同一结果的不同表示形式。

表 8-19　1991 年韩国在美国公开专利 33 个主要技术类别专利统计表

	N.	Title	N. Indiv.	% Size
1	1	Semiconductor fabrication and manufacture	201	5.2
2	2	Memory devices	154	4.0
3	3	Messaging	119	3.1

续表

	N.	Title	N. Indiv.	% Size
4	4	VCR and tape recording device hardware	98	2.5
5	5	TV output control	71	1.8
6	6	Image transmission	63	1.6
7	7	Optical disc technology	57	1.5
8	8	Artificial fibres	57	1.5
9	9	Food products	54	1.4
10	10	Logical device fabrication	53	1.4
11	11	CRTs	49	1.3
12	12	Recording control	46	1.2
13	13	Cooking food	44	1.1
14	14	Computer applications	41	1.1
15	15	TV picture control	37	1.0
16	16	CRT fluorescent materials	36	0.9
17	17	Telephones	34	0.9
18	18	TV signal control	33	0.9
19	19	Microwave oven	33	0.9

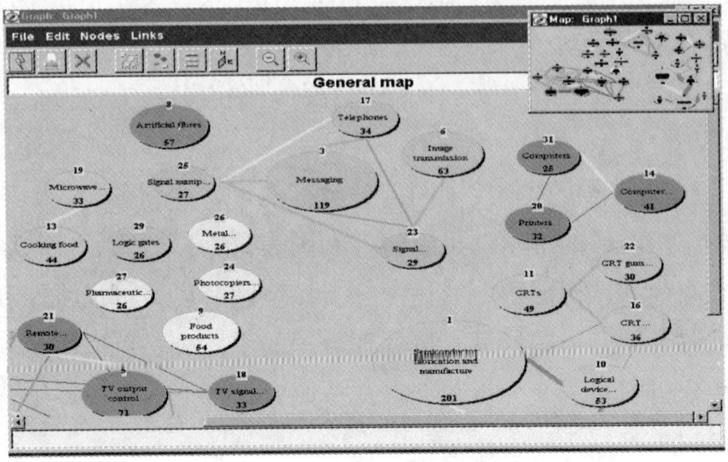

图 8-15 韩国 1991 年在美国申请专利技术类别分布图

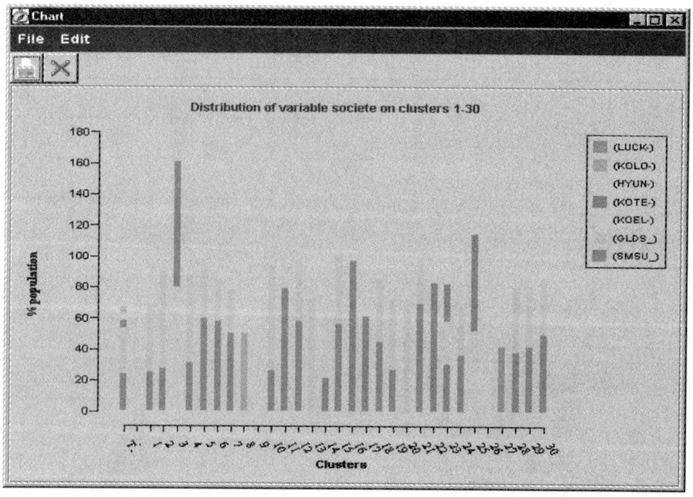

图 8-16 韩国 7 个大公司在 30 个主要技术类别的专利分布情况

8.2.4 专利图表分析

图表分析即列表作图，是信息加工、整理的一种处理方法和信息分析结果的表达形式。它既是信息整序的一种手段，又是信息整序的一种结果，具有直观生动、简洁明了、通俗易懂和便于比较等特点。随着信息技术的迅猛发展，计算机与网络的普及，图表分析方法被信息分析人员普遍采用。

在专利信息分析中，按不同的分类标准可将专利图表分为不同的类型。例如，按图形的形状，可以将专利图表分为：饼图、柱状图、散点图、动态曲线图、树形图、雷达图等。按空间纬度，可以将专利图表分为：二维图形和三维图形等。按处理数据的手段分，可以将专利图表分为：定性分析图和定量分析图。本文按照处理数据的手段并结合图形形状划分专利图表。

8.2.4.1 专利定性分析图表

这类图表是将被分析的专利数据用定性方法加工、处理，并将分析结果制作成相应的图表。专利信息分析中常见的定性分析图表有：清单图、矩阵表、组分图、技术发展图、问题与解决方案图等。

1. 清单图表

这是一种最简单的专利信息分析图表。根据需要分析的内容要求，将采集到的专利信息一一列出，便得到专利分析清单图表。

2. 矩阵表

在专利信息分析中，利用技术矩阵图表的形式，直观地反映技术要素之间的相互关系，从而对研究对象进行深入细致的分析。表 8-20 是较为常见的矩阵分析图表（参见实例 12）。

表 8-20 专利技术功效矩阵表

目的 功能	发明目的（技术要素）			
	目的 1	目的 2	目的 3	目的 4
技术功能 1	*			
技术功能 2	*	*		
技术功能 3			*	
技术功能 4		*		*

注：* 表示一件专利

通过矩阵形式，描述专利技术要素之间的相互关系，以便揭示出影响某一技术领域发展的重要问题，如重点技术或空白技术等。有时，增加一个时间轴，不仅可以看出技术发展趋势，还可以了解每一个重点技术聚集的时间，从而有效把握技术变化的动态。

在专利矩阵图表分析中，另一种常用的图表是技术角度图表，如表 8-12。在专利信息分析的归纳推理阶段，分析人员常常会将采集的专利文献集合，从材料、结构、处理、效果、加工、产品等方面进行加工、整理和分类，构造技术角度图，从技术分析或技术分类的角度来揭示所研究的技术领域的专利特征。

由这种分析方法所得到的技术特征，有时并不是专利文献中直接提及的，现阶段技术角度分析方法在应用过程中，尚需要一定的人工干预。在不少专利分析软件中，均需要一定的技术专家或分析人员对相关的专利文献进行二次加工、分类。但从分析结果看，该方法结果显示直观，能揭示专利文献潜在技术特征，是专利信息分析中的一种深层次分析方法。

3. 技术发展图

在专利定性分析中，分析人员常常会按照技术发展的时间先后，将分析结果中专利文献的简要内容用图示的方式，直接展示给客户。

通过技术发展图可以确定技术发展过程，了解技术起源，同时提供了相关技术领域专利权人在时间和空间上的联系和分布，为可能的专利权诉讼提供了强有力的证据。

另外一种技术发展图是反映技术生命周期的图表（见图 8-17），利用专利申请量与专利申请人随时间的推移变化的数据绘制而成。一般来说，专利申请量反映技术开发活动的程度，而专利申请人反映了该技术领域参与技术竞争的企业或个人。了解它们之间的相互关系可以推断技术的生命周期，从而指导企业技术投入与开发策略。

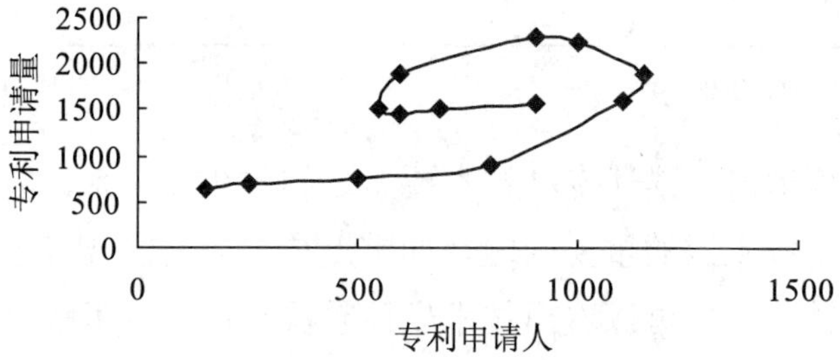

图 8-17　某技术领域技术生命周期图

4. 组分图

将某技术领域的专利按不同类型或功能分类，选出重点专利，展示相关技术特征的专利内容和数量，从而系统了解技术领域的整体构成或技术宽度，参见图 8-18❶。

❶ 选自：《各技术领域专利图表》实用指南，日本发明协会亚太平洋工业产权中心编，2002 年。

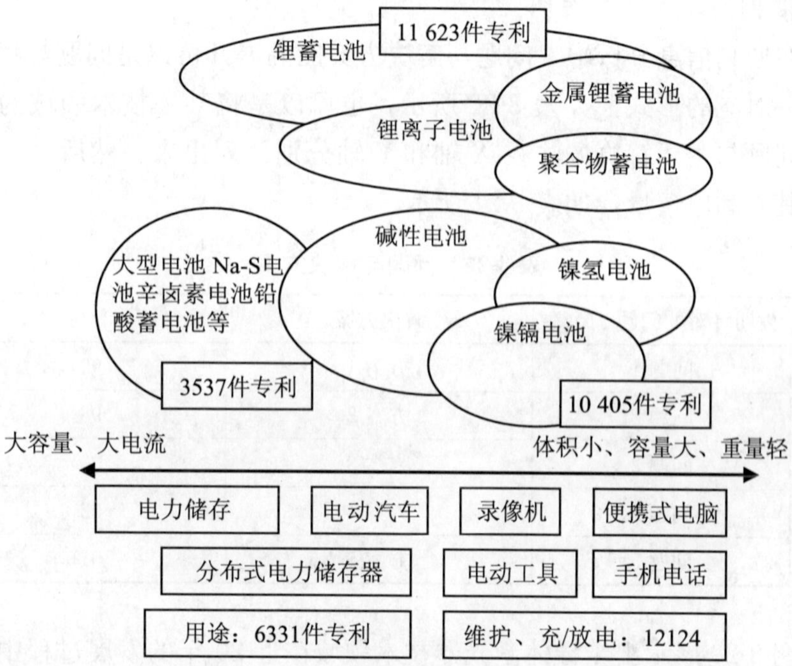

图 8-18　蓄电池专利申请组分图

另一种常见的专利技术组分图是将专利申请按应用领域分类，绘制成树形图，来研究技术领域的应用范围，同时挖掘尚未实现商品化的技术应用领域，参见图 8-19。

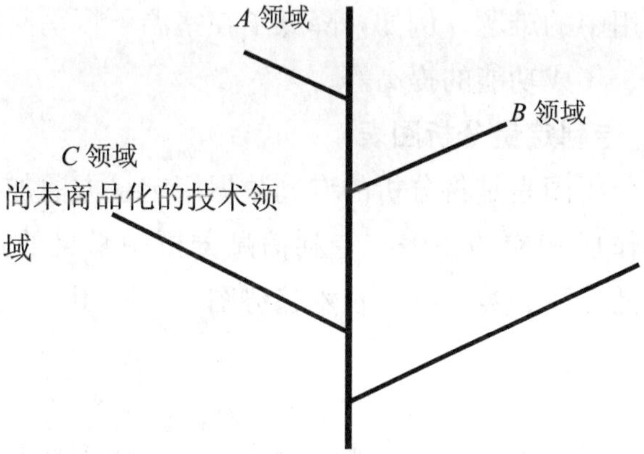

图 8-19　树形图

5. 问题与解决方案图

在专利信息分析中，问题与解决方案图的展开可以是问题与解决方法一一对应的形式，如表 8-22 所示，也可以是将某一技术领域的主要技术问题与主要解决方法在 X 轴和 Y 轴分别罗列出来，然后一一对应统计其专利申请量，如表 8-21 所示。

表 8-21　问题与解决方案

发明针对的问题		解决方案	专利号
某技术领域	问题 1	方案 1	99…
	问题 2	方案 2	98…
	问题 3	方案 3	00…
	问题 4	方案 4	02…
	问题 5	方案 5	01…

图 8-20 展示出半导体激光器技术领域在近 20 年的发展过程中，专利发明主要针对的问题是：波长的统一、光学性能的改变、温度特性的改变、光调节等。这些问题展示在 Y 轴方向上，与之对应的解决方案主要涉及设备技术，其次是系统化技术、材料技术、驱动技术等，这些方案展示在 X 轴方向上。图中圆点内的数字表示问题与对应的解决方案的专利申请量。从图中可以看出：半导体激光器技术的发展已经解决了许多实际使用中的难题，例如，降低了在室温下振荡阀的要求、提高表面散热能力、集成功能的提高等。

8.2.4.2　专利定量分析图表

专利定量分析图表是将分析的专利数据用定量方法加工、处理，并将分析结果制作成相应的图表。专利信息分析中常见的定量分析图表有：排序表、散点图、数量图、技术趋势图、关联图、雷达图以及引文树等。

1. 排序表

专利数据统计排序分析是定量分析中的一项最为基础的工作，也是定量分析专利信息的重要工作之一。也就是说在专利信息分析中一项最

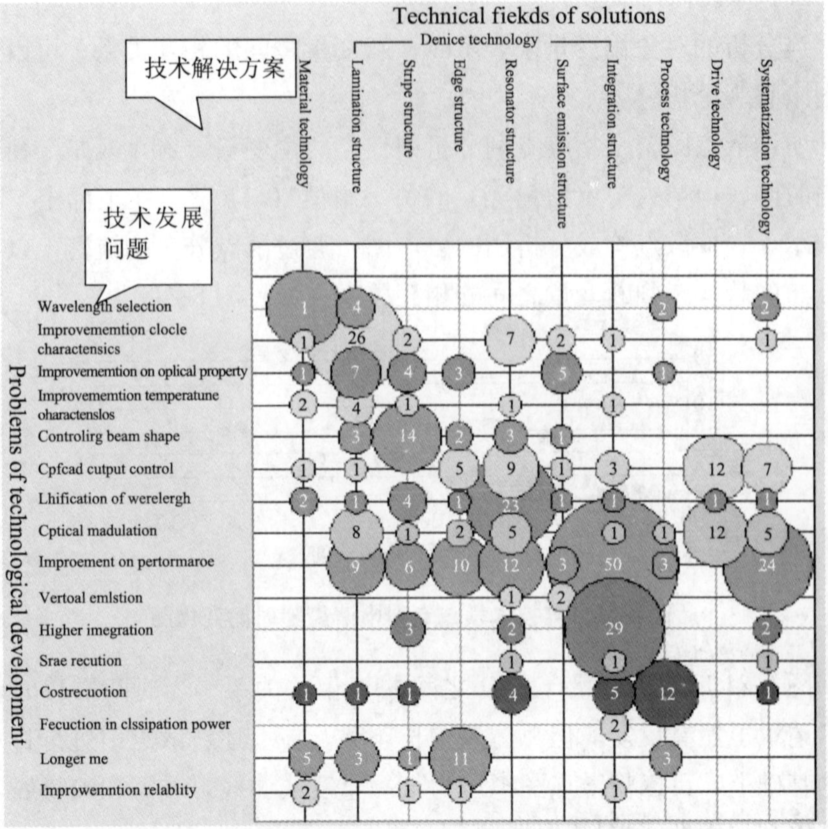

图 8-20 半导体激光器技术发展的问题与解决方案图

图表来源：hhttp://www.wipsglobal.com

为基础的工作就是要对专利信息中的特征数据进行统计分析。这些外部特征有专利分类号、专利申请人、专利发明人、专利申请人所在国家或专利申请的国别、专利申请或授权的地区分布、专利种类比率、专利引文等。这些特征数据也就是要进行统计排序的对象。它们能够从不同角度体现各类专利信息。定量分析的统计对象一般是以专利件数为单位。

在完成专利数据统计的基础工作后，要根据专利信息分析的目的对统计数据进行频次—排序分析。从而直观地反映某技术领域中的重点技术、活跃的专利申请人和发明人等。根据分析目的不同，可以制作各种不同类型的排序图表。

2. 散点图

当分析的对象用变量来表示时，双变量之间的相互关系，可以用散点图来直观分析。

所谓散点图，是指将专利分析中任意两个变量 x 和 y（如专利申请量与时间、申请人与申请量等）的每一组值（x_i，y_i）在坐标中，用散点表示，一群散点构成分析用的散点图。通过散点分布的疏密，以及散点分布的趋势来判断变量之间的相互关系。参见图 8-21。

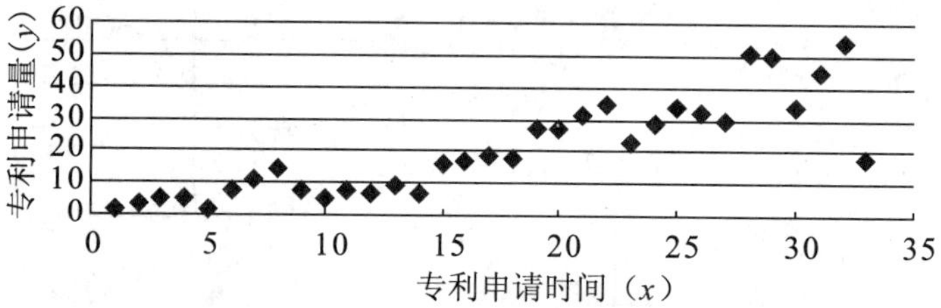

图 8-21　某技术领域专利申请量随时间变化图

图 8-21 反映出变量 x 与 y 之间的正相关关系。当时间推移时，专利申请量虽然有反复，但总体呈增长态势。在上述对散点图进行直观分析的基础上，可以将散点图拟合为某一直线或曲线，或添加趋势线，进一步研判技术发展趋势。

3. 比例图

比例图有时也称为组分图，或者饼图，在专利分析中用来直观地表示所研究内容的组成。图 8-22 是某技术领域中申请量前 10 位的国家其专利申请量比例图，而图 8-23 则是某技术领域重点技术构成图等。

图 1-22 反映出该技术领域的专利技术主要被美国（28%）、日本（20%）和德国（14%）三个国家的专利发明人所控制。

图 8-23 直观地反映了计算机辅助设计技术（以下简称：CAD）的构成。大圈的内圈表明 CAD 技术主要由电路 CAD、CAD 系统、机械 CAD 和个人 CAD 技术组成，大圈的外圈表示影响 CAD 技术的次要技术的构成。图中上部和下部的小圆圈表明：图像处理技术既是对 CAD 影响程度占 36%的影响非常大的技术，也是受 CAD 技术影响程度占

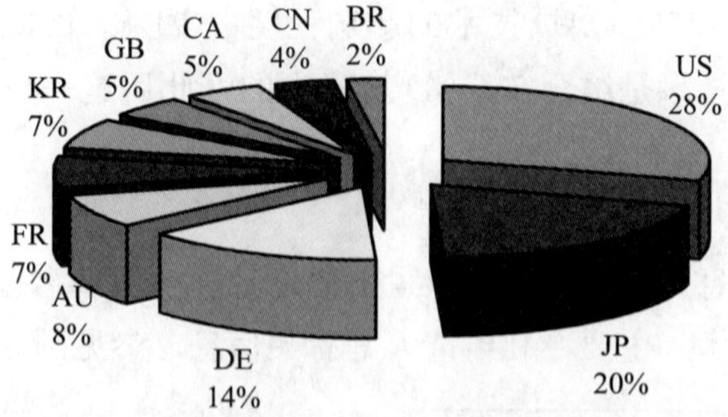

图 8-22 某技术领域前 10 位国家专利申请量比例图

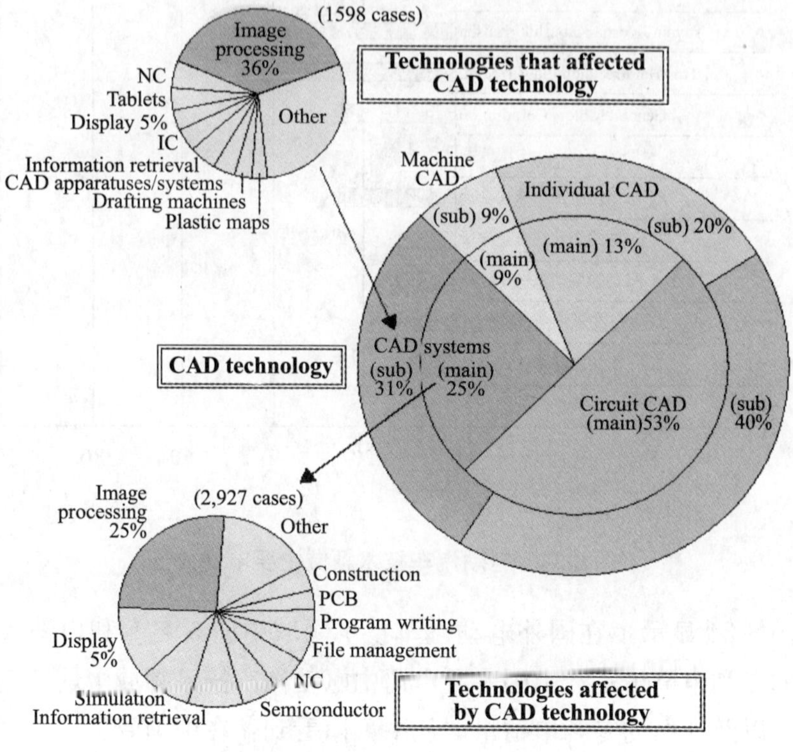

图 8-23 计算机辅助设计技术构成图

资料来源：www. wipsglobal. com

25%的受影响非常大的技术。因此，可以说图像处理技术是 CAD 系统中与 CAD 技术相互关联的最重要的技术。而显示技术对 CAD 技术的影响只占5%，其受CAD技术的影响程度占12%。由此看到，这意味着基础的显示技术是结合在CAD技术中的，此后这一技术发展成为显示技术。

4. 数量图

在专利信息分析中，各种数量图通过专利申请量，直观地反映某技术领域重点技术、主要专利申请人等有关信息，参见图8-24。

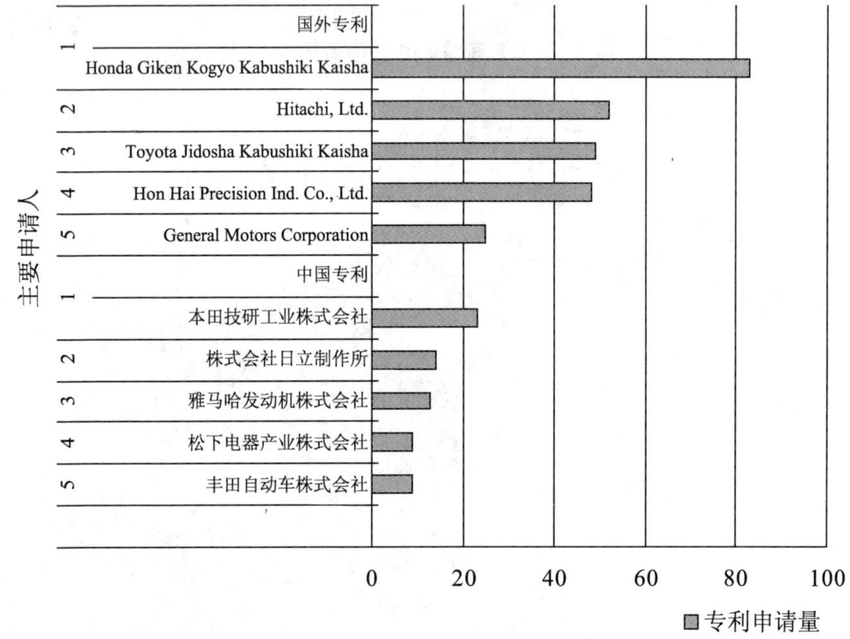

图8-24　电动汽车技术领域主要申请人

图8-24显示了在国外电动汽车技术领域中前5名专利申请人以及他们的专利申请量；在中国专利申请中电动汽车技术领域中前5名专利申请人以及他们的专利申请量。从中可以看到：在中国专利申请中，有关电动汽车技术的申请主要集中在日本公司的手中，申请量排名第一的本田技研工业株式会社在中国共申请了有关电动汽车方面的专利23件，占总数的3.05%。相对于中国专利而言，国外有关电动汽车技术的专利申请量要明显高于中国的申请。其中，Honda Giken Kogyo Kabushiki Kaisha（本田公司）、Toyota Jidosha Kabushiki Kaisha（丰田公司）、

Hon Hai Precision Ind，Co.，Ltd.（鸿海精密有限公司）和 Hitachi，Ltd.（日立公司）等公司，申请专利的绝对数量及占总数的比例，均占优势，共申请专利 232 件，占总数的 13.81%，说明这些公司是电动汽车技术领域中最强劲的竞争者。此外，General Motors Corporation（通用汽车公司）在电动汽车技术领域也占有一席之地，是电动汽车技术领域中强劲的竞争者。

5. 趋势图

在专利分析中最常见的趋势图是利用专利信息的特征数据与时间之间的相互关系来展示相关技术领域的发展趋势。有时研究人员也会利用技术要素、功能和申请量三者之间的关系展示技术发展趋势。趋势图有多种形式，如二维趋势图（见图 8-25）、三维趋势图（见图 8-26 和图 8-27）等。

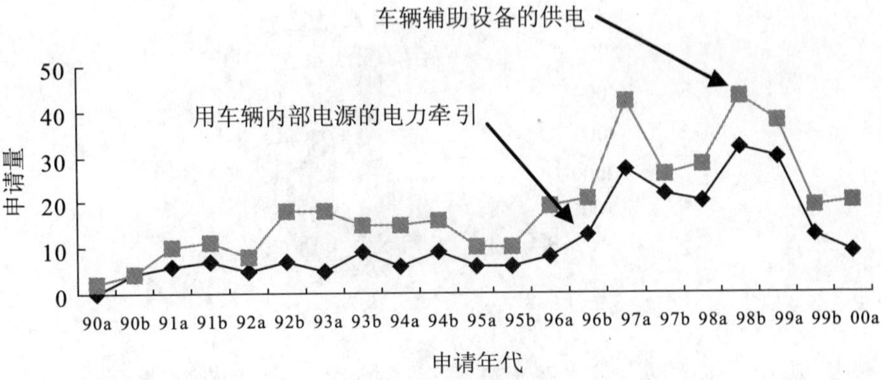

图 8-25　电动汽车的主要技术领域专利申请量的变化

从图 8-25（图中 a 表示上半年，b 表示下，如 90a 表示 1990 年上半年）中可以看到，大约在 1997 年下半年达到技术成熟期后，“车辆辅助设备的供电”和“用车辆内部电源的电力牵引”技术在 1999 年左右相关的专利申请又达到峰值，说明该技术又得到进一步加强，很可能进入下一代产品发展阶段。

图 8-26 和图 8-27 是利用技术要素、功能（用途）或申请人等多角度描述某技术领域的开发活动，从中了解该技术领域的特征，为生产发

展确定方向。同时显现出技术较为稳定的领域和专利申请量很低但具有发展前途的领域，即新技术空白点。

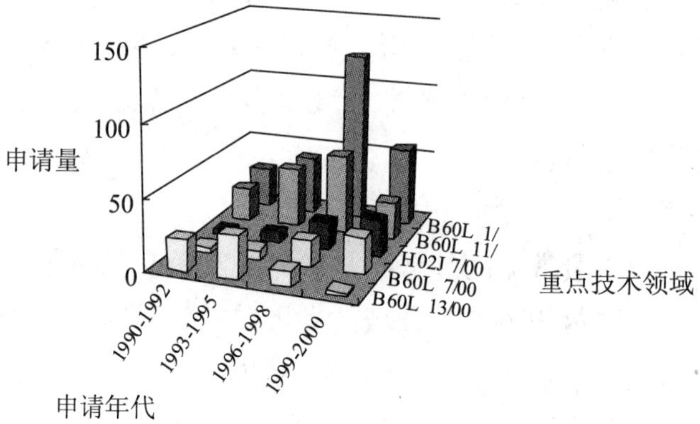

图 8-26　专利申请量三维趋势图

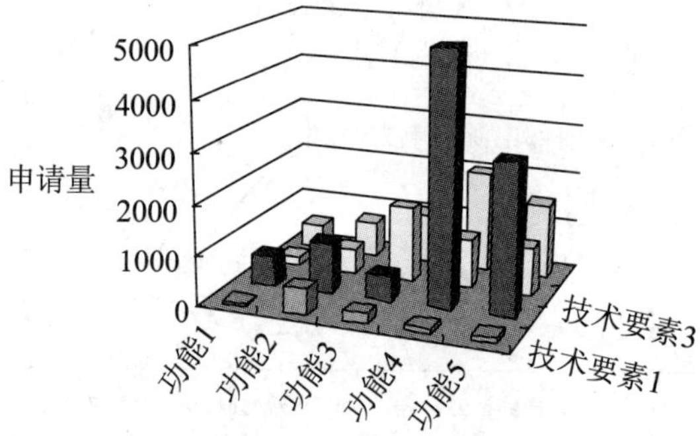

图 8-27　三维柱状图

6. 关联图

关联分析的实质是寻找在同一个事件中出现的不同数据项的相关性，从而找出数据库中隐藏的关联网，获得一个数据项和其他数据项之间依赖或关联的知识，从而指导决策战略的制定。关联图是关联分析结果的表达方式之一。在专利分析中，对专利申请量与专利国别、专利申请量与专利权人、专利权人与重点技术领域等专利信息中重要技术要素的相关分析，以及专利引文的研究，可以揭示专利文献之间的潜在的相关关系，从而反映专利技术的发展过程。图 8-28 是某技术领域主要专利权人的相互关系的研究，旨在揭示相关技术领域中，技术合作与协作开发的重要情报。

7. 雷达图

用雷达图可以形象地表示出专利申请中各技术要素之间的变化情况。图 8-29 反映出某技术领域中，重点技术随时间的推移而变化的信息。图中 A44B19/26 所代表的技术随时间的推移其专利申请量呈逐年增长的态势，说明该技术是相关技术领域有发展前途的技术。

8. 引文树

根据某一技术领域中专利文献之间的相互引用关系，将专利号、专利权人、或发明人等代表专利文献的著录项目按时间先后制作成树形图，揭示技术发展过程。

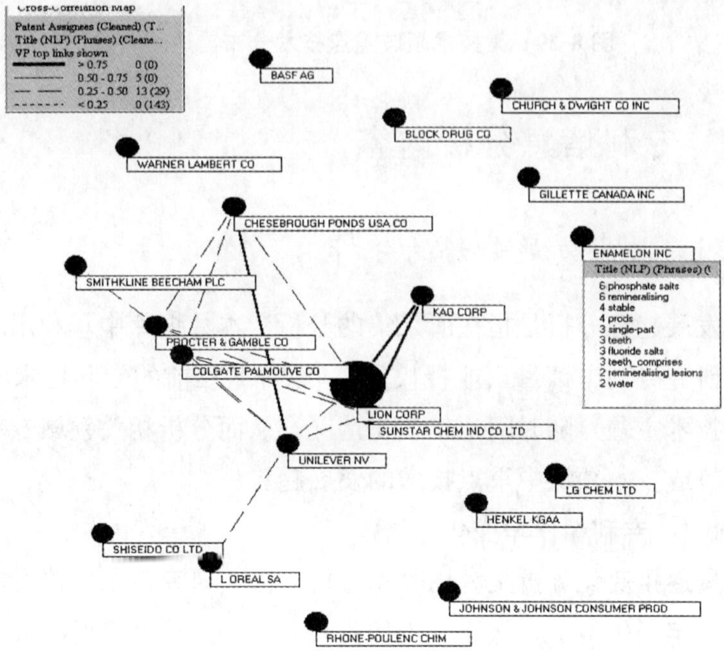

图 8-28 某技术领域专利权人关联图

数据来源：“VantagePoint User Guide”

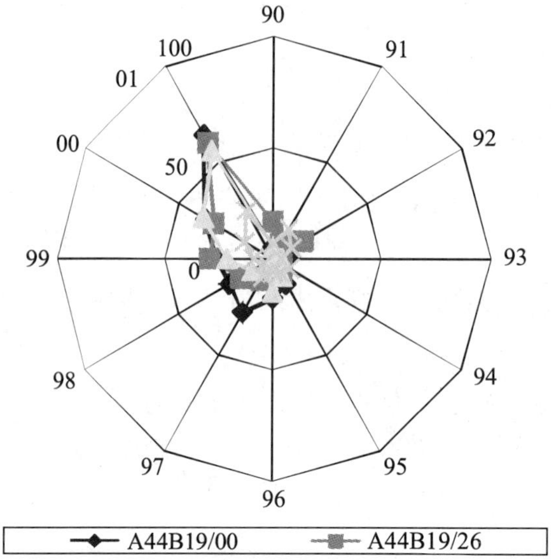

图 8-29　某技术领域重点技术分布雷达图

8.3　专利信息分析内容

8.3.1　技术发展趋势的分析

技术发展趋势分析是指在所采集的分析样本数据库中，利用时序分析方法，研究专利申请量（或授权量）、或排名靠前的专利技术（专利分类号或技术主题）随时间逐年变化情况，从而分析相关领域专利技术的发展趋势或技术领域中重点技术的发展趋势。

8.3.1.1　专利量逐年变化分析

专利量逐年变化分析是利用时序分析方法，研究专利申请量或授权量随时间逐年变化情况，从而分析相关领域整体的技术发展态势。值得注意的是专利量逐年变化分析常常和技术生命周期分析相结合，研究技术发展的整体态势和技术生命周期。

实例 18

图 8-30 是国外 PVD 技术领域专利申请量逐年变化图，从图中可以

看出：在1985至1986年间，国外PVD技术的申请量在500件以下；从1987年至2001年PVD技术的申请量呈现缓慢增长态势，但变化不大，一般维持800至1000件；从2002年至2006年，专利申请量有较大增长，持续在1500件水平，从趋势上看申请量仍然处在增长阶段，反映出PVD技术处于技术发展期的特征。

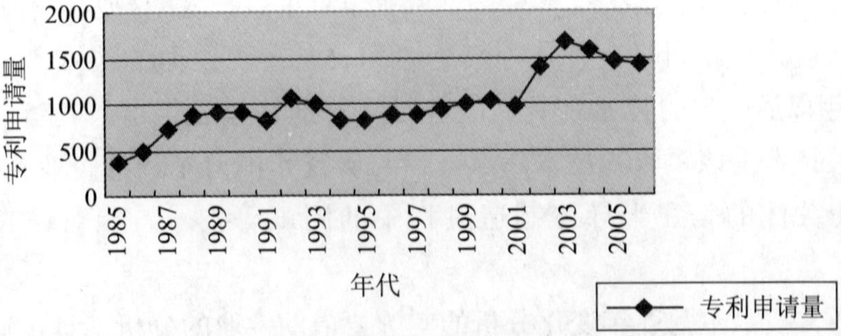

图8-30 PVD领域专利申请量按年度排序图

8.3.1.2 专利分类号逐年变化分析

专利分类号逐年变化分析模块是利用时序分析方法，研究申请量或授权量排名靠前的专利分类号（包括：IPC、ECLA、DC/MC、UCLA、FI/F－term等分类号）随时间逐年变化情况，从而分析相关技术领域重点专利技术的发展趋势。即通过专利分类号表征技术内容，通过专利分类号对应的专利量逐年变化情况表征重点技术发展趋势，或技术热点变化，参见实例11。

8.3.1.3 技术主题逐年变化分析

技术主题逐年变化分析是利用时序分析方法，研究技术主题词对应的专利数量或占总量的比例随时间逐年变化情况，从而分析相关技术领域重点技术的发展趋势。即通过主题词表征技术内容，通过主题词对应的专利量逐年变化情况表征重点技术发展趋势，或技术热点变化。

实例19

在中国专利数据中采集有关PVD的专利共3795件，将这些专利按照溅射工艺、制造或处理半导体、半导体制造过程中的测试、等离子体、磁控溅射工艺和放电管等技术主题进行标引，再按时间序列展开，研究重点技术的发展趋势。参见图 8-31，其中三维坐标轴分别为：时间轴、专利数量轴和技术主题轴。

从图 8-31 可以看出：溅射工艺、磁控溅射工艺、半导体制造过程中的测试等技术发展快速，其专利申请数量随时间变化增长快速，表明随着时间的推移，这些技术是该领域竞争者重点投入的技术，有较好的发展前途。与此同时，有关等离子体和放电管等方面的技术基本上是 1995 年以后出现的技术，而且随着时间的推移呈逐年增长趋势，这说明相关技术是该领域的技术热点，参与研究和申请专利的企业在增加，最值得关注的是在半导体制造过程中的测试等技术，相对增长幅度较大。

通常技术主题逐年变化分析的实施要借助专业的分析工具，通过文本挖掘或自然语言技术进行技术主题统计和排序，再结合时序分析方法，实现技术主题逐年变化分析。有时，在操作中，分析人员首先要进行技术主题的人工标引，再进行统计和时序分析。

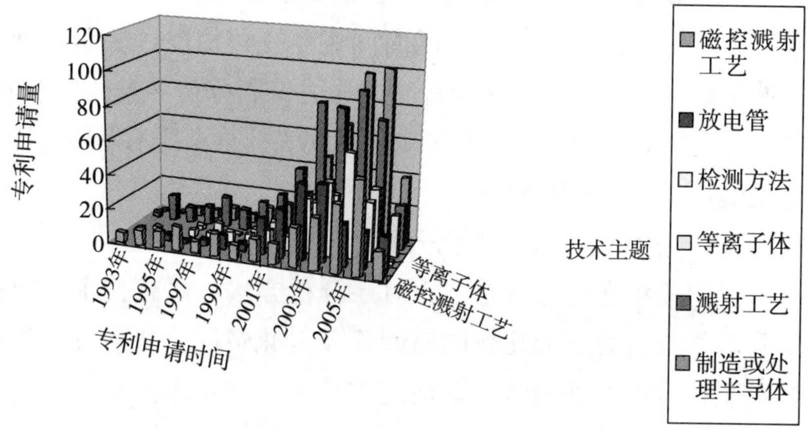

图 8-31　PVD 技术的发展趋势图

8.3.2　地域性分析

地域性分析是指在专利分析样本中按照专利申请人（或权利人）专

利优先权国家、或一定区域（如国内省市代码等）对专利量（申请量或授权量）进行统计和分析，了解不同国家或地区对专利技术的拥有量，从而研判国家或地区间的技术实力。在专利数量分析的基础上，还可以进一步对这些国家或地区的专利技术特征进行统计和分析，研究强势国家或地区的技术特征。

8.3.2.1 区域专利量分析

区域专利量分析是指在专利分析样本中按照专利申请人（或权利人）国家或专利优先权国家、或一定区域（如国内省市代码等）对专利数量（申请量或授权量）或占总量的比例进行统计和排序，了解不同国家或地区对专利技术的拥有量，从而研判国家或地区间的整体技术实力。区域专利总量分析包括：世界范围内国家或地区专利数量对比分析、国内省市专利数量对比分析、国外公司来华专利国家分布研究等。其中世界范围内国家或地区专利数量对比分析主要用来研究世界范围内国家或地区的技术实力，国内省市专利数量对比分析主要用来研究国内地区间的技术实力、国外公司来华专利国家分布研究主要用来研究国外在我国的专利布局，参见图 8-32、图 8-33、图 8-34、图 8-35。

实例 20

在 Derwent 专利数据库中采集世界范围内有关拉链的专利，共 2578 件，按专利优先权国家进行统计和排序。数据表明：世界范围拉链技术领域的申请主要分布在：日本（JP）、美国（US）和德国（DE）。其次是澳大利亚（AU）、法国（FR）和韩国（KR）。前 10 名的国家，其专利申请量共 2364 件，占总数 2578 件的 91.70%。其中，日本、美国和德国是拉链技术最活跃和最主要的国家，他们申请的相关专利 1810 件，占总数 2578 件的 70.21%。反映出上述三国是各国拉链企业专利申请的主要国家，同时说明他们在拉链技术领域投入较大，掌握了大量的专利申请，基本上控制了拉链技术市场，也是拉链产品市场的必争之地。其次是法国、韩国、英国和瑞士。此外，澳大利亚、加拿大等国在拉链产品市场中也占有一席之地。参见图 8-32 和图 8-33。

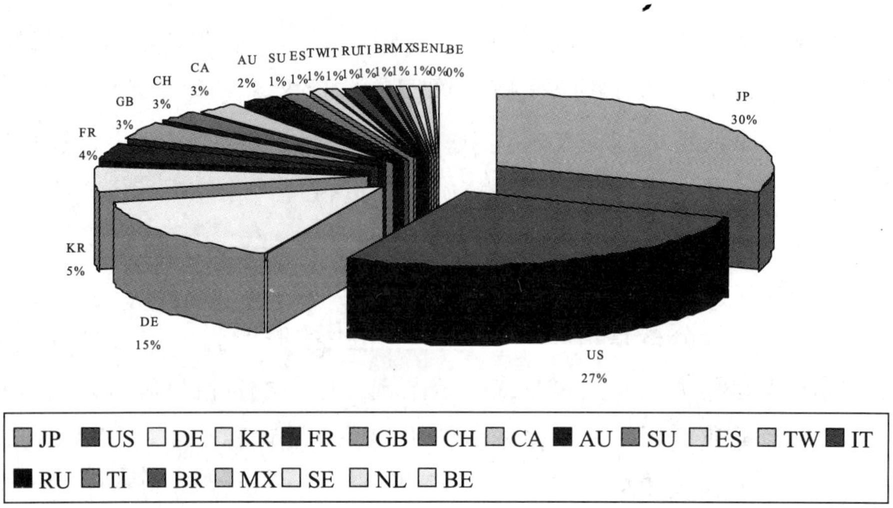

图 8-32　世界范围拉链专利国家（地区）分布图

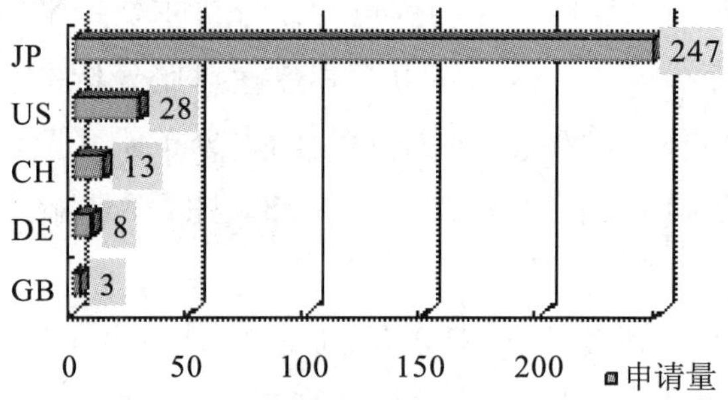

图 8-33　某技术领域国外公司来华专利国家分布图

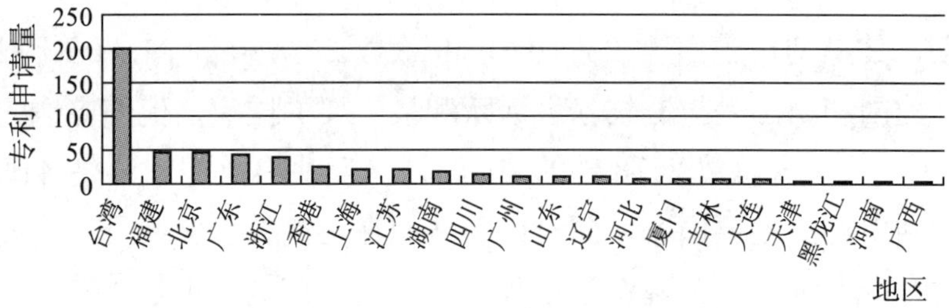

图 8-34　中国拉链专利国内省市分布图

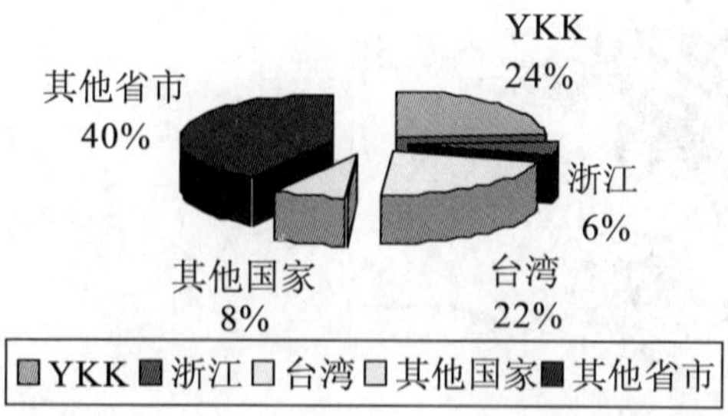

图 8-35 中国拉链专利申请中 YKK 公司与浙江省专利分布图

8.3.2.2 区域专利技术特征分析

区域专利技术特征分析是指在分析样本数据中，按照国家或地区（如国内省市等）的专利涉及的技术内容进行统计和分析，了解不同国家或地区的技术特征，从而研判国家或地区优势技术领域或技术重点，并以此推断不同区域市场竞争的态势。其中技术内容可以用专利涉及的分类号、主题词来表征，也可以利用人工标引主题的方式确定技术内容。

区域专利技术特征分析包括：国家或地区专利技术特征分析、国外在华专利技术特征分析等，其中国外在华专利技术特征分析通常与主要竞争相结合。

实例 21

在德温特世界专利索引数据库中，检索锂电池方面且优先权为美国的专利，利用 Aureka 专利分析工具绘制美国锂电池专利技术特征图，参见图 8-36。如图所示，美国的锂电池专利技术总体比较分散，技术涉及面广，局部形成相对集中区域，进一步分析这些技术聚集区域，阅读相关专利文献，可以看出，美国锂电池技术最主要集中在二次电池的 5 个部分，它们是：①聚合物电解质特别是固体电解质的相关技术；②电解液的电解质技术；③电极的氧化物活性材料技术；④非水性电池特别是锂电池技术；⑤二次电池的正负电极相关技术。这 5 大部分是 2001 年以来电池技术美国专利文献技术分布的重点内容。

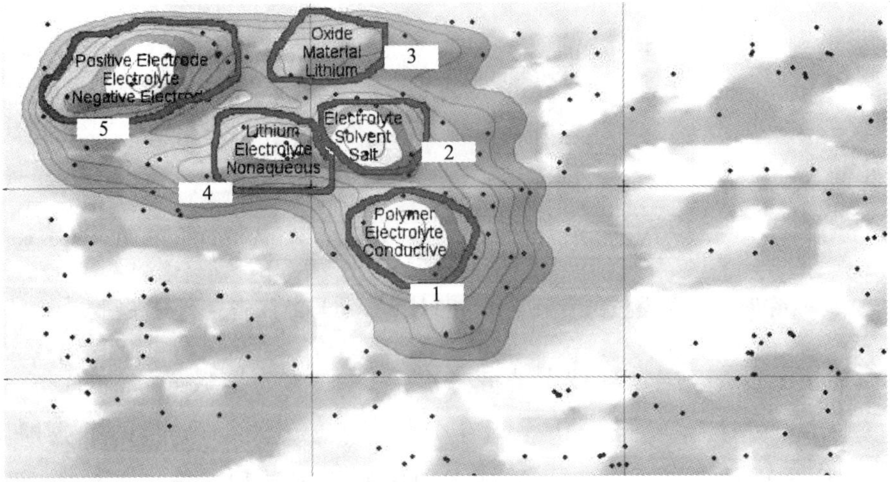

图 8-36 美国锂电池专利技术特征图

8.3.2.3 本国专利份额分析

本国专利份额分析主要应用在国家之间或区域之间技术创新能力的比较研究当中，是在分析样本中，按照被研究的国家或区域内其本国或区域内的专利申请人或权利人所占的专利份额进行统计分析，了解其技术创新能力。

实例 22

图 8-37 所显示的是锂电池中国专利在 1985 年至 2007 年间国内申请和国外来华申请数量对比情况。其中，国外来华申请数量 1963 件，高于国内申请总量 1852 件（其中包括台湾省申请 61 件，香港申请 6 件）。国外来华申请占相关领域专利申请总量的 51.45%，可见国外公司重视在我国锂电池领域的专利布局。

8.3.3 竞争者分析

竞争者分析是指在分析样本数据库中，按专利申请人或专利权利人的申请量或授权量进行统计和排序，以此研究相关技术领域中活跃的企事业单位和个人，他们是相关领域的主要竞争者。通常，在专利申请人或权利人统计排序后，要根据分析目标，进一步对重点竞争对手的专利

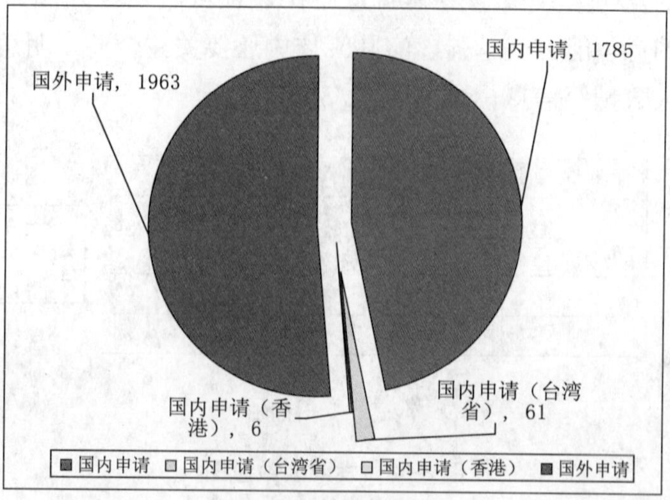

图 8-37　锂电池中国专利申请国别分布情况

活动做深入研究。

应当注意的是专利分析中所说的专利申请人统计分析，如果涉及的专利申请被批准，统计中的专利申请人即为专利权人。此外，许多国家专利法都规定专利申请权或者专利权可以依法进行转让，有些国家将经过合法转让获得专利申请权或者专利权的个人或单位称为专利受让人，分析中应当加以关注。竞争者分析包括以下内容：

8.3.3.1　竞争对手专利总量分析

竞争对手专利总量分析是指按照专利权人或专利申请人的专利数量（按照多数国家专利分析的习惯，专利数量通常指的是发明专利数量，当然分析中应当根据具体情况做适当调整，因为有些企业的专利战略是以申请实用新型专利为主）进行统计和排序，确定主要竞争对手。分析中依据不同的分析目标，一般将专利数量排名前 10 位至 40 位的专利权人或专利申请人列为主要竞争对手作进一步分析，参见实例 7。

8.3.3.2　竞争对手研发团队分析

竞争对手研发团队分析是在分析样本中，按照专利权利人拥有的发明人数量进行统计和排序，研究企业的研发规模，通常在某个技术领域，企业的发明人数量越多表明企业在该领域研发投入和研发规模较大，相应的竞争能力就越强。实际工作中还要关注企业发明总量和新增加的发明人数量等信息，参见图 8-38。

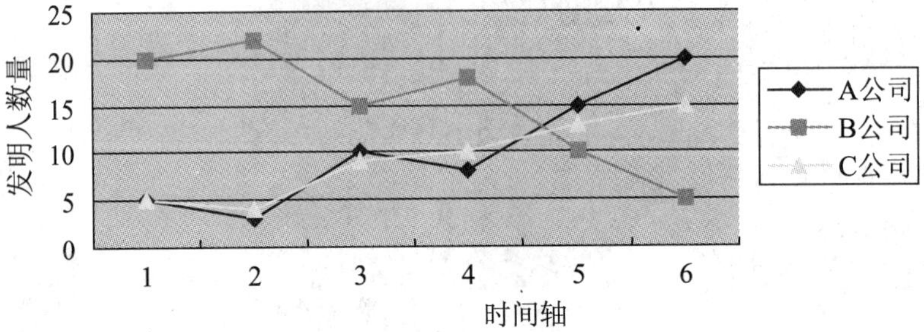

图 8-38　发明人数量图

实例 23

假设竞争对手分析涉及 A 公司、B 公司和 C 公司，他们是相同技术领域最主要的竞争者。首先统计 3 个公司历年发明人数量，然后绘制图 8-38。从图中可以看出 A 公司和 C 公司研发团队规模逐渐增大，表明他们在相关领域的研发力量投入的加强，反之，B 公司研发人员在逐年减小，亦表明他们研发力量投入的减弱。

8.3.3.3　竞争对手专利量增长比率分析

竞争对手专利量增长比率分析是通过计算主要竞争对手的专利申请数量或授权专利数量的增长率，表征竞争对手的竞争能力和发展态势。实际操作中，分别用竞争对手后一年专利数量减去前一年专利数量，再除以前一年专利数量，获得竞争对手专利量增长比率，按增长比率排序和分析。

实例 24

在德温特世界专利索引数据库中检索有牙膏方面的专利（数据采集时间：1984 年—2006 年），分析该技术领域中重点专利权人的专利延续时间和近三年专利数量占总量的比例情况如表 8-22，以此研究竞争对手保持技术领先的时间和最新的发展态势。如表中排名第一的 LION 公司专利申请延续时间最长从 1984 年—2005 年，近三年申请比例占其专利总量的8%，增长平稳，而排名前列的CHESEBROUGH公司，近三年没有专利申请，说明基本退出了相关领域的专利竞争。而HUBER公司虽然专利总量不高，排名靠后，但近三年专利比例占其专利总量的38%，增长迅速，说明该公司在相关领域的发展态势十分强劲。

表8-22 牙膏技术专利申请人排名情况

专利申请人	专利申请延续时间	近三年专利占其总量比
LION CORP [476]	1984—2005	8% of 476
COLGATE PALMOLIVE CO [205]	1984—2005	10% of 205
PROCTER & GAMBLE CO [180]	1984—2005	10% of 180
SUNSTAR CHEM IND CO LTD [141]	1984—2005	6% of 141
UNILEVER PLC [131]	1984—2005	9% of 131
KAO CORP [130]	1985—2005	15% of 130
CHESEBROUGH PONDS USA CO [53]	1986—2000	0% of 53
HENKEL KGAA [50]	1984—2005	6% of 50
WARNER LAMBERT CO [48]	1988—2005	10% of 48
SMITHKLINE BEECHAM PLC [38]	1984—2003	0% of 38
NIPPON ZETTOC KK [34]	1987—2005	21% of 34
LG HOUSEHOLD & HEALTH CARE LTD [33]	1996—2005	6% of 33
CHURCH & DWIGHT CO INC [29]	1985—2005	7% of 29
BLOCK DRUG CO [25]	1984—2002	0% of 25
SHISEIDO CO LTD [24]	1984—2005	4% of 24
HUBER CORP J M [21]	1994—2005	38% of 21
SANGI KK [20]	1984—2005	15% of 20
KANEBO LTD [20]	1986—2005	10% of 20
ICI AMERICAS INC [18]	1984—2004	17% of 18
ULTRADENT PROD INC [18]	1990—2004	6% of 18
ENAMELON INC [16]	1995—2000	0% of 16
GILLETTE CANADA INC [16]	1989—2005	6% of 16
BEECHAM GROUP PLC [15]	1984—1993	0% of 15
EARTH SEIYAKU KK [15]	1993—2003	0% of 15

8.3.3.4 竞争对手重点技术领域分析

竞争对手重点技术领域分析是利用竞争对手分析样本数据中的分类号（如：IPC、ECLA、DC/MC、UCLA、FI/FT 等）或主题词对应的技术内容的专利数量的多少或占总量的比例，进行统计和频次排序分析，研究竞争对手发明创造活动中最为活跃的技术领域以及技术领域中的重点技术。

8.3.3.5 竞争对手专利量时间序列分析

竞争对手重点技术领域分析是通过对主要竞争对手涉及的技术主题的专利数量或专利申请数量随时间的变化趋势进行统计和分析，研究竞争对手重点技术变化路线、逐步放弃的技术领域和新涉足的技术领域等问题，了解竞争对手技术发展趋势。分析中可以用主题词或专利分类号表征相关技术主题。

实例 25

图 8-39 为某领域一主要竞争对手逐年技术重点变化图，如图所示：该公司技术重点变化路线是由 H01L21/31、H01L21/316、H01L21/3065 等方面转向 H01J37/32、H01L21/302、H01L21/68 等方向，再转向 G06F7/16、H05H1/46 等。

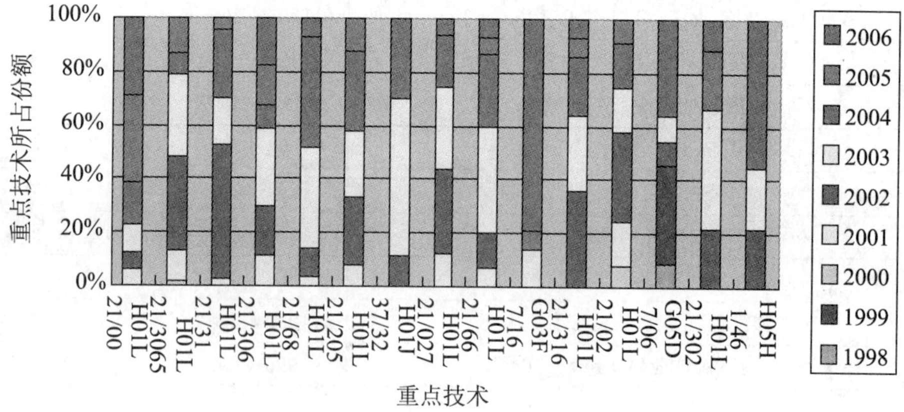

图 8-39 东京电子重点技术年度分布图

8.3.3.6 竞争对手专利区域布局分析

竞争对手专利区域布局分析是在竞争对手分析样本数据中，对竞争对手专利涉及的国家或地区、竞争对手的同族专利涉及的国家数量进行统计和时序分析，研究竞争对手技术分布特征和技术布局的战略。竞争对手同族专利分析参见图 8-40。

实例 26

在德温特世界专利索引数据库中检索有关 OFDM 技术（正交频分复用技术）方面的专利，竞争对手按照专利优先权国家进行统计和分析，参见图 8-40。如图所示：三星公司的研发主要来自韩国、美国和中国，而高通公司优先权专利则全部来自美国。

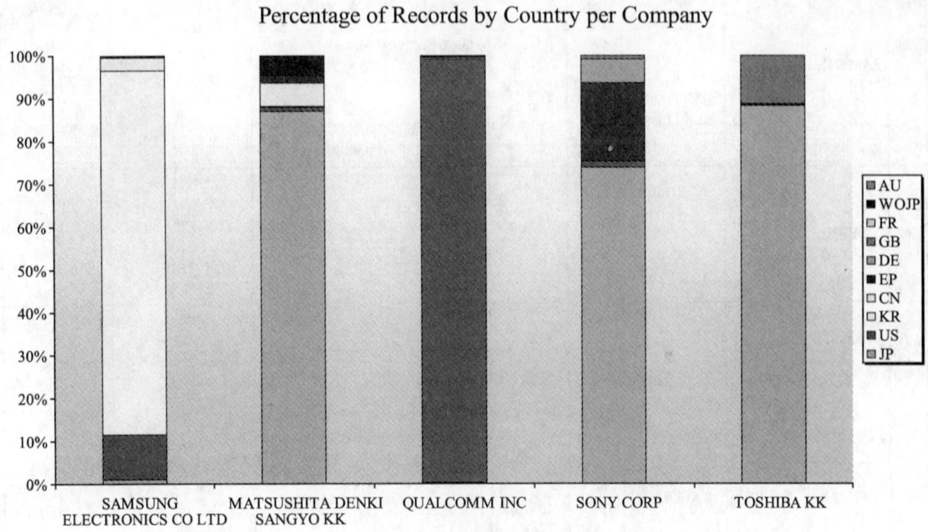

图 8-40 OFDM 专利重点企业同族专利分析

8.3.3.7 竞争对手特定技术领域分析

竞争对手特定技术领域分析是在分析样本数据中，按照专利分类号或技术主题词进行统计和排序，并比较竞争对手之间其专利涉及的技术主题的不同，筛选出竞争对手独特的或独占的技术区域，以此研究竞争对手特定的技术领域。

实例 27

在德温特世界专利索引数据库中检索有关 OFDM 方面的专利，并按照主要竞争对手专利数量进行统计和排序，同时按照技术主题统计他们涉及最多的技术领域、独特的技术领域、最新研发的技术领域和尚未研发的技术领域等，参见表 8-23。表中技术领域用德温特手工代码表征。如表所示：三星公司的独特领域分布在 W04-F01F5，W02-C03E3A，W01-C01B1A，W01-C01F3，W01-C01G6B，W01-A11G1 等方面，而在 W02-K07C，T01-J04B1，W02-C03C1B 领域没有研究。

表 8-23 OFDM 技术领域重点公司技术分析统计表

申请件数	申请人	优先权国家	最多的发明人	申请延续时间	近三年占其总量百分比	最多的技术领域	独特的技术领域	最近研发的技术领域	未研发的技术领域
852	SAMSUNG ELECTR ONICS CO LTD	KR [733]; US [91]; CN [28]	LEE J [73]; KIM Y [66]; KIM D [81]	1996-2007	24% of 852	W02-K07C [631]; W01-A09D [134]; W01-B05A1A [118];	W04-F01F5 [2]; W02-C03E3A [2]; W01-C01B1A [2]; W01-C01F3 [2]; W01-C01G6B [2]; W03-A11G1 [2]	T01-N02A2B [3]; W01-A [3]; T01-M06 [2]; T01-N02A1B [2]; W02-L [2]	W02-K07C [+1]; T01-J04B1 [+1]; W02-C03C1B [+1]
502	MATSU SHITA DENKI SANGYO KK	JP [45]; CN [28]; WOJP [23]	NISHIO A [44]; MIYOSHI K [32]; LI J [25]	1992-2007	18% of 502	W02-K07C [342]; W02-K07 [74]; W01-B05A1A [59]	X22-K11 [3]	X22-K01 [4]; X22-K11 [3]; T01-E02D [2]; T01-H01B6 [2]; T01-J05B4P [2]; U22-E01 [2]	W01-A09D [−1]; T01-S03 [−1]; W01-A06B5A [−1]
363	QUALCO MM INC	US [361]; WOUS [2]	LI J [85]; LAROIA R [82]; WALTON J R [40]	1997-2008	49% of 363	W02-K07C [222]; T01-S03 [114]; W01-B05A1A [93]	W01-C01D4 [8] W01-A06B8C [7]; T01-N02A2E [4]; U23-A01B5 [2]; T01-C07C5 [2]; T01-C11 [2]; T01-M01 [2]; W01-C01D3E [2]; U23-A01B1 [2]	W01-C01D1A [10]; W01-A06F3 [9]; W01-C01D4 [8]; W01-A06B8C [7]; U22-D [6]; W06-A01 [6]; T01-F03C [4]; T01-N02A2E [4]; U22-E [3]; T01-E01A [2]; T01-E02D [2]; T01-E03 [2]; T01-F02C2 [2]; T01-L03 [2]; T01-M06 [2]; T01-N01D1A [2]; U22-A [2]; W01-A04A [2]; W01-A06C4A [2]; W02-C05B [2]	T01-S03 [+1]; W01-B05A1A [+1]; W01-A06C4 [+1]

8.3.3.8 共同申请人分析

共同申请人分析是指在分析样本中，利用关联分析方法，研究相关技术领域中最经常出现的共同申请人或专利权人，了解该技术领域进行合作研发的单位。通常情况下，共同申请人分析是在竞争对手专利总量分析的基础上所做的进一步分析，即对主要竞争对手在该领域中的合作意向进行分析，并依据主要竞争技术合作伙伴的变化判断主要竞争对手的技术重点的变化。

实例 28

图 8-41 是关于某技术领域中主要专利权人相互关系的研究，旨在揭示相关技术领域中，技术合作与协作开发的重要情报。图中显示：LION CORP 公司与 SUNSTAR CHEM IND. CO.，LTD 公司、KAO CORP 公司、UNILEVER NY、COLGATE PALMOLIVE CO. 公司、PROCTER & GAMBLE CO. 公司、SMITHKLINE BEECHAM PLCD 等专利权人均有较密切的合作关系，且 LION CORP 公司的专利数量也最多，表明 LION CORP 公司在该技术领域涉及技术内容广泛，技术实力雄厚。

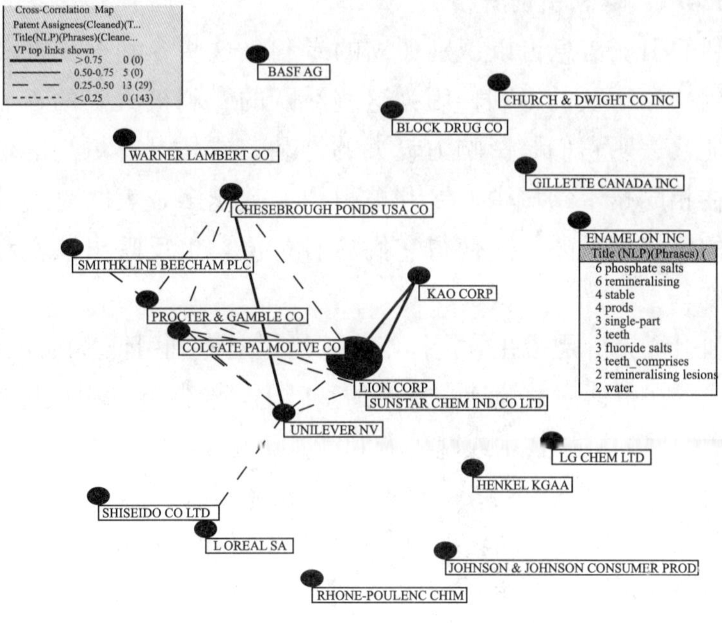

图 8-41 专利权人合作联系情况

8.3.3.9 竞争对手竞争地位评价

竞争对手竞争地位评价是在竞争对手分析样本数据中，通过计算专利引证率，构建专利引证率四方图，研究企业的竞争能力，通常竞争对手分为技术先驱者、重点技术持有者、技术参与者、技术模仿者。

8.3.4 技术领域分析

技术领域分析主要应用到确定技术领域中的核心技术或基础专利分析，是指在分析样本中，通过多种信息分析方法（如专利引证率分析、技术关联分析、同族专利规模分析、布拉德福文献离散定律等）对相关数据进行加工和处理，来研判相关技术领域的核心技术或基础专利。其中对相关数据进行加工和处理通常要借助专业的分析工具进行。技术领域分析包括专利引证分析、同族专利规模分析、技术关联与聚类分析和布拉德福文献离散定律的应用。

8.3.4.1 专利引证分析

专利的引证信息可以识别孤立的专利（这些专利很少被其他的专利所引用）和活跃的专利，因为这些活跃的专利被大量的在后申请的专利引证，表明它们是影响力较大的专利，或是具有更高的价值。换言之，在相同技术领域中，专利被引用次数越多，表明对其后发明者所依据的思想越重要，这使得它们更有价值，也反映出该专利技术的重要程度。

专利引证分析是指在分析样本中，通过对专利引证率的统计和排序分析，或者在引证率的统计和排序的基础上，绘制专利引证树，来研判相关技术领域的核心技术或基础专利。

实例 29

在所采集的国外专利数据中，按专利引证率进行统计排序，并选择排名靠前的专利，如 EP601788－A 进一步作引证分析，以此研究该领域重点专利以及技术的发展过程。参见图 8-42、图 8-43。

EP601788-A 是应用材料公司关于静电卡盘方面的专利。如图所示该专利被大量其他专利所引证，表明该专利是相关技术领域的基础专利。

图 8-42、图 8-43 都是 EP601788-A 专利被其他专利所引用的引证树，图 8-42 显示施引专利的专利号，图 8-43 显示施引专利的公司名称。从图中可以看出应用材料这件关于静电吸盘的专利自引率很高（即施引专利中有大量的专利是应用材料自身的），表明应用材料围绕 EP601788-A 申请了大量相关专利，同时围绕着该专利形成了较好的专利技术保护网络（图中黑色和黄色），如 US6159299A、US6500299B1、US6189482B1、US6494955 等。可以说应用材料在静电吸盘技术领域技术实力雄厚。

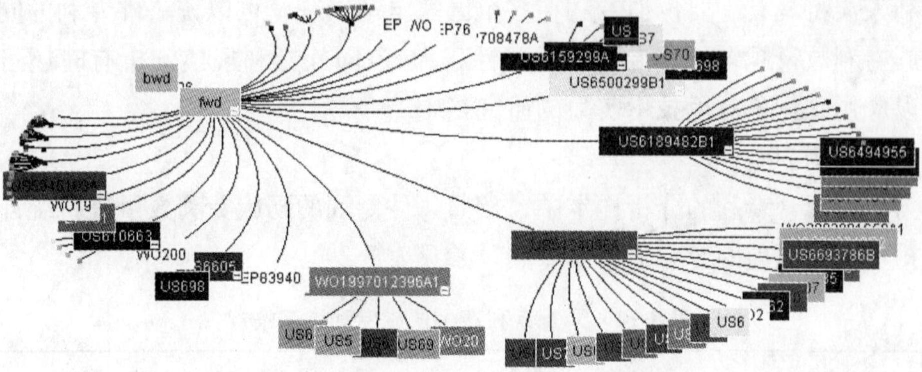

图 8-42　EP601788-A 向前引证树情况（以专利号显示）

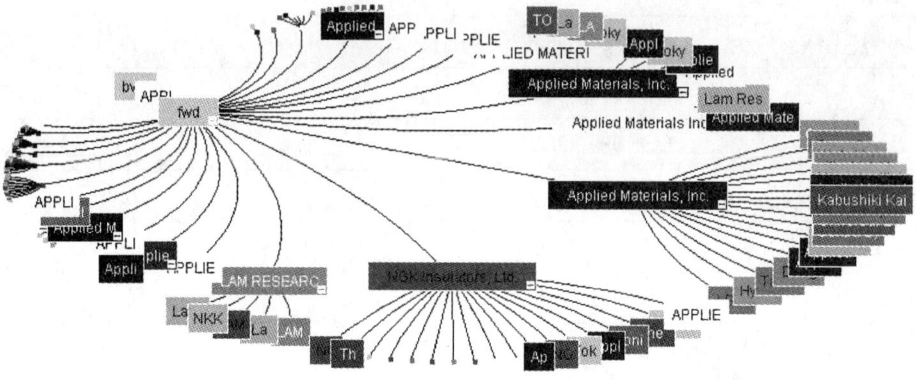

图 8-43　EP601788-A 向前引证树情况（以专利权人显示）

日本疑子株式会社（NGK INSULATORS. LTD，图中蓝色）等公司在该技术领域从事相似的技术研究，他们在引证EP601788-A专利的基础上申请了大量相关专利，如并形成了新的重点技术，如wo1997012396A1、US134096A、US5946183A等，这些专利又被许多其后的专利所引用，有关企业应对重要节点的专利进一步深入研究，寻找技术突破口。

8.3.4.2 同族专利规模分析

同族专利规模分析是指在分析样本中，按照每件专利的同族专利涉及的国家数量进行统计和排序，判断重点专利（通常，专利申请人或权利人会将具有重要价值专利在多个国家申请专利，可以说一件专利的同族专利数量越多，其专利的重要性越大）。同族专利规模分析有时还可以应用到竞争对手技术实力的研究当中。

实例30

在牙膏专利的分析样本中，按照每件专利的同族专利数量进行统计排序，排靠前的专利为重要专利，参见表8-24。

表8-24 牙膏专利产生同族专利排名情况

优先权专利号	件　　数
US 1988-291712	14
US 1987-8901	11
US 1989-398592	11
US 1989-398606	11
US 1989-398566	10
US 1989-399669	10
US 1989-398605	9
US 1981-775851	8
US 1984-685167	7
US 1981-813842	7

实例 31

在牙膏技术分析样本中，研究排名前两位的权利人（Lion 公司和 COLGATE PALMOLIVE CO 公司）的同族专利涉及的国家情况，参见表 8-25，从表中可以看出：Lion 拥有的专利数量是第二位的高露洁公司的 2 倍，但同族专利国家的分布远远不及高露洁公司广泛，并且 Lion 公司的同族专利主要在日本，而高露洁公司在日本、美国、欧洲等国（地区）都有较大量的分布，表明牙膏技术领域高露洁公司的市场控制能力强于 Lion 公司。

表 8-25 牙膏专利重点公司同族专利分布

同族专利国家	公司名	
	LION CORP（476）	COLGATE PALMOLIVE CO（205）
JP	474	69
US	20	191
EP	7	104
AU	5	142
WO	5	89
DE	14	80
BR		102
CA	2	68
CN	6	54
ZA		81
MX		71
ES	4	44
KR	4	14
NO		44
HU		20
NZ		25
PH		28
FI		28
PT		38
CZ		14

8.3.4.3 技术关联与聚类分析

技术关联与聚类分析是指在分析样本中，借助专业分析工具，如VantagePoint分析软件、TDA专利分析工具或其他知识挖掘工具等，利用关联分析或聚类分析方法对相关技术主题进行研究，寻找核心技术。

关联分析的实质是寻找在同一个事件中出现的不同数据项的相关性，从而找出分析样本中隐藏的关联网，获得一个数据项和其他数据项之间依赖或关联的知识。而聚类分析首先要将事件分类，使同一类群内的事物一般都具有相同的特性，而不同类群之间却有显著的差别，并寻找不同类群之间的内在的关联程度。关联分析与聚类分析的结果常用可视化图形方式显示。

实例32

在德温特世界专利索引数据库中检索有关锂电池的专利，按照技术主题进行关联分析，参见图8-44。如图所示：图中每个点代表出现相关主题词的专利文献多少，连线代表这些专利技术内容之间的联系程度，线越粗联系越紧密。从中可以看出，电极技术特别是电极的材料技术、电解液技术和隔膜技术是锂电池技术领域的三大主题。其中涉及电极的活性材料专利最多，如正极活性材料涉及的金属离子如钴、镍、铜、硅、铝、锰等。负极活性材料主要涉及碳基石墨电极。关于电解液方面的专利主要涉及有机溶剂和溶解的盐，电池的安装和隔膜也是发明涉及比较多的内容。

8.3.4.4 布拉德福文献离散定律的应用

在分析样本中利用布拉德福定律按专利分类号进行区域划分，可以较科学、准确地确定某技术领域中专利文献的核心分类，从而寻找技术领域中的核心技术区域。

8.3.5 重点技术发展线路分析

重点技术发展线路分析是指在分析样本中，通过专利引证率分析或

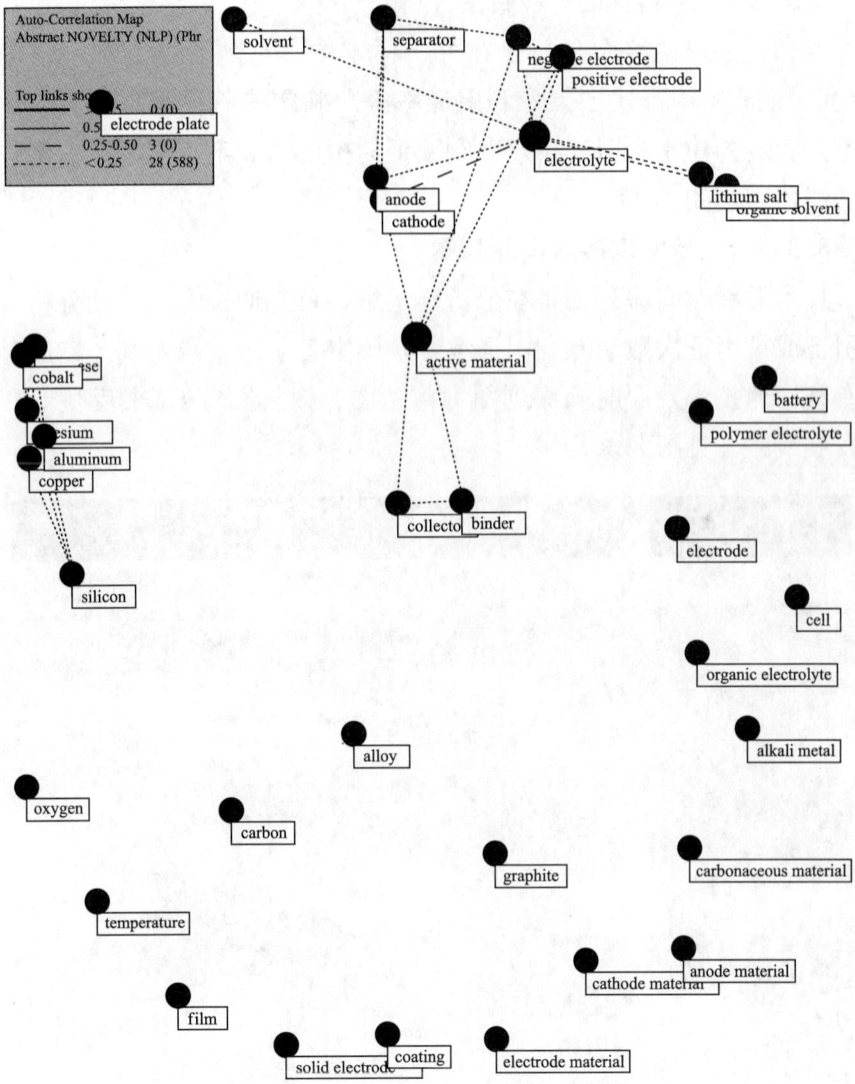

图 8-44 锂电池专利技术主题关系图

技术内容变化研究，在此基础上绘制专利引证树、或技术发展时间序列图等，来研判相关技术领域重点技术发展线路。重点技术发展线路分析包括专利引证树线路图分析、技术发展时间序列图、技术应用领域变化分析。

8.3.5.1 专利引证树线路图分析

专利引证树线路图分析是在分析样本中，首先通过专利引证分析（专利引证或被引证次数、专利引证率等）确定各阶段重点专利，然后对重点专利构建专利引证树，专利引证树中的重要节点反映了专利技术发展线路，见图 8-45。

8.3.5.2 技术发展时间序列图

技术发展时间序列图是在分析样本中，首先通过专利引证分析（专利引证或被引证次数、专利引证率等）确定各阶段重点专利，然后对重点专利构建技术发展时间序列图（雷达图、树行图等），来反映专利技术发展线路，见图 8-46。

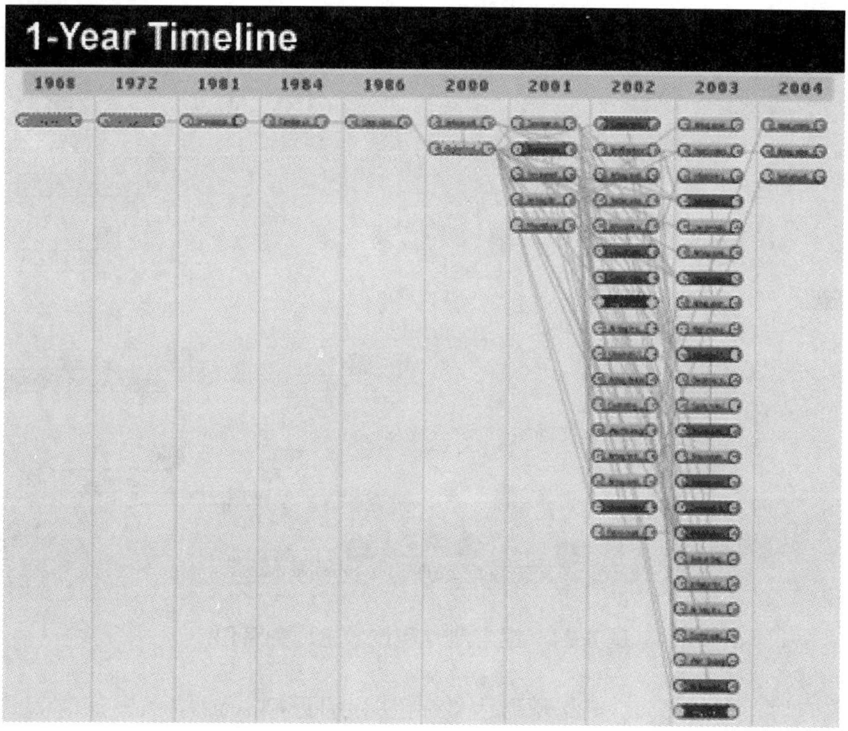

图 8-45　引证树状图

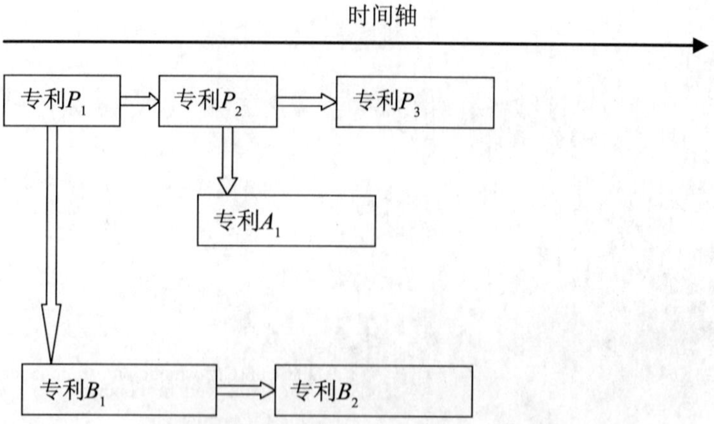

图 8-46 专利技术发展时间序列图

8.3.5.3 技术应用领域变化分析

技术应用领域变化分析是在分析样本中，按技术的应用领域进行统计和排序，并按时间序列展开技术应用领域的变化，了解技术的发展趋势。其中，技术的应用领域可以按照行业技术分析或德温特手工代码进行，也可以对分析样本中的数据进行人工标引，参见图 8-47。

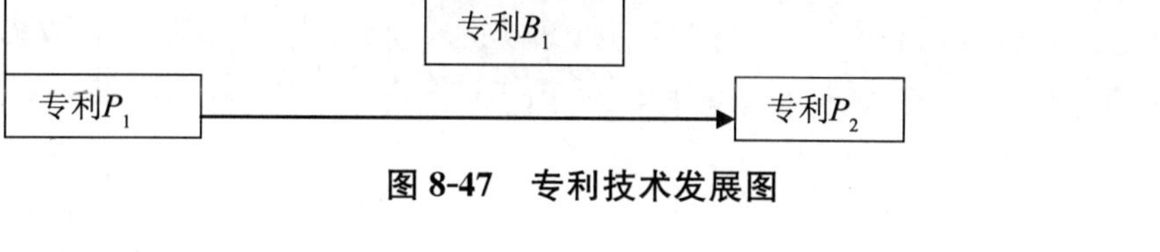

图 8-47 专利技术发展图

实例 33

在牙膏专利分析样本中，按照德温特分类（侧重应用分类体系）逐年变化情况进行统计和排序，了解技术变化趋势，见图 8-48。

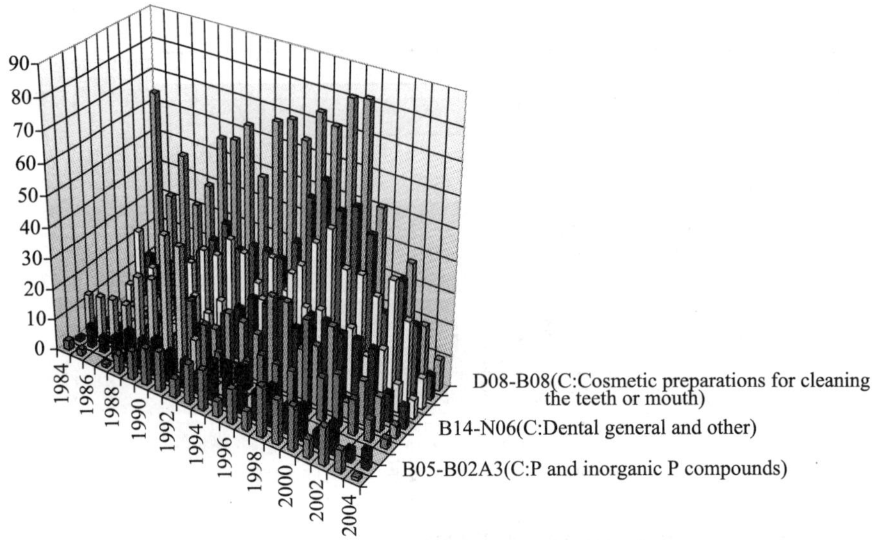

图 8-48　牙膏专利技术主题逐年变化情况

8.3.6　技术空白点分析

技术空白点分析是指对分析样本中专利数据进行专利技术功效矩阵分析，即对专利反映的主题技术内容和技术方案的主要技术功能、效果、材料、结构等因素之间的特征进行研究，揭示它们之间的相互关系，寻找技术空白点。这种研究方法的结果常常用功效矩阵图表形式表示。通常，可以按照材料（Material）、特性（Personality）、动力（Energy）、结构（Structure）、时间（Time）等技术方案的要素对分析样本数据进行加工、整理和分类，构建功效矩阵表，在实际工作中也可以将因素与因素进行组合，如材料与处理方法，材料与产品等，形成多种矩阵图表，来研究技术重点或技术空白点。

8.3.7　研发团队分析

研发团队分析是指在分析样本中，按照专利发明人拥有的专利数量（专利申请量或授权量）进行统计和排序、或者通过对专利发明人的合作研究（共同发明人分析）进行分析，研究相关技术领域中最具研发能力的发明团队或个人。实际操作中一般在对专利发明人专利数量（专利申请量或授权量）进行统计和排序的基础上，选择前 10 至 40 位的发明人作为该技术领域的重点发明人，并进一步对其进行技术特征分析，了解不同发明团队的技术特征。

8.3.7.1 重点专利发明人分析

重点专利发明人分析是指在分析样本中，按照专利发明人拥有的专利数量（专利申请量或授权量）进行统计和排序，研究相关技术领域中最活跃的技术研发人员。

实例 34

在德温特世界专利索引数据库中采集有关拉链的专利共 2500 件，采集时间为 1991 年至 2002 年 3 月。前 40 位发明共申请专利 432 件，占总数（2769，考虑了共同发明人）的 15.60%。表 8-26 为前 10 位发明人。显然，这些发明人是拉链行业进行技术创新最重要的主力军，也是有关拉链生产企业应关注的发明人，他们是企业实施引进专利人才的依据。

表 8-26 世界范围拉链行业主要发明人

排名	发明人	专利量/件
1	MATSUDAY	26
2	HERRINGTONFJ	21
3	MALINA	19
4	AKASHIS	18
5	ODAK	16
6	IKEGUCHIY	15
7	KATOH	15
8	KUSEK	15
9	VANERDENDL	15
10	MCMAHONMJ	14

8.3.7.2 合作研发团队分析

合作研发团队分析是指在分析样本中，利用关联分析方法，研究相关技术领域中最经常出现的共同发明人，了解该技术领域的合作研发团队。通常情况下，合作研发团队分析是在重点专利发明人分析的基础上所做的进一步分析，即对主要发明人在该领域中的合作动向进行分析，并依据主要发明人技术合作伙伴的变化判断该领域的技术重点的变化。

实例 35

在牙膏专利分析样本中，按照发明人专利数量、所属机构和最经常合作的合作人情况进行统计和分析，参见表 8-27，从中可以了解发明人的任职情况和研究团队的配置情况。

表 8-27 牙膏专利重点发明人情况

件数	发明人	服务最多的机构	前三位合作人
73	GAFFAR A	COLGATE PALMOLIVE CO. [73]	NABI N [21]； AFFLITTO J [17]； POLEFKA T G [12]
42	PRENCIPE M	COLGATE PALMOLIVE CO. [42]	GAFFAR A [7]； WONG M [6]； AFFLITTO J [6]； NABI N [6]
31	WINSTON A E	CHURCH & DWIGHT CO. INC [19]	USEN N [19]； DOMKE T W [5]； MISKEWITZ R M [4]
26	NABI N	COLGATE PALMOLIVE CO. [26]	GAFFAR A [21]； AFFLITTO J [11]； PRENCIPE M [6]； STRINGER O [6]

8.3.7.3 研发团队规模变化分析

研发团队规模变化分析主要应用在对竞争对手进行综合分析当中，通过主要竞争对手专利申请或专利发明人团队的变化情况，判断企业技术实力和投资热点的改变。

实例 36

假设 A 公司实际发明人为：a、b、c、d、e、f、g、h、I、j、k、l、

m、n、o、p、q、r 等 18 位，B 公司实际发明人为：ABCDEFGHIJKLMNOPQRSTUVWXY 等 25 位，时间轴表示相近的年份。如表 8-28所示，A 公司历年申请专利的发明人均多于 B 公司，但 A 公司的发明人多数是相同的几个人，只有 1～2 位是新人，而 B 公司则相反，不仅累计申请专利的发明人多于 A 公司，而且每年都有新的发明人加入，且至少有 1～4 位，说明 B 公司在总体研发团队规模大于 A 公司，而且公司一直在加大该领域的研发投入，说明 B 公司认为该技术领域有发展前途，十分重视该技术领域的投入。分析中可以结合各个公司每年专利总量以及这些新增加的发明人的技术重点分析，可以推测其技术热点的变化。

表 8-28　发明人规模统计示意表

时间	1	2	3	4	5	6
A 公司	abcdefg hijkl/12 人	a—l mn/14 人	a—n o/15 人	a—o p/16	a—p q/17 人	a—q r/18 人
B 公司	ABC/3 人	ABCDEFG HIJ/10	EIKLMN OP/8 人	BFPTCVW X/8 人	CGKNO SY/7 人	AFKP C/5 人

8.3.7.4　研发团队技术重点变化分析

研发团队技术重点变化分析主要应用在对竞争对手进行综合分析当中，通过主要竞争对手研发团队技术重点变化情况的分析，判断企业技术发展线路、投资热点改变和专利布局动向。其中技术内容可以用相应的分类号或主题词来表征。

实例 37

在 OFDM 技术分析样本中，研究重点发明人研究团队的技术变化情况。参见表 8-29 和图 8-49，表中列举了本领域主要发明人所服务的机构、与其合作最多的发明人、发明专利的时间跨度、最近涉及的技术领域等信息。针对选定的重点发明人再作技术内容动态变化图，了解该发明人历年重点技术主题变化情况。

表 8-29　重点发明人情况表

件数	发明人	专利权人	合作最多的前三名	时间跨度	近三年占其总量比例百分比	最多的技术领域	独特的技术领域	最近的技术领域	优先权国家
160	LI J	LI J [87]	LAROIA R [100]; DAS A [24]; RICHARDSON T [22]	1999-2008	49% of 160	W02-K07C [116]; W01-B05A1A [58]; W02-C03C1B [34]	T01-N02B1E [2]	W01-A06B8C [6]; T01-N02A2E [4]; W01-C01D1A [4]; W02-K08 [4]; W01-A06B5B [3]; W06-A01 [3]; U22-A [2]; U22-D [2]; U22-D05A [2]; U22-E [2]; W02-C03 [2] W02-C03A3 [2] W02-C03C1 [2] W02-C03E1A [2]	US [122]; CN [32]; AU [2]; EP [2]; JP [2]; KR [2]; WOUS [2]
117	LAROIA R	LAROIA R [87]	LI J [100]; LANE F A [23]; VENKATA UPPALAS [22]	1999-2008	40% of 117	W02-K07C [81]; W01-B05A1A [50]; W02-C03C1A [30]; W02-C03C1B [30]	W01-A06F2A [3]	W01-A06B8C [6]; T01-N02A2E [4]; W01-A06B5B [3]; W06-A01 [3]; T01-N02A2 [2]; W01-C01D1A [2]	US [115]; AU [2]; EP [2]; WOUS [2]

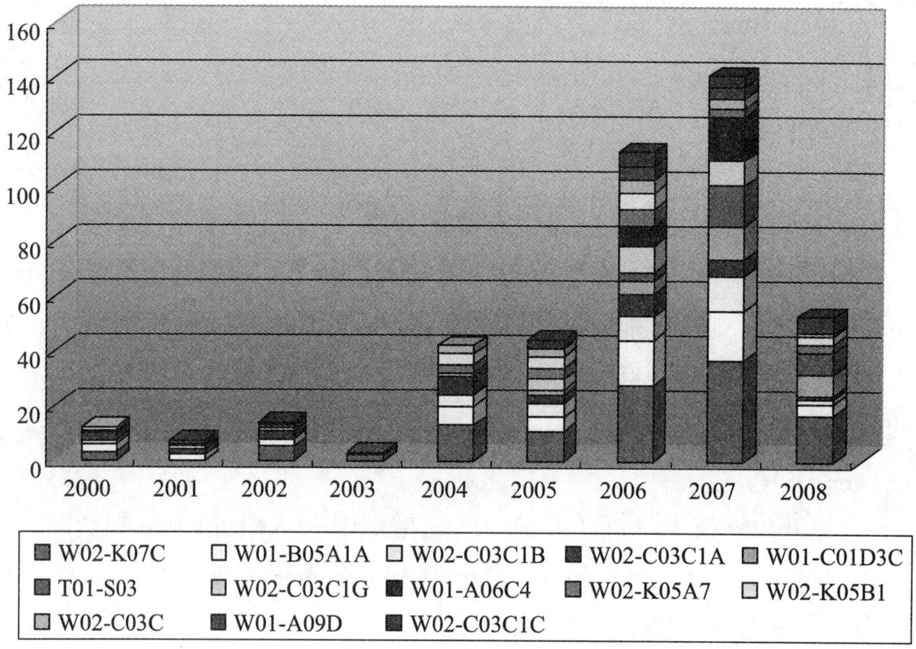

图 8-49　重点发明人技术主题随时间变化情况

8.4　专利信息分析流程

专利信息分析流程一般包括：前期准备、数据采集、专利分析、完成报告和成果利用五个阶段。5 个阶段细分为 14 个环节：成立课题组、确定分析目标、项目分解、选择数据库、制定检索策略、专利检索、专家讨论、数据加工、选择分析工具、专利分析、撰写分析报告、项目评估、战略制定和战略实施。其中有些环节还进一步包括多个步骤，如专利检索环节包括初步检索、修正检索式、提取专利数据三个步骤。另外，在前期准备阶段中可根据需要加入调研环节。参见图 8-50。对于需要进行中期评估的项目，工作组应当在项目实施流程的中期阶段组织实施。项目实施过程中，课题组还应当将内部质量的控制和管理贯穿始终。

8.4.1　前期准备阶段

前期准备阶段的工作主要是针对专利信息分析课题组人员组成、课题研究目标、如何进行项目分解等内容展开的，这一阶段主要包括成立课题组、确定分析目标、项目分解、选择数据库四个环节。

8.4.1.1　成立课题组

根据项目需求，选择相应人员组建项目课题组。一个好的专利分析团队应由具有多学科知识背景和专业技能的人员组成，这些人员主要包括：专利审查员、专业技术人员、情报分析人员、政策研究人员以及经济和法律人员等。课题组成立后，应当进行合理的人员分工，明确课题参与人员的工作内容，做到各尽其能，各司其职。

1. 组织研究人员

组织研究人员负责课题的组织、管理和协调。明确课题组成员的工作任务和职责，合理分工和使用资源；组织课题组成员研究分析目标，制定工作计划，保证项目按计划顺利进行；负责课题研究中的业务讨论，审核各阶段相关文档质量，负责课题研究报告的统稿工作等。

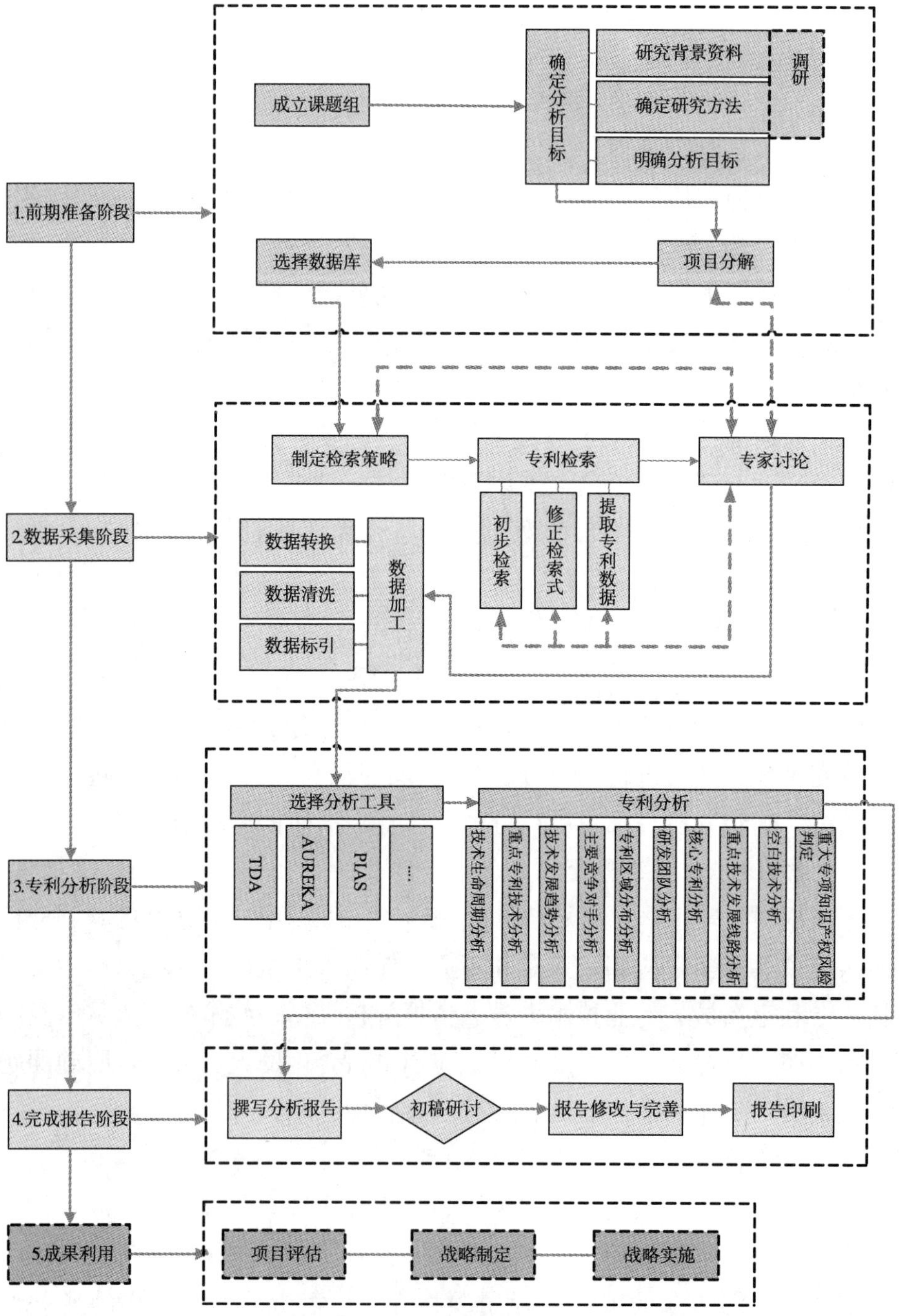

图 8-50　项目实施流程图

2. 审查员

参与课题调研和项目分解等工作，并负责制定检索式，对专利进行检索、标引、分析和专利文献筛选，撰写分析报告等。负责编写《分析目标分解记录》，填写《课题检索策略表》，并向项目组提交《分析样本数据库》等文件。

3. 专业技术人员

负责专业技术领域的相关工作，对课题中的相关技术问题提供支持。配合情报分析人员和审查员开展相关工作。

4. 情报分析人员

负责收集技术领域有关情报，如相关技术领域产业现状等，参与专利数据采集、数据加工和分析等工作，配合课题组其他成员解读分析结果（包括相关图表），并撰写相应内容。情报分析人员需要与审查员积极配合，协助其完成《分析目标分解记录》和《分析模块选取记录》等内容。

5. 经济法律和政策研究人员

结合项目的总体目标和国内外经济形势，撰写分析报告中的应对措施和政策建议的相关内容。

8.4.1.2　确定分析目标

在项目初期，课题组应进行项目需求分析，认真研究背景资料，了解现有技术的特征和行业发展现状以及产业链基本构成等内容，在此基础上根据用户需求明确分析目标。分析目标即专利分析研究对象，例如竞争对手研究、行业技术现状调查，或者是特定技术研究、核心专利文献对比分析等。对需要调研的项目还应该制定《调研计划》。

1. 研究背景资料

针对研究对象采集背景资料，如行业技术现状、特定技术的发展历史或相关竞争对手的技术动态、投资动向以及本次分析项目涉及的产业状况及产业分类信息等。背景资料的研究方法众多，既可以是在收集相关资料的基础上进行归纳总结，也可以采取问卷调查、实地考查、专家研讨等形式。

其中，实地调研主要是针对产业结构复杂需要实地了解技术构成的项目。有实地调研需求的项目，课题组应提出调研申请和调研计划并上报办公室审批。调研申请应写明调研的目的性和必要性。调研计划应包括：调研提纲（列出调研要解决的技术难点、问题等）、调研日程安排和费用预算等。调研完成后应当提交调研报告。

2. 明确分析目标

根据项目立项的需求和目的的不同，分析目标也有所不同。一般有以下几种分析目标❶：

（1）重大专项知识产权风险分析。这种类型的分析目标主要针对有重大国有资产参与的项目或是涉及与国家经济命脉相关的重点技术领域。对此类重大专项进行知识产权风险分析，目的在于确认项目在技术上实施的可行性，是否具备自主知识产权，同时判断是否存在潜在的知识产权隐患，为项目的顺利实施提供准确及时的知识产权建议。

其主要内容应当包括：相关领域专利现状分析，重大专项的知识产权现状分析，国外主要竞争对手在我国的专利布局，重大专项中知识产权风险等级判定等。

（2）行业专利现状分析。这种类型的分析目标主要从行业角度出发，针对与某一行业相关的技术进行深入的专利分析。对此类行业进行专利现状分析，目的在于摸清国内外同一行业中的技术发展状况，理清与竞争对手的优势或是差距，同时根据我国的实际情况，为行业内技术的顺利实施提供强有力的专利策略或是专利布局建议。

主要内容应当包括：技术生命周期分析、重点专利技术分析、技术发展趋势分析、主要竞争对手研究，专利区域分布研究和主要研发团队分析等。

（3）技术标准方案的专利分析。这种类型的分析目标主要与技术标准的形成和确立相关。对此类技术标准方案进行专利分析，目的在于通过对国内外相关标准的解析和比较，加强我国具有自主知识产权的技术

---

❶ 由于项目需求有重叠，下述分析目标的内容会有所交叉。

标准参与国际竞争的机会，并最终协助其成为国际标准而做出具有建设性的分析结论。

主要内容包括：标准解析，研究与标准中技术内容相关的专利并判定标准其中的必要专利。

（4）国外公司专利布局分析。这种类型的分析目标主要针对与研究对象有竞争关系的国外公司来进行的。对此类国外公司进行专利布局分析，目的在于帮助我国企业或是行业规避可能存在的国外公司的技术威胁，确认技术发展趋势，协助企业或行业占领国外公司的技术盲区，并建立具有自主知识产权的技术体系提供专利布局方面的支持。

主要内容包括：确定国外公司中的主要竞争对手，了解竞争对手的技术特征和发展趋势，明确竞争对手的技术占领区域、竞争区域、有机会合作区域等。

（5）特定技术领域专利分析。这种类型的分析目标主要针对一些特殊的技术领域进行专利分析。对此类特殊的技术领域进行专利分析，目的在于确定该领域的技术发展趋势、哪些构成核心技术、是否具有技术空白点以及是否有国内企业或行业进入的机会等方面进行分析，从而为国内企业或行业在该领域的专利布局提供政策性的建议。

主要内容包括：特定技术领域的专利现状、技术发展路线图、核心技术、空白技术点、特定领域的主要竞争者、研发团队分析等。

（6）其他分析目标。除上述分析目标以外的其他特定需求，如专利授权前景判定、重点企业并购中的知识产权问题研究等。

3. 确定研究方法

在前期准备阶段中，课题组还应当对开展课题研究所采用到的方法进行初步的确定。根据专利分析和预警项目的特点，选择相应的分析方法。

8.4.1.3 项目分解

项目分解是前期准备阶段的一项重要工作，恰当的项目分解可为后续专利检索和分析提供科学的、多样化的数据支撑。

1. 项目分解的目的

根据所确定的分析目标，将研究对象采用的技术方案进行分解的目的在于细化该技术的分类，如同国际专利分类表 IPC 所采用的大类、小类、大组、小组的划分方式，以更好地适应“专利”本身的特点，便于后续的专利检索和侵权判断分析。

专利法规定了一件专利申请如果要获得专利权需要符合单一性规定，这决定了一件专利申请的发明内容往往只会涉及某项技术的某一点创新式改进，而一项新“技术”往往是成千上万项创新式发明点的集合，其背后则对应着成千上万件的专利申请。如何将这些数量众多的反映该项新“技术”的专利申请进行归类整理，以反映该项新“技术”的专利布局情况，这正是项目分解所要解决的问题。

如专栏 1 所列“煤液化项目分解”可知，从产业和技术角度看，宏观上可将其分解为“煤直接液化”和“煤间接液化”两大类，而每一类又可细分出众多技术重点，研究人员可以有针对性地在这些细分的技术重点上进行专利检索和分析，从而得出科学性的分析结果。参见专栏 1。

专栏 1：煤液化项目分解

1. 煤直接液化
   - 煤直接液化催化剂
   - 煤直接液化工艺
   - 煤直接液化加氢提质催化剂
   - 煤直接液化加氢提质工艺
2. 煤间接液化
   - 费-托合成工艺
   - 费-托合成设备
   - 费-托合成催化剂
   - 费-托油品加工工艺
   - 费-托催化剂处理
   - 费-托油品加工设备
   - 费-托油品加工催化剂
   - 费-托成品油

2. 项目分解的基本原则

项目分解应尽可能依据行业内技术分类习惯进行，同时也要兼顾专利检索的特定需求和课题所确定分析目标的需求，使分解后的技术重点既反映产业的发展方向又便于检索操作，以确保数据的完整、准确。一般情况下，可按技术特征、工艺流程、产品或使用用途等进行分解。总体上，课题组可以参照以下基本原则对项目进行分解。

（1）行业分类为主。由于一项新技术可以说是众多的发明点的集合，从其产生、发展、应用乃至形成产业规模必然经历了所属行业的既有规范或是突破常规创建了新的标准与规范，这就客观地决定了在项目分解时对技术的本质或是其演变分支的掌握和利用是非常重要的。因此从行业常用的分类角度出发并以此作为项目分解的主要根据，有利于使得专利分析报告中的技术内容更加贴近于产业中技术的发展现状和趋势，对课题研究报告的应用者来说更具有实际的指导作用。

（2）专利分类为辅。由于单一专利申请本身仅涉及某一技术点的内容，现有的国际分类体系或各国分类体系最终目的都是将近似内容的专利都聚合为一类，以利于专利审查员在最短的时间内找出相关的现有技术，换句话说专利审查员只需根据专利分类号检索到相关技术即可以停止检索。这一点与专利分析和预警工作的目的是截然不同的，专利分析和预警工作则是需要从宽度和广度上找出尽可能多的引起潜在知识产权风险的专利，因此不仅需要对与项目分解后相关的专利分类号进行研究，而且还需要研究这些分类号之间可能存在的横向相关性。由于从审查角度上专利分类与行业常用的技术分类可能存在不尽相同的情况，为了便于后续研究成果的实际利用，所以在确定项目分解时最好本着“行业分类为主，专利分类为辅”原则，在技术的宏观框架确定后，再利用专利分类的特点，将项目分解真正落实到位。

（3）兼顾课题需求。一般情况下项目分解应遵循前述两点原则，但该原则也并非是一成不变的，课题组也可以根据本课题所确定分析目标的特点来灵活确定项目分解的方式。尤其是涉及某些特定技术领域、技术标准等内容的专利分析时，通常专利检索上的分类要优于行业分类，或是在行业分类尚不明确的情况下，遵循专利分类优先的原则可能更有利于项目分解的准确性。

综上可知，项目分解作为专利分析和预警工作中重要的一个环节，其处理方式是灵活多变的，课题组在必要的时候也可邀请相关专家对如何合理地进行项目分解提出适当的建议。

8.4.1.4 选择数据库

根据确定的分析目标和对项目涉及的技术内容的分解研究，选择与技术主题相关的一个或多个数据库作为专利分析的数据源。

常用的专利信息源包括中国专利检索数据库、德温特世界专利数据库、美国专利商标局专利检索数据库、日本专利检索数据库、国际专利数据库（PCT），以及欧洲专利局世界专利数据库等。上述数据库无论是数据结构、类型还是检索入口都有很大的差异。在选择专利信息源时，应当根据研究目标以及研究层次，并充分考虑数据库的实际情况。

8.4.2 数据采集阶段

数据采集阶段的工作主要是在前期准备的基础上，按照分析目标的特点，进行专利数据的采集，这一阶段主要包括制定检索策略、专利检索、专家讨论和数据加工四个环节。

8.4.2.1 制定检索策略❶

检索策略的制定是专利分析工作的重要环节，课题组应当充分研究项目的行业背景、技术领域，并结合所选数据库资源的特点制定适当的检索策略。一般来说，在对项目所涉及技术内容进行详细分解后，应尽可能列举与技术主题相关的关键词和分类号，同时确定关键词、分类号之间的关系，按照《课题检索策略表》分别编制检索中国专利和国外专利的策略，完成初步检索式，然后通过初步检索的结果动态修正检索策略，以实现最佳的检索效果。

---

❶ 详细的检索策略的制定可参考国家知识产权局专利局人事教育部编制的《计算机检索高级教程》中的相关章节。

1. 列举关键词

使用关键词检索的优点在于直观，能够直接选取所需要的技术要点，对于没有更准确分类号的申请，往往需要使用关键词进行检索。但关键词检索也存在问题，由于专利文献的用词与文献撰写者的用词习惯差别较大，因此检索结果的全面性难以保证，同时对于某一技术要点的关键词选择的技巧性也比较强。

因此，保证所列举的关键词的全面性与准确性就成为课题组所必须关注的。一般地，课题组应当根据项目分解后的技术内容尽可能列举表述分析内容的主题词以及它们的同义词，同时应兼顾该领域中科技术语的通用原则。

2. 列举分类号

使用分类号检索的优点在于其准确性和高效性，这是因为分类号是由专业人员按照技术内容划分，由于分类号所具有的一致性和规律性的特点，使得利用分类号进行检索有利于快速确定所查找信息的范围，进而找到所需的相关信息。但需要注意，分类号对技术划分往往比较上位，为了准确全面地进行技术检索，通常需要结合关键词来构建设检索式。

现有的分类系统中除了国际上通用的 IPC 分类外，经常使用的分类系统还有 ECLA、UCLA、FI/FT、MC/DC 等。每种分类系统都有各自的优缺点，为了进行全面、高效的检索，课题组成员常常需要充分了解各种分类系统的分类原则，掌握它们各自的特点及适用范围，同时还应当根据项目分解后的技术内容尽可能列举表述分析内容的主要分类号和相关的分类号，以保证所列举的分类号的全面性和准确性。

一般地，在进行专利分析时，ECLA、FI/FT、MC/DC 等分类由于其自身的分类特点会经常被使用，但课题组应当根据所确定的分析目标的特点以及各个分类系统的特点来进行合理选用。

3. 确定关键词和分类号的组合关系

关键词和分类号是进行专利检索的最基本方式。在检索过程中常常需要进行组合，通常情况下有以下三种最基本的组合方式："关键词与关键词组合”、“关键词与分类号组合”、“分类号与分类号组合”。

在项目研究过程中，课题组应当根据所确定的分析目标，以及项目分解的情况灵活地组配关键词和分类号之间的组合关系。

（1）关键词与关键词组合。根据检索目的，将列举的关键词用“与、或、非”等逻辑关系进行组合。该组合关系适用于被检索主题没有或很难找到明确分类号的情况。

（2）关键词与分类号组合。根据检索目的，将列举的关键词与列举的分类号用“与、或、非”等逻辑关系进行组合。这是一种最常用的组合方式，一般适用于被检索主题具有比较准确的分类位置，但被检索技术方案中的重要技术特征没有明确的分类位置的情况。

在这种组合方式中，分类号的粗细与关键词的多少有较密切的关系。一般地，分类号越上位，使用的关键词越多；相反，分类号越准确，使用的关键词越少。

（3）分类号与分类号组合。根据检索目的，将列举的分类号用“与、或、非”等逻辑关系进行组合。该组合一般适用于检索主题涉及不同的技术领域，并且每个技术领域具有明确的分类。这种直接将所涉及的不同技术领域的分类号进行组合的方式，往往能够快速检索到比较相关的对比文献。

8.4.2.2 专利检索❶

专利检索策略制定完成后，进入专利检索环节。专利检索主要包括初步检索、修正检索式和提取专利数据三个步骤。

1. 初步检索

根据编制完成的检索式和选定的数据库特点（如数据库的逻辑运算符、截词符、各种检索项输入格式要求等），选择小范围时间跨度提取数据，完成初步检索步骤。

2. 修正检索式

浏览上述初步检索结果，并进行分析研究，初步判断检全率和检准

---

❶ 本处所称专利检索是指利用初步检索式，经过试验和修正检索式，到最终提取专利数据的过程。

率，并对误检漏检数据进行分析，找出误检漏检原因，完成检索式修订，形成修正检索式。值得注意的是：修正检索式过程往往要经过多次反复，不断调整检索式并判断检索效果，直至对检索结果满意，形成最终检索式。

3. 提取专利数据

运行最终的修正检索式，下载检索结果，形成专利分析原始样本数据库，供进一步使用。

8.4.2.3 专家讨论

项目进入实施阶段后，可在“专利检索”步骤后设置专家讨论环节。通过邀请相关方面的专家对课题组已进行的工作从管理层面和技术层面进行指导，确保课题组后续研究工作的有效性和实用性。

当然，课题组也可以不必拘泥于本指南所规定的专家讨论环节的启动时间，在课题组认为有必要咨询相关专家时，如项目启动之初、确定分析目标或是项目分解等环节，均可以组织专家进行讨论，以利于项目的后续实施。

在项目实施阶段设置专家讨论的主要目的是为了保证课题研究方向的正确性、研究方法的合理性、研究数据的准确性和研究成果的科学性。

通过专家讨论，对项目实施阶段前期已完成的一些研究工作，例如确定分析目标、选择专利分析模块、分解项目以及选择数据库和制定检索策略等，进行阶段性的评估。课题组可以从项目与产业结合、项目分解与技术发展、检索策略的选择和运用等多方面、多角度地汲取有益的经验，弥补前期工作中存在的不足，及时修正研究方向与研究方法，尽量避免由于前期工作的偏差对后期实质性分析过程造成不利的影响。

8.4.2.4 数据加工

专利检索完成后，应当依据项目分解后的技术内容对采集的数据进行加工整理，形成分析样本数据库。数据加工主要包括：数据转换、数据清洗和数据标引三个步骤。

1. 数据转换

数据转换是数据加工过程中的第一步，其目的是使检索到的原始专利数据转化为统一的、可操作的、便于统计分析的数据格式（如 EXCEL、ACCESS 格式等）。

2. 数据清洗

数据转换完成后，应当对数据进行清洗。所谓数据清洗实质上是对数据的进一步加工处理，目的是为了保证本质上属于同一类型的数据最终能够被聚集到一起，作为一组数据进行分析。这是因为各国在著录项目录入时，由于标引的不一致、输入错误、语言表达习惯的不同、专利法律状况的改变以及重复专利或同族专利等原因造成了原始数据的不一致性，如果对数据不加以整理或合并，在统计分析时就会产生一定程度的误差，进而影响到整个分析结果的准确。

3. 数据标引

数据标引是指根据不同的分析目标，对原始数据中的相关记录加入相应的标识，从而增加额外的数据项来进行相关分析的过程。数据标引是数据加工的最后一步，一般情况下根据不同的分析目标和项目分解内容，所标引的内容会有所区别。

8.4.3 专利分析阶段

专利分析阶段的工作主要是在已采集数据的基础上，按照分析目标的要求，对这些数据进行深入的专利分析并作出是否存在知识产权风险的判断。这一阶段主要包括选择分析工具和专利数据分析两个环节。

8.4.3.1 选择分析工具

本文所称的分析工具特指用于专利分析的软件。目前国内外专利分析软件种类繁多，特点各异，因此挑选合适的分析软件对课题组后续的专利分析起着至关重要的作用。

在选择专利分析工具时，应充分考虑到以下几点：

第一，应根据所确定分析目标的特点以及其所涉及的范围，并结合国内、国外专利分析软件的特点，来确定是以国内专利分析软件为主还是以国外专利分析软件为主。

第二，在初步确定所选定的专利分析软件的同时，应当充分考虑软件的运行环境、数据处理方式、系统响应时间等特点。

第三，应根据分析目标的重要程度以及专利分析软件是否收费等情况，合理选择适当的软件，在合理预支的情况下选择出更能体现出效果的分析工具。

第四，当选择的某一专利分析软件的功能无法覆盖课题研究的全部需求时，还应当确定具有该功能的备选专利分析软件作为补充。

8.4.3.2 专利数据分析

在完成专利分析工具的选取后，就可以利用这些分析工具对经过采集和处理的专利数据进行专利分析了。

数据分析阶段主要任务在于对分析样本数据库进行技术处理和分析解读。包括按专利指标聚集数据、生成工作图表和深度分析目标群、分析与解读专利情报等。

（1）聚集数据。这项工作包含两层含义，一是按照分析目标，选定本次分析用的各种专利指标，例如专利数量指标中的专利族指标、当前影响力指标、技术实力指标、科学关联度指标、专利增长率指标，以及技术生命周期指标等；二是按预定的专利指标借助分析软件对经过清洗的数据进行数据统计或加工。

（2）生成工作图表和深度分析目标群。借助分析软件，生成各种可视化图表，以及需要进一步分析用的深度分析目标群。这里所说的深度分析目标群是指在统计分析得到的图表基础上，为进一步研究而建立的分析样本。例如，需要进一步建立核心专利对比分析样本或需要进一步研究竞争对手的分析样本。

【注意】

建立深度分析目标群这项工作，并不是必须的，而是根据分析目标而定的。换句话说，在有些专利分析的项目中（例如某行业技术现状调查），并不需要进一步建立深度分析目标群。

（3）分析与解读专利情报。根据数据加工整理得到的可视化图表和深度分析目标群，采用各种分析方法综合有关信息并进一步进行归纳和推理、抽象和概括等分析，探索专利信息所反映的本质问题。

8.4.4 完成报告阶段

完成研究报告阶段的工作主要是对前面实体研究工作的归纳和整理，并以书面的形式形成体例规范的课题研究报告，这一阶段的工作也是目前项目实施流程的最后环节，主要包括撰写分析报告、初稿研讨、报告修改和完善、报告印刷四个环节。

8.4.4.1 撰写分析报告

分析报告应当在报告内容、报告结构和格式等方面遵循一定的规范要求，以体现国家知识产权局专利分析和预警工作的整体性、一致性和规范性。

一般来说，分析报告的主要内容应当包括：引言、概要、主要分析内容、主要结论、应对措施、政策建议以及附录等6部分内容。

1. 引言

引言主要表述项目立项背景、立项的重大意义以及项目的运行情况和研究过程等。

2. 概要

概要主要内容包括：项目的分析目标、技术背景、专利数据库与检索策略、数据处理原则、分析方法和分析工具选择等。

3. 主要分析内容

主要分析内容因不同的分析目标和项目分解内容有所不同。需要注意的是：主要分析内容应当与项目分析目标相对应，另外，对不同技术内容分析完成后，应当针对所分析的问题撰写相应的小结。

4. 主要结论

针对项目需求和项目分解内容，在进行充分分析的基础上分别给出分析报告的整体结论和各个要点分析的主要结论。主要结论应当与项目分析目标密切相关，并有分析过程和分析数据支撑。

5. 应对措施和政策建议

课题组应当依据主要分析结论，结合国家宏观经济政策和相关法律法规，以及相关领域或行业的技术现状和竞争环境等内容提出应对措施和政策建议。此外，根据项目分析目标的不同以及研究对象专利风险等级的不同，采取的应对措施和政策建议的侧重点也应有所区别。

总体来说，应对措施可以根据专利风险所处的阶段或程度分为两个层面：一是专利预警的应对措施，二是专利应急的应对措施。

对于专利预警分析而言，侧重于事先对研究对象是否存在专利风险作出分析和判断，因此所采取的措施主要以如何减小研究对象的专利风险为主，避免诸如重大专项中出现知识产权的纠纷从而导致的国有资产风险问题；而对于专利应急分析而言，侧重于对研究对象已发生或很可能发生的专利侵权事件作出快速的应急措施并给予适当的政策建议，因此所采取的措施主要以化解专利侵权所造成的危害为主，尽量减少由于知识产权问题给研究对象所带来的负面效应。

6. 附录

列出与项目研究相关的成果清单，如具有风险的专利清单、项目研究过程中形成的各类分析样本、专利分析和预警课题计划书、检索策略表、参考文献。

8.4.4.2 初稿研讨

课题组在分析报告初稿完成后，应组织相关领域专家对报告的主要内容、重要结论、应对措施以及政策建议等内容进行研讨。以协助课题组完善报告内容、梳理报告结构、突出重要结论，使报告的应对措施和政策建议更有针对性。

8.4.4.3 报告修改和完善

通过初稿研讨后，课题组应当充分借鉴相关专家的意见，并综合这些修改建议对报告中尚需改进的地方进行相应的修改和完善。

8.4.4.4 报告印刷

在课题组完成报告修改之后，应对报告进行印刷。在安排报告印刷的过程中，应确保研究报告中所涉及的保密内容不被泄露，并选择相应保密级别的印刷单位。

8.4.5 成果利用阶段

成果利用阶段的主要工作包括对分析报告进行评估、制定相应的专利战略，以及专利战略的实施等。从理论上讲，成果利用阶段的工作是分析工作的延伸，专利信息分析的最终目的在于将专利情报应用于实际工作中。因而，应当以积极的行动将这些情报用于配合制订国家的发展战略，指导企业的经营活动，为国家或企业在市场竞争中赢得有利地位。需要注意的是，成果利用阶段的主要工作通常由专利信息分析报告的委托方组织实施。

8.4.5.1 分析报告评估

一份好的信息分析报告必须经得起时间与实践的双重检验。研究报告必须经过严谨分析，具有条理性、系统性且合乎逻辑，并且最后获得一些清晰的科学结论，只有这样才能将专利分析的成果很好地应用于实际工作中。因此，慎重阅读和评估专利分析报告具有非常重要的意义。在实际评估工作中，通常需要对下列问题进行必要的估量：

①研究报告是否清楚说明其目标？

②数据采集的时间跨度及区域范围是否合理？

③检索策略是否准确？

④数据库的选择是否具有代表性？

⑤数据本身的质量及影响因素考虑是否全面？

⑥使用的统计方法或分析工具是否合适？

⑦以图表形式表达的结果是否将数据合理量化？

⑧图表内容与文中内容是否吻合以及图表之间的数据是否一致？

⑨对统计数据推论得到的结果解释是否合理？

⑩是否针对研究结果作出合理的建议？

8.4.5.2 制定专利战略

所谓专利战略是以专利制度为依据，以专利权的保护、专利技术开发、专利技术实施、专利许可贸易、专利信息应用和专利管理为主要对象，以专利技术市场为广阔舞台，在企业生存和发展的环境中，以符合和保证实现企业竞争优势为使命，冷静地分析环境的变化和原因，探索未来企业专利工作的发展动向，寻找发展专利事业的机会，变革企业现在的经营机构，选择通向未来的经营途径，谋求革新企业专利经营对策。

通常所称的专利战略包括专利申请战略、技术引进战略、维权战略、市场战略、跟踪主要竞争对手战略，以及专利续展战略。

企业专利战略是企业发展战略的重要组成部分，是企业利用专利手段在市场上谋求利益优势的战略性谋划。它涉及企业自身行业境况、技术实力、经济能力和贸易状况等诸多因素。因此，制定相应的专利战略时，应当充分利用专利分析报告的研究成果，在此基础上注重与企业的实际情况相适应，选择与企业总体发展战略相符合的专利战略。

8.4.5.3　专利战略实施

企业专利战略应当根据国家发展的总体战略方针和国家专利战略的宏观框架，与企业整体发展战略相适应。同时，企业专利战略的制定应当客观分析企业面临的竞争环境，并与企业自身的条件和特殊性相适应。仅仅有漂亮的专利信息分析报告与宏伟的专利战略是不够的，需要有与其相适应的体制与操作规程。没有相应的制度或管理程序作保证，再好的专利战略也无法正常、有序地实施。因此，企业专利管理是专利战略实施的基础与保证。企业专利管理工作的目的在于充分依靠和有效运用专利制度，有效整合企业资源，积极推进企业专利战略，增强企业技术创新能力和市场竞争能力。

企业在实施专利战略过程中，应将它切实地落实到企业的日常专利管理工作上去，使其成为企业经营战略的重要组成部分，并设立专门机构抓落实，认真贯彻已制定的专利战略，依靠专利技术、专利产品占领市场，为企业带来超额的经济效益。同时，企业专利战略应当具有相对稳定性。既要考虑眼前企业所面临的形势，更要对未来可能的发展变化进行前瞻性的研究。在总的原则确定后，还要依据急剧变化的形势，进行及时的微调。

8.5 建立企业专利预警系统

8.5.1 企业专利预警系统的意义与任务

8.5.1.1 建立企业专利预警系统的意义

当前，在国际贸易和其他一些领域，跨国公司频频就各种知识产权侵权问题向我国企业提起诉讼，而且规模越来越大，涉及范围越来越广，对我国产业发展造成的影响越来越深刻。可以预见，相当多关系到我国未来发展的主导产业和新兴高科技产业面临来自包括专利在内的知识产权方面的危机，形势十分严峻。

然而，目前我国不少企业缺乏应对专利危机的有效机制，大部分企业掌握和运用专利制度的能力和水平不高，合理使用国际规则保护自身并有效参与国际竞争的能力十分薄弱，在国外企业的知识产权攻击下往往陷于被动挨打、不知如何应对的尴尬局面。为此，建立一套包括专利信息的采集与分析、预警信息的发布与反馈以及针对预警信息制定应对预案十分必要和紧迫。这将有助于企事业单位随时掌握知识产权竞争态势，提前准备应对即将来临的竞争威胁，正确应对已经发生的专利争端，从而促进企业公平健康地参与国际竞争，维护国家产业经济安全。

8.5.1.2 企业专利预警系统的任务

企业专利预警，是指企业知识产权部门在统计和分析本企业专利基本情况、采集和分析所关注的技术领域专利动态，企业产品贸易的历史与现状数据、跟踪重要技术竞争对手的专利活动的动态变化情报以及技术产品的市场分布信息，收集国内外相关的专利案例以及国内外专利法规和政策变化的有关信息的基础上，分析研究本企业在生产、经营和决策中涉及的专利问题，判断企业未来发展过程中可能面临的专利风险，预测风险可能产生的危害程度，提出针对性的对策措施，及时将相关信息传递给企业决策、科研和生产等部门，发出警示预报，并提出相应对策。

8.5.2 企业专利预警系统的构成

企业预警系统由预警信息采集子系统、预警信息分析子系统、预警信息应用（服务）子系统组成，参见图 8-51。

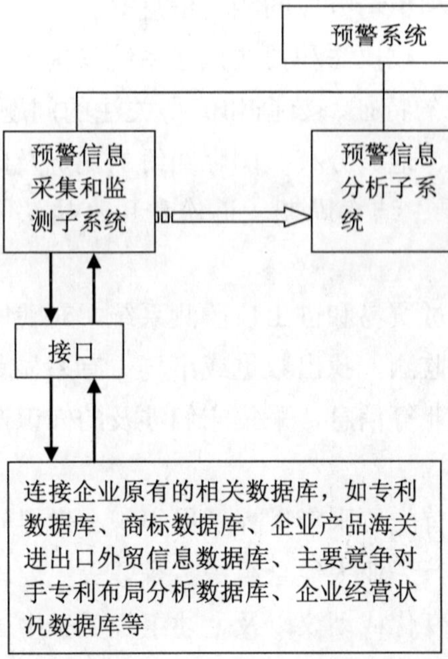

图 8-51 企业专利预警系统

8.5.2.1 预警信息采集子系统

预警信息采集子系统是预警系统的基础模块，它的工作质量和速度决定着企业专利预警系统的效能。

1. 确定信息采集的范围

进行预警分析，要正确选择与企业知识产权保护关系密切、对知识产权制度依赖性较大、对国民经济有重大影响的重点产业，或重点产品，或重点技术领域进行信息的采集和监测，其对象应由重点到一般，逐步推进，主要收集以下五方面信息。

（1）专利申请与审查相关信息。在专利审批系统中采集各种专利申请的特征、数据和值得关注的问题，特别是不同技术领域、不同技术领域重点企业的专利申请量、授权量等数据。同时采集专利权无效申请的有关情况，例如所涉及的当事人、审理结果等。应关注国内国外专利申请授权的对比变化，国外来华申请最多的若干个技术领域，国外来华专利申请增长较快的若干个技术领域，来华专利申请最多的若干家公司。在此基础上，进一步关注其地国家专利申请方面的相关信息等。

（2）知识产权纠纷相关信息。在行政执法和司法执法系统采集各种知识产权纠纷、特别是专利纠纷案件的特征、数据和值得关注的问题，包括：纠纷的类型、产业或产品门类、地域分布、国际纠纷的比例及国别、原告类型、被告类型、处理结果、结案周期、诉讼费用、执法效果等。

（3）国家重大贸易相关信息。通过贸易和进出口监测系统，对我国各种贸易及进出口量进行详细的动态监测，找出数量或市场占有率显著变化的品种及其市场、产地、相关企业等信息，采集它们涉及的知识产权信息。

（4）国内外科技法律法规信息。首先要采集世界贸易组织、世界知识产权组织、世界海关组织、世界银行、亚太经合组织、东盟等主要国际组织关于知识产权保护政策的重大变化或动议以及上述组织关于中国知识产权保护环境的评价；若干发达国家和发展中国家（我国主要贸易伙伴国）政府关于中国知识产权保护环境的评价以及上述国家有关知识产权保护的政策、法律、机构的重大变化及近期重大措施；有关技术国际标准、国家标准的变化态势。其次要采集国内相关的科技、法律法规的各类相关信息。

（5）其他信息来源。包括国内外重点报纸和专业杂志、行业协会出版物、产业研究报告、政府出版物、商业数据库等，以及利用媒体实时跟踪软件获取的信息。

2. 统筹协调信息采集工作

企业专利预警需要的信息来自企业内部诸多部门，要统一组织协调信息的报送工作，建立通畅的信息交流渠道，保证从各信息源及时准确完整地获取相关信息。

8.5.2.2　预警信息分析子系统

预警信息分析子系统是专利预警系统的核心模块，它是以人的智力为主导，实现信息的集成、重组和知识化。通过专职和兼职的情报分析人员，借助各种信息分析工具，采用人工和计算机辅助分析方法相结合的手段，将预警信息采集子系统所采集的信息有序化、系统化、层次化，最终产生出有价值的预警情报。预警信息分析子系统主要涉及以下几个方面的内容（参见图 8-52）：

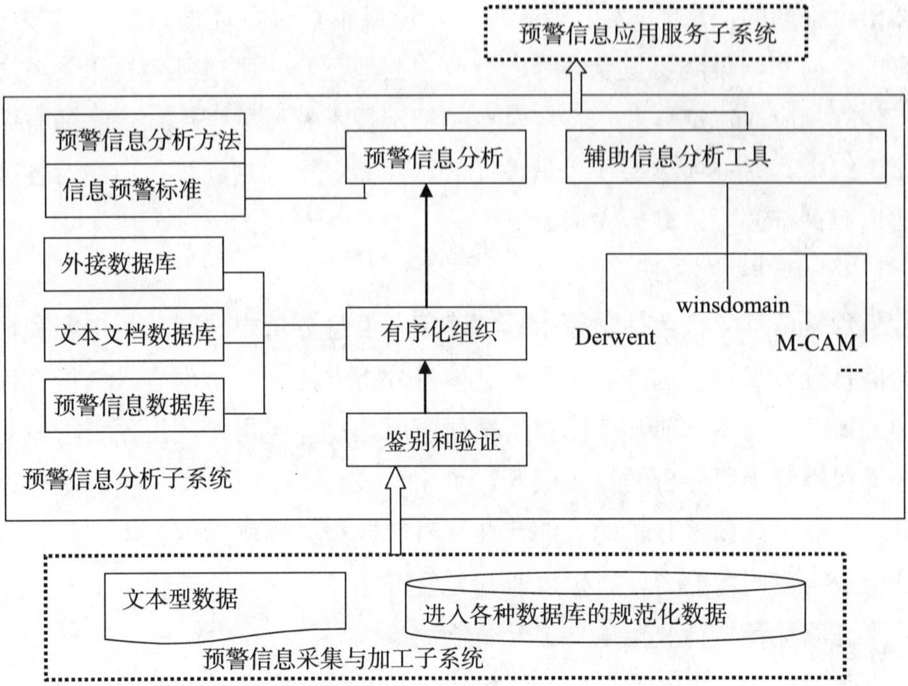

图 8-52　预警信息分析子系统

1. 数据的鉴别和验证

对预警信息采集子系统传输的数据进行鉴别和验证，是预警信息分析子系统第一步要做的工作。鉴别和验证的总原则是：预警信息分析应围绕专利权利的基本情况（即专利拥有量）及变化趋势（即专利拥有量的变化）展开，分析内容包括国外企业可能通过知识产权手段制约企业经济发展的技术领域和地域（市场范围）、企业专利拥有量低而国际市场份额占有量高的技术领域以及可能出现的争端形式、可能造成的危害程度等。

具体鉴别和验证方法，有待于具体项目立项后，对各种数据源进行调查研究，制定出数据评价和筛选原则。

2. 信息的有序化组织

在整个系统中，除了连接已有的各种结构化数据格式的数据库外，将建立一个非结构性数据库，用于存放文本或文档格式的数据（包括自然语言提取的信息）。为了降低系统建设成本，尽可能通过接口连接已有的数据库，对需要重点跟踪的行业、其他竞争对手或某个技术领域应当建立相应的特定行业、特定企业、特定技术领域数据库。信息的有序化组织中，另一项重要任务是设计信息存储表格，这项工作应在对各种数据源进行调查研究后完成。

3. 预警信息分析

预警信息分析包括预警指标的确定，信息分析方法、分析内容和辅助信息分析工具的选择。关于专利信息分析方法、分析内容、分析流程和分析工具在本章前几节已做了全面介绍，这里不再赘述。预警指标的选择要围绕预警分析的目的展开。

企业进行预警分析的目的旨在及时掌握相关领域专利竞争态势，提升企业自主创新能力，有效规避和处置可能发生的竞争威胁，促进企业公平健康地参与行业竞争，提升企业竞争优势。

一般来说，预警指标的选择包括专利、科技和贸易三方面。

（1）贸易指标。经济利益的争夺是专利纠纷发生的根源，对各种贸易数据的统计、分析、再加工是专利预警工作的重要内容之一。这些数据包括海关进出口贸易数据以及国内、国外特定市场的销售等相关数据，以及出口产品价格同比变化率、出口产品数量同比变化率、进口国同类产品的市场占有率、企业产品在国际国内市场的占有率变化等。

（2）专利指标。专利指标是进行专利分析和预警工作最重要的基础指标。主要有专利数量指标、申请人或权利人指标、专利技术主题指标、专利区域分布指标和研发团队指标等基础指标（这些指标可进一步细化，详细内容参见专利分析内容部分）。其中，专利数量指标是以数量和数量的变化为依据，包括专利申请数量和授权数量及其变化率等；申请人或权利人指标包括企业的主要竞争对手（特定申请人，即某行业中重要的生产、研发企业）和潜在竞争对手及其他们的技术特征等；专利技术主题指标包括利用各种专利分类号（国际专利分类号、美国专利分类号、欧洲专利分类号、日本专利分类号、手工代码分类号）、数据挖掘或人工标引方法进行的针对专利涉及的技术主题所做的各种分析；专利区域分布指标包括同一技术主题在不同国家的专利分布或同一专利权人在不同国家的专利布局等指标；研发团队指标包括重要竞争对手专利发明人的数量及其变化等指标，旨在探索企业技术投入的动向。

（3）科技指标。科技指标包括企业所采用的技术要素、相关行业国际主流技术标准要素等指标，旨在探索企业跟随科学技术发展的能力。

由于不同技术领域，专利技术的生命周期不同，因此设定的各类专利警示指标起点不同。这就决定了专利预警不同于其他行业的预警，它没有统一的量化指标，企业在实际专利预警操作中应当引起关注。

4. 预警信息分析的工作方式

根据系统设立的各技术领域或主要竞争对手的专利预警信息的警示点，由系统自动生成统计报表，监测相关技术领域或专利申请人专利申请（或授权）量和量的变化信息。由分析人员阅读统计报表，以信息预警快报的形式发出。对于涉及国民经济的重大事件和可能发生大规模知识产权纠纷的警示信息，应成立相应的预警信息分析专家组，针对有关技术和产品，在对所收集的预警信息进行深入综合分析的基础上，对其可能给企业或产业造成的影响做出预判，撰写评估和分析报告。

8.5.2.3 预警信息应用（服务）子系统

预警信息应用（服务）子系统是专利预警系统的输出系统，它的主要功能是面向企业各级决策层提供情报产品和情报服务，并负责收集和处理各种反馈信息。预警信息应用（服务）子系统涉及以下内容。

1. 信息分层推送制度

预警信息应用（服务）子系统设有向企业最高领导层、企业相关部门主管、允许进入本系统的企业技术官员等不同层面的信息推送制度。

2. 信息产品的类型

预警信息应用（服务）子系统所提供的信息产品的类型有：情报简报、特别专题报告、重点行业跟踪研究报告、主要竞争对手分析报告、竞争环境分析报告、新兴产业领域预测报告以及对国际国内有关政策的变动进行分析形成的报告和重要市场事件涉及的专利通告等。

3. 信息产品发布形式

预警信息应用（服务）子系统的信息产品发布形式有：定期和不定期的口头汇报、E-mail 电子邮件形式、Fax 传真形式、内部资料或刊物形式和网络资源共享等方式。

4. 预警信息结果的反馈和跟踪

企业各有关人员在收到预警信息后，应提供预警信息质量和效果等反馈意见，并及时将反馈意见输送到预警信息应用（服务）子系统中的反馈信息收集窗口，系统自动将反馈信息导入到原有的发送信息文档中。预警部门将在此基础上进行后续的跟踪研究，并提出进一步的指导意见。同时根据反馈的结果对预警分析方法进行修正。